Ulrika Kiby

Bäder und Badekultur in Orient und Okzident

Antike bis Spätbarock

DUMONT

Umschlagvorderseite: Meister des Herzogs Anton von Burgund, Öffentliche Badstube um 1470,
Miniatur aus der Handschrift des Valerius Maximus, um 1470
(Universitätsbibliothek Leipzig)
Frontispiz: Plombières, Kurbad im Freien, Holzschnitt, 1553
Umschlaginnenklappe: Die Caracalla-Thermen, Holzstich nach einer Zeichnung von F. Thiersch,
um 1890 (Foto: Bildarchiv Preußischer Kulturbesitz)
Umschlagrückseite: In einem türkischen Frauenbad, Punktierstich, um 1800
(Foto: Bildarchiv Preußischer Kulturbesitz)

Die Deutsche Bibliothek – CIP-Einheitsaufnahme

Kiby, Ulrika:
Bäder und Badekultur in Orient und Okzident: Antike bis
Spätbarock. / [Ulrika Kiby]. - 1. Aufl. - Köln: DuMont, 1995.
(DuMont-Dokumente)
ISBN 3-7701-2205-4
NE: HST

© 1995 DuMont Buchverlag Köln
Alle Rechte vorbehalten
Satz: DuMont-Buchverlag, Köln
Druck und buchbinderische Verarbeitung: Boss-Druck, Kleve

Printed in Germany ISBN 3-7701-2205-4

DUMONT *Dokumente:*

eine Sammlung von Originaltexten,
Dokumenten und grundsätzlichen Arbeiten
zur Kunstgeschichte, Archäologie,
Geisteswissenschaft, Musik- und
Filmgeschichte, Ästhetischen Erziehung

Zeittafel zu Kapitel IV. in den vorderen Umschlaginnenklappen

Fortsetzung der Zeittafel in den hinteren Umschlaginnenklappen

Inhalt

Danksagung

Die vorliegende kleine Entwicklungsgeschichte des Bades konnte nur durch die Unterstützung zahlreicher Institutionen und Personen geschrieben werden. Alle namentlich zu nennen, würde zu weit führen.

Die Idee zu dem Buch entsprang einem Forschungsprojekt zum gleichen Thema, das von der Deutschen Forschungsgemeinschaft gefördert wurde. Der vorliegende Band faßt die wesentlichen Ergebnisse aus dem Projekt zusammen. Ohne die finanzielle Unterstützung der DFG wäre manche Reise und vertiefendes Nachforschen nicht möglich gewesen. Zu ganz besonderem Dank bin ich meinem geschätzten Lehrer Prof. Dr. Peter Anselm Riedl (Kunsthistorisches Institut Heidelberg) verpflichtet, der mich jederzeit in meinem Vorhaben unterstützte und förderte. Ebenso möchte ich hier Prof. Dr. Lothar Ledderose (Institut für Ostasiatische Kunstgeschichte Heidelberg) danken, der stets großes Interesse an meiner Forschung zeigte und jede Unterstützung bot. Im Deutschen Kunsthistorischen Institut in Florenz standen mir zahlreiche Mitarbeiter hilfreich zur Seite. Besonders nennen möchte ich Dr. Monika Butzek (Florenz), Dr. Matthias Quast (Kunsthistorisches Institut Heidelberg), Dr. Michael Zimmermann (Zentralinstitut für Kunstgeschichte München).

Ferner sei folgenden Institutionen für ihre freundliche Hilfsbereitschaft gedankt: München, Bayerische Nationalbibliothek, insbesondere die Handschriftenabteilung, Zentralinstitut für Kunstgeschichte; Paris, Bibliothèque de l´Institut de France; Wien, Albertina, Handschriftenabteilung der Nationalbibliothek sowie zahlreichen Denkmalämtern der Bundesrepublik, wobei ich besonders Prof. Dr. Krins vom Landesdenkmalamt Baden-Württemberg, Tübingen, und E. Reinhardt von der Denkmalschutzbehörde Offenbach a.M. nennen möchte.

Herr Stefan Knost (Bamberg) besorgte die Transkription der arabischen Fachtermini und beschaffte wertvolles Fotomaterial während seines Forschungsaufenthalts in Syrien. Als zuverlässiger Adlatus nahm mir Tina Kral (Stuttgart) manch zeitraubende Arbeit ab und übertrug mein Manuskript in die EDV.

Last but not least sei meinen Eltern für die tatkräftige Hilfe in der Betreuung meiner Kinder und meinem Mann als meinem »moralischen« Manager gedankt.

Einleitung

Befaßt man sich mit dem Thema Bad, so sieht man sich einer Geschichte gegen-
überstehen, die so alt ist wie die Menschheit. Bereits in der Bibel wurden zwei
Erzählungen niedergeschrieben, in denen das Bad eine zentrale Rolle spielt. Bathseba, die Gattin des Urias, wurde von König David beim Baden im Garten beob-
achtet. Der König verliebte sich in die schöne Frau und fand Wege, sie zu seiner
Gattin zu machen (A. T., 2. Sam. 11,12). Susanna (A. T., Daniel 13) sollte das Bad
zum Verhängnis werden. Die Schönheit ihres nackten Körpers versuchte die
heimtückisch auflauernden jüdischen Ältesten, die Susanna beim Baden im Garten zusahen, hinter Buschwerk versteckt.

Zahlreiche Künstler stellten das Thema von Bathseba bzw. von Susanna im
Bade dar und ebenso viele Kunsthistoriker widmeten sich diesen Bildern. Ansonsten ist, was letztere betrifft, bislang wenig zum Thema Bad gesagt worden. Die
vorliegende Arbeit will damit beginnen, diese Lücke zu schließen, und befaßt sich
daher mit der Entwicklungsgeschichte des Bades. Natürlich kann ein einzelnes
Buch die große Vielfalt der in Verbindung mit den Bäderanlagen auftauchenden
kunsthistorischen Fragestellungen nicht umfassend behandeln. Um zu einem
befriedigenden Ergebnis zu kommen, ist es erforderlich, Schwerpunkte zu setzen.
Diese ergeben sich vor allem aus der vorliegenden Bäderliteratur, welche meist gar
nicht oder nur pauschal auf die Bäder der islamischen Welt, auf das Renaissance-
bad und auf die Badeanlagen im Barock eingeht. Die Bädergeschichte im Zeitalter
des Barock enden zu lassen, scheint mir sinnvoll, da hier ein Höhepunkt an Raffinesse erreicht ist, der nicht übertroffen werden sollte – wie Ausblicke auf einige
bedeutende Bäder des mittleren und späteren 18. Jh.s. zeigen werden. Zu dem
zeitlichen Schwerpunkt gesellt sich der inhaltliche. Im Vordergrund stehen architektonische, technische und ideelle Aspekte der Badeanlage.

Eine zentrale Stellung innerhalb der Bädergeschichte nimmt das Architektur-
traktat des Vitruvius, der einzigen überlieferten Schriftquelle aus der Zeit der
römischen Antike, ein. Vitruvs Werk stellt insbesondere für die italienische
Künstler-Ägide der Renaissance *die* schriftliche Quelle zur Antikenrezeption dar.
Wie verstand man, wie konnte man Vitruv verstehen und interpretieren in einer
Zeit, als die Badeanlage kein Thema der Architektur mehr war? Welche Entwicklungen, welche Traditionen schoben sich zwischen Vitruv und die Renaissance?
Genannt sei einleitend vor allem die orientalische Tradition, in der die Badeanlage
eine zentrale Rolle spielt. In der vorliegenden Bädergeschichte wird diese orienta-

lische Bäderentwicklung zusammenfassend dargestellt. Ihre Bedeutung für die westliche Welt zu untersuchen und sichtbar zu machen, ist ein Anliegen dieser Arbeit. Seine phantasievollsten Varianten zeigt der interkulturelle Einfluß im Zeitalter des Barock, das mit seiner Vorliebe für Fremdes und Bizarres die ideale Bühne auch für Orientalismen bot.

Wegen dieser Schwerpunktsetzung muß das Buch zahlreiche interessante Aspekte zum Thema Bad anderen zur weiteren Bearbeitung überlassen. Kürze war dort geboten, wo bereits umfassende Arbeiten vorlagen (antike Badeanlagen, mittelalterliche Badekultur). Es wurde versucht, die Bäderentwicklung in ihren kulturellen Rahmen einzubetten. Badekur und Kurbad spielen dagegen nur eine nebensächliche Rolle. Ein lohnendes Thema wären auch die ikonographischen Programme der Badeanlagen, deren Bearbeitung jedoch zu weit führen würde.

So seien die Tore zum kühlenden Naß der frühesten Bäderfunde und Vorläufer aller weiteren Entwicklungen aufgetan.

I. Vorgeschichte

Baden ist ein menschliches Urbedürfnis. Bereits in frühen Hochkulturen tauchen Bäder auf. Sie stehen häufig in Zusammenhang mit religiösen Ritualen, werden aber auch schon früh im privaten Bereich nachgewiesen. Im 3. Jt. v. Chr. existierten z. B. sowohl rituelle als auch rein private Nutzbäder in Mohenjo-Daro am Indus.[1] Die Bäder des Palastes von Mari in Mesopotamien werden in das frühe 2. Jt. v. Chr. datiert.[2] Gemauerte Wannen oder Keramikwannen, Kanalisation und wasserdichter, bitumierter Fußbodenbelag sind gemeinsame Kennzeichen einer Vielzahl dieser Bäder.

Ähnliche Funde bezeugen eine alte Badekultur auch in Griechenland. Ausgrabungen förderten Badewannen, das wichtige Indiz für eine Badekultur, aus der kretischen (ca. 2600–1200 v. Chr.) und der mykenischen (ab ca. 1600 v. Chr.) Zeit zutage. Erst wesentlich später vollzogen sich im antiken Griechenland Entwicklungen, die für die weitere Geschichte des Bades von tragender Bedeutung sein sollten. Im 4. Jh. begann man, bei den für den Alltag der Griechen so wichtigen Sportstätten, den *Gymnasien*, Räume für kalte Wannenbäder anzulegen. Daneben gab es das *Lakonikum*, das trockene Schwitzbad, das meist als Rundraum ausgebildet war. Im Zentrum des Lakonikums befand sich eine Feuerstelle, die für die entsprechende Erwärmung des Raums sorgte. Ebenfalls als Rundraum waren die Dampfbäder, *Sudatorien*, angelegt, die ab dem 3. Jh. v. Chr. auftreten. Wasser wurde an der zentralen Feuerstelle verdampft. Ferner gehörte zum griechischen Bad häufig das große Schwimmbecken, die *Piscina*. In den folgenden Jahrhunderten bemühte man sich um technische Lösungen zur Aufbereitung des benötigten Wassers wie auch um die Beheizung der Baderäume, die schließlich zur *Hypokaustenheizung*, der Unterbodenfeuerung, führte (Gortys, Mitte des 3. Jh.s. v. Chr.; Olympia um 100 v. Chr.).

Es war auch ein Grieche, der als erster die Heilkraft der Mineralquellen entdeckte: Hippokrates (460–377 v. Chr.). In seiner berühmten Äußerung »mens sana in corpore sano« (»in einem gesunden Körper wirkt ein gesunder Geist«) lebt die uralte Verknüpfung von seelischer, ritueller Reinheit und körperlicher Reinheit fort – ein Gedankengut, das sich noch heute in der Taufe wiederfindet.[3]

Die Römer übernahmen die Badekultur von den Griechen. Sie perfektionierten das Vorhandene und entfalteten einen unvorstellbaren Luxus in ihren öffentlichen und privaten Bäderanlagen.[4] Die Bäder durften nur mit teuersten Materialien ausgestattet werden: Silber und Gold für die Armaturen, Onyx und Pophyr an den Wänden, Marmor vorzugsweise in seiner Rottönung, damit sich, wie Lukian berichtet, »die Farbe des nackten Körpers der Badenden« abhob. Statuen schmückten die Hallen und Nischen, Malereien oder Mosaiken gab es dort an den Wänden, wo kein Marmor glänzte. Man stellte idyllische Gartenlauben, Blumen, Brunnen, Fische dar. Mosaikarbeiten oder Marmorinkrustationen überzogen die Fußböden.

Daß bei all der Pracht nicht nur das Volk, sondern auch der Kaiser die öffentlichen Thermen besuchte, verwundert kaum; eher dagegen die Tatsache, daß selbst die Sklaven diese Bäder betreten durften. Jeder war dort gleich. Waren in republikanischer Zeit die Badezeiten oder -räume für Männer und Frauen unterschiedlich, so wurde in der Kaiserzeit die *balnea mixta* – das gemischte Bad – üblich. Immer wieder gab es Erlasse, die das gemeinsame Baden verboten – wie z. B. von Kaiser Hadrian –, ohne sich jemals gänzlich durchsetzen zu können. Männer und Frauen badeten nackt, auch in der *balnea mixta*.

Das römische Badeleben war gewiß keines, das sich auf die Funktion der Körperreinigung beschränkte. Sportstätten, Dachterrassen zum Sonnen, Bibliotheken, Wandelhallen, gastronomische Genüsse dienten zur weiteren Zerstreuung vor oder nach dem Bad. Das Bad selbst konnte Stunden dauern. Manch ein Balneophiler verbrachte sogar den ganzen Tag damit. Sklaven begleiteten ihren Herrn oder ihre Herrin. Sie bewachten die abgelegten Kleider, da Diebstahl im öffentlichen Bad häufig vorkam, verabreichten Massagen, salbten den Körper ihrer Herrschaft ein, übernahmen Haarpflege, Mani-, Pediküre, Epilation etc. In öffentlichen Bädern standen zur Verrichtung dieser mit dem Bad verbundenen Tätigkeiten z. T. eigens Bedienstete zur Verfügung. In kleinen Anstalten mußten sie vom Bademeister – dem *balneator* – mitübernommen werden. Normalerweise mußte der Badegast eine geringe Eintrittsgebühr entrichten und auch für zusätzlich in Anspruch genommene Dienstleistungen bezahlen. Der Besuch von Bädern, die als Stiftung gegründet wurden, war frei. Für den Unterhalt kam der Stifter auf.

Das private Villenbad konnte auch schon mal als Ernüchterungsbad nach schwelgerischen Gelagen gebraucht werden. Von Trimalchio erfahren wir, daß er seine Gäste von der Tafelrunde aufforderte, mit ihm ins Bad zu gehen. Dort verscheuchte die Gesellschaft ihre Trunkenheit, um danach bis in die frühen Morgenstunden weiterschwelgen zu können. Auch von Nero wird ähnliches berichtet.

Kennzeichnend für das römische Bad ist der bereits in Griechenland vorgeprägte Baderitus. Zuerst betrat man den Auskleideraum, das *Apodyterium*. Daran schloß der Kaltbaderaum, das *Frigidarium*, mit seinen großen Kaltwasserbassins und einem Schwimmbecken im Freien, *Piscina* oder *Natatio* genannt, an. Von hier gelangte der Badegast einerseits in das Warmbad, *Tepidarium*, ein meist kleinerer Durchgangsraum, andererseits zu den seitlich liegenden Warmräumen mit stufenweise steigender Temperatur. Sowohl vom Tepidarium aus als auch von den seitlichen Warmräumen gelangte man in den Heißbaderaum, das *Caldarium*. Die vorgelagerten Warmräume sollten auf die heiße Temperatur des Caldariums vorbereiten. Im Caldarium befanden sich die Badebecken für das heiße Bad, die *Alvei*, die man vorzugsweise in großzügigen Nischen installierte.

Thermen, die die Kaiser seit Agrippa (64–12 v. Chr.) in Rom und im ganzen römischen Imperium anlegen ließen (entsprechend als Kaiserthermen bezeichnet), wurden achsensymmetrisch angelegt. Auf der Achse lagen hintereinander das Frigidarium, Tepidarium und das Caldarium. Seitlich schlossen Apodyterien, Palästren, weitere Warmbaderäume, Salbräume etc. an. Die Kaiserthermen konnten eine Fläche von weit über 100. 000 qm bedecken. Auch das private Villenbad hielt an der für den Baderitus erforderlichen Raumfolge mit Apodyterium, Frigidarium, Tepidarium und Caldarium fest. Teilweise gab es auch noch Schwitz- und Dampfbäder, die bei den großen Thermenanlagen jedoch meist fehlten; die Militärbäder ausgenommen.

Zeugen eine Vielzahl antiker Überreste von der einstigen Blüte jener Zeit, so gesellt sich auch eine schriftliche Quelle hinzu, die den Stand römischer Architekturvorstellungen des 1. Jh.s. v. Chr. vermittelt. Gemeint ist Vitruvs Architekturtraktat *De architectura libri decem*.[5] Vitruv war Ingenieur und diente noch unter Caesar als Kriegsbaumeister. In seinem Werk widmet er das 10. Kapitel des 5. Buches der Anlage von Bädern. Das Traktat sollte besonders für die Architekten der Renaissance von höchstem Interesse sein, fanden sie doch hierin das gesammelte Wissen römisch-antiker Baukunst kompensiert, das ihnen bei der Rekonstruktion römischer Bauruinen helfen sollte.

Wegen seiner zentralen Bedeutung für die Bäderentwicklung seit der Renaissance soll Vitruvs Traktat hier genauer vorgestellt werden:

»1. Zunächst muß ein möglichst warmer Platz ausgewählt werden, d. h. er darf nicht nach Norden oder Nordosten liegen. Die warmen lauen Bäder aber sollen ihr Licht von Südwesten erhalten. Wenn aber die Beschaffenheit des Ortes das nicht zuläßt, jedenfalls von Süden, weil die Badezeit vornehmlich von Mittag bis Abend festgesetzt ist. Ebenso muß man darauf bedacht sein, daß die warmen Bäder für Frauen und Männer miteinander verbunden und in der gleichen Fluchtlinie liegen. So nämlich wird man erreichen, daß für beide Badeanlagen die Heizkessel und ihre Unterfeuerung gemeinsam sind. Über der Unterfeuerung sind drei Bronzekessel anzubringen, einer für warmes, einer für lauwarmes, einer für kaltes Wasser, und diese müssen so aufgestellt werden, daß soviel wie an lauem Wasser aus dem Lauwarmwasserkessel in den Warmwasserkessel ausgeflossen ist, aus dem Kaltwasserkessel in gleichem Maße in den Lauwarmwasserkessel einfließt und daß auch die flachgewölbten Räume, die die Wannen enthalten, von der gemeinschaftlichen Unterfeuerung erwärmt werden.

2. Die hängenden Fußböden der heißen Bäder müssen so angelegt werden, daß zuerst aus Ziegelplatten von 1 1/2 Fuß ein Bodenbelag gelegt wird, der zum Unterfeuerungsofen so geneigt ist, daß ein Ball, den man hineinwirft, nicht innen liegen bleiben kann, sondern ganz von selbst zum Heizkammervorraum zurückrollt. So wird sich die Flamme leichter unter dem schwebenden Überbau verbreiten. Auf dem Pflasterboden führe man aus achtzölligen Ziegeln Pfeiler auf, so in Abständen verteilt, daß Ziegelplatten von 2 Fuß darüber gelegt werden können. Die Pfeiler aber sollen eine Höhe von zwei Fuß haben. Sie sollen mit Lehm, der mit Ziegenhaaren durchknetet ist, geschichtet werden, und darüber sollen 2 Fuß lange Ziegelplatten gelegt werden, die den Estrich tragen.

3. Wenn man die gewölbten Decken aus Mauerwerk herstellt, werden sie zweckmäßiger sein… Macht man diese gewölbten Decken in warmen Bädern doppelt, werden sie noch vorteilhafter sein; die vom Dampf herrührende Feuchtigkeit wird zwischen den beiden Decken zirkulieren.

4. Die Größe der Bäder muß zur Zahl der Besucher in einem angemessenen Verhältnis stehen; sie sollen solche Abmessungen haben: Die Breite soll abzüglich der Nische des Waschbeckens und des Badbeckens ein Drittel geringer sein als die Länge. Das Badebecken scheint jedenfalls unter der Lichtöffnung angelegt werden zu müssen, damit die, die ringsherum stehen, nicht durch ihren Schatten das Licht verdunkeln. Die Nischen der Waschbecken aber sollen so geräumig sein, daß, wenn diejenigen, die früher gekommen sind, ihre Plätze ringsum eingenommen haben, die übrigen Wartenden bequem stehen können. Die Breite des Badebeckens aber zwischen Wand und Beckenbrüstung soll nicht weniger als je 6 Fuß betragen, wovon die untere Stufe und die Neigung zum Anlehnen 2 Fuß beanspruchen sollen.

5. Die lakonische Halle und die Schwitzbäder müssen mit dem Warmbad verbunden werden. So breit sie sind, so hoch sollen sie bis zum untersten Teil des Segments der halbkugelförmigen Wölbung sein. In der halbkugelförmigen Wölbung soll in der Mitte eine Lichtöffnung gelassen werden, und an ihr soll an Ketten eine Metallscheibe herabhängen, durch deren Emporziehen und Herablassen die Temperatur des Schwitzbades geregelt wird. Und sie selbst muß, wie es scheint, kreisrund gemacht werden, damit die Wärme von der Flamme und des Dampfes von der Mitte her gleichmäßig durch die Rundungen der halbkreisförmigen Wölbung zirkuliert.«

Im anschließenden Kapitel beschreibt Vitruv die Anlage von Ringschulen. Schon die direkte Verbindung der Bäder- und der Ringschulenbeschreibung in Vitruvs Traktat läßt deutlich die Ursprünge seines Kompendiums erkennen: das antike Griechenland. Seine genauen Kenntnisse über die Anlage eines Lakonikums und eines Sudatoriums wie auch der Hypokaustenheizung legt den Schluß nahe, daß er diese zu seiner Zeit bereits technisch ausgereifte, griechische Anlage aus eigener Anschauung kannte.

Vitruv beschreibt zuerst die Ausrichtung der Warmbaderäume nach Südwesten, um zur Erwärmung der Räume zusätzlich die Sonnenwärme ausnutzen zu können. Tatsächlich sind die meisten antiken Bäder so ausgerichtet, daß das Caldarium mit seinen Wannennischen nach Südwesten zeigt. Auch die Forderung nach einer zentralen Heizanlage, die Vitruv an ein Doppelbad mit Männer- und Frauenabteilung stellt, ist in zahlreichen römischen Baderuinen nachweisbar.

Im folgenden beschreibt Vitruv zunächst die Aufbereitung von Warmwasser, dann in Punkt 2 die Hypokaustenheizung. Über der Feuerung, dem *Praefurnium*, sind drei Bronzekessel installiert. Der Kaltwasserkessel liegt von der Hitze des Feuers am weitesten entfernt und steht am höchsten, so daß von hier das kalte Wasser in den etwas tieferliegenden Warmwasserkessel gelangt. Dieser befindet sich gleich neben der Feuerstelle, die das Wasser bereits etwas erwärmt. Der Heißwasserkessel wird mit schon vorgewärmtem Wasser gefüllt. Er steht direkt über der Feuerung, um eine möglichst rasche und intensive Erhitzung des Wassers zu erreichen. Das benötigte Wasser wird von der Aufbereitungsanlage zu den Baderäumen geleitet und kann hier nach Bedarf in die Badebecken, *Alvei*, und Waschbecken, *Labrum*, über Hähne eingelassen werden. Die heißen Rauchgase der Feuerung steigen in die Hohlräume des auf Pfeilern ruhenden Fußbodens der Warmbaderäume. Das Caldarium liegt dem Heizraum am nächsten. Daran schließen die verschiedenen Warmbaderäume bzw. das Tepidarium an. Das Frigidarium hat als Kaltbaderaum keinen hohlen, beheizbaren Fußboden. Je weiter die Räume mit Hypokaustum von der Feuerung entfernt liegen, um so schwächer wird deren Erwärmung. Z. T. verwendete man in den römischen Thermen auch Hohlziegel zum Aufmauern der Wände, durch die gleichfalls die heißen Gase streichen und somit noch zusätzlich die Wände erwärmen konnten. Vitruv erwähnt in Punkt 3 lediglich das System der doppelten Wand, das noch älter ist als das Röhrensystem im Mauerwerk.

Besonders wichtig sind Vitruvs Aussagen in Punkt 4. Er beschreibt zunächst das Größenverhältnis der Bäder, erwähnt das Badbecken und das Waschbecken, die er beide in Nischen untergebracht wissen will. In das Badbecken sollen Stufen hineinführen, eine Brüstung soll es zum Raum hin abschließen. Zum Schluß erwähnt Vitruv noch das *Lakonikum* (Schwitzbad) und *Sudatorium* (Dampfbad), die beide vom Tepidarium aus zugänglich sein sollen. Vom Typus als Rundbau mit geöffnetem Scheitel entspricht Vitruvs Lakonikum/Sudatorium den griechischen Vorläufern. Die Metallscheibe vor der Scheitelöffnung dient zur Wärmeregulierung.

Zur Raumfolge macht der römische Autor keine exakten Aussagen – ein Mangel, der den Baumeistern der Renaissance noch große Probleme bereiten wird. Die Badeanlage, die Vitruv beschreibt, entspricht dem Entwicklungsstand, wie er uns heute z. B. von den Stabianer Thermen in Pompeji um 80 v. Chr. bekannt ist.[6] Hier gab es das Lakonikum, die Labrumsnische und den abgemauerten Alveus im Heißbaderaum, die gemeinsame Unterfeuerung und hypokaustierte Warmbaderäume. Auf die späteren Bäder, insbesondere die großen Kaiserthermen, läßt sich Vitruvs Text nur noch begrenzt übertragen.

Im römischen Reich entfaltete sich auch ein blühender Kurbetrieb. Bäderruinen wie die von Badenweiler/Deutschland, Bath/England, Pamukkale (antikes Hierapolis)/Türkei oder Bajae an der amalfischen Küste Italiens zeugen von der vergangenen Kultur. Die mondäne Welt traf sich dort, nicht nur der Gesundheit wegen, sondern vor allem zum Amusement. Die Kurbäder entsprachen vom Typus den Thermenanlagen, nahmen jedoch Rücksicht auf die speziellen Anforderungen eines Kurbetriebs.

II. Der Okzident:
Von der Antike zur Renaissance

Die luxuriös mondäne Bäderwelt des Römischen Reichs ereilte das gleiche Schicksal wie das gesamte Imperium. Noble Thermen verfielen und wurden für spätere Epochen zum Steinbruch für kostbare Materialien. Erst im Zeitalter der Renaissance sollte man sich wieder an sie erinnern, nach ihrem ursprünglichen Aussehen, ihrer Funktion, ihrer Ausstattung und nicht zuletzt nach der Badekultur der alten Römer fragen. Inzwischen entstanden neue Machtzentren, mit den ethnographischen und religiösen Veränderungen gingen kulturelle einher. Im Vorderen Orient und in Nordafrika machte sich zunehmend der Einfluß aus dem persischen Kulturbereich bemerkbar, der sich mit dem antiken Erbe verband. Neue Formen künstlerischen Ausdrucks entstanden hier ebenso wie in dem aus Ostrom entwachsenden Byzantinischen Reich, das sich gleichfalls dem Einfluß neuer Kunst- und Kulturströmungen aus dem Orient öffnete. Als im 7. Jh. der Prophet Muḥammad eine neue Religion – den Islam – begründete, war erstmals seit dem Untergang des römischen Imperiums wieder ein Grundstein für eine neue Macht gelegt, die sich schnell im ganzen Mittelmeerraum verbreitete und mit ihr die neu formulierten künstlerischen Ausdrucksformen. Nördlich der Alpen entstand wenig später ein neues Kaiserreich, das ideell die Nachfolge der römischen Kaiser beanspruchte: das Heilige Römische Reich Deutscher Nation.

Die weltpolitische Bühne hatte sich im Verlauf des Milleniums geändert. Kunst und Kultur wurde durch das regionale Erbe einerseits, durch die ideellen Strömungen andererseits geprägt. So ist zu erklären, daß sich – trotz der gemeinsa-

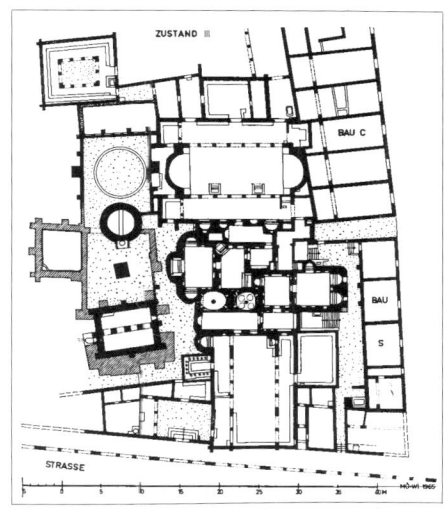

1. Karm Abu Mena, sog. Menasbad, Ägypten 5./6. Jh., Grundrißrekonstruktion nach Müller-Wiener

men römischen Vergangenheit – im mittelalterlichen Europa eine Badekultur entwickelte, die sich von der der islamischen Welt oder der des Byzantinischen
Reichs weitgehend unterschied, wenn sich auch immer wieder Berührungspunkte
ergaben. Hier wie dort blieben römische Badeanlagen in Betrieb, bis sie schließlich verfielen. Während sich im Orient jedoch eine hochstehende Badekultur auf
den Grundlagen der römischen Errungenschaften entwickelte, wurde das Bad im
Okzident wieder diese finstere Kammer, in der schon Scipio Africanus (185–129
v. Chr.) gebadet hatte – wie Seneca in seinem Brief (86, 4) berichtet.

Man vergaß die Errungenschaften antiker Heizanlagen und erhitzte das Badewasser über dem Feuer, heizte den Baderaum mit dem Ofen oder gar nicht. Statt der
Badebecken aus edlen Materialien stellte man einen Holzbottich in den engen
Baderaum. Die langen Raumfolgen mit steigender Temperatur, die zum Höhepunkt des Badevergnügens, dem großzügigen Caldarium, führten, wurden gänzlich aufgegeben. Man beschränkte sich auf die wesentlichen Räume für das Bad.

Mangels erhaltener Badeanlagen und mangels einer Architekturtheorie aus
jenen Tagen bleibt nur, verschiedene Schriften zum Bad und über die Badesitten
sowie bildliche Darstellungen vom Bade zu Rate zu ziehen, um Näheres zu erfahren.

1. Antike und Frühchristentum[1]

Die ersten Christen lebten noch inmitten der antiken Kultur. Ihr Alltag war von
denselben Gegebenheiten bestimmt wie der ihrer heidnischen Nachbarn. Die
Sitte, täglich zu baden, war auch für den Christen selbstverständlich. Der reiche
Christ wollte nicht auf eine großzügige, luxuriöse Badeanlage in seiner Stadt- und
Landvilla verzichten und griff dabei auf die Bäderbauten seiner Zeit zurück.
Öffentliche Bäder des Frühchristentums folgten in ihrer Anlage der Strömung der
Zeit. Bäder aus der frühchristlichen Zeit entbehrten nicht der kostbaren Ausstattung, wie Grabungsfunde belegen. Ein guterhaltenes und durch Grabungen
erforschtes Beispiel ist das Bad des hl. Menas in Ägypten, der unter Diokletian
(284–305) den Märtyrertod starb. Es gehört zu der stadtähnlichen Anlage, die
schon bald nach dem Tod des Heiligen an dessen Grabesstelle entstand und ihren
kultischen Höhepunkt im 5. Jh./6. Jh. erreichte.[2]

»Acht oblonge oder halbkreisförmige Wannen von beträchtlichen Ausmaßen, einst mit Marmor verblendet, sind in ihrem Ziegelkern noch gut erhalten. Einzelne Partien des Bades waren mit Hypokausten ausgestattet, die die Erwärmung des Wassers für empfindliche Patienten oder für Zeiten mit niedriger Temperatur besorgten. Ein ganzes Netz von Kanälchen und Bleiröhren wurde bloßgelegt oder angeschnitten, die Dampf und Wärme zuleiteten. Zisternen und Teiche, unter sich durch unterirdische Korridore verbunden, mußten das heilige Bad mit Wasser beliefern.«[3]

Wie von zahlreichen anderen Heiligenbädern überliefert, galt auch das Menasbad als wunderbares Heilbad und mußte somit in der Gesamtdisposition daraufhin abgestimmt werden, sehr viele Gläubige gleichzeitig aufnehmen zu können. Die Grabungen förderten viele Tonstatuetten von Frauen mit einem Kind auf den Armen zutage. Offenbar handelte es sich hierbei um Dankesgaben von Frauen, die durch das heilige Bad fruchtbar wurden.

Schon früh setzte bei den Kirchenlehrern die Diskussion darüber ein, ob das Bad nach christlichem Standpunkt zu bejahen sei. Anders als man zunächst vermuten möchte, stand der Klerus dem Bade nicht unbedingt ablehnend gegenüber. Lediglich das asketisch gesinnte östliche Mönchstum lehnte das Bad als unkeusche Verweichlichung ab. Augustin (gest. 430) und Benedikt (gest. 543) verbreiteten in ihren Mönchsorden eine ganz andere Auffassung vom Bad. Insbesondere Kranken wurden Bäder verordnet. Aber auch gesunde Ordensleute durften einmal im Monat baden. In späterer Zeit, als die Badeerlaubnis immer mehr eingeschränkt wurde, blieb es noch gestattet, vor Ostern und vor Pfingsten zu baden.

Nach Meinung der Kirchenlehrer sollte das Bad dem Christen ausschließlich zur Körperreinigung dienen. Jeder übertriebene Luxus wurde abgelehnt. Dem gemischten Bad für Mann und Frau wurde eine völlige Absage erteilt.

»Da haben die Männer und Frauen gemeinsame Bäder und legen mit ihren Kleidern auch die Tugend ab… Aber sie baden zugleich mit ihren Dienern und entkleiden sich bis zur Nacktheit vor den Sklaven, lassen sich von ihnen massieren und verstatten so der lauernden Begierde freie Betastung…«,

klagt Klemens von Alexandrien schon zu Beginn des 3. Jh.s.[4] Die Wirklichkeit blieb hinter dem Ideal zurück. Bis ins Spätmittelalter blieb die Sitte der *balnea mixta* erhalten.

2. Das Bad nördlich der Alpen

Ganz anders stellt sich das Badewesen nördlich der Alpen dar. Schon Autoren der römischen Zeit erwähnen fremdartige Badesitten. Gewöhnlich badete man morgens nach dem Aufstehen, wie Caesar in seinem *De bello Gallico* (VI,21) berichtet. Wegen der meist kühlen Temperaturen, so Tacitus (*Germania*, 22), zog man das warme Bad dem Schwimmen in offenen Gewässern vor. Herodian (VII,2) lobt die Germanen: »Übrigens sind sie gute Schwimmer, da die Flüsse ihr einziges Bad sind.« Wasser wurde, wie schon in den frühen Kulturländern, zur Reinigung des Körpers vor dem Betreten eines Heiligtums benutzt.

Das Eindringen der römischen Badeanlagen und Badekultur in jene Länder machte zwar die fremden Sitten bekannt, in die eigene Kultur wurden sie jedoch nur vereinzelt integriert. So berichtet der Poet und Dichter Fortunat aus dem 6. Jh., daß der Bischof von Bordeaux, Léonce (511–535), antike Bäder besaß, die er im alten Stile herrichten ließ. Derselbe Bischof war auch stolzer Besitzer einer Villa, deren Bäder weit berühmt waren.[5] Wenn im Verlauf der Bädergeschichte besonders gerne hohe geistliche Herren immer wieder die Wonnen eines luxuriösen Bades schätzen, so bleiben diese Beispiele dennoch die Ausnahme. Beim einfachen Volk entwickelte sich zwar ein reges Badeleben – und hierbei mögen die römischen Eroberer einen starken Impuls gegeben haben – die Badeanstalten blieben jedoch durchaus schlicht.

Bädertypen

Schon die alten Germanen benutzten Wannen und Kufen für ein warmes Bad. Das Wasser erwärmte man entweder in irdenem Geschirr über dem Feuer oder man warf glühendheiße Steine ins Badewasser. Das Dampfbad war jedoch noch nicht bekannt.

Wannenbäder
Schon im Alemannischen Rechtsbuch aus der Merowingerzeit (6. – 8. Jh.) werden Bäderbauten erwähnt. Sie waren öffentliche Anstalten. Das *Balnearium*, wie die Badestube im Bajowarischen Gesetzbuch (511–535) genannt wird, wurde von einem Bademeister geführt. Der Name Balnearium verweist auf das römische Erbe. Im allgemeinen war es jedoch üblich, einen Badezuber in die Küche zu stel-

len und darin das Bad zu richten, oder man bereitete das Bad im Freien zu. Solch ein Bad wird in der *Heidelberger Manessischen Liederhandschrift* dargestellt (siehe Farbtafel 6). Der Minnesänger Jakob van der Warte hat sich in seiner Holzzwanne mitten im Grünen niedergelassen. Drei Bademägde bedienen ihn. Die erste reicht ihm einen Kelch mit Wein, die zweite kürt ihn mit einem Blumenkranz, die dritte wäscht seinen rechten Arm. Rechts im Bild ist eine vierte Frau gerade damit beschäftigt, das Feuer zur Erhitzung des Badewassers im Kessel mit einem Blasebalg anzufachen.

Von Galeazzo II. Visconti wird berichtet,[6] daß er sich im 14. Jh. im Garten ein quadratisches Schwimmbecken anlegen ließ. Vor allem die südlichen Temperaturen Italiens begünstigten den Bau eines großes Badebeckens unter freiem Himmel, das natürlich mehr Luxus bot als ein einfacher Holzbottich. Das Bad im Garten erinnert zum einen an die byzantinische Kultur, wo sehr oft von Bädern im Freien berichtet wird. Zum anderen ist das Gartenbad bis in biblische Zeiten zurückzuverfolgen; man denke an die einleitend genannte Geschichte der Susanna.

Normalerweise bevorzugte der Edelmann das Bad im schützenden Gemäuer einer Burg. Hier wurden die Bäder meist in den Räumen des Untergeschosses eingerichtet. Sie blieben in der Regel bar von jeglichem Luxus. Immerhin gab es einfache Badewannen und mitunter sogar größere Steinbecken mit warmem Wasser, in dem gleichzeitig mehrere Personen baden konnten.[7] Ein besonders vornehmes Beispiel wird im *Herzog Ernst* beschrieben: Das Badezimmer war mit grauem Marmor getäfelt. In dem gewölbten Raum standen zwei Wannen »rot Guldin«, in die warmes und kaltes Wasser aus silbernen Rohren floß. Durch einen Abflußkanal aus grünem Marmor wurde das Wasser abgeleitet. Wurde es gestaut, konnte damit die Burg gereinigt werden.[8]

Aus dem 13. Jh. stammt der kleine Badanbau der *Wartburg* bei Eisenach. Bestandteil dieses Bades ist die Galerie. Es war in jener Zeit Sitte, daß die Jungfrauen von der Galerie aus dem badenden Edelmann Blumen und Rosenblätter als Zeichen der Ehrung zuwarfen.[9] Auch im Erdgeschoß der *Burg Thiersberg* (Ortenau) befand sich ursprünglich ein Badezimmer. Es lag direkt neben der Backstube; eine gebräuchliche Sitte, die das Erhitzen des Wassers erleichterte und das Heizen der Badstube überflüssig machte.

Wie bedeutend das Bad für den Ritter war, geht aus dem Zeremoniell zur Erhebung in den Ritterstand hervor. Am Vorabend wurde ein warmes Bad für den angehenden Ritter bereitet. Danach wurde der Adelige in neue kostbare Gewänder gekleidet. Diesem »Ritterbad« haftet ein ähnliches Gedankengut an wie der Taufe. Völlig rein – innerlich und äußerlich – soll der Ritter in seinen neuen Stand treten. König Heinrich IV. von England badete am Abend vor seiner Krönung mit Rittern. Der danach ins Leben gerufene Badeorden schrieb jedem Mitglied vor seiner Aufnahme in den Orden vor, ein Bad zu nehmen.[10]

König Heinrich IV. war keineswegs der erste Herrscher, der gesellig mit seinem Hofstaat badete. Schon Kaiser Karl der Große lud vornehme Beamte und seine Söhne zum gemeinsamen Bad. Wie sein Biograph Einhardt[11] berichtet, waren es die heißen Quellen Aachens, die den Kaiser dazu bewogen, diese Stadt zu seiner Hauptstadt zu machen. Er ließ das römische Bad wieder instand setzen. Noch einmal stieg man über marmorne Stufen ins Badebecken. War es sehr heiß, zog der Kaiser das Schwimmen im Rhein vor.

2. Mönche mit Bademägden in einer mittelalterlichen Badestube (Illustrationen aus dem sogenannten Jenaer Codex, 1490-1510, Národni Museum Prag)

König Wenzel (1361–1419) verdankte gar seine Freiheit einem Bade. Im Jahr 1393 wurde er in Prag gefangen genommen. Zu Bartholomä wurde ihm ein Bad erlaubt. Nach dem Bad erholte er sich im Freien. Eine der Bademägde begleitete ihn und ermöglichte ihm die Flucht im Kahn zur gegenüberliegenden Burg seiner Parteileute. Die hilfreiche Magd wurde reichlich belohnt und durfte die Nacht an der Seite König Wenzels in seinem Bette verbringen.

Es waren wohl nur einige Exzentriker unter den Adeligen, denen das Bad im Holzzuber zu bescheiden schien. So wird von dem Herzog von Flandern, Louis de Male, berichtet, daß ihm 1382 bei der Plünderung, die dem Sieg in Beverholdt folgte, seine Badewanne aus Gold und Silber gestohlen wurde. Offenbar war es nicht ganz unüblich, daß die Feldherrn auf ihren Badeluxus selbst bei ihren Kriegszügen nicht verzichten wollten, denn den Herzog von Burgund ereilte das gleiche Schicksal wie den flandrischen Grafen. Bei der Niederlage von Granson 1476, kam ihm seine aus wertvollen Metallen gefertigte Badewanne abhanden.[12]

Jedoch waren es nicht nur die weltlichen Herrscher, die einen gewissen Badeluxus pflegten. Allen Zielsetzungen der frühchristlichen Zeit zum Trotz genoß die hohe Geistlichkeit in ihren Palästen ein anderes Badeleben als die zahlreichen Mönche in ihren Klöstern. 1688 entdeckte Giovanni Ciampini die *Bäder des Papstes Formosus* (891–896).[13] Ein Raum von ca. 6,8m x ca. 3,0m und einer Höhe von ca. 3,4m schließt an einer Querseite in einer freskengeschmückten Apside. In der Wand befinden sich zwei Öffnungen, an welchen zwei Wasserhähne münden. Einer davon war für die Warmwasserzufuhr bestimmt. Auch im *Papstpalast von Avignon* wurde unter dem Pontifikat von Clemens VI. 1342/43 ein Bad eingebaut. Von dem Mutterkloster der Benediktiner, *Monte Cassino*, wird um 1140 berichtet, daß es über ein prächtig ausgestattetes Badezimmer verfüge.[14] Belegt ist dort ein Bad neben der Küche, so wie es bereits im *Klosterplan von St. Gallen* (820) eingezeichnet ist. Die Aneinanderreihung der Räume mit Feuerstelle (Küche, Backstube, Bad) hatte rein ökonomische und heiztechnische Vorteile.

Das Bad im Kloster St. Gallen besaß einen Herd zur Erhitzung des Wassers, Holzbottiche zum Baden und Sitzbänke an den Wänden entlang. Sowohl für St. Gallen wie für das Bad im *Kloster Maulbronn* ist eine Hypokaustenheizung belegt, worauf wir später näher eingehen werden.

Das Mönchstum hatte sich im Spätmittelalter weit von der Askese der orientalischen Anachoreten, aber auch von den strengen Idealforderungen ihrer Kirchenlehrer entfernt. In ihrer schlichten Badstub genossen sie das Baden recht ausgiebig und ließen sich von den Bademägden nicht nur die Haare waschen, die Gliedmassen abreiben und einen Trunk reichen, wie aus Abb. 2 leicht zu schließen ist.

Dampf- und Schwitzbäder

Bereits Herodot (IV, 75)) erwähnt das Schwitzbad der skythischen Völker. Es konnte sich jedoch erst im 13. Jh. durch die Vermittlung der slawischen Völker und durch Erfahrungsberichte badefreudiger Kreuzritter im Westen etablieren. Aufgrund deutsch-russischer Handelsbeziehungen wurden die östlichen Badebräuche bekannt. Die Kreuzritter lernten die Badekultur des Islam im Orient kennen und wollten – zurück in der Heimat – darauf nicht mehr verzichten. Die in der islamischen Kultur weit verbreiteten Dampfbäder mögen einen besonders bleibenden Eindruck hinterlassen haben, waren sie doch dem Christen fremd. Der Dominikaner Frater Felix Faber berichtet über seine Pilgerfahrt u. a. aus Gazera (zwischen Jerusalem und Bethlehem):[15]

3. Albrecht Dürer, Frauenbad,
Federzeichnung, 1496
(Kupferstichsammlung Bremen, Kriegsverlust)

»Als es nach Mittage war worden, da führt man uns in ein Badstuben, da zogen wir uns aus und badeten da bei den Heide. Ich hat alle meine Tage köstlicher Badhaus nie gesehen, denn da war mit schneeweißem poliertem Marmelstein alles überzogen. In die Stuben darf kein Fraue kommen, zu baden, noch kein Jude. Aber Heiden und Christen baden da, und beweisen uns Christen Zucht und Ehr und gute Wartung in dem Bade.«

Solche Erfahrungen haben allgemein zur Entfaltung des Badelebens, und besonders des Dampf-Schwitzbades beigetragen. Vom Typus folgt die Anlage einer Schwitzstube dem Vorbild eines slawischen Bades. Schon im 10. Jh. wird das Bad der Slawen von dem orientalischen Juden Ibrahim ibn Jakub beschrieben:[16]

»Bäder haben die Slawen nicht; aber sie machen eine Stube von Holz, und verstopfen die Fugen mit etwas, was auf ihren Bäumen wächst und dem Wassermoos gleicht, und was sie ›moch‹ nennen. Sie gebrauchen dies auch zu ihren Schiffen anstatt des Pechs. In einer Ecke dieser Stube erbauen sie einen Feuerherd von Steinen und lassen darüber eine Öffnung, um den Rauch hinauszuleiten. Wenn dann der Heerd erhitzt ist, so machen sie das Luftloch dicht und schließen die Thüre. In dieser Stube sind Wassergefäße, woraus sie nun Wasser auf den glühenden Heerd gießen, so daß die Dämpfe aufsteigen. Jeder hat ein Bündel Heu in der Hand, womit er die Luft bewegt und zu sich heranholt. Dann öffnen sich die Poren, und das Ueberflüssige ihrer Körper kommt heraus und läuft in Strömen an ihnen herunter, sodaß dann keine Spur von Ausschlag oder Geschwür mehr an einem von ihnen zu sehen ist. Sie nennen diese Stube ›itba‹.«

Ganz ähnlich erklärt noch Rivius 1549 die Anlage eines Schwitzbades. Er unterscheidet jedoch die öffentliche Badestube, in der, wie bei Ibrahim, Steine zur Glut gebracht werden, von der privaten:[17]

»Aber die kleinen Badtstuben oder Schweißbäder so allenthalben in sonderlichen Bürgerlichen wonungen bey uns Teutschen vast gemein sindt, pflegt man durch den dunst und dämpff siedens wassers zu heitzen.«

Albrecht Dürer fertigte 1495 eine Federzeichnung von einem Frauenbad. Im Hintergrund rechts ist der Ofen zu sehen, in dem die heißen Steine liegen. Im Raum sind mehrere Frauen mit ihrer Toilette beschäftigt.

Auch der Backofen wurde gelegentlich als ›Dampf-Schwitzbad‹ benutzt. In die heiße Backröhre wurde Wasser gegossen, dann schob man den Kranken – meist Wassersüchtigen – bis zum Halse in die Röhre.

Walther Rivius[18] beschreibt Mitte des 16. Jh.s. die Anlage eines »Badestüblin«. Das »Vorstüblin« soll kühl und feucht sein, der zweite Raum »soll zimlicher werme und etwas feucht sein. Aber der drit theyl/das ist das verordner gemach darinn man baden soll/das sie warm und trucken mit solcher werme/das man darinn wol erschwitzen mög«. Die Bänke im Bad werden in drei Höhenstufen angeordnet. Die oberste Stufe wird »Pfal« genannt.

Im Mittelalter wurde die Badestube *Stuba*, *Stubae* oder *Stupha* genannt. Dampf-Schwitzbäder und Wannenbäder waren zum Teil unter einem Dach vereint. Mitunter erfüllte sogar ein einziger Baderaum diese doppelte Funktion. Im 15. Jh. wurde dem Wannenbad ein nahezu vernichtender Schlag versetzt. Die Kreuzritter brachten nicht nur gesteigerte Badefreude aus dem Orient, sondern auch die Lepra; das Wannenbad galt geradezu als Infektionsherd. Dagegen schrieb man dem Dampf- und Schwitzbad eine vorbeugende Wirkung gegen Ansteckung zu. Fortan war landaus, landein fast nur noch dieser Bädertypus in Gebrauch. Um 1500 entfachte eine andere Seuche Angst und Schrecken in den Badstuben: die Syphilis.

Seit dem Ende des 15. Jh.s war die Badstub oft gleichzeitig Freudenhaus. Ehrbare Männer und besonders Frauen mieden das öffentliche Bad, durch das sich die Geschlechtskrankheit rasch verbreitete. Ein Blick auf die Miniatur des Meisters des Herzogs Anton von Burgund, die das Leben des Valerius Maximus (siehe Farbtafel 7) darstellt, vermittelt einen lebhaften Eindruck vom Treiben in einer Badstub um 1470: In dem recht stattlichen öffentlichen Bad stehen an verschiedenen Plätzen Badewannen, die von einem mit Stoff überhängten Gestell an drei Seiten umgeben sind. Vorne bleibt die Sicht von der Badewanne in den Raum hinein frei. Ein Vorhang kann jedoch zugezogen werden, wenn sich das Paar in der Wanne gänzlich unbeobachtet fühlen will. Die Badenden sind nackt, lediglich die

Frau trägt eine Haube und einen dünnen durchsichtigen Badeschleier, der an einer Halskette befestigt ist. Vor den Badzellen sind Tische mit Speisen und Getränken aufgestellt. Badediener sind damit beschäftigt, Speisen und Wein herbeizuschleppen und die Becher zu füllen. In den beiden hinteren Räumen sind zwei große Betten zu sehen. Ein Paar hat sich bereits darin zum Schäferstündchen niedergelassen. In der zweiten Kammer lockt der Mann die noch vor ihm stehende Frau zu sich ins Bett. Zwei vornehme Herren (ein geistlicher und ein weltlicher) betreten gerade die Badeanstalt.

Sehr zahlreich sind Darstellungen dieser Art im 15. Jh. zu finden. So ist es nicht verwunderlich, daß das unzüchtige Treiben den einst ehrbaren Ruf einer Badstub zerstörte.

Die mittelalterlichen Badhäuser von Eberbach und Dieburg

Darstellungen einer öffentlichen Badeanstalt wie die Dürers (Abb. 3), Behams oder Aldegrevers finden in den erforschten mittelalterlichen Badstuben ihre gebaute Entsprechung.[19]

Exemplarisch für diesen mittelalterlichen Bädertypus sollen zwei gut erforschte und dokumentierte Badehäuser vorgestellt werden. Das erste Badhaus entstand am Ende des 15. Jh.s in Eberbach (Rhein-Neckar-Kreis) über einer noch älteren Badstube aus der Zeit um 1360.[20] Das zweite öffentliche Bad befindet sich im hessischen Dieburg und ist ca. ein Jahrhundert später zu datieren.[21]

Das *Badhaus in Eberbach* ist ein stattliches zweieinhalbstöckiges Gebäude. Die Badeanlage war im gemauerten Erdgeschoß untergebracht. Der Hauptbaderaum wird durch zwei mächtige Sechseckpfeilerstellungen in drei Joche eingeteilt. Ein Kreuzgratgewölbe deckt den ursprünglich nur zwei Meter hohen Raum ein. Dem mittleren Pfeilerjoch gegenüber liegt der Feuerraum, der von einem Meter dicken Mauerwerk umschlossen ist. Er ist auf Grund stilistischer Merkmale vermutlich bereits um 1360 entstanden, gehörte also bereits dem Vorgängerbau an. Zu dem großen Baderaum hin öffnet er sich in einem 1,50m breiten und in Scheitelhöhe 1,25m hohen Rundbogen aus Sandstein. Zwei Luftschächte verbinden den Heizraum auch mit den beiden seitlich liegenden Räumen, von denen der östliche im Eingangbereich liegende wohl als Auskleideraum diente, der westliche dagegen mit dem großen Baderaum verbunden ist. Der Feuerraum selbst besteht aus zwei Raumkompartimenten. Der nach innen liegende Teil wird ganz von einem großen

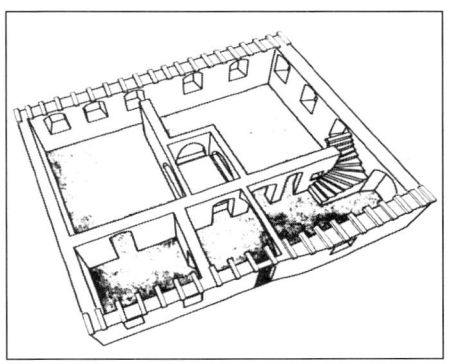

4. Dieburg, mittelalterliches Badhaus, 1581, 1594 renoviert und eingewölbt, Isometrie nach Helmut Reinhardt

5. Dieburg, mittelalterliches Badhaus, Herdraum

Ofen ausgefüllt, der von dem nach außen liegenden Raumabschnitt aus beheizt wurde. Das Brennmaterial lagerte außerhalb und wurde über die nach außen führende Tür des Heizraums herbeigeschafft. War das Feuer entfacht, so gab der Ofen seine Hitze über die Luftschächte und durch den großen Rundbogen ab. Der heißeste Teil des Badhauses lag somit zwischen Rundbogen und dem zentralen Pfeilerjoch. Durch Begießen des Ofens mit kaltem Wasser konnte Dampf erzeugt werden. Vermutlich über eine Außentreppe gelangte man zu den zum Bad gehörenden Räumen des ersten Obergeschosses.

Ganz ähnlich ist das *Badhaus in Dieburg* (Abb. 4) konzipiert. In den beiden grossen Baderäumen stehen Pfeiler in der Raummitte, die das Kreuzgratgewölbe tragen. Zwischen diesen Badstuben liegt im Zentrum des Erdgeschosses ein weiterer kleiner Raum (Abb. 5). Er öffnet sich in drei Arkaden. Die beiden sich gegenüberliegenden messen jeweils 2m Breite, die dritte 1,6m bei einer Scheitelhöhe von 1,6m. Die Bögen öffnen sich – ähnlich wie in Eberbach – zum Ofen, der den gesamten Raum einnimmt. Der Ofen wurde von dem dahinterliegenden Heizraum aus, der einen eigenen Ausgang ins Freie hat, bestückt. Die Hitze strahlte in die anliegenden Räume ab. Von den Baderäumen aus konnten Steine, aber auch Wasser auf dem Ofen erhitzt werden. Wollte man ein Dampfbad erzeugen, goß man kaltes Wasser auf die erhitzten Steine oder die heißen Steinplatten der Feuerstelle. Ein Wassertrog ist noch heute in der Mauer zwischen dem Eingangsbereich

mit der ins darüberliegende Stockwerk führenden Treppe und der großen Badstube sichtbar. Von dem Trog konnte man direkt frisches Wasser schöpfen. Dieses
große Badegemach mit dem Wassertrog war wahrscheinlich das Schwitzbad. Hier
noch erhaltene Wandsockel stützen diese These, da auf ihnen wohl die Schwitz-
bänke montiert waren. Der hinterste kleine Raum des Bades diente auf Grund seiner Wasserabflußrinne offenbar dem Wannen- oder Zuberbad.

Über die weitere Ausstattung solcher Badhäuser geben die Stiche Aufschluß.
Zuber und kleine Waschbecken standen in den Räumen. Man saß auf Schemeln
oder Bänken, bürstete sich gegenseitig den Rücken und wusch sich, man goß Wasser über die heißen Steine auf der Feuerstelle und schwitzte auf den Bänken. Fortschrittliche Dampferzeugungssysteme, wie sie Kyeser beschreibt und darstellt,
gab es in diesen öffentlichen Bädern nicht. Sie sind dem Bereich des Kur- und
Heilbades zuzuordnen.

3. Badesitten

In Kyesers Wannenbad (siehe Farbtafel 4) betritt eine Frau gerade das Bad.
Erstaunlicherweise ist sie ganz nackt. Es war im Mittelalter tatsächlich Sitte, nackt
von zu Hause ins Bad zu gehen, da dort Kleiderdiebstahl an der Tagesordnung
war. Noch im 17. Jh. prangert Guarinonius diese Sitte an. Er klagt,

> »daß wohl erzogene Burger und Burgerinnen sich in ihren Häusern ent-
> blössen und also nackend über die öffentlichen Gassen bis zum Badhaus
> gehen. Ja wie vielmal läuft der Vater bloss von Haus mit einem einzigen
> Untergewand über die Gassen samt seinem entblößten Weib und blossen
> Kindern dem Bad zu«.[22]

Quellen berichten auch häufig vom gemeinsamen Bad von Mann und Frau. Wenn
es getrennte Badstuben gab, dann waren die Brettertrennwände so niedrig, daß
jeder in das Bad des andern Geschlechts schauen konnte.

> »Und ob gleichwohl hülzerne dinne Wänd entzwischen/und Mann von
> Weib underschieden/so ist doch in gemein die ober halbe Wandt gegät-
> tert/damit die Hitz hindurch möge/das Holz erspart und Unzucht
> gemehrt... Und ist über diß stets die Thür offen und die Bader und Schand-

knecht/hin und wider/auß und ein lauffen/daß eins das ander gar wol sehen kan/und gleich wie mit einer Badhitz/beide Zimmer gehitzt werden/also wird beides Geschlecht mit einer Unzucht verstrickt «[23]

In zahlreichen Kupferstichen wird das unzüchtige Treiben in der Badstub dargestellt. Virgil Solis nach Heinrich Aldegrever zeigt den Innenraum einer Schwitzstube. Männer, Frauen und Kinder tummeln sich alle zusammen nackt im selben Raum. Sogar ein Liebesakt findet dort gerade statt. Noch geordnet scheint das Badeleben im 13. Jh. verlaufen zu sein, als der österreichische Dichter Seifried Helbling seine Verse zum Bad niederschrieb:[24]

>»Sit nu dies frage ist volbraht,
>so han ich eines mir gedaht,
>daz nach ummnoze niht schat:
>ob bereit si daz bat,
>des min war frumer kneht:
>her, ir welt wol und reht.
>ob ich da bi die warheit lies?
>ich hörte, daz der bader blies
>und sach mit ringebürstem har
>barfüez an gürtel slichen dar
>unser nachgefüren dri:
>da kius ich die warheit bi.
>'ich will dar, wol danach mir!
>nim min badhemd mit dir.
>als ich zuo dem badhus kam,
>der knecht von mir nam
>daz gewant und leit er hin
>ze dienste het er guoten sin.«

Der Knecht berichtet, daß der Bader geblasen habe. Das öffentliche Bad wurde nur an einigen Tagen in der Woche geheizt. Wenn alles gerichtet war, das Wasser und die Stuben warm, blies der Bader – der Besitzer der Badstub – das Horn. Unsere beiden Herren nehmen ein Badehemd mit. An der Tür werden sie von einem Badknecht empfangen, der die Kleider in Gewahrsam nimmt. Eine Bademagd »streich mir rücke, bein und arm,« d. h. rieb ihn mit Lauge ab. Um eine recht ordentliche Hitze zu erreichen – die Herren suchten eine Schwitzstube auf – ließen sie »zwei

6. Heinrich Aldegrever, mittelalterliche Badestube, Kupferstich (nach Virgil Solis)

scheffel an die stein« gießen, so daß das Wasser aus den Scheffeln auf dem heissen Stein verdampfte. Jetzt peitschten sich die beiden Badgäste auf einer Bank, der sog. *Leckbank*, sitzend die Glieder mit einem Quast zur Durchblutung: »Daz wir die wedel swingen«. Die *Wedel* wurden beim Eintritt ins Bad vom Bader gereicht: »einen frischen niuwen wadel, hinden wol gebunden.« Dieser Quast wurde teilweise vor die Badstub gehängt, als Zeichen dafür, daß das Bad in Betrieb war. Nach dem Schwitzen gab's einen kalten Abguß. Der »Badknecht« kam zum Abreiben, besorgte das *Zwargen* (Kopfwäsche) und den *Scherstat* (Scheren), dann gab's zuletzt noch einen Laugenüberguß, das *Abschießen*. »Nu dar, her scheret bart!«[25] Nach der Prozedur soll man ruhen. »Auff das Bett ›soll man‹ kräftigende Speyse niessen die gute reichliche narung geb.«[26] Der kritische Guarinonius hat auch hier zu klagen[27], daß man

>»gleich anfangs in die größt Hitz auff die hohen Benck hinauff sitzt… daß einer das/der andere dort/über die Benck ohnmächtig herab fallen/theils gar todt/wie das Viech auß dem Bad hinauß getragen werden/… Ohne einige Behutsamkeit/in dem man in den Schweißbädern/nach der Bauß frißt und trinckt/und einer nicht wol underscheiden kan/ob das Schwitzbad ein Bad – oder aber ein Fraß- oder Sauff- oder Unzucht- und Luderhaus sey.«

Die Sitte, im Bad zu essen, wird auch gerne in den zeitgenössischen Bildwerken dargestellt. Zum Betreiben einer *ehehaften Badstub* mußte der Pächter an die Stadt einen recht hohen Zins zahlen. Besonders teuer war die *Erbbadstub*. Daher mußte der Badgast – wie im alten Rom – einen bestimmten Eintritt bezahlen. Die Bader schlossen sich in einer eigenen Zunft zusammen. Sie waren gleichzeitig Bader, Barbier und Chirurg, ließen zur Ader und schröpften. Der Beruf des

Baders kam erst in Veruf, als im späten 15. Jh. die Badstub gleichzeitig zum Freudenhaus wurde. Hält sich Guarinonius nie zurück, mit Schimpf und Schande über die Badstub herzuziehen, so hielt ein geistlicher Herr die Sitten 200 Jahre früher – beim Beobachten des gleichen Treibens in dem berühmten Kurort Baden in der Schweiz (Aargau) – für tadellos.

4. Kurbäder

Im Jahr 1417 schreibt Francesco Giovanni Poggio Bracciolini[28] an seinen Freund aus *Baden* im Aargau (Schweiz):

»Diesen Brief aber schreibe ich dir aus diesem Bade, das ich, meine Handgelenke zu heilen, aufgesucht habe, und da schien es mir angemessen, die Lage und Anmuth desselben, zugleich auch die Sitten dieser Leute und die Weise des Badens zu beschreiben. (…)

Nahe bei der Stadt, vier Stadien entfernt, liegt ein sehr schönes Dorf zum Gebrauch der Bäder hergerichtet. In der Mitte des Dorfes ist ein großer Platz, der von großen Gasthäusern, welche viele aufnehmen können, umgeben ist. Die einzelnen Häuser haben die Bäder im Innern, in denen nur die baden, welche da wohnen; die Bäder sind sowohl öffentliche als Privateigenthum, etwa dreißig an der Zahl. Öffentliche sind nur zwei vorhanden, offen zu beiden Seiten, Badestätten des Volkes und des gemeinen Haufens, zu denen Weiber, Männer, Knaben, unverheirate Mädchen, die Hefe der ganzen Umgegend zusammenströmt. In ihnen scheidet eine Mauer die Männer von den Frauen. Es ist lächerlich zu sehen, wie abgelebte alte Weiber und jüngere Frauen nackt vor den Augen der Männer ins Wasser steigen (K). Ich habe oft über dies prächtige Schauspiel gelacht, dabei an die Spiele der Flora gedacht und bei mir die Einfalt dieser Leute bewundert, die weder auf so etwas hinsehen, noch irgend etwas Böses davon denken oder reden.

Die Bäder in den Privathäusern sind aber sehr fein; Männern und Frauen gemeinsam, aber durch eine Holzwand geschieden. In ihr sind mehrere Fenster angebracht, so daß man zusammen trinken und sich unterhalten kann, nach beiden Seiten hin zu sehen und sich zu berühren vermag (L), wie dies ihrer Gewohnheit nach oft geschieht. Über dem Bassin sind Corridore, auf denen Männer stehen, zuzusehen und sich zu unterhalten, denn ein Jeder darf in andre Bäder gehen und sich dort aufhalten, zuzuschauen, zu plaudern, zu scherzen und sich zu erheitern, so dass man die Frauen, wenn sie ins Wasser steigen oder aus demselben herauskommen, sieht. Keiner bewacht den Eintritt, Keiner wehrt die Thür, Keiner argwöhnt etwas Unschickliches. Männer tragen nur eine Schambinde, die Frauen ziehen leinene Hemden an, von oben bis zum Schenkel, oder an der Seite offen, sodaß sie weder den Hals, noch die Brust oder die Arme bedecken. Im Wasser selbst speisen sie oft auf gemeinsame Kosten, ein geschmückter Tisch (N) schwimmt auf dem Wasser und auch Männer pflegten Theil zu nehmen.

Wir sind in dem Hause, in dem wir badeten, einmal zu solchem Fest geladen worden. Ich habe meinen Beitrag gezahlt, wollte aber trotz wiederholter Bitten nicht theilnehmen, nicht aus Schamgefühl, das für Feigheit oder Unbildung gehalten wird, sondern weil ich die Sprache nicht verstand. Es kam mir närrisch vor, daß ein Italiener, unkundig der Sprache, im Wasser unter den Frauen stumm und sprachlos dasitze, da ein ganzer Tag mit Essen und Trinken hingebracht werden sollte. Aber zwei von den Genossen sind in das Bad gegangen, mit großer Herzensheiterkeit, haben mit gethan, mit getrunken, mit gespeist, durch den Dolmetsch sich unterhalten, oft mit dem Fächer Luft gefächelt. Es fehlt nichts zu dem Gemälde, wie Jupiter die Danae mittelst des goldenen Regens befruchtete u. s. w. Sie aber waren, wie es bei den Männern Sitte ist, wenn sie in die Bäder der Frauen eingeladen werden, mit leinenen Hemden bekleidet; ich jedoch sah von der Gallerie aus alles, die Sitten, Gewohnheiten, die Liebenswürdigkeit, die Freiheit und Ungebundenheit der Lebensart. Es ist merkwürdig zu sehen, in welcher Unschuld sie leben, mit welchem Vertrauen Männer es ansahen, daß ihre Frauen von Fremden berührt wurden. Sie wurden nicht gereizt, achteten nicht darauf, nahmen alles von der besten Seite. Nichts ist so schwer, das bei ihren Sitten nicht leicht wird. Sie hätten ganz in den Staat Platos gepaßt, wo alles gemeinsam ist, da sie schon ohne seine Lehre so eifrig in seiner Schule erfunden werden. In einigen Bädern sind Männer unter den Frauen, denen sie entweder verwandt sind, oder es wird ihnen aus Wohlwollen gestattet. Täglich gehen sie drei- oder viermal ins Bad und bleiben den größten Theil des Tages darin, theils singend, theils trinkend, theils Reigen tanzend. Sie singen auch im Bade sitzend, ein Weilchen, dabei ist es besonders angenehm, die erwachsenen Mädchen in heiratsfähigem

Alter, mit schönen und freimüthigen Gesichtern, im Costüm und Gestalt der Göttinnen singen zu sehen, wie sie die auf dem Wasser schwimmenden Kleider hinten nachziehen, man könnte sie für die Venus selbst halten. Es ist Sitte, daß die Frauen, wenn die Männer von Oben zuschauen, spaßeshalber um ein Geschenk bitten. So werden ihnen, und zwar den schönsten, Geldstücke zugeworfen, die sie mit der Hand oder mit den ausgebreiteten Hemden fangen, sich einander fortstoßend, und bei diesem Spiele werden zuweilen auch geheime Reize enthüllt. Es werden auch Kränze aus verschiedenen Blumen herabgeworfen, mit denen sie sich die Häupter beim Baden schmücken. Ich habe, durch die unbeschränkte Freude, zu sehen und Scherz zu treiben, gelockt, da ich nur zweimal täglich badete, die übrige Zeit damit hingebracht, die anderen Bäder zu besuchen und sehr oft Geldstücke und Kränze wie die anderen hinabgeworfen. Denn weder zum Lesen noch zum Denken war Zeit vorhanden unter den ringsum erschallenden Klängen der Symphonien, der Trompeten, der Ziethern, wo schon der Wille zu denken die höchste Torheit gewesen wäre, (…).

So siehst du unzählige schöne Frauen ohne Männer, ohne Verwandte, mit zwei Dienerinnen und einem Knecht oder einer alten Angehörigen, die leichter zu täuschen als zu ernähren ist. Einige gehen, soweit sie es vermögen, mit Kleidern, Gold, Silber und Edelsteinen geschmückt, daß man glauben könnte, sie seien nicht zu den Bädern, sondern zu den herrlichsten Hochzeiten gekommen. Da gibt es auch vestalische Jungfrauen, oder richtiger gesagt floralische. Da leben Äbte, Mönche, Brüder und Priester in grösserer Freiheit als die Anderen, baden zuweilen gemeinsam mit den Frauen und schmücken die Haare mit Kränzen, alle Religion bei Seite lassend. Alle sind eines Sinnes, die Traurigkeit zu fliehen, die Heiterkeit aufzusuchen, nichts zu denken, als wie sie fröhlich leben, die Freuden geniessen. Nicht das Gemeinsame zu theilen ist die Frage. Merkwürdig ist es, daß bei einer so großen Menge (beinahe 1000 Menschen), bei so verschiedenen Sitten keine durch Trunk verursachte Zwietracht entsteht; kein Aufruhr, kein Streit, kein Gemurr, kein Fluch. Es sehen die Männer, daß ihre Frauen berührt werden; sie sehen, daß sie mit ganz Fremden, und zwar allein verkehren; dadurch werden sie nicht erregt, sie staunen über nichts, meinen, daß alles im guten und ehrbaren Sinne geschehe. Daher findet der Name Eifersucht, der gewissermaßen Ehemänner erdrückt, bei denen keine Stelle. Das Wort ist unbekannt und unerhört. Sie kennen gar keine Krankheit dieser Art, haben keinen Ausdruck für diese Leidenschaft. Und es ist nicht wunderbar, daß es bei ihnen dies Wort nicht gibt, da die Sache selbst nicht vorhanden ist. Denn noch ist keiner bei ihnen gefunden worden, der eifersüchtig wäre. O, wie verschieden sind unsere Gewohnheiten etc.«[29]

Poggio erweckt mit seiner blumigen Schilderung die Badekultur jener Zeit zu neuem Leben, so daß dem nur wenig hinzuzufügen ist.

Ärztlichen Rat über die richtige Anwendung einer Kur gibt Ruland in seinen *Drey Bücher über Wasserbaden, Aderlassen und Schrepfen.* Im III. Teil berichtet er »Wie man sich vor und nach dem Bade halten soll.« »Etliche Tage vorm Baden soll man den Leib mal Purgieren.«(Es folgen Rezepturen hierfür.)

> »Wenn nun der Leib mal wol gereinigt und purgiert ist/soll darauf ein Aderlaß volgen/… Sieben Tag nach der Aderlässe/mag man ein gelegen/und der person Complexion und Krankheit/nutzlich Bad anheben zubrauchen. Am Morgen nach Aufgang der Sonne/wan die Leerung des Magens vollbracht/und der Leib von excrementis entlediget/sol man in das Bad sitzen.«

Dann nennt Ruland, wie lange man täglich baden soll. Die Zeit wird von vormittags einer Stunde und nachmittags anderthalb Stunden am ersten Tag auf vier Stunden am Vormittag und drei Stunden am Nachmittag ab dem achten Tag gesteigert »biß die Handt wol außschlag oder gute/merckliche besserung gespiirt wirdt.« Auch bei der Kur spielt Essen und Trinken eine wichtige Rolle. Ruland rät: »Im Bad aber/Esse nicht/Trinke nicht/und Schlaffe nicht.«

Küfer erteilt nach 1625 ähnliche Ratschläge in seiner *Beschreibung des Margräfischen warmen Bades…,* und auch die französische ärztliche Beschreibung einer Kur aus dem Jahr 1345[30] weicht wenig hiervon ab. Sie warnt vor allem vor zu üppigem Essen. »In keinem Fall soll man mehr als 1/2 Hühnchen essen; jedoch kann man sein Brot in die Sauce tauchen, was die Verdauung erleichtert; dann soll man ein wenig Wein ohne Zumischung von Wasser trinken und auch nur während der Mahlzeit.« Nach dem Essen solle man nicht gleich schlafen, sondern erst die Nahrung *»au fond de l'estomac«* hinabgleiten lassen.

Daß diese Ratschläge in der Praxis befolgt wurden, erfahren wir von Montaigne, der in den Jahren 1580 bis 1581 eine siebenmonatige Badereise unternahm, die ihn von Frankreich über Deutschland und die Schweiz nach Italien führte. Aus *Plombières* berichtet er:

»Es ist dort Sitte, nur zu baden, und zwar zwei- oder dreimal am Tage. Manche nehmen ihre Mahlzeit während des Badens selbst ein, lassen sich darin schröpfen und purgieren und allemal, bevor sie hineinsteigen.«[3] Er beschreibt auch die Bäder selbst:

> »Es sind mehrere Bäder vorhanden, darunter ein großes Hauptbad, das in ovaler Form in altertümlicher Art gefaßt ist. Es hat eine Länge von 35 Schritt und eine Breite von 15…. Die Plätze liegen auf den Seiten und sind durch Schranken voneinander getrennt, wie man sie ähnlich in den Ställen findet; darüber liegen Bretter, um Sonne und Regen aufzuhalten. Ringsherum um das Bad ziehen sich drei Reihen Stufen wie in einem Theater hin, worauf die Badgäste sitzen oder sich zurücklehnen können.«[32]

Montaignes Beschreibung läßt sich gut an dem Holzschnitt aus dem Jahr 1553 nachvollziehen. »Allen Huren und unzüchtigen Frauenzimmern ist untersagt, die Bäder zu betreten…« – wodurch es vermieden werden sollte, daß die Kurstadt ihren Ruf aufs Spiel setzte.[33]

Im Bad von *Lucca* hält sich der französische Seigneur längere Zeit auf. Er beschreibt das Bad folgendermaßen:

> »Das Bad ist bedeckt, gewölbt und ziemlich dunkel, halb so breit wie mein Saal in Montaigne. Auch eine Auslaufvorrichtung ist vorhanden, eine sogenannte *doccia*; sie besteht aus Röhren, unter die man sich stellt und aus denen unaufhörlich heißes Wasser auf die verschiedenen Körperteile, zumal auf den Kopf sprudelt und die betreffende Stelle gehörig bearbeitet… Die Frauen benützen ein anderes Bad, das ebenso überwölbt und dunkel ist.«[34]

Diese Berichte über Kurbäder machen deutlich, daß die Bäder und Badekultur der Antike längst untergegangen waren, selbst wenn man teilweise noch die gleichen Badeorte benutzte, wie es die Römer taten. Rivius vergleicht das Kuren seiner Zeit mit jenen der Alten:[35]

> »… wie dann noch heutigstaags solcher brauch bey den Reichen noch blieben/deren der mehrertheil/solch Badenfart mehr zu leiplichen wollust/dann zu der notturfft für leipliche kranckheiten und gebrechen anrichten/Haben

solche ursachen halb die alten sonderlichen fleiß angewendet/damit dieselbigen erst da man sich also pflog mit grossem wollust zu Baden/auffs aller lustigest genüglichst und gemach sambst zu erbauen/nit allein mit mancherley schönen wonungen der gemach/reichlichen und nach allem vortheil geordnet/sondern zu mehreren lust mit grünen gerten/von aller handt schönen frembden und zamen oder heydnischen gewechsen/und lustigen beschatteten Spaciergengen/zu sonderlichem hochsten wollust zu embfangen/wie dann heutigstags zu sehen und augenscheinlich exempel vorhanden mancherley/dergleichen welcher getreu allenthalben inn Italia/darinn noch heutigs tags solcher wollust der alten Heiden gesehen wird.«

Solche Bäder der Alten waren z. B. noch in vielen Städten der phlegräischen Felder westlich von Neapel in Gebrauch, dort, wo auch das antike Bajae lag.[36] Es ist ein seltener Glücksfall, daß Petrus de Ebulo um 1210 eine illuminierte Handschrift über die *Bäder von Pozzuoli* und Bajae[37] verfaßte, die er zwischen 1211 und 1220 Friedrich II. widmete. Es ist die erste illuminierte Schrift zum Thema Bad, das an sich schon ein selten behandelter Gegenstand im Mittelalter war.[38] Insgesamt werden 35 Bäder beschrieben und z. T. auch abgebildet. Die Miniaturmalereien stellen die Badezellen in zwei Variationen dar: Die erste ist ein Rundraum, der von einem Kuppelgewölbe überdacht wird, das von vier schlanken, fragilen Säulchen getragen wird; die zweite stellt einen tonnengewölbten Raum dar.[39] Die Maler der existierenden Handschriften[40] waren vor das Problem gestellt, etwas darstellen zu müssen – das Bad –, wofür es keine existenten Vorlagen gab. Beim ersten Typus des 13. Jh.s (MS Angelica) behalf sich der Maler dadurch, daß er ein Architekturzitat wählte, das er aus der religiösen Ikonographie kannte, nämlich den Baldachin. Die Darstellung der Lage der Bäder (z. T. höhlenartig in der Erde liegend), des Badevorgangs, der heißen aufsteigenden Dämpfe etc. entsprach den realen Gegebenheiten vor Ort. Das heißt, der Künstler kannte gewiß die Bäder, die im Mittelalter in Betrieb waren, persönlich. Im Manuskript Bodmer aus dem 14. Jh. tauchen zwei Architekturformen – der überkuppelte Rundraum und der rechteckige Raum mit Tonnengewölbe – parallel auf. Beide Raumtypen sind, sieht man von den dünnen Säulchen ab, tatsächlich in den Bäderterrassen von Bajae bei den Ausgrabungen der 50er Jahre, freigelegt worden. Das heißt also, daß der Künstler des 14. Jh.s bemüht war, die Bäder möglichst realistisch wiederzugeben, während der des 13. Jh.s nur dort das real Vorhandene abbildete, wo er keine Vorlagen kannte, nämlich den Badevorgang an sich, sowie die heißen Quellen und Dämpfe. Ansonsten verhaftet sein Stil insbesondere byzantinischen Vorbildern.[41]

Im *Balneum Tripergula* sind zwei der überkuppelten Räume aneinandergereiht. Im ersten Raum ist ein Badgast gerade dabei, sich zu entkleiden. Über einer Stange hängen bereits mehrere Kleidungsstücke. Im Raum daneben sitzen schon einige Kurgäste in dem großen runden, aus Ziegelstein gemauerten Badebassin.

In einer weiteren Miniatur (Farbtafel 3) wird ein Schwitzbad, *Balneum Sudatoria*, wiedergegeben. Mehrere Personen haben sich um ein irdenes Gefäß gruppiert, in dem sich wohl Wasser zur Abkühlung befindet. Ein Badegast hat den Raum gerade verlassen, um eine Kanne frischen Wassers von dem vorbeifließenden Strom zu holen. In einem anderen Bad, dem *Balneum Calatura*, befinden sich wieder mehrere Gäste im Wasser. Ein weiterer Badegast betritt gerade den Rundraum, in dessen Kuppel zur Belichtung ein Vierpaß eingeschnitten ist. Der darüber dargestellte Kuppelraum schloß vermutlich – die zentralperspektivische Darstellung war noch nicht entdeckt – direkt hinter dem Baderaum an. Dort hat sich eine kleine Gesellschaft zum Speisen nach dem Bad versammelt. Die Sitte, Bad und Essen zu verbinden, war also auch schon im 13. Jh. in Gebrauch. Sie ist vermutlich sogar von den Römern übernommen und über Jahrhunderte tradiert worden. Auffallend ist, daß alle Badegäste völlig nackt sind. Hier in den Bädern der phlegräischen Felder wurden die römischen Badesitten – bedingt durch die über Jahrhunderte ohne Unterbrechung benutzten Kurbäder – weitgehend unverfälscht tradiert, erhielten vielleicht sogar durch die byzantinische Herrschaft in diesem Raum (seit 553) einen neuen Auftrieb.

Über den Betrieb eines Heilbades mit Wannen- und Dampfbädern klären die *Schriften des Konrad Kyeser*[42] auf. In seinem Werk *Bellifortis* bildet er zwei Bäder ab und gibt folgende Erklärungen dazu:

»Durch Galienus[43], den höchsten Könner der ärztlichen Kunst, ist dieses hier dargestellte Bad klar beschrieben worden, gegen alle Krankheiten, besonders gegen Schlagfluß und die inneren Ursachen aller Art, nicht zuletzt die vom Fluß der Hämorrhoiden kommen, vom Ausbleiben der monatlichen Reinigung und von den Frühgeburten der Frau, wovon die Bäuche gequält und arg geschwächt werden. Wenn Du nach Vorschrift des Meisters dieses Bades das Folgende nimmst, Beifuß, Wermut mit Baldrian, Bertran, Andorn ein wenig rotes Benediktenkraut, dazu Odermenning und Schafgarbe, dies sammle alles zu gleichen Teilen, wasche es gut mit Wasser, und dann wirst Du es in kleine Stücke schneiden, in einen Topf oder eine Sudblase, wie sie hier aus Kupfer dargestellt ist, se en die einzelnen hinein-

gelegt, darauf werde reines Wasser hinzugefügt, und dann unterhalte der
Herd mäßiges Feuer, damit mittels der Sudblase eine zeitlang Dampf zu
den Insassen eindringe, und wenn er dann einigermaßen bis zum Überdruß
geschwitzt hat, mögen Blase und Rohr vom Feuer fortgenommen werden.
Und die Kräuter mit dem Wasser mögen dem Badenden bereitgestellt werden, womit er seinen Körper fleißig waschen möge, und kein anderes Wasser soll sich ihm mit seiner Strömung nähern. Und so bade er sich so heiß
er kann. Neun Tage lang darf er das fortsetzten. Es ist in jedem Monat heil-
sam, außer im Hundsmonat«.[44]

Kyeser legt besonderen Wert darauf, die heilende Wirkung eines Kräuterdampf-
bades darzustellen. Der technische Ablauf wird nur nebenbei erwähnt. Das abgebildete Dampfbad ist auf Stelzen errichtet. Innerhalb der Stelzenkonstruktion
befinden sich Feuerstelle und Dampfkessel. Der Hals der Sudblase mündet direkt
ins Bad und leitet die heißen Dämpfe hinein. Um ein Entweichen der Kräuter-
dämpfe zu verhindern, bleiben alle Fensterläden verschlossen. Nur am Vorbau des
Eingangs und einer weiteren Seitenkammer schauen Badgäste aus dem Fenster. Im
Dach gewährt eine runde Öffnung den Abzug des Dampfes. Wie Kyeser erklärt,
kann die Sudblase vom Feuer genommen und der Kräutersud abgegossen werden,
um anschließend noch als Wannenfüllung für ein Kräuterbad zu dienen. Wie dies
technisch bewerkstelligt werden soll, gibt Kyeser nicht an. Seiner Ausführung
zufolge müssen im mittleren Teil des Hauses das Dampfbad, in den seitlichen
Räumen die Wannenbäder vermutet werden.

Anders in seinem zweiten Bad, der *Badeanstalt auf Stelzen mit Blick ins
Innere*.[45] Nur eine kurze Erklärung gibt Kyeser hierzu:

»Des Philon Erfindergeist lehrt, ein Bad folgendermaßen einzurichten: Du
mögest einen Kessel mit Wasser bis oben hin füllen, und in dessen unteren
Teil sei ein Loch, in das ein kupfernes Rohr eingeführt werde, und unten
werde ein mildes Feuer unterhalten, so daß die Blase heiß wird. Dadurch
wird auch das Wasser heiß und tritt von unten in beide Kessel ein. Folglich
wird das Wasser warm.«

Diese nicht ganz eindeutige Erklärung läßt vermuten, daß der Kessel über dem
Feuer wie im ersten Beispiel mit Wasser gefüllt war, das zum Verdampfen
gebracht wurde. In dem kleinen Anbau, in den das Kesselrohr mündet, befanden
sich offenbar zwei Wasserbehälter für das Bad. Durch das Einleiten der aufstei-

genden heißen Dämpfe wurde das Badewasser erhitzt und in die Wannen geleitet, die durch die beiden weit geöffneten Fensterbögen zu sehen sind. Eventuell wurde der Dampf auch gleichzeitig für das Dampfbad genutzt. Bei dem von Kyeser abgebildeten Bad handelt es sich um große Badebassins, in denen gleichzeitig mehrere Personen baden können. Im hinteren Teil befindet sich das Männerbad, im mittleren erkerartigen Vorbau das Frauenbad; also handelt es sich hier nicht um eine *balnea mixta*. Der vordere Teil der Badstub diente wahrscheinlich als Umkleideraum. Eine Treppe führt seitlich hinauf.

Konrad Kyesers Badbeschreibung und -abbildung machen deutlich, daß das Wissen um die ausgereiften Badeanlagen der römischen Antike offensichtlich verlorengegangen war. *Bellifortis* ist zwar kein Architekturtraktat, der Autor setzt sich in seiner Schrift jedoch mit dem wichtigsten Wissen seiner Zeit auseinander (Wehranlagen, Kanonen etc.). In der Art und Weise, wie er die beiden Bäder beschreibt, bleibt er weit hinter den Anweisungen des antiken Ingenieurs und Theoretikers Vitruv zurück. Hier beschreibt er ein wenig den medizinischen Nutzen der Kräuter – beruft sich dabei auch auf den Arzt Galen –, dort ein wenig die Wasseraufbereitungsanlage. Im übrigen setzt Kyeser die allgemeine Kenntnis einer solchen Badeanlage voraus und hält deren genauere Erläuterung nicht für notwendig. Die von ihm abgebildete und besprochene Badstube für den Heilbadbetrieb hat in ihrer technischen Ausrüstung mit den öffentlichen Badhäusern, wie wir sie oben vorgestellt haben, wenig gemein. Besonders das Dampferzeugungssystem ist ein ganz anderes. Es hat mehr Ähnlichkeit mit dem zu jener Zeit bereits ausgereiften Bedampfungsanlagen der Orientalen als mit dem des heimischen Bades. Auf Grund des regen Austausches zwischen Orient und Okzident wäre es durchaus denkbar, daß Konrad Kyeser von dort Anregungen aufnahm.

Bevor wir die Spuren römischen Badelebens im Byzantinischen Reich und das Eindringen orientalischer Elemente in jene Kultur verfolgen, soll noch kurz der *Jungbrunnen* als ein Nebenprodukt des Kurbades erwähnt werden. Schon die Kur, der Besuch eines Heilbades versprach mehr als nur Gesundheit. Im Vordergrund stand das gesellschaftliche Leben. Um darin eine Rolle zu spielen, mußten vor allem die Frauen jung, schön und lustig sein. Das Idol der ewigen Jugend ist also keine Erfindung unserer Zeit. Das Bad im Jungbrunnen verspricht jedem, seinen Traum von Jugend zu erfüllen:

»Dies Wasser hat so edle Kraft,
welch Mensch mit Alter war behaft,

ob es ein Stund darinnen saß,
so täten sich verjüngen wieder
sein Gemüt, Herz und alle Glieder«,

faßt Hans Sachs 1548 zusammen. Der Jungbrunnen ist auch Gegenstand zahlreicher Gemälde. Um 1520 hielt Lucas Cranach das Thema in seinem Gemälde *Der Jungbrunnen* fest. Von der linken Seite werden karrenweise alte gebrechliche und kranke Frauen zum Jungbrunnen, einem großen Badebassin, gebracht. Über den linken Beckenrand gleiten sie ins Wasser, durchschreiten oder durchschwimmen es und entsteigen ihm wieder auf der rechten Seite als junge, hübsche Frauen. Ein Edelmann empfängt sie und bittet sie in ein Zelt, in dem sich die Damen in höfische Gewänder kleiden. Im Hintergrund sitzen sie schon paarweise mit edlen Rittern an einer festlichen Tafel, tanzen oder unterhalten sich mit ihrem Lieben.

»Aus allen Landen weit und fern
auf Senften, Schlitten, Wegen, Kerren,
hier viel man auf Radwerben zug,
etlich man auf Mistberen trug,
und etlich trug man auf dem Rücken,
etlich gingen daher auf Krücken.
Zusammen kam ein Hauf der Alten
wunderlich, entig, ungestalten
gerunzelt, zahnlücket und kahl,
zitternd und kretzig überall ...
Zwölf Mann waret bestellt her
die allen Alten, so sie funnen,
halfen steigen in den Jungbrunnen.

Die täten sich alle verjüngen
nach einer Stund, mit freien Sprüngen
sprangen sie aus dem Brunnen rund,
schön, wohlgefärbt, frisch, jung und gesund,
ganz lichtsinnig und wohlgebärdig,
als ob sie wären zwanzigjährig ...«,[46]

beschreibt Hans Sachs die Verjüngungskur in seinem Gedicht. Vermutlich ist die Idee des Jungbrunnens religiösen Ursprungs. In der Taufe wird der Mensch von

7. Lucas Cranach d.Ä., Der Jungbrunnen, 1546, Öl auf Holz. Berlin, Staatliche Museen

allen (seelischen) Gebrechen befreit, und die Tür zum ewigen Leben wird ihm geöffnet. In diesem Sinne befaßt sich auch Thomas Murner in seiner *Andechtig geistlichen Badenfart* 1514 mit dem Jungbrunnen:[47]

>»Es sind wol tusend menschen gestorben
>Und von alterß halb verdorben,
>hettend sie gewiß die mere,
>wo doch ie der jungbrun were,
>Der zu letst erfunden ist,
>darumb sie doch hond nut gewißt …
>
>So gibt er ›der Jungbrunen‹ dir ein solches leben
>Das kein end kan nimmer geben
>Und ist dir erst in ewigkeit
>Das leben durch den brun ›gemeint ist die Tauf‹ bereit«[48]

Verlassen wir das turbulente Badeleben des Mittelalters, dessen Sitten sich bis weit in die beginnende Neuzeit hinein fortsetzen.

Die folgenden Kapitel über das Bad im Byzantinischen Reich und des Islam stellen neben den aus der römischen Badekultur übernommenen Elementen ganz neue Komponenten vor, die aus dem Orient eindringen.

III. Das byzantinische Reich
   und das Märchenbad aus 1001 Nacht

»In diesem herrlichen Garten, diesem Park, gab es ein entzückendes, außerordentliches Bad voller Annehmlichkeiten, wunderbar anzuschauen. Wo soll ich anfangen, was zuerst beschreiben? Seine Größe, seine Pracht, seine Anmut, seinen schimmernder Schein, seine fremdartige Vegetation? Ein Garten von außerordentlichem Duft, von ausgefallenen Pflanzen und Blumen umgab das Bad.... Dank ihrer genialen Anordnung, reichte es die Fenster zu öffnen, damit sich das wohlduftende Blattwerk ins Innere des Bades neigte. Statt einer wertvollen Marmorverkleidung war dieses Bad mit Spiegeln ausgekleidet…Betrat man das Bad, so schaute man in die Spiegel, man sah darin das ganze Bad und man hatte den Eindruck in den Spiegeln die Blätter, die Früchte und den ganzen Garten zu sehen. Die Kuppel war von Gold überzogen und mit wertvollen Steinen besetzt. Der Künstler formte einen Baum in Gold mit künstlichen Früchten aus Edelgestein und Perlen.«

Es gab eine Nische mit in Blattgold nachgebildeten Weinranken. Das Badebecken war mit Rosenwasser gefüllt, das einen betörenden Duft verstreute. Es ergoß sich aus einem goldenen Wasserspeier in Form eines menschlichen Kopfes ins Becken, der Mund eines lebendigen Mannes schien das Wasser zu speien. »Die Türen waren mit Intarsien mit Hölzern aus Indien und Arabien geschmückt und Muskathölzer waren eingelegt.« Vor der Eingangstür hing ein Vorhang mit Rosen- und Lilienmuster.

Beim Lesen dieser Badbeschreibung fühlt man sich unmittelbar in die Welt aus 1001 Nacht versetzt. Nicht ganz falsch sind diese Erinnerungen an die altpersische Märchenwelt. Die Beschreibung des Bades stammt aus dem byzantinischen Roman *Kallimachos und Chysorrhoe*[1], d. h. ein Bad aus etwa dem 13./14. Jh., also der Zeit des Herrschergeschlechts der Paläologen[2], der byzantinischen Spätzeit. So sehr ins Wunderbare entrückt, unwahrscheinlich und übertrieben diese Schilderung erscheinen mag, entbehrt sie nicht der Realität. Ein eng gewirktes, von der byzantinischen Forschung noch nicht ganz entwirrtes Netz von Tatsachen läßt diesen Schluß zu. Diese Art von Pracht- und Luxusliebe, von minutiösem Kunsthandwerk, gepaart mit der Freude an Automatenkunst und allem, was an Stelle der Natur kunstfertige Nachahmung setzt, taucht nicht erst in spätbyzantinischer Zeit auf, sondern läßt sich bis ins frühe 6. Jh., in die Zeit des Kaisers Justinian zurückverfolgen. Um die orientalische Prachtentfaltung des Bades aus *Kallimachos und Chrysorrhoe*[3] richtig würdigen zu können, um ihre geschichtlich bedingten politischen Quellen aufzuspüren und sie dann erst in ihrem größeren Kontext zu begreifen, ist es erforderlich, sich ausführlicher mit der Zeit Kaiser Justinians (ca. 482–565) zu befassen, jener Zeit also, die von den Byzantinisten meist als der Beginn der byzantinischen Kunst überhaupt bezeichnet wird.[4]

1. Justinian, Kaiser der Wendezeit

Das Byzantinische Reich stellt sich zunächst ganz in die Linie römisch und – örtlich bedingter – hellenistisch antiker Traditionen. Zwei Faktoren sind es, die den Grundstein zu gänzlich neuen Entwicklungen legen:

1. 330 verlegt der römische Kaiser Konstantin (reg. 324–337) die Reichshauptstadt von Rom nach der von ihrer Lage begünstigten alten Handelsstadt Byzanz. Nach ihm wird Byzanz fortan Konstantinopel genannt.

2. Kaiser Konstantin tritt vor seinem Tode zum Christentum über. 391 erhebt Kaiser Theodosios I. das Christentum zur Staatsreligion. Der Kaiser galt als Stellvertreter Gottes auf Erden und leitete den Staat nach Gottes Willen.

Die Idee des gottgewollten Herrschers, die schon im Alten Testament verankert ist und am blendendsten von dem weisen König Salomon verkörpert wird, führte zwangsläufig dazu, daß der (ost-) römische Staat sich fortan nach gänzlich anderen Prinzipien organisieren mußte als bisher. Zur bedeutendsten architektonischen Aufgabe arrivierte der Kirchenbau, der Bau des Hauses Gottes. Daß das Haus des Stellvertreter Gottes auf Erden, der Kaiserpalast, auffallend parallele Entwicklungen zeigt wie der Sakralbau, erstaunt nicht. Architekturformen werden zum Bedeutungträger christlich-politisch fundierter Ansprüche und Weltanschauung. Das kirchliche Zeremoniell wird auf das höfische übertragen, um die Gleichstellung beider Bereiche in einer einheitlichen Ausdrucksform zu symbolisieren. Dem Gottesdienst wird eine imperiale Liturgie gegenübergestellt, die uns durch Kaiser Konstantin VII. Porphyrogenetos (913–959) in den Hofzeremoniellbüchern[5] getreulich überliefert ist. Diese Zeremonienbücher dienen heute gleichzeitig als wichtige Quelle zur byzantinischen Kunst und Kultur. Die darin beschriebenen Prozessionen durch den Palast vermögen zumindesten eine Vorstellung von der Raumfolge und gewissen Ausstattungsmerkmalen desselben zu vermitteln.

Setzten die ersten christlichen Kaiser die spätantike imperiale Kultur am Bosporus fort, so trat mit Justinian (527–565) eine deutliche Wende ein, die auch in der weiteren Entwicklung der Bäderanlagen und Badekultur ihre Spuren hinterließ.

So öffnete man sich verstärkt den Einflüssen aus dem Orient, insbesondere dem des Sassanidenreichs Persien. Justinian schloß 532 mit dem Sassanidenherrscher Khosrau I. einen »ewigen Frieden«, der freilich nur kurze Zeit währte. Die Politik von Kaiser Justinian verfolgte zielstrebig die Wiederherstellung der alten Reichsgrenzen des Imperium Romanum. Die Reichsstruktur wurde durch Justinians *Corpus Juris* (der Gesetzgebung, die die Grundlage für die europäische Rechtsentwicklung legte) gefestigt. Neue Organisationsformen sollten vor allem der lähmenden Beamtenbestechlichkeit Einhalt gebieten. Unter Justinians Herrschaft erlebte das Imperium einen neuen wirtschaftlichen Aufschwung. Der Kaiser begriff sich selbst als gottgewollter Verwalter des von ihm autokratisch geschaffenen Imperium Romanum Christianum. »Aus Gottes Vollmacht regieren wir das Reich, das uns von der himmlischen Majestät übertragen wurde«[6], heißt es im *Corpus Juris*.

Dieses Stellvertretertum Gottes galt es zu dokumentieren nicht nur im Hofzeremoniell, sondern für jedermann sichtbar im Bau der *Hagia Sophia* (532–537). Dieser Kirchenbau bildete den Auftakt zur byzantinischen Architektur (justinianischer Prägung), in der das Machtmonopol des Kaiserhauses sinnbildlich seine Darstellung fand. Die Hagia Sophia zeichnet sich durch ihre über dem Lichterkranz fast schwebend wirkende Kuppel aus, die über Pendentifs aufsteigend den quadratischen Zentralraum bekrönt. Die Kuppel über einem quadratischen Raum war der römischen Architektursprache fremd.[7] Ihr Ursprungsland ist der Iran, also das damalige Sassanidenreich. Nicht nur in der Form der Kuppelwölbung, sondern auch in der gesamten Innendekoration atmet die Hagia Sophia nicht spätrömischen antiken Geist von Maß, Form und klarer Tektonik, sondern von orientalischer Prachtliebe. Die gesamte Kuppel war als Himmelsdarstellung mit Sternen auf blauem Grund und einem juwelenbesetzten Kreuz mosaiziert. Seit dem 6. Jh. wird die Kuppel der Hagia Sophia als Mikrokosmos aufgefaßt: Sie soll den Kosmos darstellen, so wie man ihn in jener Zeit auffaßte, nämlich als eine über die Erdscheibe gestülpte Himmelskuppel, in der Gott wohnt. Die gesamte Kirche war mit wertvollstem Mosaikschmuck und Marmorinkrustationen dekoriert.

»Diese Häufung des Außerordentlichen und des Blendenden war die Folge einer Überfremdung, die vom Osten, vom neupersischen Reich der Sassaniden herkam, mit dem in einem Zeitalter, in dem, nach einem Ausspruch eines Zeitgenossen Diokletians, Rom und Ktesiphon ›Hauptstadt des Sassanidenreiches‹[8] die beiden Augen der Welt waren, Byzanz an Pracht konkurrieren mußte, wenn es seinen Vorrang geltend machen wollte…«.[9]

Auch die Sassanidenherrscher verstanden sich als Stellvertreter Gottes auf Erden, als »König der Könige«. Sie waren geistliches und weltliches Oberhaupt zugleich. Vielleicht sahen schon die Kaiser Konstantin und Theodosios gerade in der Anerkennung des Christentums eine Chance, eine ähnliche Konzentration an Machtfülle zu legitimieren, wie sie es im Sassanidenreich vorgeprägt fanden. Durch die Erhebung des bisher politisch ohne Relevanz gebliebenen Christentums zur Staatsreligion erhob sich zugleich der Kaiser zum geistigen Herrscher und dehnte damit seine zentrale Machtposition bedeutend aus. Unter Justinian konsolidierte sich das christliche Imperium. Jetzt war der Zeitpunkt gekommen, um die eigene Macht und Herrlichkeit, das Selbstverständnis des gottgewollten und -beschützten Herrschers auch äußerlich für jeden sichtbar auszudrücken. Es war naheliegend, dabei auf das Vorbild des Sassanidenreichs zurückzugreifen, des jahrhundertelangen Konkurrenten des alten Römischen Reichs. Mit dem Kirchenbau der Hagia Sophia steht unmittelbar eine gänzlich neue Architektursprache vor uns. Die Ausstattung und das zentrale Motiv der Trompenkuppel über quadratischem Raum lassen das Vorbild der sassanidischen Architektursprache deutlich erkennen. In diesem orientalischen Reich war längst eine Ausdrucksform zur Versinnbildlichung des Selbstverständnisses seiner Herrscher gefunden worden. In einer unbeschreiblichen Fülle an Luxus, Pracht und Reichtum wurde sie umgesetzt.

Justinians Hagia Sophia bildete, wie schon erwähnt, nur den Auftakt zu den neuen Strömungen. In der Folgezeit wird die als Mikrokosmos gestaltete Kuppel zum zentralen Motiv in der kaiserlichen Architektur – ganz dem ikonologischen Programm der Sassanidenherrscher folgend. Schon Justinians Nachfolger Justinus II. (565–578) übernahm das Motiv mit dem Bau des *Chrysotriklinums* in die weltliche Palastarchitektur auf. Der Kaiserthron fand seinen Platz in der Apsis, in der der thronende Christus am Gewölbe dargestellt war. In dem in den Quellen seit 518 erwähnten und 596 mit einem runden Söller versehenen Zeremoniellbau der Magnaura befand sich seit Theophilos I. (829–842) der »Thron Salomons«, dessen Beschreibung an den berühmten Thron des letzten Sassanidenherrschers

Khosrau II. (590–628) erinnert, der 628 von dem byzantinischen Kaiser Heraklion zerstört wurde.

Dem unter dem letzten Ikonoklastenkaiser Theophiles I. errichtete Palast fehlt der Haupttrakt in der Art der frühen Paläste. Verschiedene Pavillons reihen sich aneinander, Gärten und Höfe erstrecken sich dazwischen, geziert von plätschernden Brunnen, umschlossen von offenen Portiken. Theophiles I. war für seine Vorliebe für Automaten jeder Art bekannt. Überwältigt von der Pracht der Residenz der Kalifen von Bagdad, suchte er diese am Bosporus nachzuahmen. Die Werke der Ikonoklastenkaiser (717–842) atmen orientalischen, persischen und arabischen Einfluß. Luitprand von Cremona, ein Gesandter Kaiser Ottos I. (912–973) am byzantinischen Hof, der dort Verhandlungen zur Verheiratung von Ottos Sohn mit der byzantinischen Prinzessin Theophanu führte, berichtete 946 in erstaunter Begeisterung von den seltsamsten Wunderwerken im Kaiserpalast:

»Der kunstverständige Kaiser machte es ›das Chrysotriklinum‹ zu einem blumenreichen und duftenden Rosengarten, in dem vielfarbige und zierliche Steinchen die Gestalt frisch gewachsener Bäume nachbildeten, die, von gewundenen Verschlingungen umschlossen und durch die Zusammenfügung gebildet, ganz unvergleichlich sind.«[10]

Es gab dort Bäume aus Gold, in deren Laubwerk mechanisch bewegte Emailvögel sangen und von Zweig zu Zweig hüpften. Und in der Magnaura sah er den sogenannten »Thron Salomons«, der zu einem bestimmten Zeitpunkt innerhalb der Audienzzeremonie mit dem Kaiser nach oben entschwand. Wenn sich der Thron wieder zur Erde senkte, trug der Kaiser andere Prachtgewänder. Zum Empfang brüllten die goldenen Löwen am Fuße des Wunderwerks.

»Ein eherner, aber vergoldeter Baum stand vor dem Thron des Kaisers, dessen Zweige ebenfalls eherne und vergoldete Vögel verschiedener Art ausfüllten, welche jeder nach seiner Art Stimmen verschiedener Vögel ertönen ließen.«[11]

2. Die Palastbäder

Mit diesem Augenzeugenbericht kehren wir zu der nicht weniger wunderlich klingenden Bäderbeschreibung aus dem Roman *Kallimachos und Chrysorrhoe* zurück.

Bei dem dort beschriebenen Bad mit einer Kuppel, in die ein goldener Baum mit Perlen und Edelsteinen als Früchte hineinwuchs, mit dem goldenen Weinstock in der Nische, mit der Spiegelauskleidung der Wände und dem wohlriechenden Rosenwasser im Badebecken handelt es sich offensichtlich nicht um ein Phantasieprodukt des Dichters, sondern um die Schilderung damals tatsächlich existenter Bäderanlagen. Nur wenige Quellen erwähnen solche Bäder, von denen längst jede Spur verschwunden ist.

Im *Kaiserpalast von Konstantinopel* wird ein *Spiegelbad* erwähnt.[12] Wir dürfen uns hier sicherlich ähnliche Spiegeleffekte vorstellen, wie sie im Romanbad beschrieben werden. Weiter berichten die Quellen von dem »schönsten und größten und glänzendsten *Bad des Palastes*, welches oberhalb der sog. *Phiale* liegt« und unter Basileos I. (867–886) entstand. Es sei ein Werk »von Schönheit zugleich und Üppigkeit und zu körperlichem Wohlbehagen und Erfrischung« errichtet.[13] Im Schwimmbassin dieses Bades wurde 1034 Kaiser Romanus III. Argyros erdrosselt. Schon unter Konstantin wurden auch im Palast Bäder angelegt:

> »Im 12. Jahre seines Reiches machte ›Kaiser Konstantin‹ die Stadt Byzans größer und baute auch den Palast von der Chalke und den Excubitae an, … und das große *Bad des Oekonomias*, das an den Ballplatz stößt, welches 7 Zellen und 12 Hallen mit einem sehr großen Schwimmsaal mit dem Tierkreise hat, und die 7 Zellen zur Nachbildung der Planeten, die zwölf Hallen aber gleichen der Bildung der zwölf Monate. Es blieb aber erhalten bis zur Herrschaft des ›Nikephoros II. Phokas (963–969)‹…«.[14]

Es ist zu bezweifeln, ob das Bad des Oekonomias schon unter Konstantin mit Sternzeichenhimmel und Planetenbildern ausgestattet war – Motive, deren Ursprung im Orient zu suchen ist und die erst seit der Herrschaft Justinians am Kaiserhof üblich wurden. Von der Ausstattung römischer Thermen wird nichts ähnliches berichtet. Lediglich Kaiser Nero ließ sich in seiner Domus Aurea ein Planetarium mit am Gewölbe kreisenden Planeten erbauen, in der Art, wie es im alten Orient lange Zeit zuvor auch schon gebräuchlich war, im Westen aber singuläres Phänomen blieb.[15]

Eine Vorstellung vom Aussehen des Bades des Oekonomias gibt vielleicht das Bad im Wüstenschloß von Quṣair ʿAmra (Jordanien). Es schloß an die Empfangshalle an. In der Kuppel des Schwitzbaderaums sind die Tierkreiszeichen im Sternen-

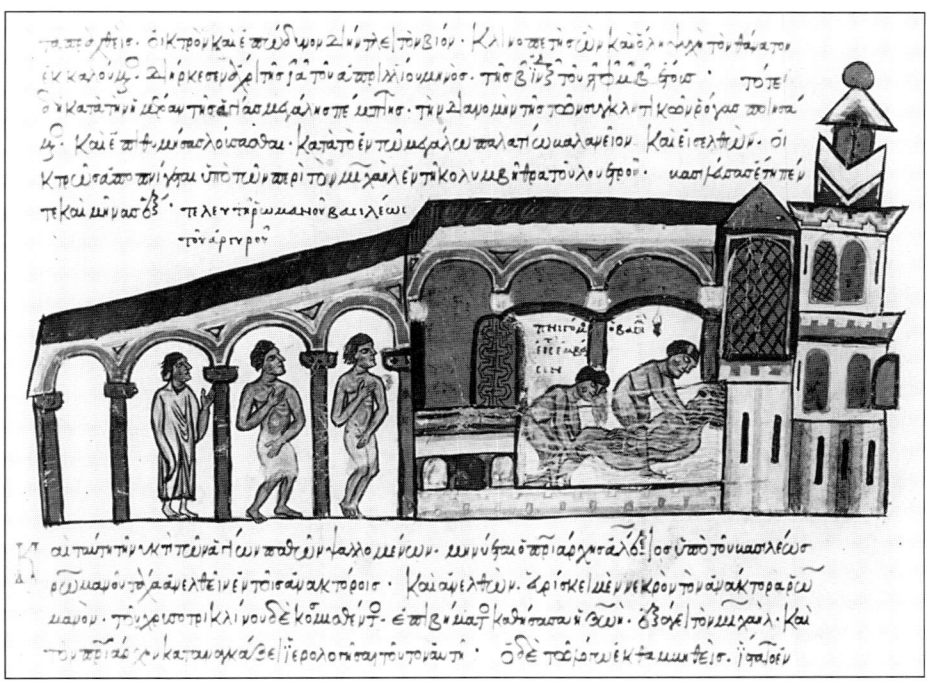

*8. Die Ermordung des Kaisers Romanus III. Argyros im Bassin seines Palastbades.
Miniatur aus der Crónica Illustrada por Iohannes Skylitzes, 1034, Madrid, Biblioteca
Nacional*

himmel dargestellt. In den vier Zimmerecken mündeten Tonröhren, die das Wasser in den Raum leiteten. Das Jagdschloß wurde unter dem Omayaden Walīd I.
zwischen 712 und 715 errichtet. Außer der Beschreibung des Bades des Oekonomias und dem islamischen Bad von Quṣair ʿAmra sind keine weiteren Dokumente
greifbar, die auf eine Ausstattung mit Sternenhimmel und Planeten oder Tierkreiszeichen in einem Bad schließen lassen. Es darf jedoch vermutet werden, daß dieses im Orient und in Byzanz häufig auftauchende ikonographische Motiv
ursprünglich auch noch in anderen Badeanlagen, die im Verlauf der Geschichte
verschwunden sind, vorkam.

Einen eigenständigen *Badepavillon* gab es in der Nähe der *Magnaura*. Bei dem
Zeremonialbau lag ein baumreicher Garten – das *Anadendraion* – mit fließendem
Wasser darin. Am Ende des Gartens führte eine Brücke über ein großes Bassin

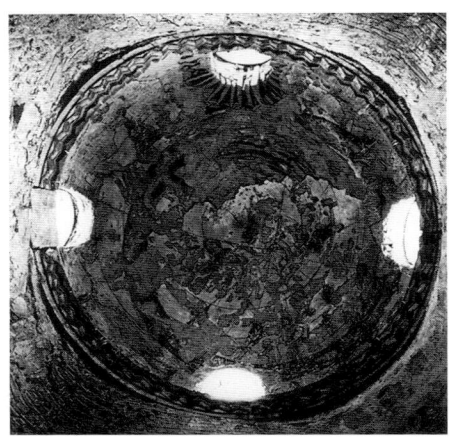

9. Quṣair 'Amra, Kuppel des Dampf-Schwitzraumes als Himmelskuppel mit Tierkreiszeichen bemalt

oder einen Kanal zum Badhaus[16], über dessen genaueres Aussehen wir keinen Aufschluß erhalten. Auch Kaiser Isaak II. Angelos (1185–1195) ließ sich Bäder errichten, von denen wir jedoch aus den Zeremonienbüchern nur erfahren, daß er »in den beiden Kaiserpalästen ›dem alten konstantinischen und dem neuen in den Blachernen‹ … die glänzenden Bäder und Zimmer« erbauen ließ.[17]

Die wenigen Attribute, die die Quellen in Zusammenhang mit den Palastbädern nennen, zeichnen ein äußerst vages Bild vom tatsächlichen Aussehen derselben. Daß sie in ihrer Dekoration orientalischen Vorbildern folgten, steht spätestens seit der Zeit der Ikonoklasten außer Zweifel. Wertvoller, üppiger Mosaikschmuck an den Wänden suchte die künstlich nachgeahmte Natur ins Bad zu zaubern. Essenzen erfüllten die Räume mit Düften wie in einem Blumengarten, Spiegelwände und -facetten suchten die Grenzen von Realem und Vorgetäuschtem verschwimmen zu lassen. Über Grundrisse, Raumfolgen und Baderitus bleiben wir im unklaren.

Ob der reiche Adel ähnliche Prunktbäder in seinen Landvillen besaß, bleibt ungewiß. Die Vermutung ist zwar naheliegend, jedoch gibt es keine sicheren archäologischen oder schriftlichen Belege dafür.

3. Öffentliche Bäder

Während die Palastbäder in Glanz und Luxus erstrahlten, war das öffentliche Badeleben seit den politischen und wirtschaftlichen Krisen des 6. und 7. Jh.s. dem Verfall anheim gegeben. In den Städten gab es nur noch kleine Badstuben, die meist nur aus einem Vorraum und dem eigentlichen Baderaum bestanden und weder architektonische noch dekorative Raffinesse aufzeigten. Es waren reine Funktionsbauten.[18] Die spätantik römisch-hellenistische Tradition war an ihr Ende gekommen.

Als Konstantin die Hauptstadt des Reiches von Rom nach Byzanz verlegte, bedeutete dies zunächst die geradlinige Fortsetzung römischer Badekultur auch in der neuen Hauptstadt. In Byzanz – fortan Konstantinopel – existierten bereits Thermen. Ende des 2. Jh. s. v. Chr. wurde unter Septimus Severus mit dem Bau der berühmten, bis in 10. Jh. hinein bekannten *Zeuxipposthermen* begonnen. Ihre bevorzugte Lage zwischen Hippodrom, Kaiserpalast und Hagia Sophia machten sie zu einem begehrten Ort für öffentliche Veranstaltungen. Konstantin ließ das Bad völlig renovieren und reich ausschmücken. Vom Kaiserpalast gab es einen direkten Zugang zu den Thermen. Beim Nika-Aufstand 532 brannte das Zeuxipposbad nieder. Justinian ließ es wohl noch einmal aufbauen, jedoch blieb die Ausstattung fortan eher funktional. Die Thermen waren noch bis ins frühe 8. Jh. hinein in Betrieb. Danach wurden sie teilweise als Gefängnis benutzt, ferner fanden dort in späterer Zeit die kaiserlichen Seidenmanufakturen ihren Platz und ein kleines Bad, das im 15. Jh. noch in Betrieb war. Die archäologischen Funde brachten nur spärliche Überreste zu Tage. Aussagen über Raumfolge, Grundriß etc. können nicht gewagt werden. Es handelte sich aber gewiß auch hier um einen der großen Thermenkomplexe mit Caldarium, Tepidarium und Frigidarium mit Natatio auf einer Zentralachse und umliegenden Hallen und Palaestren, wie es bei den Thermen jener Zeit in allen Reichsteilen üblich war.[19]

Eine zweite Therme Konstantinopels stammt aus vorkonstantinischer Zeit, die *Thermae Eudocianae* oder *Achilleusthermen*, die noch im 6. Jh. erwähnt werden.[20] Kaiser Konstantios (337–361) begann 345 mit dem Bau der *Konstantinsthermen*, der sich bis ins 5. Jh. hinzog. Aus »Ikonium wurden die Bildsäulen des Perseus und der Andromeda geholt«.[21] Die Konstantinsthermen waren für ihren Figurenschmuck lange Zeit berühmt. Kaiser Valens ließ gleich zwei Thermen errichten: 365 begann der Bau der *Anastasia-* und der *Carosathermen*, die so nach den beiden Töchtern des Herrschers benannt wurden. Nur wenige Jahre später (368–373) ließ Valens das nach ihm benannte *Valens-Äquadukt* bauen, um die Wasserversorgung für die neuen Thermen sicherzustellen.[22] 395 entstand unterhalb des Hippodroms am Meer die *Thermae Arcadianae*[23].

In Konstantinopel gab es 424/25[24] insgesamt 9 öffentliche Thermen und 153 privat betriebene Bäder. Größtenteils wurde ihr Betrieb spätestens im 7. Jh. eingestellt.[25] Bis in diese Zeit folgte ihre Ausstattung der römisch-antiken Tradition. Die Wände waren mit Marmor verkleidet, mit Garten- oder Jagdszenen, nackten, erotischen figürlichen Darstellungen oder anderen Themen bemalt.[26] Besonders reich war der Skulpturenschmuck, wie zahlreiche Quellen belegen. Die Fußböden hatten einen aufwendigen Marmorinkrustationsbelag. Als Wasserspeier dienten

Löwen- oder Menschenköpfe aus edlen Metallen. Die Raumfolge bestand aus Caldarium, Tepidarium und Frigidarium mit Natatio und mit einer Piscina unter freiem Himmel.

Die Badeanlagen erfahren erst im 5. Jh. eine Veränderung, die die weitere Entwicklung prägen sollte: Im *Menasbad* (Ägypten) verzichtete man erstmals auf die Anlage eines Frigidariums[27]; statt dessen wurde eine basilikale Vorhalle errichtet, was mit der Nutzung des Bades als heiligem Wunderbad zusammenhängen mag. Das bedeutete, daß für die Heilsuchenden ein allgemeiner Versammlungsraum vor dem Bade geschaffen werden mußte, in dem man sich aufhielt, bis man in dem nicht übermäßig großen Bad einen Platz erhielt. Dieser Typus – Vorhalle, Tepidarium, Caldarium – wird im islamisch-arabischen Kulturraum mit Hervorhebung der (überkuppelten) Vorhalle weiterentwickelt. In vorislamischer Zeit bleibt er weitgehend auf den syrisch-ägyptischen Raum beschränkt.[28]

Mit dem Rückgang der öffentlichen Bäder im 6./7. Jh. nahmen die *Klosterbäder* an Bedeutung zu. In der Regel standen sie den Nonnen oder Mönchen nur einmal im Monat zur Verfügung. In der Zwischenzeit wurden sie der Öffentlichkeit zugänglich gemacht, was für das Kloster eine zusätzliche Einnahme bedeutete. Die Klosterbäder jener Zeit bestanden meist aus einer Raumfolge von einem quertonnengewölbten Tepidarium, daran anschließend ein überkuppeltes Caldarium mit seitlichen Nischen. Ein gesonderter, rechteckiger, längstonnengewölbter Raum folgte. Direkt über dem Ofen war in diesem Raum das Becken für das Warmbad untergebracht. Die auf zwei Räume reduzierte Anlage des öffentlichen Bades jener Zeit war dadurch wieder zu einer Dreiraumfolge erweitert.

Seit dem Niedergang der antiken Badekultur blieben die öffentlichen Bäderanlagen sowohl in ihrer Ausstattung als auch in ihrer Architektur bescheiden. Lediglich die Palastbäder erstrahlten in Prunk und Luxus orientalischer Prägung. Die zahlreichen Kulturlandschaften, die ursprünglich zum Byzantinischen Reich zählten, wurden in der Zeit nach Justinians Herrschaft verschiedenen Herrschaftsbereichen einverleibt. Sie hatten jeweils ihre örtliche Kunstsprache ausgeprägt. Mit der Gründung und der raschen Verbreitung des Islam gelangten große Teile des Byzantinischen Reichs unter islamische Herrschaft. 1453 fiel schließlich die letzte Bastion des ursprünglichen Weltreichs an die Mohamedaner: Konstantinopel. Mit der neuen Religion blühte die Badekultur wieder auf, errang erneut ihren festen Stellenwert innerhalb einer festgefügten Gesellschaftsstruktur.

IV. Das islamische Bad

Das islamische Bad nimmt innerhalb der Bädergeschichte eine besondere Position ein. Es ist die einzige Bäderform, die seit ihrem Entstehen, nur wenige Jahrzehnte nach Gründung der neuen Religion, bis heute weitgehend unverändert fortbesteht. Von *der* Bäderform zu sprechen, simplifiziert allerdings den Sachverhalt stark. Blieb der einmal gefundene Bädertypus innerhalb eines Landstriches ziemlich konstant, so unterscheidet er sich von Region zu Region zum Teil grundlegend. Für keine der Regionen konnte die Forschung bisher eine schlüssige Entwicklungslinie aufzeigen, vor allem deswegen, da oft über Jahrhunderte keine Bäderfunde dokumentiert sind. Diese empfindlichen Lücken lassen sich nur durch Hypothesen überbrücken. Der Forscher ist geneigt, das islamische Bad direkt von den antiken Beispielen abzuleiten; hatte doch gerade das Imperium Romanum in allen islamischen Ländern Spuren einer ausgereiften Badekultur zurückgelassen.

Doch auch diese Annahme kann nicht ohne Wenn und Aber bestätigt werden. Die Grundrisse der großen, öffentlichen Thermen haben wenig mit jenen der kleinen, islamischen Funktionsbauten zu tun. Lediglich die Raumfolge vom Umkleideraum über verschieden warme Baderäume hin zum Heißbad bleibt in groben Zügen erhalten. Bei den wenigen Fällen, in denen Ähnlichkeiten in der Anlage eines islamischen Bades mit einem römischen Vorläufer festgestellt werden können, handelt es sich um regionale Sonderentwicklungen römischer Bäder. Am ehesten darf der pragmatische Aufbau des islamischen Bades mit dem des römisch antiken Privatbades verglichen werden, ohne daß hier direkte Analogschlüsse zu ziehen sind. Ist die Raumfolge noch aus der römischen Tradition ableitbar, so folgt das Bad im Islam in Aufbau, Dekoration und Ausstattung eher orientalischer Architektursprache. Die Erbauer islamischer Bäder scheinen sich in keiner Weise für die vitruvianische Theorie interessiert zu haben. Sie hatten eine jahrhundertealte Bädertradition zur Lehrmeisterin. Ihr entlehnten sie die Merkmale, die für das im Koran vorgeschriebene Ritualbad brauchbar schienen.

1. Das Ritualbad

»Siehe, Allah liebt die sich Bekehrenden und liebt die sich Reinigenden.« (Koran, II, 222)

Körperliche und seelische Reinheit sind im islamischen Glauben nicht zu trennen. Man wird seelisch rein durch die Waschungen, wie sie dem Moslem zahlreich vorgeschrieben werden. Vor jedem seiner fünf täglichen Gebete muß er sich Hände und Gesicht reinigen.

»Oh, ihr, die ihr glaubt, wenn ihr hintretet zum Gebet, so waschet euer Gesicht und eure Hände bis zu den Ellbogen und wischet eure Häupter und eure Füße bis zu den kleinen Knöcheln ab.« (Koran, V, 6)

Nach dem Beischlaf werden große Waschungen vorgeschrieben, die früher meist im öffentlichen Bad getätigt wurden, da nur wenige im Besitz eigener Bäder zu Hause waren.

Das Bad im Islam nahm damit eine Stellung ein wie die *Mikwe,* das rituelle Reinigungsbad der Juden. Hier wie dort schreibt die Religion vor, daß nur fließendes Wasser verwendet werden darf. Diese Vorschrift hat für das öffentliche Bad wesentliche Konsequenzen: Sämliche Wannenbäder – kalte und warme wie auch Schwimmbäder – müssen aus dem Badeleben der gläubigen Mohammedaner gestrichen werden, wenn man sich den Luxus eines ständig von Frischwasser durchspülten Badebeckens nicht leisten konnte, was in der Regel nur in Thermalbädern möglich war. Dort, wo es künstlich erhitzt werden mußte, war an die Anlage von sprudelnden Frischwasserbecken nicht zu denken. So läßt sich aus den religiösen Vorschriften heraus der Grundtypus des islamischen Bades von seinem römischen Vorläufer ableiten.

2. Die vitruvianische Theorie und das islamische Bad

Vitruv beschreibt zunächst die Lage der Bäder (V,1). Sie wird aus der Funktion der Räume abgeleitet: Die Kalträume liegen gegen Norden bzw. Nordosten, die Warmräume mit ihren großen Fenstern gegen Süden bzw. Südwesten. Durch die Fenster sollen die Räume zusätzlich durch Sonneneinstrahlung erhitzt werden. Da das islamische Bad seine Berechtigung aus den Vorschriften der rituellen Waschungen ableitet, wäre es unziemlich, diese in für jedermann einsehbaren Räumen mit großen Fenstern zu vollziehen. Die Räume werden daher im allgemeinen nur durch Oberlicht erhellt. Lediglich in den Auskleideräumen gibt es hoch liegende, uneinsehbare Befensterung.

In der Regel werden die Doppelbäder im Sinne Vitruvs angelegt, d. h. mit nur einer gemeinsamen Heizung, also möglichst ökonomisch. Die Technik der *Hypokaustenheizung* (V,2) (und der tubulierten Wände – wie sie bei Vitruv noch nicht beschrieben werden) bleibt im islamischen Bad zunächst beibehalten. In der Regel sind alle Räume außer dem Apodyterium mit Hypokaustum versehen.

Auch die Warmwasseraufbereitung folgt im wesentlchen der vitruvianischen Theorie. Über der Heizstelle befinden sich zwischen zwei und vier halbkugelförmige oder zylindrische Wasserkessel. In dem ersten, der direkt über der Feuerung liegt, fließt das Kaltwasser ein und wird erhitzt. Ein Rohrstück knapp unter der Wasseroberfläche verbindet ihn mit dem darauffolgenden. Das erhitzte Wasser fließt in den zweiten Wasserbehälter. Das Wasser hierin hat eine etwas geringere Temperatur, da der Kessel weiter ab von der Feuerung liegt. Diese Heißwasseraufbereitungsanlage befindet sich in einem abgeschlossenen Gewölberaum. Die Dämpfe, die sich darin ansammeln, werden in der Regel durch eine Fensterluke oder durch Öffnungen in der Wand in den Heißbaderaum geführt, dienen also dazu, ein Dampf-Schwitzbad zu erzeugen. Ist hier die Abfolge *Kaltwasserreservoir → Heißwasserkessel → Warmwasserkessel*, so bei Vitruv *Kaltwasserkessel → Warmwasserkessel → Heißwasserkessel*.

Was Vitruv im (V.) 4. Abschnitt sagt, ist für islamische Bäder ohne Belang. Die Wannen gab es nicht, große Fenster ebensowenig.

Die Äußerungen zum Lakonikum treffen wieder für das islamische Bad zu, das ja ausschließlich – Thermalbäder ausgenommen – ein Schwitz-Dampfbad (*laconicum sudationesque*, in vitruvianischer Terminologie) ist. Die Schwitzhalle ist, wie Vitruv fordert, mit einer »halbkugeligen Wölbung« eingedeckt. Die Lichtöffnung in der Mitte mit wärmeregulierender Metallscheibe gibt es in dieser Form im islamischen Bad allerdings nicht. Selten bekrönt eine befensterte Laterne die Kuppel, meist ist die Kuppel zur Beleuchtung mit sternförmigen Glasaugen übersät, die weiß oder auch bunt sein können und den Raum in ein kontemplatives Dämmerlicht tauchen.

Sicherlich griffen die Muslime beim Errichten ihrer öffentlichen Bäder nicht auf Vitruvs Architekturtraktat zurück; es war ihnen wohl kaum bekannt. Vielmehr übernahmen sie aus der großen Zahl damals noch vorhandener antiker Badeanlagen das, was ihnen von Nutzen schien und in der Anwendung nicht zu hohe Kosten verursachte.

10. Hauptbaderaum des Rudas-Bades, Budapest. Innenansicht der Kuppel mit sternförmigen Glasaugen

3. Beginn einer islamischen Badekultur

Der Islam entstand in einer Zeit, als die Byzantiner die Gebiete Syrien und Ägypten gerade aus den Händen der Sassaniden befreit hatten. Beide Reiche standen in permanenter Zwietracht, aber auch in dauerndem Wettbewerb, was Reichtum und prachtvolle Selbstdarstellung anbelangt. Die hellenistisch antike Tradition begegnete hier der alten persischen Kultur.

Der Islam entstand an einem Ort, der nicht dazu prädestiniert war, Wiege einer welterobernden Religion zu sein: die Wüste Arabiens. Das Gros der Bevölkerung waren Nomaden. Was den erobernden Heeren ihren Erfolg verlieh, war die Begeisterung für den neuen Glauben und die Freiwilligkeit ihres Einsatzes. Schon in der ersten Zeit der Kalifen, d. h. der Stellvertreter Muḥammads nach dessen Tod 632, eroberten sie bis 661 Palästina, Transjordanien, Ägypten, Syrien, den Irak und Iran. Syrien war die erste christliche Bastion, die 636 erobert wurde, 640 fiel dem islamischen Heer Palästina in die Hände, 642 unterlagen die Byzantiner in Ägypten. 636 fiel Ktesiphon, das Zentrum des Sassanidenreiches. Die Eroberung der Gebiete des heutigen Irak und Iran erfolgte im wesentlichen in den Jahren bis zur Zeit der Umayadenkalifen (661–750). Die Herrschaft der Umayaden war mit der Organisation der riesigen Gebietseroberungen beschäftigt. Vor allem im Westen des islamischen Reichs eroberten sie neue Gebiete: 670 Nordwestafrika mit Kairuan, 711 drangen die Araber in Spanien ein.

Schon in diesen frühen Jahren griffen die Moslems auf die Kunst- und Architektursprache der eroberten Gebiete zurück. Sie hatten als Wüstenvölker den sie umgebenden Hochkulturen nichts entgegenzusetzen außer ihrem Glauben und die schriftlich abgefaßte Lehre Muḥammads. Während sich die ersten orthodoxen

Kalifen dabei von dem sassanidischen Osten inspirieren ließen und schon der Lieblingsjünger Muḥammads Saʿd ibn Abi Waqqāṣ mit seinem Dar al-Imāra Palast in Kūfa ein zweites Ktesiphon, das er eben (636) zerstört hatte, errichtete, nahmen die Umayaden auch Einflüsse aus syrisch antiken Traditionen auf. Die Hauptstadt verlegten sie von Medina nach Damaskus. In der Umayadenzeit werden auch die ersten Überreste islamischer Badeanlagen greifbar, bei denen es sich jedoch aussschließlich um Palastbäder handelt.

Die Umayadenbäder in der syrisch–jordanischen Wüste und Ḥirbat al–Mafǧar bei Jericho

Zu Anfang dieses Jahrhunderts waren es zwei Forscher, deren noch heute vielbeachtete Publikationen auch wesentliche Erkenntnisse zum frühislamischen Bäderbau brachten. Musil publizierte 1907 seine spannende Monographie zu *Quṣair ʿAmra.* Butler begann im selben Jahr mit seiner umfassenden Beschreibung syrischer Baudenkmäler, die er 1919 zum Abschluß brachte.

Quṣair ʿAmra, das unter dem Kalifen Walīd I. ca. 711–715 errichtete Jagdschloß in der jordanischen Wüste, gehört zu den ältesten der erforschten frühislamischen Baudenkmäler mit einer Badeanlage.

An eine große dreischiffige, gedeckte Tonnenhalle schließen östlich die Baderäume an. Gegenüber dem Eingang zur Halle ist in einer Nische das Bildnis des thronenden Herrschers und Erbauers der Anlage, Walīd I. (705–715), angebracht. Von dieser Nische gelangt man seitlich in je einen kleinen Apsidialraum, der durch eine Wand zu dem seitlichen tonnengewölbten Abschnitt der Halle hin abgeschlossen ist und dadurch einen besonders privaten, intimen Charakter erhält. Eventuell ließ sich Walīd darin Badewannen für seine vergnüglichen Stunden mit Musikern oder schönen Mädchen aufstellen. Die große Halle diente sowohl als Audienzhalle, wie auch als Aufenthaltsraum zur Unterhaltung oder Ruhe nach dem Bad. Eine Tür im östlichen Schiff der Halle gewährt Zugang zu drei kleinen Baderäumen. Der erste ist tonnengewölbt und mit umlaufenden Bänken ausgestattet. Der zweite ist kreuzgewölbt mit einer annähernd quadratischen Nische in der nördlichen Außenwand. Der letzte Raum ist mit einer Kuppel überwölbt. An das Grundrißquadrat sind südlich und nördlich zwei apsidiale Ausbuchtungen gelegt. Im Zentrum unter der Kuppel befand sich ein rundes Badebecken. Ein nördlich des Bades liegender Brunnen mit Zisterne sorgte für reichlich Wasser –

ein purer Luxus in der Wüste. Auf den Kuppelraum folgt ein weiterer Raum mit eigenem Zugang.

Waren noch Musil, Karabaçek und Strygowski[1] der Meinung, die Raumfolge sei von dem Kuppelraum ausgehend zu dem tonnengewölbten Raum hin zu interpretieren, so ist diese These heute nicht mehr haltbar. Der Kuppelraum diente als Dampf-Schwitzbad, der kreuzgewölbte als Warmbad und der erste kleine Raum wohl zur Kleiderablage. Der an das Dampf-Schwitzbad anschließende Raum beherbergte den Heizraum und die Anlage zur Wasseraufbereitung. Spuren eines Hypokaustums sind in Quṣair ʿAmra im Dampf-Schwitzbad und im Warmbad zu finden. Diese beiden Räume haben auch tubulierte Wände. Weitere Tonröhren führen vom Dach in das Dampf-Schwitzbad und enden hier in den vier Ecken oberhalb des Bodens. Sie dienten vermutlich zur Wasserzufuhr oder aber zur Belüftung und als Dampfabzug.

Sämtliche Räume sind mit Malereien in antikbyzantinischer Manier und mit persischen und antiken Themen übersät. Neben Jagdszenen, Tieren und Menschendarstellungen, erotischen Szenen und nackten Frauen mit Kindern ist besonders die Ausmalung der Kuppel des Dampf-Schwitzbades hervorzuheben. Sie zeigt den Zodiakus mit nördlichem Sternenhimmel und Tierkreiszeichen. Es erstaunt, gerade die Himmelskuppel in einem Baderaum zu finden. Ihr Symbolgehalt als Versinnbildlichung des islamischen Herrschers als Stellvertreter des

11. Quṣair ʿAmra, Audienzhalle, Darstellung einer Tänzerin auf einem Teil des Gewölbes

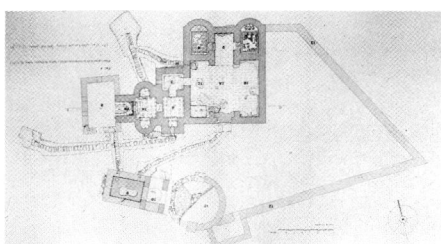

12. Quṣair 'Amra (711-715), Grundriß des Wüstenschlosses

13. Quṣair 'Amra, Wüstenschloß des Umayadenkalifen Walīd I.

14. Quṣair 'Amra, Audienzhalle, Jagdszene (wahrscheinlich ist der Bauherr gezeigt)

15. Quṣair 'Amra, Auskleideraum des Bades, Malereien (Dionysos und Ariadne?)

Propheten Muḥammads auf Erden paßt nicht gerade in den Schwitzraum eines Privatbades. Oder darf man vermuten, daß nicht nur die große Audienzhalle, sondern die gesamte Badeanlage einen offiziellen Charakter hatte? Bei einem Exzentriker, als der Walīd I. galt, wäre auch dieses durchaus denkbar. Wie rühmlich mußte der Luxus seines Privatbades inmitten der Wüste erscheinen!

Dem Bad von Quṣair ʿAmra ganz ähnlich ist die Anlage des Privatbades von aṣ-Ṣaraḫ[2]. Auch hier schließt an den dreifach tonnengewölbten Saal eine Folge kleiner Baderäume an. Butler datiert die Anlage des Hammām aṣ-Ṣaraḫ auf das 8. bzw. 9. Jh., Creswell auf 725–730.[3] Diese frühe Entstehungszeit ist sicherlich die zutreffendere, wenn aṣ-Ṣaraḫ nicht sogar auch unter Walīd entstand und etwa zeitgleich mit Quṣair ʿAmra zu datieren ist.[4] Über die Funktion der jeweiligen Räume macht Butler keine Aussage. »I have not attempted to discover the use of various apartments or the bath« (»Ich versuchte nicht den Zwecke der verschiedenen Räume zu erklären.«).[5]

Creswells Untersuchungen führten zu neuen Ergebnissen: Wie in Quṣair ʿAmra betrat man das Hammām aṣ-Ṣaraḫ durch eine der Thronnische, dem *Diwan*, gegenüberliegende Tür. Auch hier schließt an die große Halle ein kleiner tonnengewölbter Raum an, dem östlich ein kreuzgewölbter mit kleiner Nische in der Ostwand folgt. Von hier gelangt man nördlich in einen überkuppelten Raum mit östlicher und westlicher apsidialer Ausbuchtung. Ein breites Vestibül mit Spitztonne führt zu einem einfachen Vorraum mit Ausgang. Die Raumfolge ist auch hier wie in Quṣair ʿAmra zu interpretieren. Die große Halle diente sowohl für Audienzen als auch zur Unterhaltung und Geselligkeit nach dem Bade. Der erste daran anschließende Raum war der Kleiderablage bestimmt, der zweite ist als Warmraum, der Kuppelraum als Dampfbad zu deuten. In diesen drei Räumen waren die Wände von senkrecht verlaufenden Tonröhren durchzogen. Man muß also auch in Hammām aṣ-Ṣaraḫ eine Hypokaustenheizung annehmen. Als Heizraum diente der Vorraum mit Vestibül, wobei im Vestibül die Heißwasseraufbereitung untergebracht war. Nur eine dünne Wand trennte den Heizraum vom Bad ab, damit das Dampfbad schon möglichst stark vom Heizraum her erhitzt wurde. Wie in Quṣair ʿAmra war wohl auch in Hammām aṣ-Ṣaraḫ die Trennwand mit einem Fenster versehen, durch das der Dampf vom Heißwasserkessel in den Raum entweichen konnte. Ein Brunnen und eine Zisterne östlich des Bades sorgten für reichlich Wasser. Vereinzelte Spuren von Malereien verraten, daß auch Hammām aṣ-Ṣaraḫ ursprünglich ganz ausgemalt war.

Neben diesen beiden großen Badeschlössern taucht eine ganz ähnliche
Raumfolge mit jeweils wechselnder
Wölbungsform in einer ganzen Reihe
anderer syrischer Bäder der Umayadenzeit auf. Schon Musil führt das Bad von
'Abda und Ruhayba mit Grundriß auf
und erwähnt das Bad von al-Hosob in
al-Araba.[6] Sauvaget[7] untersuchte erstmals systematisch eine ganze Reihe z. T.
bisher noch in byzantinische Zeit
datierte Kastelle im Gebiet Syriens und
faßte in seinem Aufsatz alle davon
zusammen, die in die Umayadenzeit zu
datieren sind. Zu diesen »Kastellen«
gehörte meist eine Badeanlage wie in
Hirbat al-Baiḍa, Ǧebel Sais und Hirbat
al-Minya. Schlumberger[8] publizierte im
selben Jahr seine Grabungsfunde des

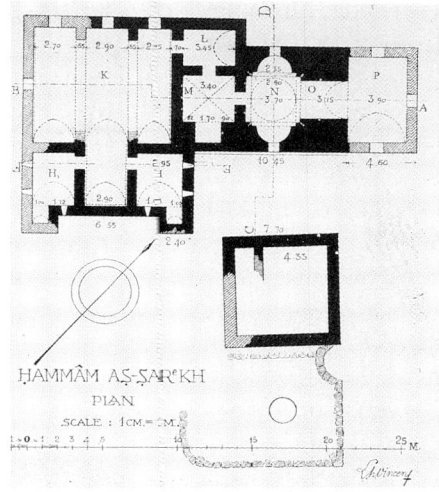

16. *Hammān aṣ-Saraḥ (ca. 723-730),*
Grundriß des Wüstenschlosses

Bades in Qaṣr al-Ḥair al-Ǧarbī. Im folgenden sollen diese kleinen Badeanlagen
kurz vorgestellt werden.

In *'Abda* betritt man eine Folge kleinerer Baderäume über einen großen Umkleideraum, der wohl vor allem zum Aufenthalt und zur Unterhaltung nach dem Bade
diente. Eine Tür führt von hier zu einem kreuzgewölbten kleinen Raum, der für die
Kleiderablage zur Verfügung stand. Sowohl von hier aus wie auch direkt vom grossen Umkleideraum gelangt man in den Kaltraum. Es folgen ein warmer Übergangsraum und ein zweiter Warmraum von etwas höherer Temperatur, beide tonnengewölbt. Der letzte überkuppelte Raum diente als Dampfbad. Hier ist der Grundriß
von besonderem Interesse, da er schon auf den später für das islamische Bad verbindlichen *Vier-Iwan*-Typus vorausweist: Um das überkuppelte Quadrat legen
sich vier Nischen (*Iwane*) von fast gleicher Seitenbreite. Es entsteht eine Kreuzform im Grundriß. Hinter dem Dampfbad schließt der Heizraum mit Heizung und
Wasseraufbereitungsanlage sowie ein Diensthof an.[9] Nach Musil[10] waren alle
Räume bis auf den zweiten Warmraum mit senkrechten Tonröhren in den Wänden
versehen, die er als Wasserzuleitung interpretierte. Wahrscheinlich dienten sie auch
gleichzeitig der Entlüftung wie in Quṣair 'Amra.

Im Bad von *Ruhayba* ist die Raumfolge der von Quṣair ʿAmra und Hammām aṣ-Ṣaraḫ noch ähnlicher als in ʿAbda. Es folgen ein tonnengewölbter (Kaltraum), ein kreuzgewölbter und ein überkuppelter Raum mit zwei von Bänken umzogenen Seitennischen aufeinander. Der letzte Raum weist gegen Süden eine breite Nische auf, die an den Heizraum grenzte. Die Wände des mittleren und letzten Raums waren tubuliert. Nördlich des Kaltraums folgt ein separater Raum, der als Reservoir diente. Über eine von Tieren angetriebene Schöpfradvorrichtung wurde das Wasser von einem Brunnen hochgepumpt und in das Reservoir geleitet. Musil stellte bei dem überkuppelten Raum des Caldariums hypokaustierte Böden fest. Zwischen den etwa 0,7m hohen Pfeilern fand er Asche und Sand. Er bemerkt: »Der Kuppelraum besitzt bei allen Bädern, die ich gesehen habe, Hohlräume unter dem Fußboden«[11], ein eindeutiger Hinweis darauf, daß es sich bei den quadratischen Kuppelräumen um die Heißbaderäume der jeweiligen Anlage handelt.

Die Badeanlage von *Ğebel Sais*[12] besteht wie Quṣair ʿAmra, aṣ-Ṣaraḫ und Kubbet al-Bir von Ruhayba aus drei Baderäumen mit einem großen, davorliegenden Apodyterium. An einem Ende schließt das Apodyterium in einer apsidialen Ausbuchtung, die die ganze Breite einnimmt. Am anderen Ende entstehen durch eine Zwischenmauer in Längsrichtung zwei kleinere Seitenräume, die für vornehmere Besucher zum Umkleiden reserviert waren. Die Baderäume sind auch hier recht klein. Der erste ist ein tonnengewölbter temperierter Raum, am ehesten dem römischen Tepidarium zu vergleichen, der zweite ein weiterer Warmraum mit Kreuzgewölbe, der dritte ein überkuppelter Schwitzraum mit drei Iwanen (Seitennischen). Hinter dem Schwitzbad liegt wieder – durch eine dünne Wand getrennt – der Heizraum mit Wasseraufbereitung. Auch hier waren die Baderäume hypokaustiert.

Das kleine Bad von *al-Hosob*[13] liegt ca. 180 m vom Schloß entfernt. Es ist mit den oben beschriebenen Bädern vergleichbar. In *Ḫirbat al-Baiḍa*[14] liegt das Bad sogar 6 km vom Schloß entfernt, am anderen Ufer des Flusses Rubhé. Nur der Umkleideraum mit anschließendem Warmraum ist erhalten. Insgesamt ist diese Anlage der von Ğebel Sais sehr ähnlich. Bei *Ḫirbat al-Minya*[15] schließt die Badeanlage im südöstlichen Teil des Schlosses an. Die Raumfolge ist: Auskleideraum, Warmraum I, Warmraum II und Schwitzraum mit dahinterliegendem Heizraum. Auch hier ist das Schwitzbad ein überkuppelter, quadratischer Raum.

Das Bad von *Qaṣr al-Ḥair al-Ğarbī*[16] weicht von diesem Schema (Umkleideraum, zwei Baderäume mit steigender Temperatur und Schwitzbad) etwas ab.

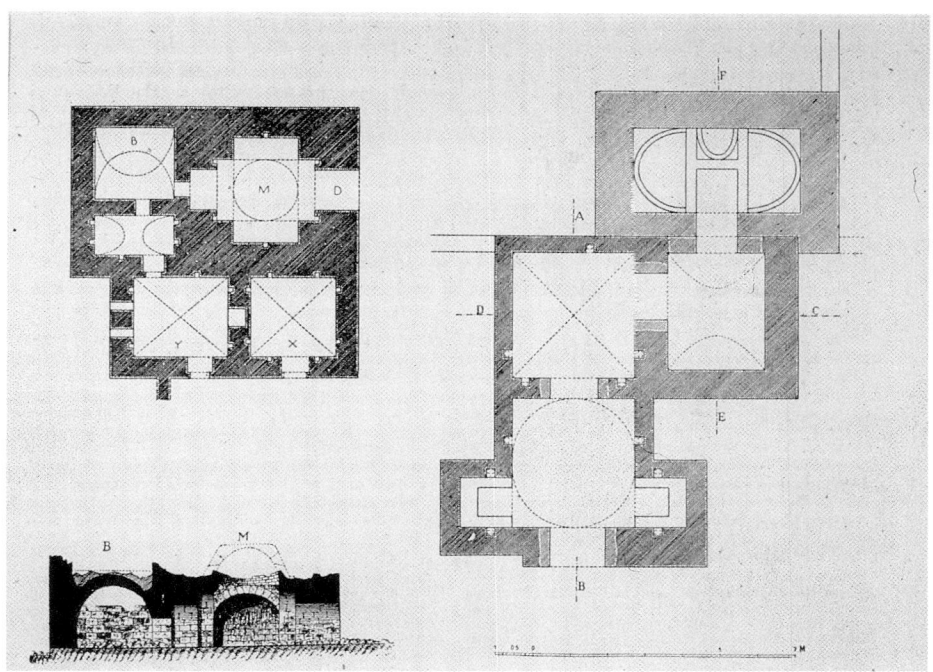

17. 'Abda, Kubbet al-Bir, Grundriß der Badeanlage, Umayadenzeit
18. Ruhayba, Kubbet al-Bir, Grundriß der Badeanlage, Umayadenzeit

Dem Umkleideraum ist ein separater kleiner Eingangshof vorgelegt, der zugleich Zutritt zur Heizanlage gewährt. Der Umkleideraum ist ein großer rechteckiger Saal mit umlaufenden Sitzbänken, die in ihrem unteren Teil mit Nischen für die Kleiderablage versehen sind. In der Ecke rechts neben dem Zugang zu den Baderäumen befindet sich ein größeres Becken für Kaltwasser. An den ersten Raum des Bades – mit kleiner apsidialer Nische – schließt links ein weiterer großer Raum an, dessen Funktion nicht eindeutig ist. Meines Erachtens diente er als Audienzzimmer mit eigenem Eingang. Gegenüber dem Durchgang zu diesem zweiten Vorraum liegt die Verbindung zum zweiten Baderaum, dem ersten geheizten Raum. Der westliche Teil war mit einer großen Steinbank ausgemauert. Im nördlich daran anschließenden Rechteckraum waren beide hufeisenförmige Nischen mit Wannen versehen. In späteren Jahren wurde eine der hufeisenförmigen Nischen in eine halbrunde umgewandelt, die kein Becken mehr in sich barg. Auf diesen

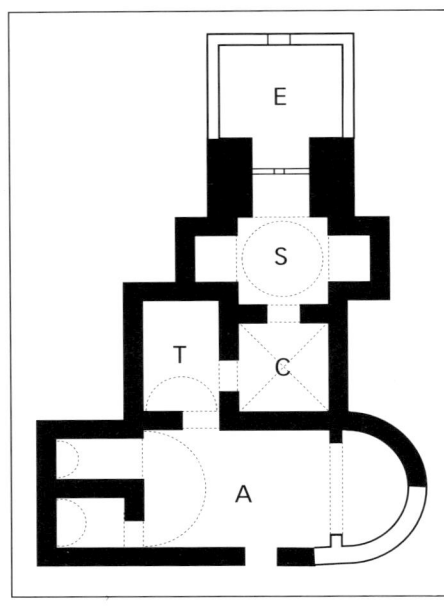

A = Apodyterium (Umkleideraum) mit
  seitl. separaten Umkleidekammern
T = Tepidarium (1. Warmbaderaum)
C = Caldarium (2. Warmbaderaum)
S = Schwitzraum
E = Heizanlage

19. Ǧebel Sais (ca. 705-715), Grundriß der Badeanlage

Warmraum folgt ein zweiter rechteckiger Raum mit einer fast über die ganze Breite reichenden Nische gegen Norden, die als erhöhte Estrade gebildet ist. Ihre Rückwand schließt an den Heizraum an. Dieses Plateau diente dem intensiven Schwitzen. Ein Fenster in der Rückwand ließ auch hier die heißen Dämpfe von der Heißwasseranlage eindringen. Links und rechts der Estrade befinden sich zur Raummitte hin je eine kleine halbrunde Nische mit Springbrunnen zur Erfrischung. In die Außenwand ist ein quadratisches Becken eingefügt. Ihm gegenüber ragt eine halbrunde Nische in das dicke Mauerwerk hinein. Die letzten drei Räume haben Hypokaustenheizung. Zusätzliche Heizgänge unter den Wannen erhitzten das darin befindliche Wasser. Die Wände waren tubuliert. Der Fußbodenbelag im südlichen Raum ist stärker als der der beiden nördlich anschließenden. Zwischen Heizraum und Vorhof, seitlich des Verbindungsgangs, ist das Reservoir untergebracht. Die Badeanlage liegt nördlich des Schlosses.

Vor allem in zwei Punkten unterscheidet sich das Bad des Qaṣr al-Ḥair von den bisher besprochenen Anlagen:
1. Durch den großen Umkleideraum, der hier ein Kaltwasserbecken enthält und
2. durch den zweiten großen Vorraum, den ich als Audienzzimmer bezeichnet habe.

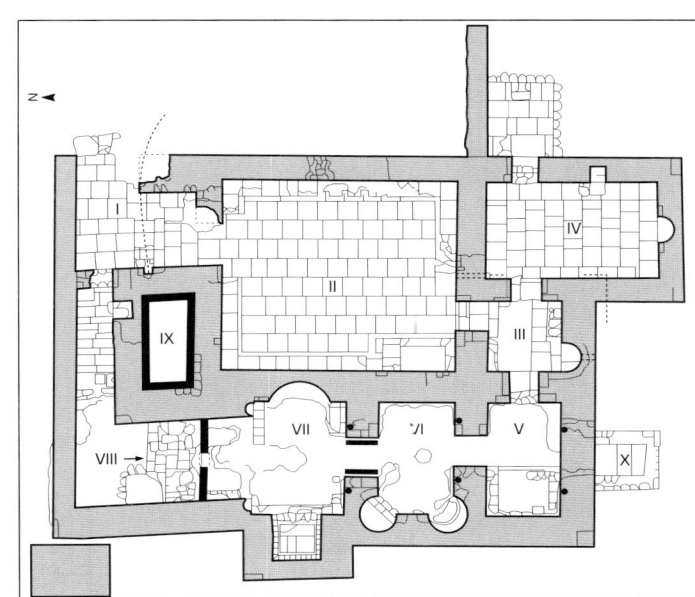

20. *Qaṣr al-Ḥair al-Ġarbī, Grundriß der Badeanlage (Nr. III., V., VI. und VII. sind die beheizten Baderäume; Nr. VIII. ist der Heizraum)*

Es gibt ein weiteres, äußerst prächtiges umayadisches Wüstenschloß, das wenigstens im ersten Punkt mit Qaṣr al-Ḥair vergleichbar ist, wenn es auch, was Größe und Luxus betrifft, keineswegs neben das sich daneben bescheiden ausnehmende Qaṣr al-Ḥair al-Ġarbī gestellt werden darf: *Ḫirbat al-Mafǧar*.

Ḫirbat al-Mafǧar[17]

Das vor allem wegen seiner guterhaltenen, kostbaren Mosaikfußböden berühmte Schloß bei Jericho entstand unter dem Kalifen Hiṣām (724–743) etwa eine Generation später als die anderen obengenannten. Auch hier war ein wesentlicher Bestandteil der Gesamtanlage eine im Schloß integrierte Badeanlage. Wie in *Quṣair ʿAmra* und in *Ḥammām aṣ-Ṣaraḫ* schließt auch in *Ḫirbat al-Mafǧar* eine Folge kleinerer Baderäume an eine riesige Vorhalle an. In der Art, wie dies geschieht, unterscheidet sich Ḫirbat al-Mafǧar jedoch wesentlich von seinen Vorgängern. Die große Vor- und Audienzhalle hat mit den beiden Badeschlössern nur die durch Herrscherinsignien ausgezeichnete Thronnische, die dem Eingang gegenüberliegt, gemein. Die im Grundriß als Quadrat mit jeweils drei apsidialen Ausbuchtungen – im Eingangsbereich ist die mittlere als Torportal gestaltet –

angelegte Audienzhalle, zeigt in ihrem Aufriß den typischen Aufbau einer Quincunx, also eines Kreuz(kuppel)raums. Die vier Reihen, die jeweils von vier mäch-
tigen Pfeilern gebildet werden, sind im Aufriß nicht – wie man vom Grundriß her
schließen möchte – als dreischiffiger Pfeilersaal mit Umgang gestaltet, sondern
von den 16 Pfeilern werden jeweils vier zu einem Raumquadrat zusammengefaßt.
Die in den Diagonalen liegenden Viererblocks sind mit Kreuzgewölbe eingedeckt,
die dazwischenliegenden Raumteile sind tonnengewölbt. Das Zentralquadrat
wird mit einem Umgang auf Höhe des ersten Stockwerks versehen und in eine
zweite Etage hochgeführt. Eine große Kuppel bekrönte das Zentrum. Der
Umgang ist in je drei flache Tonnenjoche entsprechend den Apsiden unterteilt.

Der Zentralraum mit überkuppeltem Zentrum begegnete uns schon 200 Jahre
früher in der Thronhallenarchitektur seit Kaiser Justinian in Byzanz, die wiederum auf die sassanidische Ikonologie zurückgriff. Auch Ḥirbat al-Mafǧar spricht
in Dekoration und Ikonographie die Sprache des sassanidischen Persiens.[18] In der
Architektur vermischen sich verschiedene Elemente. Das überkuppelte Zentralquadrat mit seitlich anschließenden niedrigeren Tonnenräumen läßt an Rekonstruktionsversuche des sassanidischen Haupttheiligtums in Siz denken.[19] Auch
dort lag vor dem »Tempel« ein großer See mit einem Sakralschrein im Zentrum,
vergleichbar dem großen Wasserbecken vor der Halle in Ḥirbat al-Mafǧar, in dessen Mitte sich ein offener Pavillon befindet. Es würde zu weit führen, hier noch
einmal nachzuvollziehen, was Ettinghausen[20] bereits erläuterte: Der Erbauer von
Ḥirbat al-Mafǧar benutzte in seiner Audienzhalle die Symbolsprache des Sassanidenherrschers Khosrau, er stellte sich in seinem Wüstenschloß als »Khosrau of
arab blood«[21] dar.

Ḥirbat al-Mafǧar ist nicht das erste Beispiel einer in neun Raumsegmente geglie-
derten Audienzhalle. Schon in vorislamischer Zeit ließ der Sassanidenherrscher al-
Munḏir (569–582) in Ruṣāfa-Sergiopolis, also in Nordsyrien, eine ähnliche
Thronhalle errichten, die jedoch nur eine ins Mauerwerk ragende Thronapside
dem Eingang gegenüberliegend hatte. Später wurde dieser Grundriß häufig für
den Moscheenbau, der sog. »Neun-Kuppel-Moschee« verwendet. Die Thronnische wird zum *Miḥrab*, der nach Mekka ausgerichteten Gebetsnische in der
Moschee. Zunächst erstaunt es, daß gerade die Architektur der Audienzhalle
sowohl für den Moscheen- als auch für den mittel und spätbyzantinischen Kirchenbau verbindlich wurde. Dieser gleitende Übergang von der Profan- zur
Sakralarchitektur ist nicht nur für die Grundform der Audienz- und Badehalle
von Ḥirbat al-Mafǧar zutreffend, sondern auch für die Audienzhallen von Quṣair
ʿAmra und Hammām aṣ-Ṣaraḥ. Diese Hallen folgen einerseits im Grundriß dem

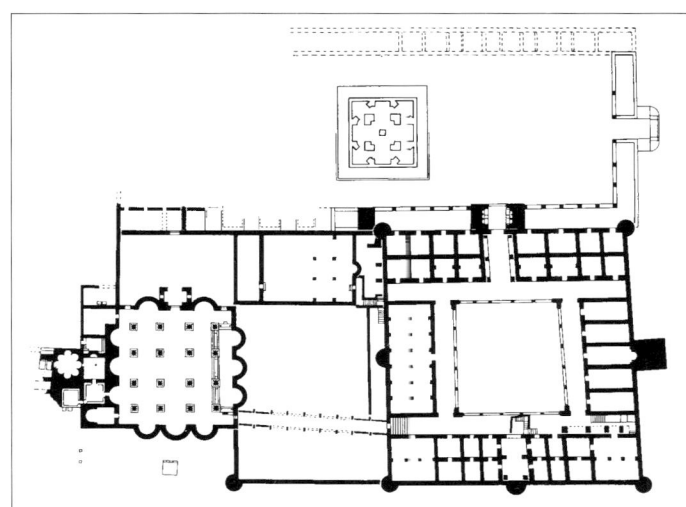

21. Ḫirbat al-
Mafğar (Kalifat
Hišām: 724-743),
Grundriß der
Gesamtanlage

der frühchristlichen Kirchen Syriens.[22] Die Thronnische hier entspricht dem
Altarraum dort. Was zur Verherrlichung Gottes geeignet erschien, mußte auch die
Verherrlichung des Kalifen, des Stellvertreters des gottgesandten Muḥammad auf
Erden, gemessen zum Ausdruck bringen. Andererseits erinnern sie ebenso an die
dreischiffige Vorhalle des Thronsaales der persischen Architektur der Sassaniden,
die ja auch zugleich weltliche und göttliche Macht versinnbildlichen sollte. Auch
Ḫirbat al-Mafğar greift auf die königliche Profanarchitektur Persiens zurück.
Hier findet der Bauherr das entsprechende Gedankengut architektonisch vorfor-
muliert, das die Verherrlichung des Kalifen zum Ausdruck bringt. Ḫirbat al-
Mafğar macht deutlich, daß die spätere Umayadenzeit sich vermehrt den Einflüs-
sen aus dem östlichen Orient (Persien) öffnete, und die ikonologische
Aussagekraft dieser Architektursprache ließ sich fast nahtlos auf den Bau der
Moschee übertragen.

Erweist sich die Audienzhalle von Ḫirbat al-Mafğar damit als dem göttlichen
und dem weltlichen Amt des Kalifen entsprechende Raumgestaltung, so mischte
Hišām dieser Funktion noch seine privaten Vergnügungswünsche bei – wie dies
schon seine Vorgänger taten. Er ließ es jedoch nicht bei dem Anbau eines kleinen
Badeappartements nördlich der Halle, sondern ließ eine große Piscina zwischen
südliche Pfeilerreihe und Außenwand bauen. Treppen führten zwischen den Pfei-

22. Ḫirbat al-
Mafǧar bei Jericho,
Mosaik in der
Audienzhalle

lern zum Kaltwasserbecken hinauf. Die Audienzhalle übernimmt damit gleichzeitig die Funktion eines Frigidariums. In diesem Punkt ähnelt Ḫirbat al-Mafǧar
dem Bad von Qaṣr al-Ḥair, dessen Umkleideraum auch gleichzeitig noch Frigidarium war, wenn auch gewiß nicht Audienzhalle. Diesen Zweck erfüllte meines
Erachtens der zweite große Vorraum mit der kleinen apsidialen Ausbuchtung in
der abschließenden Außenwand. Von seiner Lage entspricht er dem Diwan, der
von der westlichen Seite der Nordwand der Halle von Ḫirbat al-Mafǧar aus
zugänglich ist. Hier ist der private Empfangsraum zwar nicht direkt mit der ersten
Badekammer verbunden, hat aber auch keinen eigenen Zugang wie in Qaṣr al-
Ḥair, wo der kleine Audienzsaal dadurch seine Eigenständigkeit bewahrt.

Die Badeanlage von Ḫirbat al-Mafǧar besteht aus vier Kammern. Der erste Raum
ist als Apodyterium, Umkleideraum, anzusprechen. Rundum zogen sich Bänke
an den Wänden entlang, ähnlich der ersten Badekammer von Quṣair ʿAmra. Von
hier gelangt man im Norden in einen kleinen Raum, der ebenso umlaufende Steinbänke hatte. In der Westwand war eine Ausbuchtung für zwei separate, kleinere
Becken, die vermutlich zur Waschung dienten. Hamilton[23] vermutet, daß das eine
mit Kaltwasser, das andere mit Wein gefüllt war. Eine zweite Tür führt vom ersten

Baderaum in den hypokaustierten Warmbaderaum. Dem Eingang gegenüber liegt eine kleine Rundnische, unter der von dem dahinterliegenden Heizraum die Hitze durch einen Backsteintunnel ins Hypokaustum eingeleitet wurde. Auch dieser Raum hat umlaufende Steinbänke. Die Wände sind tubuliert. Im Norden führt von diesem Warmbaderaum eine Tür ins Schwitzbad. Dieses hatte an der Nordseite eine eigene Heizanlage mit Wasserboiler, dessen Dämpfe durch ein Fenster zwischen Sudatorium und Heizraum eingelassen werden konnten. Der Rundraum wird von acht hufeisenförmigen Nischen umkränzt und war ursprünglich überkuppelt. In die beiden Nischen seitlich der nördlichen Zentralnische wurde vermutlich Wasser in ein Waschbecken geleitet. Das Schwitzbad war ebenfalls hypokaustiert. Die Hypokausten dieser beiden Warmräume waren durch drei Gänge untereinander verbunden. Die Kamine für den Dampfabzug waren allerdings so installiert, daß nur die Heißluft vom Warmbaderaum hin zum Schwitzbad ziehen konnte, also das Schwitzbad immer mehr Hitze erhielt als das Warmbad. Die Baderäume waren an Wänden und Böden mit Marmor ausgestattet.

4. Das frühislamische Bad: Vorläufer und Nachfolger

Überblickt man diese relativ homogene Reihe frühislamischer Bäder, so stellen sich zwei Fragen:
1. Aus welcher Form antiker Badeanlagen entwickeln sie sich?
2. Wie gestaltet sich die Fortentwicklung des islamischen Bades?

Die Vorläufer

Begibt man sich auf die Suche nach Vorläufern, so muß dies eingedenk dessen geschehen, daß es sich bei den Umayadenbädern ausschließlich um private Palastbäder handelt. Die Umayaden errichteten ihre »Schloß«-anlagen nach dem Vorbild antiker Kastelle, mit dem Unterschied, daß sie – oft in der Wüste, der eigentlichen Heimat der Umayaden, gelegen – den Verteidigungscharakter aufgaben.[24]

»Wenn man die Badiye lange ausdehnt, oder regelmäßig zu ihr zurückkehrt, kann man für Gewohnheiten, denen Zelte nicht genügen, feste Bauten schaffen, so vor allem die Bäder; denn die den Beduinen fremde Wollust des Badens ist den Umayaden von den Römern her, von den Lagerbädern her, zum bald nicht mehr entbehrlichen Bedürfnis geworden«,

so beschreibt Herzfeld[25] das Entstehen der umayadischen Bäder. In der Tat ähneln römische Militärbäder den umayadischen Schloßbädern in gewisser Hinsicht. Teilweise lagen auch sie abseits des Lagers. In Größe und Raumfolge reichten sie von schlichten Funktionsbauten bis hin zu großartigen Thermen im Kaisertyp wie etwa bei den Lagerthermen von Lambaesis (Algerien), wo die Raumform des Sudatoriums übrigens der von H̱irbat al-Mafǧar fast genau entspricht und auch das seitlich danebenliegende Tepidarium mit kleiner apsidialer Ausbuchtung große Ähnlichkeit mit dem Warmraum von H̱irbat al-Mafǧar hat. Die Militärbäder konnten meist von der umliegenden Bevölkerung benutzt werden, wenn keine öffentlichen Thermen vor Ort vorhanden waren. Es darf also vorausgesetzt werden, daß ihr Aufbau allgemein bekannt war. Auch gehört das Sudatorium traditionsgemäß zur Anlage einer Lagertherme. Dagegen verzichtete man auf den Schwitzraum meist bei öffentlichen Stadtthermen seit dem ersten nachchristlichen Jahrhundert. Das Sudatorium, das Dampf-Schwitzbad, entwickelt sich im islamischen Bad zum wichtigste Baderaum, der bereits in allen umayadischen Bädern nachweisbar ist.

Gerade für das Schwitzbad suchten die Muslime schon in dieser frühen Zeit nach einer bestimmten Raumbildung, die sich in den Anlagen von ʿAbda, Ruhayba, Ǧebel Sais, Quṣair ʿAmra und Hammām aṣ-Ṣaraḫ zu einem überkuppelten Raum von quadratischem Grundriß formiert. Die Rückfront des Schwitzbades grenzt direkt an den Heizraum. Die Ausbildung der seitlichen Nischen oder Apsiden variiert, wobei die Raumform des Schwitzraums von ʿAbda weitgehend dem Schwitzraum späterer islamischer Bäder entspricht. Die Kuppel im Schwitzraum war bereits bei den griechisch hellenistischen Lakoniken verbindliches Architekturmerkmal, wobei sie sich hier über einem Rundraum erhob. Noch Vitruv fordert den überkuppelten Rundraum für das Lakonikum. In den frühislamischen Bädern erhebt sich die Kuppel dagegen prinzipiell über einem Raumquadrat. Diese in der griechischen und römischen Antike nicht gebräuchliche Kombination ist iranischem Einfluß zuzuschreiben, wo diese Verbindung beheimatet ist.

In Qaṣr al-H̱air ist diese Raumform noch nicht gefunden. Überhaupt treten hier einige Merkmale auf, denen nähere Beachtung zu schenken ist. Zunächst ist hier der letzte Raum eher als Caldarium denn als Dampf-Schwitzbad anzusprechen, da es das Becken für das Warmbad noch gibt. Andererseits ist schon der erhöhte

Platz bei der Heizraumwand vorhanden, der besonders heiß war und als Schwitz-platz diente. Ferner kamen durch die Öffnung in der Rückwand heiße Dämpfe aus dem Wasseraufbereitungsgewölbe des Heiztraktes in das Caldarium-Sudato-rium. Der Raum verbindet in Qaṣr al-Ḥair al-Ġarbī die Funktion eines Caldari-ums und eines Sudatoriums. Außer in Qaṣr al-Ḥair ist nur noch von Quṣair ʿAmra bekannt, daß sich im Zentrum des Kuppelraums ein rundes Becken befand, wel-ches jedoch nicht zum Baden geeignet zu sein schien.

Die übrigen Bäder geben die Funktion des Caldariums auf und erfüllen damit die Vorschriften, die nur Waschungen in fließendem Wasser erlauben, nicht aber im stehenden Wannenbadwasser. Die Bezeichnung dieses Raumes in antiker Ter-minologie muß somit Sudatorium sein, definiert man dieses als Dampfbad. Ein Caldarium im antiken Sinn als Raum mit warmen Wannenbädern war im Islam nicht mehr möglich. Dagegen finden sich in allen Bädern mehrere Baderäume mit steigender Temperatur, die am ehe-sten den Räumen I, II, III der römischen Thermen entsprechen. Auch hier lehnt Qaṣr al-Ḥair noch am engsten an römi-sche Beispiele an. Der Raum vor dem Sudatorium enthält in den Ausbuchtun-gen noch Warmwasserbecken, wovon eines später abgemauert wurde (s. o.). Die zwei Räume davor waren mäßig bzw. gar nicht geheizt, also den Räumen I und II der römischen Thermen ver-gleichbar und darin nicht von den ent-sprechenden Räumen der übrigen umayadischen Bäder abweichend.

Anders verhält es sich wieder beim Apodyterium von Qaṣr al-Ḥair. Hier entsteht eine ähnliche Mischform wie im Sudatorium-Caldarium. Der durch die umlaufenden Steinbänke mit Nischen zur Kleiderablage eindeutig als Apodyterium ausgewiesene Raum ist andererseits von seiner Größe her und durch das Kaltwasserbassin ebenso als

23. Lambaesis (Algerien), Lagerthermen, Grundriß

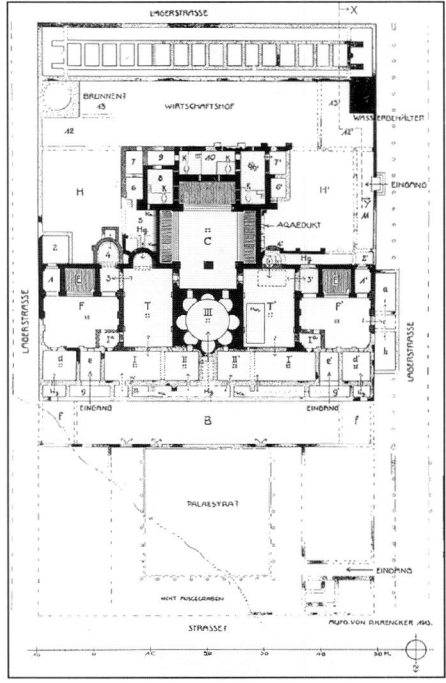

Frigidarium zu bezeichnen. Das Frigidarium war als Baderaum im Islam jedoch ebensowenig geeignet wie das Caldarium. Auch hier gab es stehendes, unreines Wasser. Die übrigen Bäder – Ḥirbat al-Mafǧar ausgenommen – verzichten auch bereits auf das Frigidarium, an dessen Stelle jetzt meist das große Apodyterium bzw. die königliche Audienz- und Festhalle tritt. In der arabischen Bezeichnung *fisqiya* = (Bassin mit) Springbrunnen, für den Umkleideraum klingt noch dessen Ursprung im Frigidarium nach.[26] An den Kaltbaderaum erinnert in den Umkleideräumen der späteren islamischen Bäder nur noch der Springbrunnen in der Mitte und die Tatsache, daß er der größte Raum des Bades ist und somit seine Funktion zur Unterhaltung und Geselligkeit beibehält.

Die Vereinigung beider Funktionen – Apodyterium und Frigidarium – ist auch häufig in den Kastell- und Lagerbädern zu beobachten.[27] Wie in Qaṣr al-Ḥair wird auch dort in dem großen Apodyterium ein Kaltwasserbassin installiert. Dieses Zusammentreffen zweier Funktionen in einem Raum begegnet uns auch in der Frauenabteilung der Stabianer Thermen in Pompeji (2. Jh. v. Chr.). Ebenso konnte sich nicht jedes Privatbad den Luxus eines Apodyteriums, Frigidariums, Tepidariums und Caldariums erlauben, sondern beschränkte sich oft auf ein Apodyterium mit integrierter Kaltbadewanne, (Tepidarium) und Caldarium.

Das Verschmelzen von Apodyterium und Frigidarium zu einem Raum beruht also auf einer durchgängigen Tradition. Qaṣr al-Ḥair bildet damit innerhalb des römischen Badewesens keine Ausnahme. Stellt man es jedoch in die Reihe der umayadischen Bäder, ergibt sich ein anderes Bild. Meines Erachtens muß Qaṣr al-Ḥair daher früher als die übrigen Umayadenbäder datiert werden, vielleicht ist es sogar ganz an den Anfang der Entwicklungsreihe des islamischen Bades zu stellen und als Übergangsform zu bezeichnen. Oder es stammt noch aus der Römerzeit bzw. der byzantinischen Epoche und wurde von einem umayadischen Herrscher mit relativ geringen Abwandlungen weiterbenutzt.

Zeigen die Umayadenbäder, insbesondere Qaṣr al-Ḥair, einerseits ähnliche Merkmale auf wie die römischen Kastellbäder – ihre Lage in bezug auf das »Schloß«, das nie fehlende Sudatorium – so können andererseits bestimmte Merkmale nicht aus diesem antiken Bädertypus heraus erklärt werden:

1. Lagerbäder haben immer ein Frigidarium, wenn auch nur reduziert auf das Kaltwasserbecken; den Umayadenbädern – Qaṣr al-Ḥair und Ḥirbat al-Mafǧar ausgenommen – fehlt das Frigidarium ganz.

2. Das Sudatorium der Umayadenbäder ist als Kuppelraum gestaltet.

3. Die Baderäume der frühen islamischen Bäder sind von erstaunlich kleinen

Ausmaßen, während die Lagerbäder zur gleichzeitigen Aufnahme mehrerer Soldaten größere Abmessungen hatten.

Ein Blick auf die öffentlichen Thermen der frühchristlichen Zeit auf syrischem Boden zeigt hier parallele Merkmale: In den Bädern von *Boṣra* (ca. 3./4. Jh.) und *Antiochia* (Bad C, 4. Jh.) spielt das Frigidarium als Kaltbaderaum keine große Rolle, eine Piscina gibt es bereits nicht mehr. In *Brād* (3. Jh. ?), *Babiska* und *Serdjilla* (473 n. Chr.) fehlt das Frigidarium ganz. Statt dessen findet sich in den drei letztgenannten Bädern eine große Vorhalle mit Tribüne, die als Auskleide-, Unterhaltungs- und Ruheraum diente. Die Abteilung der Tribüne durch Säulenstellungen vom übrigen Raum ruft das Bild der in gleicher Weise separierten Kaltbadebecken der Frigidarien ins Gedächtnis.

In Boṣra gelangt man vom Eingangsportikus direkt in ein achteckiges Apodyterium. Apsidiale Nischen alternieren mit schmalen rechteckigen. Auch in Antiochia ist der zuerst vom Vorhof aus zu betretende Raum von oktogonalem Grundriß und ähnlicher Nischengestaltung. An den beiden flankierenden Seiten schließen jeweils weitere Räume an. Von der Lage und Anordnung entspricht dieser Raum dem Frigidarium. Die Kaltwasserbecken fehlen jedoch. In Boṣra folgt auf das Apodyterium ein kleines Frigidarium – dem früheren Tepidarium vergleichbar – mit zwei Wannen. In Antiochia schließt die Raumfolge der Zentralachse in einem oktogonalen Caldarium mit Apsidialnischen in den Diagonalen. Dieser Oktogonalgrundriß wird uns im islamischen Bad noch oft begegnen.

Während in Antiochia und Boṣra die Baderäume von ausgewogener Größe sind, schließen in Babiska, Brād und Serdjilla Baderäume von sehr kleinem Ausmaß an die Halle an. In dem inschriftlich auf 473 datierten Bad von Serdjilla folgt auf die große Halle ein kleiner quadratischer Raum mit großer apsidialer Ausbuchtung – vermutlich ein Tepidarium –, dann ein quadratischer Raum von etwa gleicher Größe mit einer kleineren Apsis als Verlängerung in der Achse und einem nach außen anschließendem Rechteckraum. Hier haben wir das Caldarium mit Wannennischen vor uns. Darauf folgt ein etwas größerer Rechteckraum, das Sudatorium, das direkt an den Heiztrakt anschließt.[28]

In Babiska folgen auf die Halle nur zwei Baderäume. Der erste langgestreckte Raum mit Apsidialnische an der schmalen Außenfront muß als Tepidarium angesehen werden, der kleine darauffolgende, ist von dicken Mauern umschlossen und wohl als Sudatorium aufzufassen. Dahinter liegt der Heizraum. Die Funktion des parallel zur Halle, seitlich der Baderäume liegenden Rechteckraums ist nicht eindeutig. Butler vermutet in ihm ein Frigidarium.[29] Da er auch direkt mit dem Tepi-

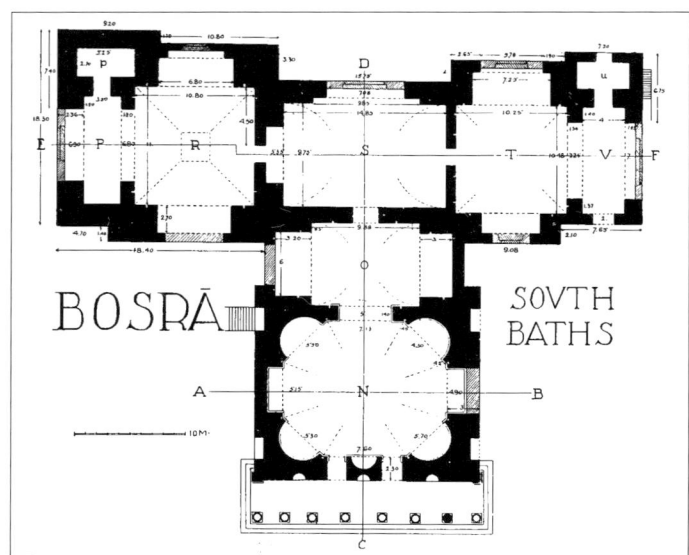

BOSRĀ

SOVTH
BATHS

24. Boṣra (3./4. Jh.),
Grundriß der
Badeanlage

darium verbunden ist, wäre es auch denkbar, daß dieser Raum als Vorhalle, eventuell sogar als Apodyterium gedient haben könnte, mit Eingang durch den
abschließenden Eckraum.

Mit den umayadischen Bädern zeigt Brād die größten Parallelen. An die Halle
schließt eine Folge von vier Baderäumen an. Der erste liegt noch jenseits der
gemeinsamen Achse der folgenden drei Räume. Es war also ein kühler Vorraum,
dem Raum I der großen Thermen entsprechend. Der anschließende Raum mit
Apsis im Süden muß der erste Warmraum, Raum II in der Folge, gewesen sein.
Darauf folgte das quergelagerte Caldarium mit je einem Apsidialschluß an der
Schmalseite: einer die ganze Breite einnehmend, einer etwas schmaler. Diese drei
Baderäume sind alle tonnengewölbt. Das anschließende Sudatorium dagegen ist
ein quadratischer Kuppelraum. Auch hier gibt es wieder an der Ost- und West-
seite eine tiefe Apsidialnische. Die Nordwand des Sudatoriums schließt an den
Boiler an. Die Wände des Caldariums und Sudatoriums waren vermutlich tubuliert und zusätzlich von Wasserleitungsrohren durchzogen.[30] Hier darf sicherlich
ein Hypokaustum postuliert werden, vermutlich auch noch in Raum II (vgl. Qaṣr
al-Ḥair). Die Sudatorien von Hammām aṣ-Ṣaraḥ und Quṣair ʿAmra entsprechen
fast wörtlich dem des antiken Bades in Brād. Selbst die Ausmaße – das innere
Quadrat von Hammām aṣ-Ṣaraḥ mißt ca. 3,15qm, das von Quṣair ʿAmra ca.

74

2,85qm und in Brād mißt die Seitenlänge ca. 2,95m – sind ähnliche. Die tiefen Apsidialnischen tauchen in jeglicher Form hier wie dort auf. Auch die breite Nische des Sudatoriums, die an den Heizraum stößt, ist jeweils gleichartig. Ferner handelt es sich um Kuppelräume.[31] Die übrigen Räume der Umayadenbäder sind schlichte Quadrat- oder Rechteckräume von ähnlichen Ausmaßen wie die römisch-byzantinischen Vorgänger. Sie verzichten jedoch auf Nischen jeder Art, da sie keinen Raum für Wannen und Becken brauchen.[32] Wie in Brād haben auch die Umayaden wechselnde Wölbung bevorzugt. Zu dem Kuppel- und Tonnengewölbe tritt im frühislamischen Bad noch das Kreuzgewölbe, das im römischen Thermenbau allgemein weit verbreitet war, hinzu.

Es wird deutlich, daß bereits im römisch-byzantinischen Bäderbau Syriens Entwicklungen stattgefunden haben, die von den islamischen Umayaden mit nur wenig weiteren Abwandlungen übernommen werden konnten. Dies betrifft zunächst das Frigidarium. Dort, wo es in vorislamischer Zeit noch vorhanden

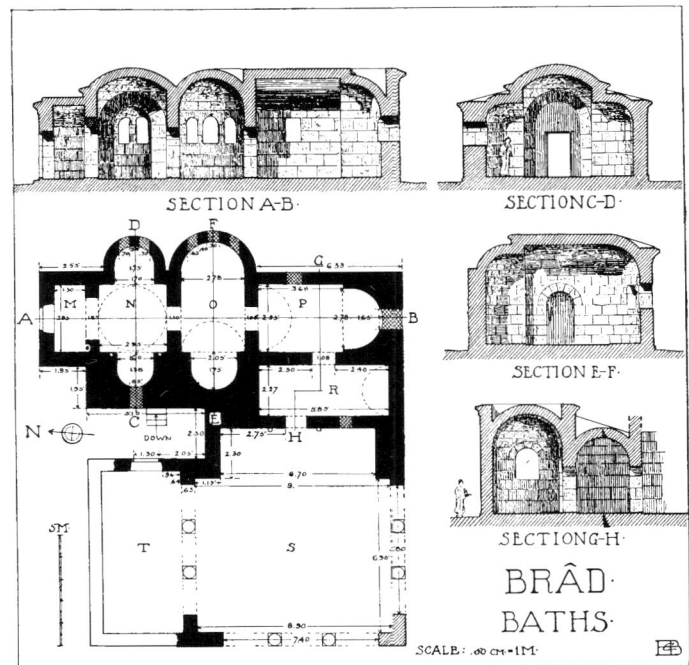

25. Brād (3.Jh.),
Grundriß der
Badeanlage

war, ist es wesentlich verkleinert (Boṣra) worden, oder die Kaltbadewannen spielen keine große Rolle mehr (Antiochia). Das Frigidarium wird eher zu einem Aufenthaltsraum bzw. zu einem großen Apodyterium, das an seine Stelle tritt, und das Frigidarium nimmt die frühere Lage des Tepidariums ein (Boṣra). Bei den übrigen Bädern gibt es kein Frigidarium mehr. Die an deren Stelle getretenen großen Vorhallen verraten ihre Wurzel, das frühere Frigidarium, noch deutlich. Tribünen, von Säulenstellungen abgetrennt, treten an die Stelle der alten Kaltbäder und Piscinen.[33] Diese Entwicklung ist meines Erachtens mit der Wasserknappheit dieser trockenen Gebiete zu erklären. Daß diese Hallen dann zur Unterhaltung und Zusammenkunft genutzt wurden, liegt im geselligen Charakter der Orientalen.

Verschwindet das Frigidarium im Raumprogramm des Bades völlig, so tritt das Sudatorium wieder auf (Serdjilla; Babiska; Brād?; Kastellbäder, zu denen ohnehin das Sudatorium gehörte). Mitunter ist heute nicht immer eindeutig festzustellen, ob ein betreffender Raum als Sudatorium oder als Caldarium genutzt wurde. Die Einheitlichkeit der Sudatorien der umayadischen Bäder läßt jedoch vermuten, daß diese Form nicht neu gesucht, sondern bereits vorgefunden wurde. Hier ist vor allem an die raffinierte Bedampfung der Sudatorien zu denken, die von dem abgeschlossenen Raum zur Warmwasseraufbereitung aus durch kleine Öffnungen bewerkstelligt wurde – ein System, das man sicherlich nicht ohne technische Vorerfahrungen in der Bäderwelt ad hoc entwickeln konnte. Aber auch die gängige Architektur von einem überkuppelten Mittelquadrat mit seitlich anschließenden Nischen stammt aus der römischen Vergangenheit Syriens (Brād).

Zweifelsohne knüpfen die Umayaden an antike Traditionen ihrer Heimat an, was die Badeanlage betrifft, was das große Apodyterium betrifft. Keine Erklärung liefern diese Traditionen jedoch für die *Verbindung von Audienzhalle und Bad*. Zwar ist überliefert, daß im Kaiserpalast von Byzanz nahe des Chrysotriklinums ein Badepavillon lag. Jedoch waren beide nicht direkt miteinander verbunden. Auch im Diokletianspalast in Spoleto lag ein Badeappartement nahe der Audienzhalle, ohne daß beide unmittelbar aufeinander bezogen waren. Der Ursprung für diese Verbindung muß andernorts gesucht werden. Von der Architektur der Audienzhalle ausgehend führt die Spur nach Persien ins Sassanidenreich. Die Muslime hatten diese Gebiete bereits in den ersten Jahren ihrer Kriegszüge erobert und schon im ersten islamischen Palast von Kufā (638) wurde die Archi-

26. Antiochia (4.Jh.), Grundriß der Badeanlage ▷

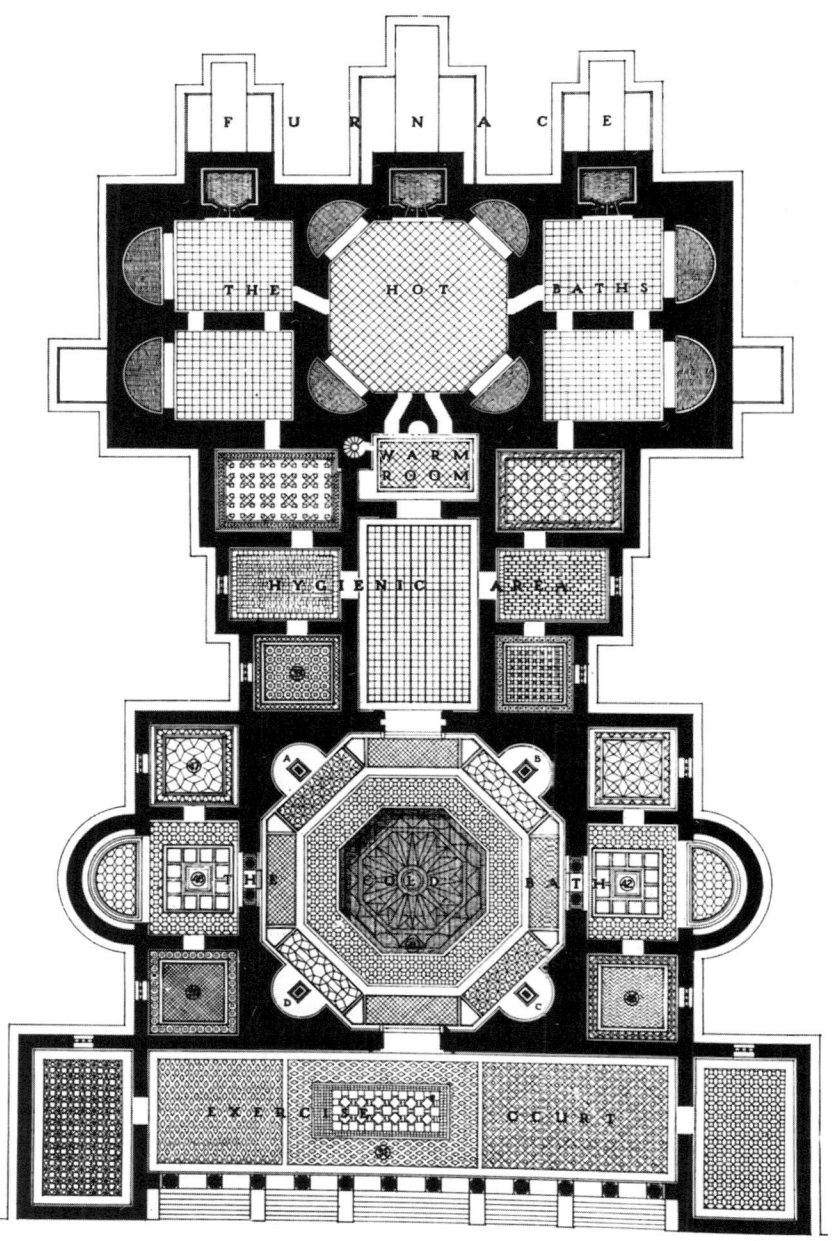

tektursprache der sassanidischen »Könige der Könige« übernommen. Eine drei-schiffige Halle führte zu dem quadratischen Kuppelraum mit vier Iwanen, in dem der Thron stand.

Auch die späteren islamischen Paläste wie Mšattā (Syrien, 750) hielten an dieser persischen Bauform fest. Mit dem den Umayaden folgenden Herrschergeschlecht der Abbasiden (750–1258) wird diese dreischiffige Halle gleich vierfach um den zentralen Kuppelraum gelegt. Es entsteht für die Thron- und Audienzhalle ein Quincunx (Ğausaq al-Ḥāqānī, 836; Balkuwārā-Palast, 849/50; beide Samarra); eine Entwicklung, die bereits in Ḥirbat al-Mafǧar, dem kleinen Wüstenschloß, einsetzt. Zu diesem Quincunx-Typus gesellt sich der Typus mit dreischiffiger Audienzhalle, wie er uns in Quṣair ʿAmra und in Hammām aṣ-Ṣaraḥ entgegentritt. Kann zwar keine geradlinige Entwicklungsreihe der Audienzhalle von Kufā, Quṣair ʿAmra, Hammām aṣ-Ṣaraḥ über Ḥirbat al-Mafǧar hin zu Ğausaq al-Ḥāqānī und Balkuwārā aufgestellt werden, so bleibt – wie oben ausgeführt – fest-zuhalten, daß sich beide Typen auf religiöse Vorbilder mit einschlägiger Ikonolo-gie zurückführen lassen, wobei sicherlich die persisch-sassanidische Komponen-te, die bereits in frühbyzantinischer Zeit transformiert und mit neuem Symbolge-halt belegt wurde, ein Übergewicht hatte.[34]

Eine Audienzhalle von aussagekräftiger Architektursprache wird direkt mit einer Badeanlage nach antiken Vorbildern verbunden. Bisher weiß man nur wenig von sassanidischen Bädern. Es ist aber bekannt, daß die großen Palastbauten auch Bäder in enger Verbindung zur Audienz- und Thronhalle hatten.[35] Meines Erach-tens hatte eine Badeanlage in dieser exponierten Lage nicht nur die Funk-tion einer Vergnügungs- oder Reini-gungsstätte. Wie von der Audienzhal-lenarchitektur seit den ersten Jahren islamischer Baukunst abzulesen ist, lag bereits den frühislamischen Herr-schern und Kalifen an ihrer Selbstdar-stellung als Stellvertreter des gottge-sandten Muḥammads auf Erden, als weltliche und geistliche Herren. So mußten sie darauf bedacht sein, die Reinigungsvorschriften des Korans umzusetzen. Im Bad neben der Thronhalle reinigte sich der Herrscher

27. Serdjilla (473 n.Chr.), Grundriß der Badeanlage

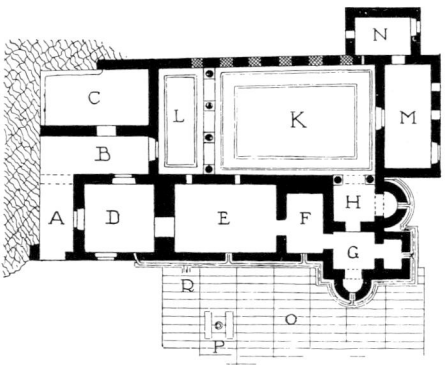

28. Serdjilla
(Syrien),
Durchgang vom
Aufenthaltsraum
zu den Bädern

und wurde dadurch rein – körperlich und seelisch. Rein präsentierte er sich auf seinem Thron in der anschließenden Thronhalle. Die Badekammern sind so klein, daß man sich darin gleichzeitig kaum mehr als ein bis zwei Personen vorstellen kann. Die Bäder waren also kaum für große Badefeste geeignet.[36] Gewiß wußten die Umayaden die religiösen Belange mit den weltlichen Freuden im Bad zu verbinden. Und gerade dieses Geschlecht war in besonderem Maße orientalischer Üppigkeit und Lebensfreude zugeneigt. Um so wichtiger war es, einen äußeren

Rahmen zur Schau zu stellen, der die Glaubwürdigkeit der Umayaden als Kalifen (= Stellvertreter des Propheten Muḥammads) nicht in Frage stellte, sondern gerade diese Funktion versinnbildlichte.

Bisher wurden in der Literatur diese Audienzhallen völlig unzutreffend mit der zusätzlichen Funktion eines Apodyteriums (eines Apodyteriums, das aus dem antiken Frigidarium entstand) belegt. Als Kleiderablage dienten die kleinen Vorkammern, die auch meist mit umlaufenden Bänken versehen waren. Die Audienzhalle entspringt einem gänzlich anderen Gedankengut als die Badeanlage. Es ist die Leistung der Umayadenfürsten, Audienzhalle und Bad in einer sinnvollen Weise verbunden zu haben, so daß ihre weltliche und geistliche Führerrolle durch diese Verbindung gleichzeitig zum Ausdruck gebracht werden konnte.

Die Fortentwicklung

Zwischen den Umayadenbädern Syriens und den nächsten baulich belegten islamischen Bädern entsteht eine Lücke von drei- bis vierhundert Jahren. Die nächsten islamischen Bäder finden sich in *Spanien* und im *Maghreb* (11./12. Jh.). Auf *syrischem Boden* tauchen Badeanlagen erst wieder im 12./13. Jh. in Damaskus auf. *Ägypten* liefert noch spätere Beispiele (13./14. Jh.). Allerdings überliefern ägyptische Quellen des 9. und 10. Jh.s aufschlußreiche Berichte über das islamische Bad. Von Ibn Duqmaq[37] erfährt man von einem *Hammām al-Faʾr*, also »Mausbad« in Fustat:

> »Das Mausbad wurde so genannt wegen seiner Kleinheit, denn die Bäder der Griechen waren geräumig: man trat von der ersten in die zweite, von der zweiten in die dritte Abteilung. Es war dies das erste im Islam gebaute Bad. Als es von Amr Ibn al-ʿAs gebaut worden war, betrachteten es die Griechen verächtlich und sagten, es passe für eine Maus, um eben dadurch eine geringe Schätzung zu bezeigen.«[38]

Schon gute 100 Jahre früher erwähnt Ibn ʿAbdalhakam das »Mausbad«. Auch er erklärt schon, daß dieses Bad neben den byzantinischen Thermen so klein und unscheinbar erscheine. Daß byzantinische Thermen in jener Zeit noch in Betrieb waren, berichten Ibn Duqmaq und Qalqašandi.[39] Das gleiche gilt für Palästina noch im 10. Jh., wie aus Berichten von Muqaddasi hervorgeht.[40]

Es entspricht jedoch ganz offensichtlich nicht den Tatsachen, daß erst in islamischer Zeit ab etwa dem 9. Jh. – so laut Quellen – solche kleinen »Mausbäder« gebaut worden seien. Im vorislamischen Syrien sind wir bereits auf die ebenso kleinen Baderäume von Babiska, Brād, Serdjilla und Dura Europos gestoßen. Auch die Palastbäder der Umayaden kann man weitgehend als »Mausbäder« bezeichnen. Und selbst in Ägypten veränderte sich der Bäderbau bereits in frühchristlicher Zeit, wie das Bad von *Karm Abu Mena* beweist.[41] Das bis in das 6. Jh. errichtete und bereits im frühen 5. Jh. zur Doppelanlage erweiterte Menasbad macht deutlich, daß in Ägypten ähnliche Entwicklungen stattfanden, wie sie in Syrien zu beobachten waren. Im Menasbad gibt es eine große basilikale Vorhalle beim Männer- und Frauenbad, die an Stelle des Frigidariums tritt. An der einen Seite schließen die Apodyterien an, an der anderen die Baderäume. Auch hier ist die Raumfolge Frigidarium, Tepidarium, Caldarium, Sudatorium der römischen Thermen aufgegeben. Zuerst betritt man einen ungeheizten, kleinen, langgestreckten Raum, der eventuell ein kleines Kaltwasserbecken enthielt. Er könnte deswegen als eine stark geschrumpfte Version des Frigidariums interpretiert werden oder treffender als Raum I. Diesem ersten Raum des Bades folgt ein Warmraum, Raum II. Er ist mit einer Bank zum Ausruhen nach dem Schwitzbad, das im folgenden Raum installiert war, ausgestattet. Dieser dritte Warmraum ist mit zwei Nischen mit tiefen Heißwasserbecken versehen. Es folgt als letzter und größter Raum das mit verschiedenen Apsidial- und tonnengewölbten Nischen mit Warmwasserwannen versehene Caldarum. Das Caldarium und die Warmräume II und III sind hypokaustiert und haben tubulierte Wände. Der Schwitzraum, Raum III, und das Caldarium hatten jeweils eine eigene Heizanlage. Beide Räume waren tonnengewölbt. Sämtliche Badegemächer sind in Abu Mena ebenso von sehr kleinen Ausmaßen wie die Umayadenbäder oder die syrischen Thermen aus frühchristlicher Zeit. Selbst das Caldarium, das für einen längeren Aufenthalt bestimmt war, erreicht keine Raumgröße von 20 qm. Auch dieses Bad konnte keinem Massenandrang standhalten. Man ist geneigt, das Herausbilden der riesigen Hallenarchitektur darauf zurückzuführen, daß die Badegäste hier so lange verweilten, bis ein Platz in den Badegemächern frei wurde. Vielleicht war inzwischen mancherorts das gemeinsame nackte Baden doch unschicklich geworden, daß nur noch wenige Gäste zusammen das Bad nutzten. Vor allem für die frühchristlichen Bäder (Serdjilla, Abu Mena) ist ein dahingehend verändertes Badeverhalten denkbar.

Das frühislamische Bad war all den Berichten und Bäderfunden zufolge vom Typus »Mäusebad«, um bei der Terminologie islamischer Quellen zu bleiben. Neben ihm waren auch noch große »byzantinische« Thermen in Betrieb. Die Muslime waren sich des gänzlich anderen Charakters der von ihnen errichteten Bäder bewußt. Ein direktes Anknüpfen und Fortführen der noch vor Ort befindlichen großzügigen Thermenarchitektur ist schon aus moralischen Bedenken des Propheten gegen das Bad nicht denkbar. Er lehnte das Nacktbaden und das Baden der Frauen, bei Krankheit oder nach einer Geburt ausgenommen[42], ab. Im Islam galt es – wie schon im Christentum – als besonders tugendhaft, nicht zu baden. Dennoch gehörte das Bad so selbstverständlich zum Alltag der von den Muslimen eroberten römischen und byzantinischen Provinzen, daß das Badeleben nicht abgeschafft werden konnte, sondern in anderer Form in die neue Religion integriert wurde.

5. Typenbildung in den verschiedenen Regionen

Syrien[43]

Das *Hammām al-Buzūrīya* ist eines der ältesten erhaltenen Bäder von *Damaskus*. Es wurde unter dem Zengidenherrscher Nuraddin 1154–1171 errichtet. Das große Apodyterium stammt nicht aus der Erbauungszeit. Es schließen vier Räume an. Der erste kleine Raum liegt noch jenseits der gemeinsamen Achse der drei folgenden und ist ein unbeheizter Durchgangsraum. Der erste geheizte Raum ist von rechteckigem Grundriß mit seitlich abgetrennter Kammer. Der zweite Raum auf der Achse ist der Warmraum. Er ist von oktogonalem Grundriß mit getreppten Nischen in den vier Diagonalen. Zu beiden Seiten schließen querrechteckige Räume an. Dieser Warmraum diente den verschiedenen Waschungen. Die Seitenkammern boten eine Rückzugsmöglichkeit für die Epilation und für intime Waschungen. Er ist architektonisch durch besonders reiche Gestaltung als Hauptraum ausgewiesen. Im anschließenden Rechteckraum wird das Dampfbad genommen. In einer kleinen Seitennische ist ein Tauchbecken von ca. 1m x 1m untergebracht. Dieser Raum schließt – wie schon bei den Umayadenbädern – direkt an den Heiztrakt an. Er ist von schlichter Ausstattung und mit einem Muldengewölbe eingedeckt. Alle übrigen Räume haben dagegen Kuppelwölbung.
   Ein Vergleich des Hammām al-Buzūrīya mit den Umayadenbädern macht deutlich, daß sich in den dazwischenliegenden 400 Jahren auf syrischem Boden ein

anderer Bädertypus herausgebildet hat – vorausgesetzt, daß sich die ersten öffentlichen Bäder des Islam nicht wesentlich von den Palastbädern der Umayaden unterschieden, was auf Grund der zitierten ägyptischen Quellen aber angenommen werden darf. Das Hammām al-Buzūrīya hat nur noch geringe Ähnlichkeiten mit den römisch-byzantinischen Bädern wie Brād, Babiska, Serdjilla und Dura Europos. Parallelen lassen sich in gewissem Ausmaß mit den Bädern von Boṣra und Antiochia ziehen. Hier wie dort tritt der Achteckraum mit Diagonalnischen auf. Besonders das Frigidarium und das Caldarium vor Antiochia (4. Jh.) zeigen große Ähnlichkeit mit dem Warmraum von al-Buzūrīya. Die Diagonalnischen und die angeführten Seitenräume des Oktogons sind beiden gemein. Einen Dampfbaderaum gibt es bei den beiden römisch-byzantinischen Bädern selten. Er ist in al-Buzūrīya als schlichter, funktionaler Raum angehängt. Der erste Warmraum ist mit dem meist bescheidenen Tepidarium mit seinen Seitennischen oder Kammern der römischen Thermen zu vergleichen. Das zwischen Apodyterium und diesem Warmraum liegende Gemach entspricht den kleinen Kalträumen, wie sie sowohl in den Bädern Syriens (Brād, Babiska, Serdjilla, Dura Europos), im Menasbad in Ägypten als auch in den Umayadenbädern auftauchen. Mit einigen dieser Bäder (Babiska – ohne Kaltraum –, Brād, Dura Europos, Hammām aṣ-Ṣarah, Quṣair ʿAmra, Ruhayba, Ğebel Sais) hat die Anlage von al-Buzūrīya auch die axiale Verschiebung gemeinsam. Während der Vorraum und der kleine Kaltraum ohne systematischen Bezug aneinander anschließen, liegen die zwei bzw. drei Warmräume auf einer Achse. Sie werden von dem an das Sudatorium/Caldarium anschließenden Heizraum aus befeuert.[44]

In den Damaszener Bädern des 12. Jh.s ist als Heizsystem bereits der Heizkanal üblich. Statt den ganzen Raum mit Hypokaustum zu versehen, wird nur noch ein etwa 0,5m–0,7m breiter und 0,7m–1,2m hoher Heizkanal von der Feuerung aus zu den Warmräumen geführt. In die Seitenräume werden Abzweigungen gelegt. Am Ende des letzten Warmraums führen Abzüge (Schornsteine) die heiße Luft nach draußen ab und bedingen den permanenten Luftdurchzug durch den Heizkanal. In den Baderäumen ist der Heizkanal oft als flache Wölbung oder als niedriges Podest am Fußboden kenntlich gemacht.[45]

Der im 12. Jh. in Damaskus auftretende Bädertypus bleibt ohne wesentliche Änderungen bis ins 15. Jh. erhalten. In den folgenden Jahrhunderten wird dem Dampfbaderaum eine zunehmend bedeutendere Stellung eingeräumt. Er erhält Nebenräume für seperate Waschungen, Massage, Enthaarung etc., während der zweite Warmbaderaum diese verliert oder sie nur noch vereinzelt und reduziert

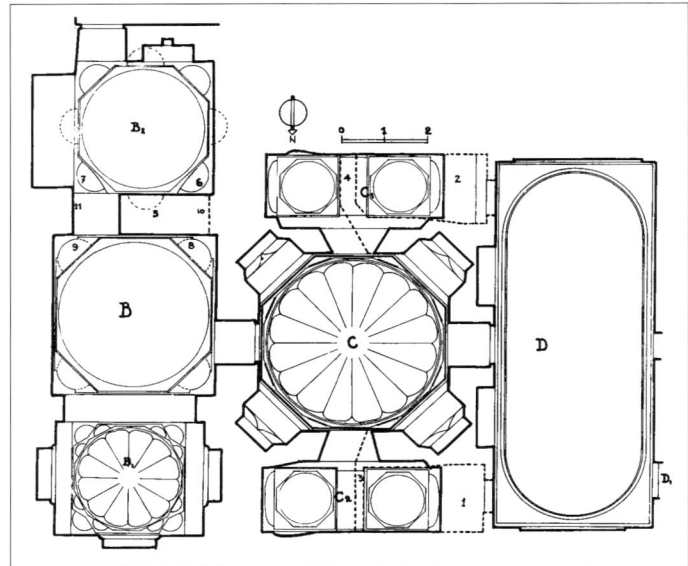

29. *Damaskus, Hammān al-Buzūrīya (zw. 1154 und 1171), Grundriß; B u. C = Baderäume u. Maqsura; D = Bait al-harara; D¹ = Tauchbecken*

aufweist. Mitunter fehlt dieser Baderaum sogar ganz (seit dem 17. Jh. bis heute), so daß an das Apodyterium nur noch zwei Baderäume anschließen, das Bad also auf die für den Baderitus wesentlichen Räume reduziert ist[46] und damit den Grundrissen ägyptischer und türkischer Bäder gleicht.

Kairo

Ein ganz anderer Typus bildete sich in Kairo heraus. Im 8. und 9. Jh. gab es hier die schon erwähnten »*Mausbäder*«, von denen auf ägyptischem Boden allerdings jegliche archäologische Spur fehlt (sieht man von dem frühchristlichen *Menasbad* ab). Die Bäder seit dem 13. Jh. präsentieren einen Grundrißaufbau, der weitgehend bis heute erhalten blieb. Er läßt sich bis in die Fatimidenzeit (969–1171) zurückverfolgen. Das *Hammām al-Afandī* ist nach Maqrīzī (15. Jh.) dieser frühen Zeit zuzurechnen. Trotz Renovierungsarbeiten im 14. Jh. hat es seine ursprüngliche Gestalt behalten.[47]

Typische Merkmale dieser ägyptischen Bäder sind folgende:
An den Auskleide- und Ruheraum – dieser Raum ist bei den frühen (bis ca. 14. Jh.) Bädern nicht mehr in seiner ursprünglichen Form erhalten – schließen nur noch zwei Baderäume an, ein Warmraum und das Dampfbad. Der erste Raum ist klein und nicht für einen längeren Aufenthalt gedacht. Das Dampfbad besitzt einen oktogonalem Grundriß und bildet mit seinen vier Iwanen eine Kreuzform, ist also im Medresen-Typus angelegt. Große Seitenkammern mit Tauchbecken schließen entweder hinter den Iwanen an oder liegen in den Diagonalecken des zentralen Oktogons. Das Oktogon ist mit einer Pendentifkuppel überdeckt. Auch die Seiten-räume werden von vielen kleinen aneinandergereihten Kuppeln überwölbt.

Die ägyptischen Bäder haben die *Hypokaustenheizung* bereits im 13. Jh. ganz aufgegeben. Nur heiße Dämpfe stehen zur Erhitzung der Räume zur Verfügung. Ob die in späterer Zeit umgewandelten oder restaurierten Bäder aus der Fatimiden-zeit ursprünglich noch Hypokaustenheizung hatten, ist eher zweifelhaft, da man bislang keine Spuren davon finden konnte. Die Vermutung liegt nahe, daß man mit dem Übergang zur zweiteiligen Badeanlage, wovon ein Raum nur als Durchgangs-raum diente, auf die aufwendige Hypokaustenheizung in den heißen Landstrichen verzichten konnte. Vielleicht ging man sogar zur auf zwei Baderäume reduzierten Anlage über, um mit einfacheren Heizsystemen auszukommen. Die Tubulierung der Wände ist – wie in allen übrigen islamischen Bädern seit dem Mittelalter – aufgegeben.

Das islamische Bad Ägyptens hat mit den Uma-yadenbädern nichts mehr gemein. Ihr Dampfba-deraum läßt sich dagegen von römisch-byzantini-schen Bädern (Karthago-Antoniusthermen, Anti-ochia, Boṣra) ableiten. Das dort vorkommende überkuppelte Oktogon wird übernommen. Die Iwane entsprechen den Wannennischen römi-scher Caldarien.[48] Die Ausbildung weiterer Sei-tenräume ist z. B. im Caldarium von Antiochia bereits vorgeprägt. In den spätröm. Antonius-thermen von Karthago schließen an das Oktogon des Caldariums seitlich weitere Baderäume (Suda-torien) an. Der kleine erste Baderaum ist vom Grundriß her nicht als eigenständig anzusehen.

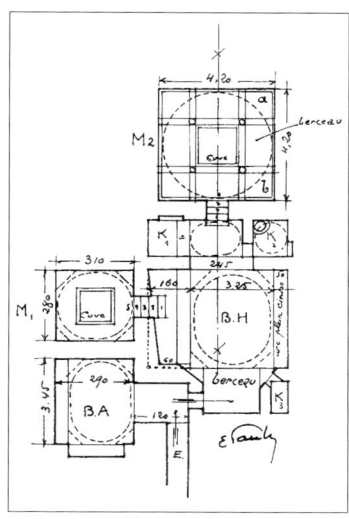

30. *Kairo, Hammān al-Afandi (11.Jh.), Grundriß*

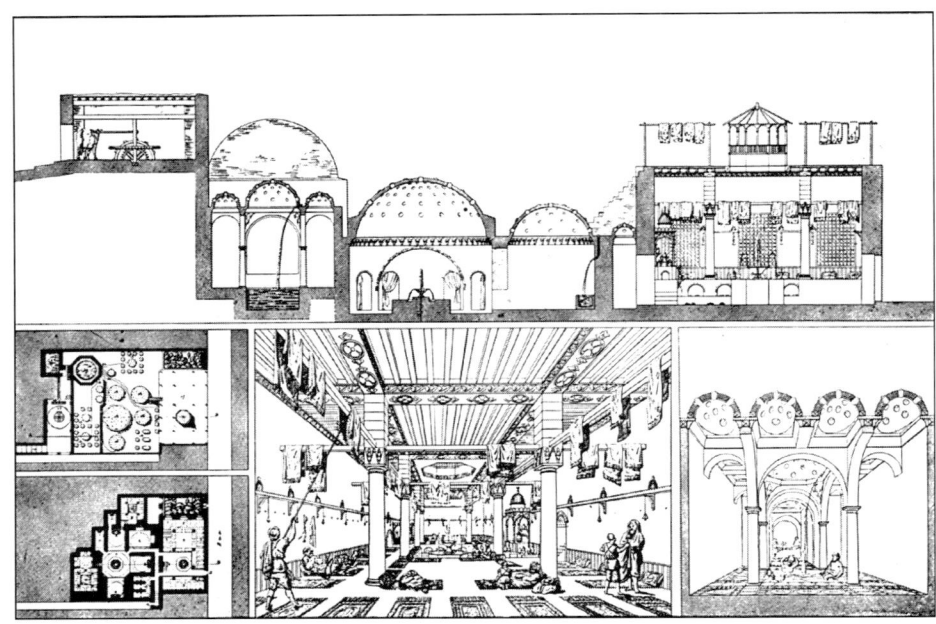

31. Darstellung eines ägyptischen Bades (Tambali) von innen, nach Edmond Pauty

Er wirkt wie einer der zahlreichen an den Dampfbaderaum anschließenden Badegemächer. Der Grundriß der Kairiner Bäder läßt sich als eine Reduzierung der spätrömischen Thermen auf das zum Auskleide- und Ruheraum umfunktionierte Frigidarium und das seiner Wanne beraubte Caldarium, das im Islam als Sudatorium dient, interpretieren. Ob das auf ägyptischem Boden errichtete islamische Bad jemals mehr als nur zwei Baderäume hatte, ist zu bezweifeln, denn schon Ibn Duqmaq hebt hervor, daß die Byzantiner drei Abteilungen hatten, das *Hammām al-Fa'r* sich dagegen sehr klein ausnehme. Die Betonung der drei Abteilungen läßt vermuten, daß die in islamischer Zeit entstandenen Bäder weniger hatten. Daß nur eine Abteilung – das Sudatorium – vorhanden war, ist unwahrscheinlich, da der Übergangsraum bei den hohen Temperaturunterschieden von Auskleide- und Baderaum notwendig war.

32. Kairo, Hammān des Sultans al-Muʿayyad Saih, Aufenthaltsraum (Maslah)

Spanien und Maghreb

Der Enkel des Umayadenkalifen Hišām, ʿAbd al-Rahman entrann dem abbasidischen Massaker und flüchtete nach Spanien. 756 wurde er Emir von Cordoba. 929 nahm der Umayadenherrscher von Cordoba, ʿAbd al-Rahman III., den Kalifentitel an. Damit gab es drei Kalifen: den abbasidischen in Bagdad, den fatimidischen in Ägypten, den umayadischen in Cordoba. Das westliche Umayadenreich zerfiel 1031 in viele kleine Teilstaaten. Es folgten die Geschlechter der Almoraviden (1061–1147), der Almohaden (1147–1269), in Nordafrika das der Meriniden (1269–1420) und – als letztes Herrschergeschlecht vor der christlichen Reconquista – das der Nazriden (1232–1492), deren Reich auf Granada geschrumpft war. Im Maghreb entfaltete sich seit 909 die Macht der Fatimiden, eines neu aufkommenden Geschlechts, das sich als direkte Nachkommen des Propheten bezeichnete. 60 Jahre später eroberten sie Ägypten und von hier aus Sizilien und den Orient.

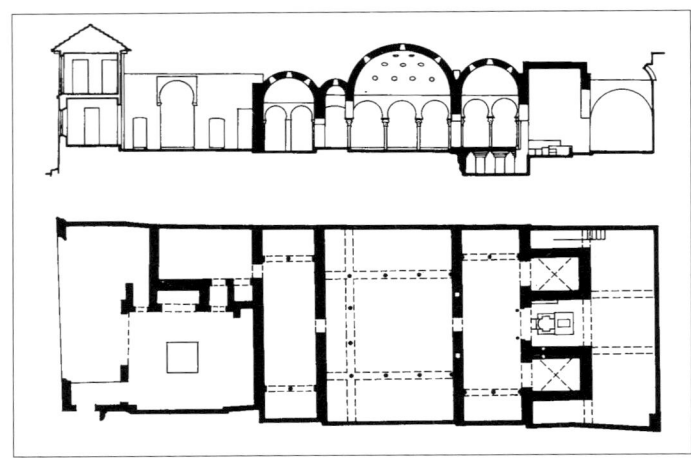

33. *Granada,
Bañuelo (11.Jh.),
Grundriß und
Schnitt*

Erste Bäderfunde auf spanischem Boden stammen aus dem 11. Jh. Das Bad vom *Alcázar* in *Córdoba*[49] gehört eventuell sogar noch der Umayadenzeit an. Es besteht aus drei Räumen. Der erste mißt acht Meter im Quadrat. Er ist durch zahlreiche Säulenreihen unterteilt. Hier ist der Auskleide-, Ruhe-, und Aufenthaltsraum nach dem Bad zu vermuten. Um in die Baderäume zu kommen, verläßt man den ersten Raum und gelangt über eine Treppe in einen Warmraum (Tepidarium). Dieser ist von zwei Pfeilern und Wandvorlagen in drei Raumkompartimente unterteilt. Der mittlere Teil gewährt Ausgang zum hypokaustierten Dampfbad. Zwei Säulenreihen zu je drei Säulen gliedern das Badegemach. An der einen Schmalwand schließt der Heizraum an. Die Gewölbe des Tepidariums und Sudatoriums werden von gläsernen Sternaugen überzogen. Im großen Vorraum wird nur das zentrale Gewölbe mit diesen Sternaugen belichtet. Dieses »Umayadenbad« hat keine Ähnlichkeit mit den syrischen Beispielen, sieht man von den heiztechnischen Einrichtungen ab. Eher fühlt man sich an Ibn Duqmaqs Aussage zum »Mausbad« erinnert. Es gibt – wie in ägyptischen Bädern – auch hier nur zwei Badegemächer und den Vorraum.

Im *Bañuelo* von *Granada*[50] begegnet man einem Bad des 11. Jh.s. Eine klare Raumgliederung ist hier festzustellen: Über einen Vorhof mit Brunnen gelangt man zum Eingang des Bades. Der erste, schlichte Raum dient als Apodyterium. Es folgt der kalte Baderaum, ein schmaler, querrechteckiger Raum mit Tonnengewölbe. Durch Säulenstellungen werden an den beiden Schmalseiten kleine Alkoven ausgegliedert; Relikte aus dem römischen Thermenbau, wo diese Alkoven das Kaltbad beherbergten. Hufeisenbögen spannen sich zwischen den Stützen. Der anschließende, fast quadratische Raum wird durch drei Säulenreihen, die wiederum Hufeisenbögen – die typische Form in Spanien und Maghreb – tragen, in zwei längsgerichtete, breite Schiffe und ein schmales, quergerichtetes Schiff unterteilt. Die Seitenschiffe sind tonnengewölbt. Das Zentralquadrat wird von einem Klostergewölbe überspannt. Bei diesem Raum handelt es sich um das Tepidarium, auf welches das Schwitzbad folgt, an dessen Rückseite im Zentrum der Heizraum anschließt. Seitlich daneben befinden sich zwei kreuzgewölbte Kabinette, die vom Schwitzraum aus zugänglich sind und der Intimpflege dienen. Alle Gewölbe sind mit sternförmigen oder achteckigen Glasaugen übersät.

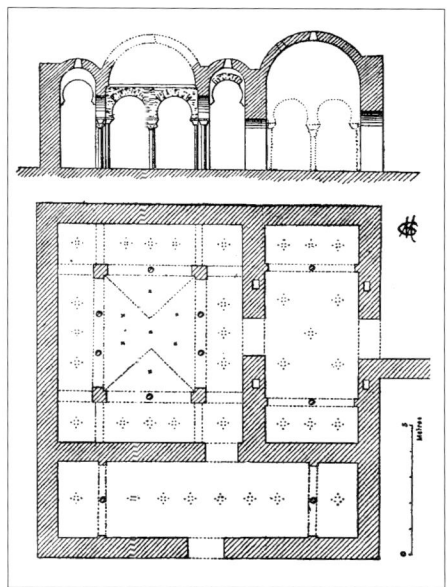

34. Baza, Bad der Juderia (11./12.Jh.), Grundriß und Schnitt

Weitere Bäder des 11. und 12. Jh.s sind in ähnlicher Weise angelegt. Das *Bad im Judenviertel von Baza*[51] verzichtet allerdings auf das Frigidarium und verlegt den Auskleideraum hierher. Er entspricht in Form und Gestaltung dem Kalten Raum des Bañuelo in Granada. Der Warmraum folgt direkt auf das Auskleidezimmer. Das Zentrum wird jetzt allseitig von Säulen umschlossen und ist auch hier mit einem Klostergewölbe eingedeckt.

Das *Bad von Tlemcen* in Algerien[52] ist dem Bad von Baza sehr ähnlich. Lediglich das Apodyterium ist hier nur ein einfacher Raum in der Art des Bañuelos von Granada. In Tlemcen war ursprünglich noch ein kleiner Raum zwischen der großen Halle und dem Schwitzraum geschaltet. Im Schwitzraum gab es in den Alkoven ein Kaltwasserbecken und ein Warmwasserbecken. Das Zentralquadrat des ersten Warmraums ist überkuppelt, was in den späteren Bädern beibehalten bleibt. Im Zentrum plätscherte das Wasser eines Springbrunnens.

35. *Palma de Mallorca, arabisches Bad,
12. Jh.*

Diesem Typus folgt auch das *Bad von
Palma de Mallorca* aus derselben Zeit.[53]
In *Murcia* (11./12./oder 13. Jh.)[54] schließt
an den großen Saal ein schmaler Warmraum an, auf den das Schwitzbad mit nur
einer Nische an der westlichen Schmalseite und zwei separaten Kammern seitlich der Heizung folgt, wie dies schon in
Bañuelo von Granada zu finden war.
Das *Hammām Chaaix, Pozo Amargo
(Toledo)* aus dem 13. Jh. behält die typische Form des Schwitzbades bei. Der
Warmraum davor ist von ähnlicher
Größe und Gestalt. Auch im Kaltraum
wird durch Säulenstellung und zwei
Hufeisenbögen eine kleine Nische gebildet.

All diese frühen islamischen Bäder
Spaniens und des Maghreb weisen –
trotz Differenzen in der Raumfolge und
Gestaltung – zwei gemeinsame Merkmale auf:

1. Der *Schwitzraum* ist immer (außer
im Bad des Alcázar von Córdoba) von
querrechteckigem Grundriß einschließlich des Heizraumes, der an der rück-
wärtigen Längswand anschließt.

2. Der *größte Raum* des Bades wird durch Säulenstellungen unterteilt in seitliche
tonnengewölbte Galerien und in einen von einem Klostergewölbe oder einer Kuppel überragten Zentralraum. Mag dieses Gemach als Kaltraum oder Warmraum
definiert sein, immer diente dieser Raum als Treffpunkt, da er der größte des Bades
war.

In den Bädern des 13. und 14. Jh.s bleiben diese Merkmale leicht abgewandelt beibehalten. Der große Raum dient hier immer als Umkleideraum, zur Ruhe nach dem
Bad und zur Unterhaltung. Er gibt die seitlichen Galerien auf. Statt dessen schliessen sich an den zentralen Kuppelraum Estraden in Nischen oder Alkoven an. Der

Schwitzraum verzichtet auf die Ausgliederung von Kabinetten an den Schmalseiten. Bisher sind acht Bäder dieser Zeit in Spanien und im Maghreb bekannt geworden. In der chronologischen Reihenfolge sind diese[55]:
(Siehe Übersicht auf der folgenden Doppelseite!)
1. das Bad von Oujda (Marokko), 1296
2. das Bad der Alhambra (Granada), 1333–1351 unter Yusuf I.
3. das Bad von al-Eubbad, 1339 unter dem Meriniden Abu al-Haan (o. Abb.)
4. das Bad des Hammām al-Aloû (Rabat), 1355
5. das Bad von Chella, Rabat, 1358
6. das Bad al-Mokhfia (Fez), 14. Jh.
7. das Bad von Gibraltar, 14. Jh.
8. das Bad von Ronda, 13./14. Jh., nicht vollständig ausgegraben.

Diese Bäder bestehen jeweils aus einem *Auskleide-Ruheraum* und drei (in Gibraltar zwei) anschließenden Baderäumen. Der Auskleide-Ruheraum ist hier immer der größte Raum. Ihm folgt ein schmales queroblonges Gemach als kalter *Übergangsraum*. Daran schließt ein *Warmraum* an. Er reicht in seinen Ausmaßen im Bad der Alhambra (siehe Farbtafel 1), im Hammām al-Mokhfia und im al-Aloû Bad wie auch in Ronda an die des Auskleideraums heran. Im Hammām al-Aloû und al-Mokhfia ist dessen Zentrum von einer reich geschmückten Kuppel überwölbt. Seitlich schließen ausgegrenzte Nischen an (auch im Bad der Alhambra). Der *Schwitzraum* unterscheidet sich kaum von dem der früheren Bäder. Er ist queroblong wie der Kaltraum, hat aber zusätzlich immer wenigstens ein kleines Kabinett. Der *Heizraum* schließt die Raumenfilade ab. Die Warmräume waren mit Hypokaustum versehen. Dieser Bädertypus bleibt weitgehend unverändert erhalten. Das Hammam der Zâwiya des Sīdī al-Ġuzūlī in Marrakesch, aus der zweiten Hälfte des 16. Jh.s ist dem Bad von Oujda (Ende des 13. Jh.s) sehr ähnlich und gibt ein Beispiel für die durchgängige Tradition im islamischen Nordafrika.

Jedoch nicht nur in den islamischen Ländern, sondern auch im Spanien nach der Reconquista entstanden noch Bäder, die den islamischen Typus fortsetzen. So ein *Bad* in *Barcelona* und eines in *Girone*[56]. Ein besonders schönes Beispiel ist das Bad im *Palast der Doña Leonor de Guzman in Tordesillas* aus dem 14. Jh.[57] Im 12. und 13. Jh. begann das Baden auch im Christentum üblich zu werden und man benutzte vorhandene Badeanlagen der Muslime weiter (z. B. das Bad in Palma de Mallorca).

Die Bäder des 13. und 14. Jh.s. im Maghreb und in Spanien haben nichts mit dem aus zwei Abteilungen bestehenden Bad Ägyptens derselben Zeit zu tun. Eine gewisse Grundstruktur ist mit den Bädern von Damaskus zu vergleichen: Hier wie dort besteht die Raumfolge aus drei hintereinanderliegenden Räumen, wovon

36. Übersicht der Grundrisse spanisch-maghrebinischer Bäder des 13./14. Jh.s.

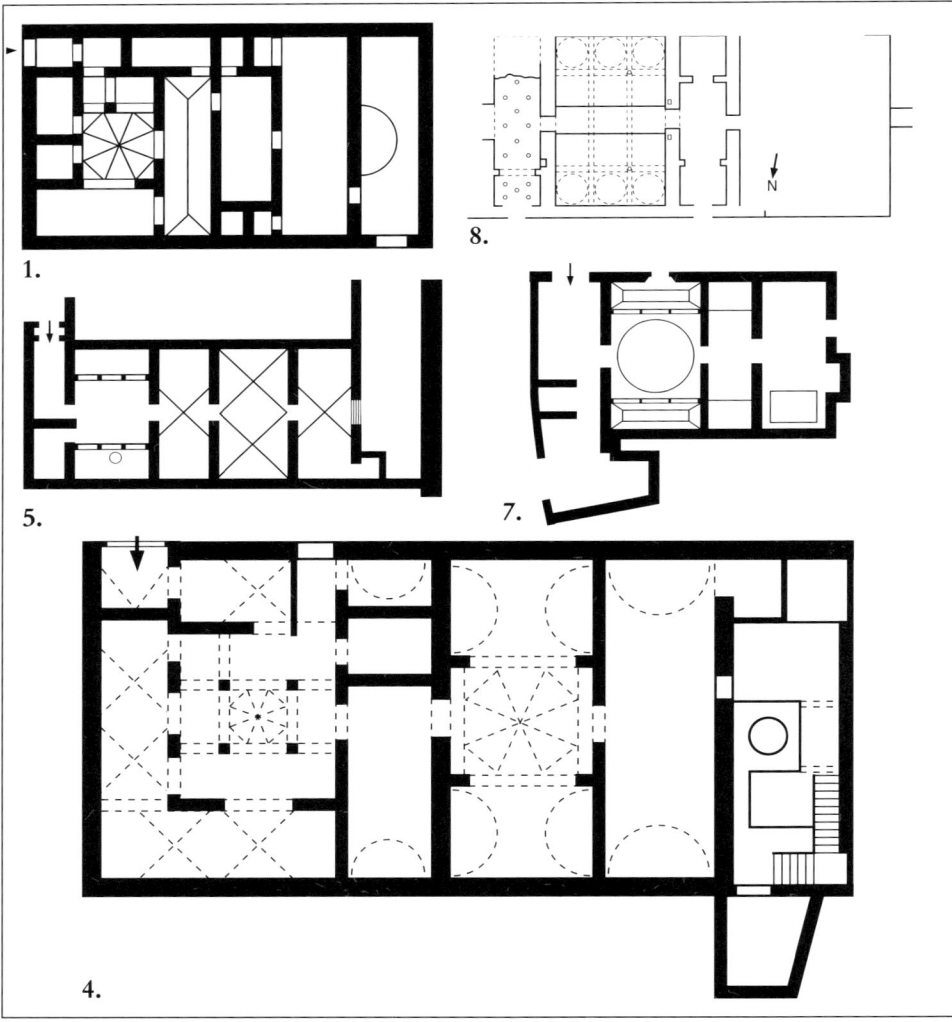

der mittlere Raum durch Ausstattung und Größe betont wird. Der Schwitzraum ist in beiden Fällen schlicht und queroblong. In der Raumgestaltung und -wölbung haben die beiden Typen jedoch keine Ähnlichkeiten. Der Islam hat auch in seinen westlichsten Gebieten einen eigenen Bädertypus geschaffen.

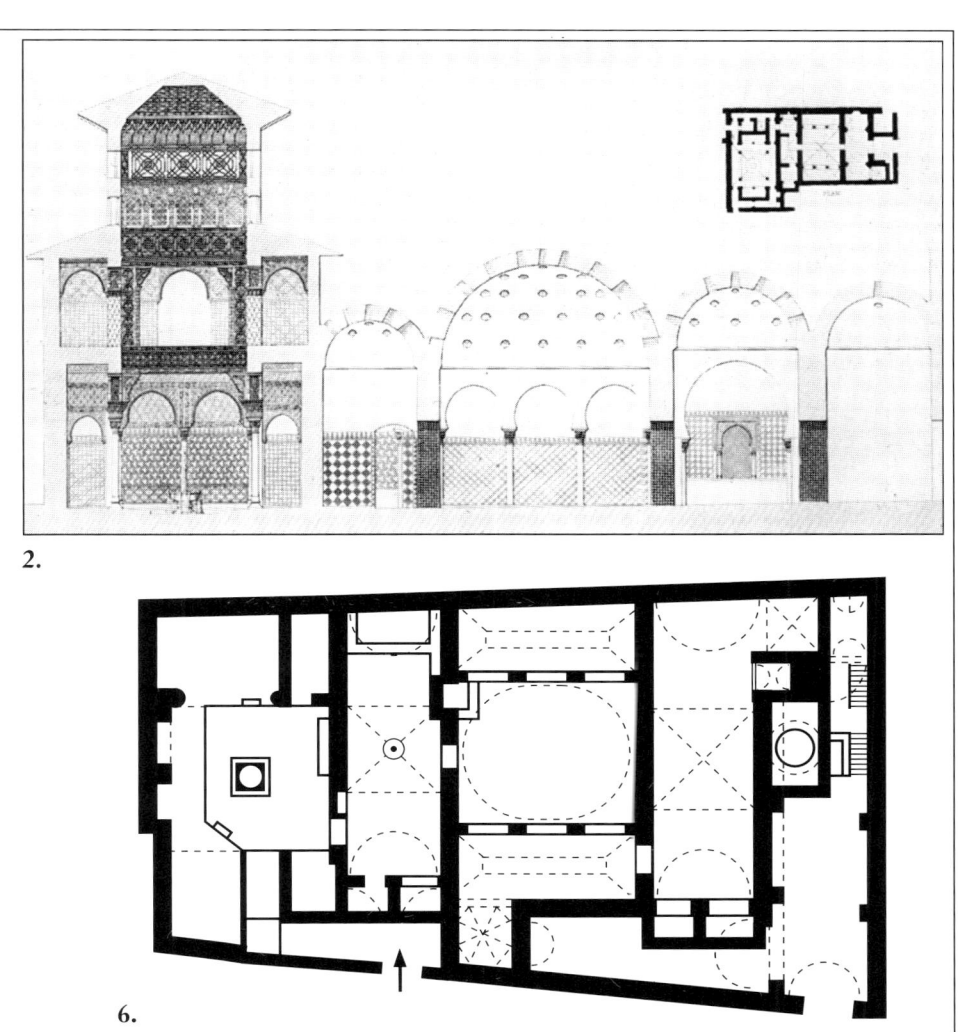

2.

6.

Türkei

Wie die Kairiner Bäder bestehen die Bäder der Türkei[58] seit dem 16./17. Jh. nur aus zwei Abteilungen, jedoch ist der erste Baderaum recht geräumig und nicht wie in Ägypten ein bloßes Durchgangskabinett. Die türkischen Bäder sind von stattlicher Größe und erinnern keineswegs an ein »Mausbad«. Ein großer überkuppelter Auskleideraum von meist quadratischem Grundriß mit umlaufenden breiten Holzestraden bildet den Auftakt. Von hier gelangt man in den ersten Baderaum von mäßig warmer Temperatur. An diesen ersten Warmraum schließen seitlich mehrere Kabinette oder Nischen an. Auch die Latrinen sind von hier aus zugänglich. Wie der Auskleideraum ist der Warmraum mit seinen Nebenräumen kuppelgewölbt. Der wichtigste Raum ist das Schwitzbad. Seine typische Grundrißgestaltung ist das Achteck. An den Stirnseiten schließen oft quadratische oder runde überkuppelte Kabinette an. Beliebt ist auch deren Ausbildung zur Iwannische oder eine Kombination von beidem. Der Schwitzraum ist ebenfalls mit einer Kuppel eingedeckt. Dahinter liegt der Heizraum mit der Heißwasseraufbereitung. Die Baderäume der türkischen Bäder sind noch im 15./16. Jh. hypokaustiert. Wie alle Bäder des Islam werden auch die türkischen von den typischen Glasaugen im Gewölbe erhellt. Der Raum des Schwitzbades ist dem des ägyptischen Bades sehr ähnlich, sieht man von den zusätzlichen großen Sei-

37. Budapest, Außenansicht des Király-Bades

tenräumen mit eigenem Tauchbecken in letzterem ab. Die Grundform des Oktogons mit Seitennischen ist hier wie dort auf byzantinische Bäder (Antiochia) zurückzuführen.

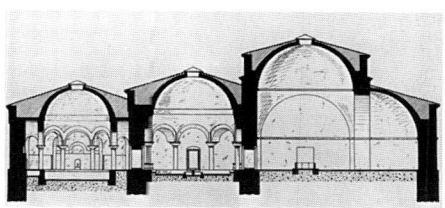

Das *Eski Kapliča* (altes Heilbad, 1359–1389, unter Murad I. entstanden) in *Bursa* stellt hierfür ein schönes Übergangsbeispiel vom byzantinischen hin zum türkisch-islamischen Bad dar. An dieser Stelle gab es wahrscheinlich schon ein Bad in römischer Zeit, gewiß aber in byzantinischer Zeit. Die Kapitelle der beiden Baderäume des Eski Kapliča sind sämtlich byzantinische Spolien. Die Betonung der acht Ecken der beiden Baderäume durch Säulen, die untereinander durch Rund-

38. Bursa, Eski Kapliča (Altes Heilbad), Grund- und Aufriß

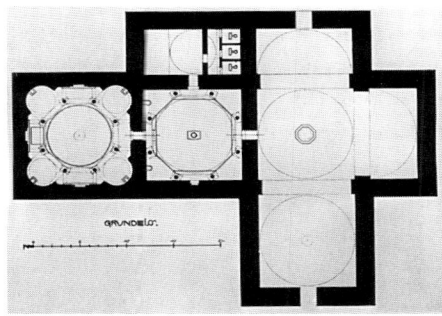

bogen verküpft sind, erinnert an die byzantinische Kathedrale von Boṣra oder an byzantinisch beeinflußte Architektur (Pfalzkapelle, Aachen). Sicherlich knüpfte der Stifter Murad I. an den byzantinischen Vorgängerbau an. In Bursa wiederholt das Yeni Kapliča, eine Stiftung Rüstem Paschas (1520–1566), die er auf Wunsch seines Schwiegervaters Soliman tätigte, im Schwitzraum die Architektur des alten Heilbades. Selbst im *türkisch besetzten Ungarn* tauchen im *Rudas-Bad* in Budapest (ca. Mitte des 16. Jh.s) die Säulenstellungen wieder auf. Sie bleiben jedoch die Ausnahme. Üblich ist die Ausbildung von Nischen und Durchgängen zwischen Wandpfeilern, die jeweils im achteckbildenden Winkel von 45 Grad aufeinanderstoßen.

Sizilien

Ein kurzer Blick auf die italienische Insel zeigt, daß auch hier die islamischen Besetzer ihre Spuren im Bäderbau hinterließen. 831 besetzten die Aghlabiden von Ägypten aus Palermo und eroberten im Laufe des 9. Jh.s das unter byzantinischer Herrschaft stehende Sizilien. In der Gegend von Palermo bildete sich eine blühende islamische Kunst- und Kulturtradition heraus, die nach der normannischen Eroberung (Mitte-Ende des 11. Jh.s.) von den neuen christlichen Herrschern fortgeführt wurde. Die Dokumente islamischer Kunstausübung auf Sizilien sind selten. Noch existierende Spuren stammen weitgehend aus der Normannenzeit. In ihren berühmten Palästen in der Gegend von Palermo übernahmen sie z. T. die Bauten ihrer islamischen Vorgänger oder errichteten neue in deren Stil.

Favara ist einer dieser Paläste. Der fatimidische Emir Ǧyâfar (reg. 997–1019) errichtete an dieser Stelle das *Qaṣr Ǧyâfar*[59]. Der Normannenkönig Roger II. ließ das arabische Schloß restaurieren und erweitern. Nur wenige Meter nördlich des Schloßbezirks lag ein separates Badhaus. Von einem langen, 2m breiten Flur gelangte man in drei separate Badekammern. Die erste ist sehr schmal und von einem doppelten Kreuzgewölbe über einem quadratischen und rechteckigen Grundriß eingedeckt. Der zweite Raum ist wesentlich breiter. Im Gewölbe nimmt er die Zweiteilung des ersten wieder auf. Es folgt ein weiterer Raum von rechteckigem Grundriß, der jedoch nicht die Tiefe der beiden ersten Räume erreicht. Auch er ist kreuzgewölbt. Am Ende des Flurs gelangt man in einen großen Raum, der im Kreuzgewölbe zwei Joche bildet. Dieser Raum enthielt eine künstliche Grotte, ein Motiv, das in keinem anderen Bad aus islamischer Zeit belegt ist. Offensichtlich wirkte in der Verwendung des Grottenmotivs das Nachleben der antiken Villenarchitektur. Man denke dabei etwa auch an die Wassertreppe von La Zisa, dem berühmtesten der ›orientalischen‹ Normannenschlösser Siziliens.

Alle Räume des Bades waren durch 1 m breite, spitzbogige Türen und flache, spitzbogig überwölbte Kanälchen verbunden. Dieses Kanalmotiv als Raumverbindung ist in La Zisa wiederzufinden und auch in der Alhambra in Granada (Löwenhof). Unter dem Marmorplattenbelag der Baderäume gab es ein Hypokaustum. Die Wände waren tubuliert. Der große Grottensaal diente als Auskleide- und Ruheraum. Wo in anderen Bädern ein Brunnen zu finden ist, wählte der Emir die Wassergrotte. Von diesem Grottenraum gelangt man in einen kleineren Durchgangsraum. Es folgt der großzügige Warmraum und abschließend der schmale Schwitzraum. Das Bad ist in seiner Anlage den spanischen und maghrebinischen Bädern des 13. und 14. Jh.s. ähnlich. Dort trafen wir auch auf die Raumaufteilung in Auskleideraum und drei anschließenden Badesälen. Hier wie dort ist der Auskleideraum immer der größte, der erste Baderaum eher unbedeutend, der zweite dagegen wieder geräumiger und der Schwitzraum schlicht. Das Kreuzgewölbe erinnert vor allem an das Bad von Chella (Rabat). Im Bad der Favara gibt es lediglich keine Säulenstellungen im Auskleide- bzw. Warmbaderaum.

*39. Céfalu, arabi-
sches Bad,
10./11. Jh.*

Wie der Palast von Favara ist auch das Bad im wesentlichen durch den Vorgängerbau des 10./11. Jh.s. geprägt. Bedenkt man, daß der ägyptische Emir weitgehend die
Architektur seiner Heimat auf die italienische Insel verpflanzte, so ergeben sich
daraus für den Bäderbau wichtige Konsequenzen. Mit dem Bad der Favara ist ein
Typus des 10. Jh.s. gefunden, der die archäologische Lücke zwar nicht schließt, aber
immerhin füllt. Das Bad der Favara hat drei Abteilungen, entspricht also der Gliederung antiker Bäder. Nun erfuhren wir aber aus den Quellen des 9. und 10. Jh.s.,
daß die islamischen Bäder nicht so »geräumig« waren wie die »Bäder der Byzantiner«, die drei Abteilungen hatten. Ordnet man das Bad der Favara ein zwischen
diese Aussagen und die Kairiner Bäder des 11. und 12. Jh.s., gewinnt man den Eindruck, daß bald nach dem Hammām al-Fa'r, dem ersten im Islam gebauten öffentlichen Bad, wieder größere Bäder mit drei Baderäumen entstanden. In der Favara
findet sich auch noch die Hypokaustenheizung, die in den ägyptischen Bädern spätestens seit dem 13. Jh. fehlt. In seinem schlichten, funktionalen Aufbau kann das
Bad der Favera nicht mit den komplexen Kairiner Bädern verglichen werden.

Ebenso beachtenswert ist das *Thermalbad von Céfalu*[60]. Es entstand wahrscheinlich noch unter arabischer Herrschaft. Es mißt 11 x 6,5 m. Das Tonnengewölbe mit den üblichen Glasaugen-Fenstern erreicht eine Höhe von 7,50 m. Nur vom ursprünglichen Baderaum sind noch Spuren erhalten. Im hinteren Abschnitt teilt eine dreibogige Arkadenstellung einen kleinen Nebenraum ab. Hier befindet sich ein tiefes Tauchbecken, in das mehrere Stufen hineinführen. Der Hauptraum wird dagegen fast ganz von einem rechteckigen Bassin mit umlaufenden Sitzstufen ausgefüllt. Die Reste des Bades von Céfalu machen deutlich, daß bereits im 10./11. Jh. das für das Thermalbad typische vertiefte Becken im Islam gebräuchlich war. Das kleinere, tiefe Tauchbecken verweist auf die ägyptischen Seitenräume mit ebensolchen Becken. Man darf annehmen, daß die arabischen Eroberer diesen Typus aus Ägypten mitbrachten, er also hier bereits vorgebildet gewesen sein muß.

Ein ähnliches Bad mit vertieftem Marmorbecken in einer Ecke existiert auch in einem Palast in Taormina aus dem 14. Jh.[61] Im Kastell Maniace (13. Jh.), Syrakus, wird der Baderaum des »Bades der Königin« von einem großen Becken mit Sitzstufen beherrscht.[62] Die arabische Tradition reichte bis zur amalfischen Küste, denn auch hier sind zwei Bäder mit vertieftem Zentralbecken belegt. Das erste gehört zu dem bekannten Palazzo Rufolo aus dem 13. Jh., (Ravello)[63], das zweite befindet sich im nahegelegenen Pontone (13. Jh.).[64]

Schlußfolgerungen
(siehe Zeittafel in Umschlaginnenklappen)

Stellt man das spärliche Material zum islamischen Bad der ersten Jahrhunderte zusammen, gewinnt man den Eindruck, daß die Bäder bis ins 10. bzw. 11. Jh. hinein allerorts ähnlich schlicht in ihrer Anordnung waren. Im *Maghreb* und in *Spanien* blieb dieser Typus bis zum Ende der islamischen Zeit und in frühen christlichen Bädern (Barcelona, Girone) mit wenigen Variationen bewahrt. Die durch Hypokaustum geheizten Räume liegen in einer Achse, wohingegen die unbeheizten Räume des Bades entweder in gleicher Achse mit (»plan rectiligné«) oder seitlich versetzt (»plan centré«) zu den gewärmten Baderäumen liegen.[65] Seit dem 12. Jh. in *Damaskus*, seit dem 11./12. Jh. in *Kairo* und dem 14. Jh. in der *Türkei* treten Bädertypen auf, die sich von diesen frühen einfachen Anlagen entfernt haben. Für den Hauptbaderaum bevorzugt man bewegte Raumformen (Nischenbildung), die ihn architektonisch betonen (in Ägypten und der Türkei der letzte Raum, in Syrien der mittlere).

Diese Beobachtungen sind meines Erachtens dahingehend zu interpretieren, daß sich etwa mit dem 11. bzw. 12. Jh. das Badeleben im Islam verselbständigt hat und seine eigenen, regional unterschiedlichen Bedürfnisse an eine Badeanstalt stellte. Separate Seitenräume für Waschungen waren erforderlich geworden, um ungestört seinen Pflichten nachkommen zu können. Man benötigte einen großen Auskleide- und Ruheraum, wo man nach dem Bad die Neuigkeiten austauschen, Kaffee trinken oder lesen konnte. Warnte der Prophet Muḥammad in seiner Zeit noch, »vor jenem Haus, zu dem man hammām sagt«[66], das seine Getreuen in Syrien finden würden, untersagt er den Frauen den Besuch des öffentlichen Bades, so haben vier Jahrhunderte islamischer Religionsübung ihre eigenen Gesetze geschaffen. Die Stiftung eines Badehauses ist längst ein angesehener Akt, den Allah lohnen wird.

Es war das große Verdienst von Écochard und Le Coeur, in ihrem Werk über die Damaszener Bäder den Versuch unternommen zu haben, die Bäderbauten Syriens in eine schlüssige Entwicklungsreihe von der Antike bis in die Neuzeit zu stellen. Nur die Darstellung dieser wichtigen Grundlagen ermöglicht es, das »schéma comparatif« der beiden Autoren nach obigen Ausführungen abzuändern und auf die Bäder des gesamten islamischen Kulturraums auszuweiten.

Die frühesten islamischen Bäder, die uns heute archäologisch greifbar sind, sind die *umayadischen Palastbäder*. Diese frühislamischen Bäder zeichnen sich alle durch ihre kleinen Ausmaße aus. Sie haben zum einen gewisse Gemeinsamkeiten mit den römischen Kastell- und Privatbädern, zum anderen folgen sie der kleinen syrischen Sonderform byzantinisch-frühchristlicher Thermen. Die großen Thermenanlagen der römischen oder byzantinischen Epoche wurden zwar weiterbenutzt, in den islamischen Bäderbauten der frühen Zeit aber nicht nachgeahmt.

Im 11./12. Jh. fand ein Wandel statt, der zuerst in den auf fatimidische Zeit zurückgehenden *Bäder in Kairo* und den *Damaszener Bädern* dingbar zu machen ist. Raumformen werden aufgenommen, wie sie römische, besonders aber byzantinische Thermen ausbildeten. Der Typus »Mausbad« wird zugunsten großzügiger Anlagen aufgegeben. Nur in *Spanien* und im *Maghreb* setzen sich diese neuen Strömungen nicht mehr durch. Hier beschränkt man sich auf Binnengliederung der Rechteckräume durch Säulenstellungen und prächtige Ausschmückung der Bäder, insbesondere der Kuppeldecken.

Das Bad der Favara läßt den Schluß zu, daß die Bäder der Fatimiden schon zur Zeit ihrer Herrschaft im Maghreb im frühen 10. Jh. ähnlich aussahen. Dafür spricht nicht zuletzt, daß das Bad der Favara größere Ähnlichkeit mit den maghrebinischen Bädern aufweist als mit den späteren ägyptischen und syrischen Anlagen. Die Hypothese liegt nahe, daß sich der Bädertypus, den die Fatimiden verbreiteten, aus den frühen syrischen Badeanlagen entwickelte. Immerhin war es ja auch ein Umayade, der hier im Westen, wo sich später das Geschlecht der Fatimiden zu einem Machtfaktor entwickeln sollte, die islamische Herrschaft etablierte. Über welche Zwischenetappen sich eine solche Entwicklung vollzogen haben könnte, kann durch keine Bäderfunde belegt werden. Für meine These spricht jedoch auch, daß sich in Syrien im 12. und 13. Jh. neben dem neuen Bädertypus noch eine schlichte Variante findet. Das Bad von *As-Saruga* (Wende des 11. zum 12. Jh.) besteht wie die spanischen und maghrebinischen Bäder aus drei langgestreckten Rechteckräumen und einem großen Auskleideraum. Am Schwitzraum schließt der ebenfalls längsgestreckte Heizraum an. Bei den beiden Warmräumen werden an den Schmalseiten Nischen ausgegrenzt, die durch Bögen, im Schwitzraum an der Innenseite nur durch einen schmalen Durchgang mit dem zentralen, überkuppelten Quadrat verbunden sind. Ist auch die Architektursprache, die Gestaltung im Detail eine ganz andere als in Spanien oder im Maghreb der Zeit, so ist doch der gemeinsame Grundplan nicht zu verkennen.

In der weiteren Entwicklung in Damaskus wird der mittlere der drei Baderäume zunehmend mehr gegliedert und kunstvoller gestaltet, wobei der Grundtypus der drei aufeinanderfolgenden Baderäume beibehalten bleibt. Die ägyptischen Bäder gleichen dagegen eher einer pavillonartigen Zusammenfügung der Baderäume, die jeweils ihren eigenen Zweck erfüllen. Symmetrie oder andere Ordnungsprinzipien spielen hierbei keine Rolle. Man fühlt sich dabei an Palastbauten wie die Alhambra, den Generalife in Granada oder Madinat az-Zaharā/Córdoba erinnert – aber auch an den Kaiserpalast in Konstantinopel, der ebenso aus einer Abfolge zahlreicher funktioneller und architektonischer Einheiten bestand. In der Türkei folgen dagegen die beiden Baderäume in einer klaren Ordnung aufeinander. Hier wie in Damaskus oder Spanien und Maghreb sucht man einen möglichst axialsymmetrischen Aufbau. Die Diskussion um eine Entwicklung des islamischen Bades kann hier nicht beendet werden. Jeder neue Bäderfund wird das Mosaik ergänzen.

6. Baderäume und Badesitten in der islamischen Welt

Die Nomenklatur aus der römisch-antiken Badewelt greift im islamischen Bad nicht. Das Apodyterium ist zu einem großen Saal herangewachsen, der sowohl zum Auskleiden als auch zur Ruhe, zur Unterhaltung sowie zum Essen und Trinken nach dem Bade dient. Entsprechend aufwendig ist seine Ausstattung. Entlang der Wände verlaufen breite Stein- oder Holzpodien, in deren Vorderfront Nischen eingelassen sind, die zur Kleiderablage dienen. Auf dem Podium sind Teppiche, Kelim und auf den Holzbänken Matrazen ausgebreitet, auf denen die Badegäste ruhen können. Im Zentrum des *Maslah* (arab.) oder *Camekân* (türkisch; der persische Begriff = *Bine*; spanisch = *bait al-maslaj*) plätschert immer ein Brunnen, *Fisqiya* (arab.). Häufig bildet das Maslah vier Nischen (*Iwane*) aus, in die dann die Podeste hineingebaut sind. Der von den Podien umgrenzte Innenraum ist meist quadratisch. In zahlreichen Bädern gibt es abgesonderte Kabinen, die vom Maslah aus zugänglich sind und für den höhergestellten Badegast reserviert sind. Gegen ein besseres Trinkgeld konnte er sich dort ungestört an- und auskleiden. Zum Teil sind solche Räume auf einer Galerie untergebracht, die vom Maslah aus über eine Treppe zu erreichen ist und als zweite Etage den quadratischen Innenraum umgrenzt. Seile zum Trocknen der Badetücher sind durch den Maslah gespannt. Häufig gehört auch ein Kaffeeherd zur Ausstattung.

Der deutsche Theologe Stefan Gerlach (1546–1612) besuchte 1576 ein *Bad in Ragusa*,

> »ein warmes Bad, so wider viel Krankheiten gut, und, wie die andern, auff diese Weise gebaut ist: Fornen her hat es ein groß-weit-fast viereckicht und hoch-gewölbtes Vorgemach, wie eine Kirche, von Stein, der Boden Marmel (andere mit schönen Platten) belegt, und darinnen ziehet man sich auß und an. In der Mitte ist ein schöner Röhr-Brunnen, und lauft das Wasser darauß in einen großen Stein, hoch oben hanget es voller blauer Badtücher. Wer zu baden kommet, dem gibt man eines, das bindet er umb den Leib… Rings herum ist es erhöhet, darauff die Leute sitzen, wann sie sich auß und an ziehen. Gleich darunter hat es auch Canales oder renne von Stein, darinnen man die Füße und Badtücher waschen kann«.[67]

Diese Rinnen, die Gerlach beschreibt, durchzogen das ganze Bad. In ihnen floß das für die Waschungen benutzte Wasser vom Schwitzraum ab. Es wurde durch die übrigen Räume geleitet und zuletzt zur Reinigung der Abortanlagen benutzt. Heberer von Bretten beschreibt 1597 ein *Bad nahe des Serails in Konstantinopel* ganz ähnlich. Auch er fühlte sich an eine Kirche erinnert.

> »Als wir hinein kamen sasse ein Türck auff der Rechten seiten/der empfing uns freundlich… Bald wurden wir in ein schöne groß und hohes Gewelb geführt/das war zimliche warm… Ich sahe keinen Ofen/davon die Hitz herkommen möchte«.[68]

Die letzte Aussage Heberer von Brettens macht deutlich, daß im westlichen Kulturraum das Wissen um Hypokaustenheizung längst kein Allgemeingut mehr war. Er fragte später seinen Herrn de la Planche, den er auf der Reise begleitete, wie die Hitze zustande käme, und dieser erklärte ihm das System der Hypokaustenheizung.

Johann Wild erwähnt in seinem Reisebericht von 1604, daß das Bad »heimliche Gemächer dabei ›hat‹, wenn einen die Not ankommt, daß er nicht muß aus dem Bad eilen, sondern kanns im Bad verrichten«[69] Diese heimlichen Gemächer, die Abortanlage, ist vom Maslah aus zugänglich. Auch seine Aussage läßt darauf schließen, daß eine Abortanlage keineswegs im heimatlichen Bad üblich war.

Der französische Reisende Du Loir beschreibt öffentliche Bäder in Konstantinopel.

> »Les Bains publics consistent ordinairement en deux grandes appartemens voustez en dome. Dans le milieu du premier il y a une belle fontaine de marbre, & à l'un de ses angles, un poesle qui sert à secher les linges de ceux qui se baignent. Il y a tout au tour des sièges couverts de matte fine ou de tapis pour mettre les habillemens. (»Die öffentlichen Bäder bestehen in der Regel aus zwei großen Räumen, die mit Kuppelgewölbe versehen sind. Im Zentrum des ersten befindet sich ein schöner Marmorbrunnen und in einer der Ecken befindet sich ein Ofen, der zum Trocknen der Wäsche der Badegäste dient. Rund um den Raum gibt es Sitze, die mit feinen Matten oder mit Teppichen bedeckt sind und auf denen man die Kleidung ablegen kann«)«.[70]

Von dem Auskleideraum oder Maslah kommt man in den ersten Baderaum, dem *bait al-awwal* (arab.), *bait al-bārid* (span.) oder *Soğukluk* (türk.). Man ist geneigt, die an das Maslah anschließende Raumfolge mit den Begriffen der römischen Thermen als Frigidarium, Tepidarium und Caldarium zu bezeichnen. Dies ist jedoch irreführend, was die Funktion der Räume betrfft. Das Maslaḫ setzt auch am ehesten dessen Funktion als Raum, in dem man sich nach dem Bad trifft und aufhält, fort. Zur Erfrischung steht keine Piscina, sondern nur der kühlende Brunnen in der Mitte zur Verfügung. Der *Awwal* oder erste innere Badraum ist zwar ungeheizt, aber durch seine Lage neben den geheizten Räumen und wegen seiner geringen Ausmaße dennoch von mäßiger Temperatur. Er ist am ehesten dem Warmraum I der römischen Thermen vergleichbar. Von Alten, Kranken oder im Winter von jedermann wird er als Auskleideraum benutzt. Auch hier gibt es eine Nische mit Podest. Teilweise befinden sich auch Wandbrunnen im Awwal. Ein Epilatorium kann seitlich anschließen.

Der zweite Baderaum heißt *Vasṭānī* (arab. und spanisch; in der Türkei und Ägypten nicht vorhanden). Er ist dem Warmraum II der römischen Thermen vergleichbar. In Syrien schließen an den Vasṭānī seitliche Gemächer an (*Maqsūra*, Plural: *Maqāsīr*). Hier befinden sich Waschstellen, ein etwa 40cm hoher Steinblock mit flacher Vertiefung (*Ǧurn*), in die von Kalt-und Warmwasserhähnen das Wasser hinein fließt. Weitere Waschstellen sind in den Iwanen (Nischen) untergebracht.

Der dritte Baderaum oder *bait al-ḫarāra* (türk., arab.; *bait al-sajūn* = span.) ist der Schwitzraum, dem Sudatorium/Lakonikum der römischen Thermen von der Funktion her vergleichbar, im Grundriß jedoch vom Caldarium mit seinen Wannennischen abzuleiten (s. o. Ägypten, Türkei, Syrien seit dem ca. 15. Jh. zuvor der Vasṭānī; für Spanien und Maghreb nicht zutreffend). Der Ḫarāra hat in der Regel mehrere Seitenkammern (*Maǧtas*), die in Ägypten mit besonderer Liebe ausgestattet werden und im 15. Jh. ihren gestalterischen Höhepunkt erreichen. Diese Maǧtas sind in ägyptischen Bädern oft größer als der Hauptraum des Ḫarāra. Ein fast ganz in den Boden eingelassenes Tauchbecken mit heißem Wasser nimmt meist das Zentrum des Raumes ein. Das Becken wird von Säulen an den vier Ecken begrenzt, die gleichzeitig die Raum- und Gewölbeeinteilung ergeben. Jedes Raumkompartiment wird von einer kleinen Kuppel überwölbt. Vom Ḫarāra führen mehrere Stufen zu den Maǧtas hoch. In weiteren kleineren Seitenräumen, den Maqāsīr, sind wie im Vasṭānī Ǧurn-Waschblöcke eingerichtet, wo der Gläubige unbeobachtet seine Waschungen vollziehen kann. Im Zentrum des Ḫarāra befindet sich ein erhöhtes Podest. Es wird in Kairo *Fisqiya* nach dem im Zentrum befindlichen Heißwasserbrunnen genannt, in der Türkei *Göbek taşi*. Hier läßt sich der Badegast nieder und wartet, bis er zu schwitzen beginnt. Auch die Massage wird zum Teil hier durchgeführt. In den Thermalbädern befindet sich an dieser Stelle statt der Sockel ein meist oktogonales Wasserbecken.

Von diesen Räumen erzählen zahlreiche Orientreisende früherer Jahrhunderte in einer so blumigen Sprache, daß wir sie hier zu Wort kommen lassen:

Johann Wild[71] macht in seiner *Reysbeschreibung* von 1604 recht genaue Beobachtungen. Er erklärt zunächst den Unterschied zwischen Hammām und Illidsche:

»In der Türkei und in Arabien sind die Badstuben nicht gebaut wie in Deutschland. Derer sind aber zweierlei: Die einen werden genannt *Hamām*, die werden geheizt, ferner sind andere, die werden weder Sommer noch Winter geheizt, und werden genannt *Hidscha*[72]. Solche Badstuben hat es zu Ofen und Sofia, sonst hab ich keinem Ort solche gesehen. Diese sind warme Bäder, wo das Wasser warm von sich selber aus dem Berg kommt. Und wird das Bad heiß und dumpfig davon. Mitten im Bad ist ein großer steinerner Kasten, eines Mannes tief, in die Runde gebaut, und an zwanzig Schuh weit. Hat zwei steinerne Staffeln inwendig herum, daß einer so tief sitzen kann, wie er will. Überdies sind auch in diesen Badstuben besonders kleine Gemächer gebaut[73], darin ein steinerner Trog[74] steht. Und ober dem Trog zwei Röhren, in einer kalten, in der anderen warmes Wasser. Da kann's sich einer machen, wie er es gerne hat. In solchen Gemächern pflegen die Türken ihre Haare an heimlichen Stellen abzuscherenDie Weibspersonen haben eine Salbe, mit Kalk angemacht und mit schwarzer Erde, die aus Indien kommt, wird genannt *Chrisma*[75]. Diese Salbe schmieren sie drauf, so geht das Haar ganz aus. Aber es wächst den noch wieder. Und wenn sie es lang darauf liegen lassen, so frißt es die Haut hinweg, müssen nachmals große Schmerzen ausstehen. Die anderen Badstuben, welche *Hamām* genannt werden, sind oben rund gewölbt, gleich einer Kapelle, und etliche Scheiben oben eingemauert oder mit einem gläsernen Hut bedeckt, daß der Schein hineinfällt. Das Dach aber ist mit Blei bedeckt. Inwendig in der Badstube ist ein großer, runder Herd, eine halbe Elle hoch, aus Marmelsteinen gebaut,[76] in der Mitte ein springendes Brünnlein von kaltem Wasser. Das Feuer wird unter der Erde geschürt,[77] daß die Hitze über sich auf die Steine geht und das Bad also geheizt wird.«

Er fährt fort, daß in *Kairo* die Bäder mit Mist geheizt würden, in Konstantinopel und an anderen Orten aber mit Holz.

»Sonst sind die Badstuben schön mit Marmelsteinen von allerlei Farben aufs künstlichst ausgelegt, auf dem Boden sowohl als an den Wänden. Und sind etliche Gemächer[78] in denselben an den Wänden herum, wie oben gemeldet, darein man geht und sich abwaschen tut. Zu Al Kairo hat es in solchen Gemächern[79] steinerne Tröge, werden genannt *Havuz*, sind eines Mannes tief. Das Wasser darin ist gar heiß, und baden die Araber und Mohren gerne darin, denn sie sind es so gewohnt. Zu Konstantinopel und anderen Orten findet man keine solchen Tröge.«

Heberer von Bretten beschreibt dann die Iwane eines Harāra:[80]

»Es hatte auch in dem Bad neben uff den seiten kleine Erckerlin/wie die Capellen/Die waren mit schönen Umbhengen bedeckt/daß man nit hinein sehen kondte.« Voller Erstaunen berichten die Europäer immer wieder von der Massage und den Reinigungsvorgängen.

»Was nun anbelangt den Brauch mit dem Baden in der Türkei: Ist ein seltsames Gaukelspiel. Wenn einer sich abgezogen hat, so kommt ein Badknecht und bringt ihm ein Badetuch, weiß oder blau. Das muß er um den Leib binden. Hängt bis auf die Füße und bedeckt die Scham hinten und vorn. Welches nicht zu verachten, sondern lobenswert, weil fein züchtig. Und sollten wohl die Deutschen solches von den Türken lernen und ihnen nachtun. Wenn nun einer ins Bad kommt, so legt ihn der Badknecht nieder, streckt ihm alle Glieder; schmiert ihn zuerst mit einem riechenden Öl ein, welches er in einer Baumwolle zwischen den Ohren stecken hat. Danach kniet er einem auf den Leib, legt ihm die Hände auf den Rücken und drückt ihm das Rückgrat, daß alles gegeneinander kracht. Solches treiben sie mit ihm eine gute Weil. Welches einem am Leib gar wohl tut, und strecken sich alle Glieder. Danach, wenn dieses ein Ende hat, so setzen sie einen auf den Herd[81] und scheren ihm das Haar vom Kopf ab. Wenn solches auch verrichtet, so reiben sie einen mit einem Reibsäcklein, alsdann waschen sie ihn mit Seife wieder ab. Sie haben keine Lauge, sondern waschen einen nur mit Seife. Danach geht man in ein Gemach und wäscht sich sauber ab. Wenn einer nun ausgebadet hat, so bringt ihm der Badknecht ein trockenes Tuch für den Leib und ein weißes für den Kopf und segnet ihm das Bad, indem er sagt: ›Sultanim hamam sihhatlar okun‹, zu deutsch: Gott segne dem Herrn das Bad zur glückseligen Stund. Nach diesem nehmen sie das nasse Tuch von einem, waschen es sauber aus und hängen es wieder auf.«[82]

Über die Bedeutung des Frauenbades geben vor allem die Berichte der Lady Mary Montagu von 1717 Aufschluß. Die Lady begleitete ihren Gemahl nach Konstantinopel, wo sie auch Bäder besuchte. »Es ist wahr, die Frauen haben keine geselligen Zusammenkünfte außer in den Badhäusern«.[83] Sie zeichnet das Bild der Frauen im Masla<u>h</u>:

> »… einige im Gespräch, einige bei der Arbeit, wieder andere Kaffee oder Sorbet[84] trinkend und viele nachlässig auf Kissen hingestreckt, während ihre Sklavinnen (im allgemeinen reizende Mädchen von siebzehn oder achtzehn Jahren) sich beschäftigen, ihre Haare phantasiereich und zierlich zu flechten. Kurz, dies ist der Frauenzimmer Kaffeehaus, wo alle Stadtneuigkeiten erzählt, Verleumdungen ersonnen werden u.s.f. Sie machen sich diesen Zeitvertreib gewöhnlich einmal in der Woche und bleiben zum wenigsten vier oder fünf Stunden beisammen, ohne sich zu erkälten, wenn sie plötzlich aus dem heißen Bad in den kühlen Raum treten, was mich in Erstaunen setzte.«[85]

Das Badhaus bot sich auch als ein Ort der *Brautschau* an. Wie im europäischen Mittelalter und in Byzanz gab es im Orient das Brautbad. Die Braut wurde von allen Freunden, Bekannten und Verwandten in einem Festzug ins Bad geleitet.

> »Es war ein schönes, ungefähr siebzehnjähriges Mädchen, sehr reich gekleidet und von Juwelen glänzend. Allein in einem Augenblick war sie im Stand der Natur. Zwei Mädchen füllten vergoldete Silbervasen mit Weihrauch und führten den Zug an, die übrigen folgten paarweise, bis es sechzig waren. (…) So ging der Zug rundherum in den drei großen Räumen des Badhauses. Es ist nicht leicht, Ihnen die Schönheit dieser Szene zu schildern, da die meisten Mädchen von vollkommenem Ebenmaße waren und eine weiße Haut hatten, alle aber durch das öftere Baden glatt und glänzend. Nachdem sie ihren Zug vollendet, ward die Braut aufs Neue durch alle Gemächer zu jeder Matrone geführt, die sie umarmte, ihr Glück wünschte und sie beschenkte, einige mit Juwelen, andere mit Stoffen, Halstüchern oder kleinen Galanterien dieser Art, für die sie sich mit einem Handkuß bedankte.«[86]

Natürlich war das Frauenbad von besonderem Interesse zahlreicher europäischer Orientreisender. Immer wieder werden die Sitten beschrieben. Frauen färbten

40. *Le Barbier, Türkisches Frauenbad, Kupferstich, Paris 18. Jh..Die Frauen tragen höl-zerne Stelzsandalen, da der Fußboden der Bäder durch die Unterbodenfeuerung (Hypo-kaustenheizung) sehr heiß war.*

sich im Bad ihre Hände und Füße mit der »türkischen Rcßfarb« (Johannes Wild). Besonders wichtig war die Entfernung aller Körperhaare, denn, so gebietet der Koran, die Frau soll ihre Reize nicht vor ihrem Herrn verbergen (Sure 24,31). Nach dem Bad saßen die Frauen beisammen und kochten üppige Speisen, um dem orientalischen Schönheitsideal einer stattlichen Leibesfülle möglichst nahe zu kommen. Sofern es keine eigenen Frauenbäder an einem Ort gab, stand ihnen der Nachmittag zum Badbesuch zur Verfügung. Der Eintritt war gering und nach Stand und Würde des Besuchers bemessen.

Die Reiseberichte heben immer wieder die schönen *Marmorfußböden* und den Marmorplattenbelag an den Wänden hervor. Die Wände waren z. T. auch nur far-big gestrichen oder bemalt. Die *Bemalung* mit Figuren, Tieren und Landschaften war weit verbreitet auch wenn heute kaum Spuren davon zu finden sind. Qușair 'Amra stellt ein seltenes Beispiel dar. Ein Text, der um 1299/1300 entstanden ist, veranschaulicht, wie bedeutend die Malerei in Verbindung mit dem Bad war:

»… In einem guten Bad findet man auch kunstvoll ausgeführte Bilder von unbestreitbarer Qualität. Sie stellen zum Beispiel Liebende und Geliebte, Auen und Gärten, Pferdejagden auf wilden Tiere dar. Dergleichen Bilder stärken alle Körperkräfte gewaltig, die tierischen, physischen und seelischen…. Denke nur darüber nach, wie die alten Philosophen, die im Verlauf vieler Jahre das Bad erfanden, dank ihrem Scharfsinn und gesunden Verstand eingesehen haben, daß ein beträchtlicher Teil der Kräfte des Menschen, der ein Bad betritt, sich auflockert. Ihre Weisheit hat es ihnen ermöglicht, dank ihrem Verstand zu entdecken, wodurch dies schnell bewirkt werden kann, und darum haben sie in den Bädern kunstreich verfertigte Bilder mit schönen, aufheiternden Farben malen lassen. Noch dazu haben sie es auch nicht bei einem einzigen Thema belassen, sondern eine Dreiteilung vorgenommen, da sie wußten, daß der Körper dreierlei Geister besitzt, tierische, seelische und physische. Sie haben es daher so eingerichtet, daß ein jedes Gemäldethema zur Stärkung und Vermehrung einer der drei erwähnten Potenzen dient. Für die tierische Potenz haben sie Schlachten, Kämpfe, Pferdejagden und Tierhetzen dargestellt. Für die seelische Potenz haben sie die Liebe, Themen von Liebenden und Geliebten, wie sie sich gegenseitig Vorwürfe machen oder sich umarmen usw. dargestellt. Und für die physische Potenz haben sie Gärten, lieblich anzuschauende Bäume, eine Menge Blumen in reizenden Farben dargestellt. Solche und ähnliche Bilder gehören zu einem erstklassigen Bad. Fragt man einen einsichtigen Maler, warum die Maler eigentlich nur diese Themen zur Bemalung von Bädern benutzen, so kann er keinen Grund dafür angeben; er würde sich nicht an jene drei (Seelen)eigenschaften als Grund erinnern. Das kommt daher, weil die ersten Anfänge so weit zurückliegen und man darum die Ursache nicht mehr weiß. (Die Philosophen) haben nichts Richtiges ausgelassen und nichts Sinnloses eingeführt«[87]

Die Dreiteilung der Motive erinnert an die Malereien von *Quṣair ʿAmra*, wo Jagdszenen, erotische Szenen und Naturdarstellungen zu finden sind. Gehen die Darstellungen letztendlich auf römische Bäderausmalungen zurück, so ist Quṣair ʿAmra gewiß zu den »ersten Anfängen« zu zählen, als man die »Ursache« dieser Darstellungen noch kannte. Noch im 17. Jh. schreibt Munawi (gest. 1621):

»Alle Räume einschließlich des Maslakh sollen schöne heiter stimmende Formen vereinen. Die Wände sollen mit prächtigen Bildern geschmückt sein, z. B. mit Bildern von Bäumen und Früchten, Pflanzen, Schwertern, Bogen und Lanzen, Burgen und Schlössern ... Liebenden und Liebespaaren«[88]

Die feuchte Luft im Bad machte permanente Restaurierungen der Räume erforderlich. Malereien konnten in diesem Klima nicht lange zur Freude der Badenden dienen und fielen den Restaurationsarbeiten zum Opfer. Geringe Überreste einer dekorativen Wandbemalung wurden im Bad von Paraz (Rußland) aus dem 10./11. Jh. gefunden. Badewanne und Wände waren mit geometrischen Rauten-, Sternen- und Lilienmustern in den Farben Gold, Rot und Weiß bemalt.[89]

7. Privatbäder

Mouradjin d'Ohsson berichtet,[90] daß die reichen Orientalen ihre eigenen Bäder hätten. Lady Montagu beschreibt das sehr luxuriös ausgestattete Privatbad eines Großwesirs:[91]

»Allein, kein Teil gefiel mir besser als die zu Bädern bestimmten Gemächer, es sind zwei ganz gleich gebaute, und man kann von einem in das andere gehen, die Becken, Brunnen und der Estrich alle aus weißem Marmor, die Decken vergoldet und die Wände mit japanischem Porzellan[92] belegt. An diese stoßen zwei andere, deren erhöhter Teil ganz von einem Sofa eingenommen wird, in den vier Winkeln sind Wasserfälle, fast so hoch wie die Decke, sie fallen von Muschel zu Muschel aus weißem Marmor bis zu einem großen Becken am Boden und springen durch Röhren, mit denen es ringsum versehen ist, wieder so hoch wie die Decke. Die Wände sind eine Art Gitter, von außen mit Weinreben und Geißblatt bepflanzt, die eine Art grüner Tapete bilden und diesen reizenden Zimmern eine angenehme Dämmerung geben.«

Tavernier (1676) hatte sogar Gelegenheit, die Bäder des Sultans im Serail von Istanbul zu beschreiben:[93]

»Der Ort, wo man sich anzieht ›Maslaḥ, Camekân‹, ist von ausgehauenen Steinen, ziemlich hoch gebauet und zwar an einen der annehmlichsten Orten in dem gantzen Serrail. Der Boden ist von schönen viereckigen Mar-

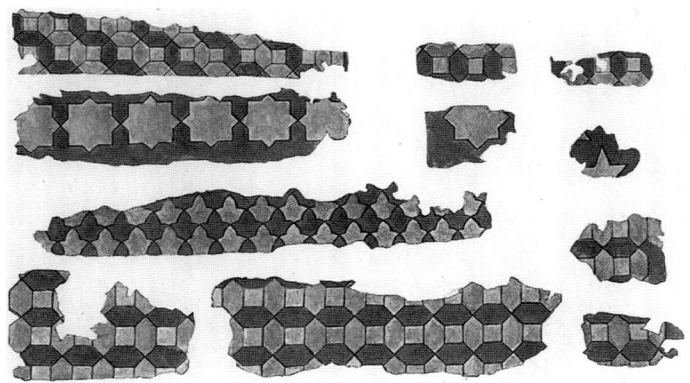

41. Paraz,
Rußland,
Reste der
Bemalung des
Bades

morsteinen bepflastert, mit zwey großen Fenstern versehen…, (die) in die Gärten gerichtet sind… Mitten in diesem erhöhten Ort, steht ein Springbrunnen… Auf einer Seiten des Brunnen, der mitten im erhabenen Ort steht, ist ein Eingang da man ins Bad steigen kann, und dabei allernächst ein Saal, in welchem man sich des Winters pflegt abzukleiden. Darauff kommt man in einen kleinen Gang, so zur linken Hand folgt, an den heimlichen Ort, wo man der Natur die Schuldigkeit ablegt, da man bey jedem Sitz ein kleiner Hahn herauß geht, dadurch man Wasser außlassen und sich waschen kann… Am Ende des Ganges ist eine Tür, durch welche man in drey andere Gemächer geht, welches drey Badstuben sind zu des Kaisers Losament gehören. Auf das letzte dieser Gemächer folgt ein großer vierekkiger Platz mit Marmel von unterschiedlichen Farben gepflastert… Es ist dieses Gemach ›Ḥarāra‹ in der Mitte etwas erhaben und gegen alle Ecken und Seiten abhängig, damit das Wasser… bald verlaufen, und also der Ort immer sauber seyn möge. Zu beiden Seiten der Mauer… steht ein großer Hahn herauß mit zwey Schrauben, und fließt das aus einem Mundloch kalt und warm Wasser wechselweise herauß, darunter ein Marmor steiners weiß Becken ›ǧurn‹ ist, in welchem sich vier Personen waschen können… Gegen der Barbier Stube über drey andere gewölbte Gemächer von Marmor, das größte drunter ist das schönste. Das Pflaster ist von schwarzem und weißem Marmor, die Maueren aber sind von weissen und blauen Steinen aufgeführt, und ist jedwedem eine erhabene Blume mit natürlichen Farben abgemahlt….«

Taverniers Beschreibung trifft am ehesten auf das Bad Selims II. zu, weniger auf das Sultansbad im Harem, den der fremde Gast nicht betreten durfte. Ohnehin ist zu vermuten, daß Tavernier seine Beschreibung auf Grund von Schilderungen der Personen verfaßte, die den privaten Bezirk betreten durften (z. B. Eunuchen). Das *Sultansbad* besteht aus einer Abfolge mehrerer Räume, die weitgehend der des öffentlichen Bades entspricht. Das große Maslah ist kuppelgewölbt. Es folgt ein doppeltes Vasṭānī und der Ḥarāra mit Ǧurn und erhöhtem Podest zum Schwitzen in der Mitte. Am Ende des Bades von Selim II. schließt, wie im öffentlichen Bad, der Heizraum mit Vorhof an. Die Ausstattung ist der des Bades, das Lady Montagu beschreibt ähnlich: Fliesenbelag an den Wänden, Marmorfußböden, dann Hähne in Menschenkopfgestalt aus edlen Metallen.

Eines der bedeutendsten erhaltenen Privatbäder des Islam ist das *Bad der Alhambra* in *Granada*. Es ist von den Daraxagärten aus ebenerdig zugänglich und liegt zwischen Löwenhof und Myrtenhof, jedoch nicht auf gleicher Ebene, sondern vertieft, so daß nur der über zwei Geschosse reichende Aufbau des Rundsaales über die Erdoberfläche ragt. Auch das Bad der Alhambra entspricht in seinem Aufbau den öffentlichen Bädern. Es besteht aus dem großzügigen Ruheraum und drei Baderäumen, dem bait al-awwal (bait al-bārid), Vasṭānī und dem Ḥarāra (bait al-sajūn). Der mittlere Baderaum ist größer als die beiden anschließenden. Zwei Säulen an jeder Schmalseite, von Hufeisenbögen überspannt und mit der Wand verbunden, bilden Nischen aus. Im Ḥarāra befinden sich an den Schmalseiten Wannennischen. Auch im Auskleideraum sind die Ruhepodeste in Nischen hinter zweifacher, hufeisenbogiger Arkatur untergebracht. Die darüberliegende Galerie wird von vier Säulen getragen. Der hoch aufragende Turm ist im oberen Teil befenstert. Im Zentrum des Raums befindet sich ein Brunnen. Alle übrigen Räume erhalten – wie im Orient üblich – durch die Glasaugen im Gewölbe ihr Licht. Im unteren Teil sind die Wände mit Fliesen mit geometrischen Mustern belegt. Darüber schliessen reiche Alabaster und Stuckschnitzereien an.

Eine Beschreibung aus dem 13. Jh. gibt einen Einblick in das Privatbad eines *Palastes in Bagdad*[94]. Es sei vollendet ausgeführt, herrlich gebaut, lichterfüllt und von Blumen und Bäumen umgeben. Ein äthiopischer Verwalter führte den Besucher umher

>»und zeicht mir die Wasser, die Fenster, die Röhren, von denen manche aus blankem Silber, andere aus vergoldetem Silber gefertigt waren, andere wie-

der in Form eines Vogels, der herrliche Töne verlauten ließ, wenn das Wasser aus ihm austrat, ferner außerordentlich wohlgeformte Wannen aus Marmor. Das Wasser ergoß sich aus allerlei Röhren in die Wannen, und von den Wannen floß es in ein hervorragend gearbeitetes Bassin, von dort in den Garten. Dann zeigte er mir ungefähr zehn Badekammern eine schöner als die andere. Schließlich führte er mich zu einer ḫalwa[95], mit einer Türe, die mit einem eisernen Schloß verschlossen war. Er öffnete die Tür und führte mich in einen langgestreckten Korridor, der ganz mit reinweißem Marmor getäfelt war und direkt auf eine ḫalwa stieß, die für vier sitzende oder zwei liegende Personen Platz bot. Zu meiner großen Verwunderung sah ich, daß die vier Wände dieser ḫalwa poliert waren, und zwar so, daß kein Unterschied zur polierten Fläche eines Spiegels festzustellen war. So konnte man seinen ganzen Leib betrachten, in welcher Wand man wollte. Ich sah den Boden versehen mit Bildern aus roten, gelben, grünen und vergoldeten Steinchen, die alle aus teils gelb, teils rot gefärbtem Kristall hergestellt waren. Die Gestalten waren von äußerster Anmut und Schönheit; sie waren in den verschiedensten Stellungen, liegend und anders, abgebildet und stellten dar, was zwischen »Subjekt« und »Objekt« geschieht, so daß sich bei einem die Begierde regen muß, wenn man sie betrachtete. Der Verwalter sagte zu mir: ›Dies ist für meinen Herrn so ausgestattet worden, damit, wenn er sieht, was diese miteinander tun, wie sie sich küssen, wie sie sich umarmen und einander die Hand auf den Hintern legen, seine Begierde schnell entfacht wird.‹ An der Wand gegenüber der Tür sah ich ein marmornes Waschbecken in Form eines Polygons und an der Wand hinter ihm angebracht eine goldene Röhre, die mit einem Drehverschluß ›laulab yudār‹ geöffnet und verschlossen werden konnte, darüber eine gleichartige Röhre für das heiße Wasser und über dieser eine weitere für das kalte Wasser – die erste Röhre aber für lauwarmes Wasser…«

Die Pracht der Ausstattung läßt die Erinnerung an Beschreibungen römischer Thermen wachwerden (Seneca). Die zum Spiegel polierte Wandfläche wurde schon in byzantinischen Bädern beschrieben. Auch der singende Vogel wird im byzantinischen Bad mehrfach erwähnt. Offenbar gab es in dieser Zeit zwischen diesem und dem orientalisch-islamischen Bad nur geringfügige Unterschiede.

Ein Blick in die äußersten Reichsteile islamischer Herrschaft, in das Indien der Mogulen, zeigt, daß hier das Bad ebenso Usus war wie andernorts im Islam. Ein besonders prächtiges Beispiel ist der *Badepavillon des Roten Forts in Delhi* (vermutlich aus der 2. Hälfte des 17. Jh.s.). Er liegt in der südöstlichen Ecke des privaten Zenana-Gartens in einer Reihe verschiedener Mauerpavillons: *Rang Mahall* (Lusthaus), *Cash Mahall*, *Diwan-i-Cash* (Festsaal), schließlich das Bad, darauffolgend der *Diwan-i-am* (Audienzhalle) und ein abschließender Eckpavillon. Alle Bauten werden von einem Kanalband durchströmt und zusammengefaßt. Der Badepavillon setzt sich aus drei Abteilungen zusammen, die durch schmale Gänge voneinander getrennt sind. Jeder Teil besteht aus einem größeren quadratischen oder rechteckigen und einem kleineren rechteckigen Raum. Eine breite Kielbogenöffnung verbindet beide Raumteile. An der Schmalseite des kleineren Raums befindet sich jeweils eine halbe Achtecknische. Diese Räume sind kuppelgewölbt. Das östliche Raumpaar diente als Maslah. Ein Erker im Vorraum gibt Aussicht über das Flußtal des Jummua. Wie im westlichen und vorderen Orient befindet sich auch hier ein Brunnen in der Raummitte. Ein Durchgang führt vom großen Raum zu dem vom Kanal durchströmten Flur hin zur mittleren Raumgruppe, dem Kaltbaderaum oder *bait al-awwal*. Das Zentrum des vorderen Raums wird von einem großen quadratischen Badebecken mit Sitzstufen beherrscht. Ein Klostergewölbe überdeckt den Raum. Über eine achteckige Öffnung im Scheitel fällt Licht ein. Rings um den bait al-awwal fließt Wasser in einer schmalen Rinne, die man auf Stegen überqueren kann. Ein Steg führt zum kleineren Kuppelraum mit einem Ruhebett aus Marmor. Auf den bait al-awwal folgt, von einem weiteren schmalen Gang unterbrochen, das Harāra. Im Nebenraum befindet sich ein vertieftes Becken mit umlaufenden Sitzstufen. Über die Breite beider Räume des Harāra erstreckt sich ein schmaler Heizraum. Die Böden und die Wände im unteren Teil sind mit wertvollen Marmorintarsien, die Ranken und Blumen bilden, belegt. Weißer Putz an den Wandfeldern und der Eindeckung darüber verleiht dem gesamten Badepavillon Klarheit und Frische. Was den indischen Pavillon von anderen unterscheidet, sind die großen Badbecken, die sonst nur in Thermalbädern (*Illidsche*) vorkommen.

Indien kann auf eine lange Bädertradition zurückblicken. Nicht nur das eingangs erwähnte *Mohenjo-Daro* zeugt davon. Für rituelle Waschungen, wie sie auch von frühen Religionen gefordert wurden, richtete man schon immer Tauchbecken ein, sofern kein Fluß diese Dienste übernehmen konnte. So finden sich in der Königstadt *Anaradhapura* zahlreiche angelegte Teiche, sogenannte *pecuñas*. Dies sind steingefaßte Rechteckbassins mit stark profilierten Randgesimsen, in die Treppen hineinführen. Eine Plattform umschließt (zum Teil) ein separates kleines Becken

42. Delhi, Rotes
Fort, Baderaum des
Badepavillons

in dem Bassin. Diese pecuñas waren von einer offenen Säulenhalle überdeckt. Sie
dienten den rituellen Waschungen, aber auch als öffentliche Badeanlage. Sogar in
Königspalästen gibt es ähnliche Anlagen.[96] In Palastbezirken findet man noch zur
Mogulzeit neben den Badepavillons auch immer wieder diese großen Wasserbek-
ken.[97]

Ein besonders reizvolles Bad wurde in der 1. Hälfte des 17. Jh.s. in der *Palastanlage in Agra* installiert. Es lag am Innenhof, der an den *Diwan-i-am* (Thronsaal)
anschloß. Marmor bedeckte die Böden und Sockel der Wände. Darüber waren die
Wände mit Spiegelmosaik belegt, das dem Pavillon seinen Namen gab (*Sis-Mahall*
= Spiegelpavillon). Aus der Rückwand floß Wasser über marmorne Wandnischen
in ein vertieftes Becken. Von hier führte ein kleiner Kanal in den Garten. In die
Nischen der Wände stellte man Lämpchen, die hinter dem herabfallenden Wasser-
vorhang schimmerten und in den Spiegeln ihren Widerschein fanden.[98] Der Bade-
pavillon ist häufiger Bestandteil des *indischen Moghulgartens* (z. B. *Shalimar-
Bāgh, Lahore*, ca. 1630–40, und *Shalimar-Bāgh in Kaschmir*, 2. Hälfte des 17.
Jh.s; *Garten von Rajauri*) und selbst im *Mausoleumsgarten* hatte er seinen Platz
(*Grabmal des Humayun*, ca. 16. Jh.). Wie im Palast von Delhi ist er auch hier
meist als Mauerpavillon errichtet.

Auffallend ist in Indien, daß das Bad meist nahe der Thronhalle (*Diwan-i-am*)
liegt. Schon in Quṣair ʿAmra, in Hammām aṣ-Ṣaraḫ und Ḫirbat al-Mafǧar sind wir
auf diese Kombination gestoßen. Auch die Abbasiden behielten diese Verbindung

bei. Ebenso treffen wir sie am byzantinischen Hof von Konstantinopel und noch früher im Diokletianspalast von Split. Das Bad hatte also auch in Indien einen halboffiziellen Charakter.

Wie die Bäder in Privatpalästen verzichten in Indien und Persien auch die öffentlichen Bäder nicht auf das Badbecken. Sogar die Piscina taucht auf.[99] Dies ist aus der langen Tradition solcher ›Badeteiche‹ zu erklären.

Während sich seit dem 8. Jh. im ganzen islamischen Reich eine hochstrebende Badekultur entwickelt hat, war die Tendenz in den christlichen Reichsteilen umgekehrt. Bäder und Badekultur waren längst nicht mehr Bestandteil des Alltags. Seuchen und Schmutz machten sich breit, wo einst Körperpflege und Luxus herrschten. Das angesehene

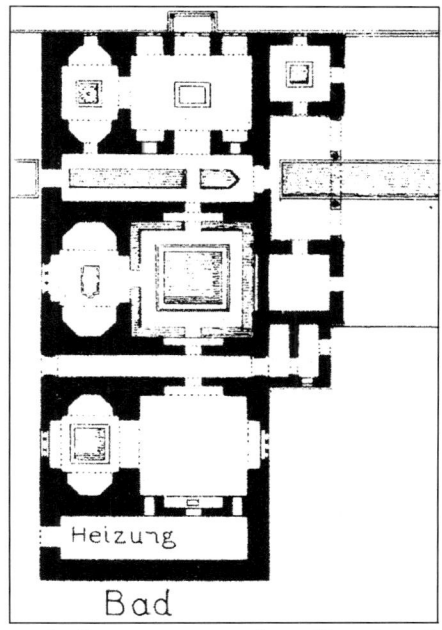

43. Delhi, Rotes Fort, Badepavillon, Grund- und Aufriß

öffentliche Bad in der Stadt fiel in einen Dornröschenschlaf, bis es im 19. Jh. wieder geweckt werden sollte. Lediglich Kurbäder hatten unentwegt Zulauf und konnten trotz permanenter moralisierender Anklagen ihren Betrieb über die Jahrhunderte hinweg bis heute aufrechterhalten.

Im Zeitalter der Renaissance gewinnt man wieder Interesse an der Badeanlage. Die Bewegung setzt in Italien Ende des 15. Jh.s ein, ohne jemals eine Breitenwirkung zu entfalten. Ob diese Badeanlagen unter dem Einfluß islamischer Bäder standen oder nur aus den Zeugnissen der römischen Antike wiedererstanden, ist im folgenden Abschnitt zu klären.

V. Das Bad im Zeitalter
   der Renaissance in Italien

Während die Badekultur in den Ländern des Islam ihren Höhepunkt erreichte und während sich die regional verschiedenen Bädertypen etablierten, begann in Italien die Suche nach dem Bad *all'antica*. Im Schrifttum, in Projektplänen, aber auch in gebauten Badeanlagen hielt man die verschiedenen Vorstellungen von einer Badeanlage fest. Als Leitfaden bei ihrer Suche nach dem antiken Bad diente den Künstlern allem voran Vitruvs Architekturtraktat. Mit Hilfe der römischen Thermenruinen versuchten sie, Vitruv zu interpretieren. Ein schwieriges Unterfangen, da die Ruinen und das Schrifttum Vitruvs zwei völlig verschiedenen ›Bäderepochen‹ angehörten.

Hier soll zunächst auf das Schrifttum des 15. und 16. Jh.s. eingegangen werden. Es stellt das Gedankengut der italienischen Renaissancekünstler zum Thema Bad am unmittelbarsten vor, führt deren Schwierigkeiten bei der Interpretation antiker Schriftquellen (Vitruv) und antiker Ruinen bereits deutlich vor Augen.

1. Das Bad in den italienischen Traktaten und schriftlichen
   Dokumenten des 15. und 16. Jh.s.

Leon Battista Alberti (1404–1472) schreibt in seinem epochalen Werk *De re aedificatoria* von ca. 1452[1] im 10. Kapitel des VIII. Buches: »Ich bin mir noch nicht ganz klar darüber, ob sie [die Thermen] Privatbauwerk sind oder ein öffentliches.« Vorsichtig tastet sich der humanistisch gebildete Architekturtheoretiker in seiner Thermenbeschreibung an das Thema heran. Er übersetzt nicht nur Vitruv und formuliert dessen Aussagen um, sondern versucht zu einem eigenen Bild über das Wesen der Thermenanlagen zu kommen. Dieses Bild entwirft er aufgrund seiner eigenen zahlreichen Vermessungen und Aufzeichnungen antiker Ruinen und komplettiert es mit Hilfe von Texten antiker Autoren. »Es gab nicht ein halbwegs bekanntes Werk der Antike, was immer, das ich nicht untersucht hätte, um etwas daraus zu lernen«, erklärt Alberti in seinem Werk.[2] Bei der Beschreibung der Thermenbauten nennt Alberti zuerst »im Mittelpunkt des Gebäudes… ein äußerst geräumiges und prächtiges Atrium…« mit Vorhalle (*vestibulum*) und Gang im Süden. An das Atrium schließt nördlich ein großer freier Platz an. Am linken und rechten Ende des Atriums liegt jeweils eine große Säulenhalle, an deren Rückseite sich das kalte Bad (*lavatio frigida*) befindet.

> »Am äußersten rechten Ende dieses Atriums gegen Osten erstreckt sich ein ziemlich weiter und breiter gewölbter Gang, der vor drei Kammern auf der einen und drei gleichen Kammern auf der anderen Seite gebildet wird, die sich einander gegenüberliegen. Am Ende dieses Gangs zeigt sich ein freier Platz, den ich Xystus nenne, umsäumt von Säulenhallen (*circumsepta porticibus*). Doch von diesen hat jene Säulenhalle, welche gegenüber dem Ausgang des Ganges liegt, unmittelbar an der Rückseite einen größeren Sitzplatz. Die Säulenhalle aber hier, welche mit ihrer Stirnseite die südliche Sonne empfängt, enthält jenes Bad, das ich das kalte genannt habe…Die Säulenhalle aber, welche dieser gegenüberliegt, hat an ihrer Rückseite die warmen Bäder (*habet tepidarias lavationes*), welche mit ihren Fensteröffnungen die Sonne von Süden empfangen… Eine gleiche Reihe von Räumen, wie sie sich am rechten Ende des Atriums erstrecken, entspricht denselben am linken gegen Westen liegenden Ende: der von je drei Kammern gebildete Gang, hierauf der gleiche freie Platz des Xystus mit den Säulenhallen….«

Jetzt beschreibt Alberti drei Räume, die jeweils seitlich an die südliche Vorhalle (*vestibulum*) des Atriums anschließen. Die eine Seite habe zur Nutzung den Frauen, die andere den Männern zur Verfügung gestanden. »In den ersten Gemächern legte man das Gewand ab, in den zweiten salbte man sich (*ungebantur*), in den dritten wusch man sich (*lavabantur*). Darauf folge manchmal ein vierter Raum, »und zwar vielleicht deshalb, daß sie hier ihre Freunde und Begleiter erwarten konnten. Diese Badegemächer erhielten das Sonnenlicht vom Süden durch weitere Fenster.«

Soweit zu Albertis Rundgang durch die Ruinen antiker Thermen. Es erstaunt, daß Albertis Beschreibung nicht von Vitruvs Architekturtraktat geleitet wird, obwohl als sicher gelten kann, daß Alberti dank seines Gönners und Besitzers einer Vitruv-Handschrift, Lorenzo il Magnifico, mit Vitruvs Traktat vertraut war und dieses zum Studium zur Verfügung hatte. Themen wie Hypokaustenheizung, Sudatorium, Lage von Labrum und Alveus, die bei Vitruv einen bedeutenden Platz einnehmen, erwähnt Alberti nicht einmal. Interessanterweise läßt sich

Albertis Thermenabhandlung recht genau auf die Anlage der Diokletiansthermen übertragen, wobei er jedoch die Raumfunktionen (Abb. 44 und 45) völlig falsch interpretiert. Die Abbildung zeigt eine Gegenüberstellung der tatsächlichen Raumfolge der Diokletiansthermen mit der von Alberti formulierten. Lediglich die warmen Bäder (*tepidaria lavatione*) vermutet er an der richtigen Stelle. Alberti verwendet auch nicht die vitruvianische Terminologie, sondern beschreibt mit seinem eigenen, ihm geläufigen Wortschatz. Von einem Heißbad oder Caldarium, einem Schwimmbassin oder Piscina, von einer Natatio oder einem Frigidarium (immerhin von *lavatio frigida*), von Apodyterium, Sudatorium, Lakonikum ist keine Rede.

Das antike Schrifttum preist zwar häufig die luxuriöse Ausstattung der Thermen sowie das heitere Treiben darin, eine genaue Beschreibung ist jedoch nicht zu finden. Die Briefe Plinius d. J. vermitteln nur einen ungefähren Eindruck eines antiken Bades. In seinem *Laurentinum* (Epist. II, 17/11) erfahren wir etwas Genaueres lediglich von dem Frigidarium: »Es folgt das geräumige Kaltwasserbad (*frigidarium*), aus dessen einander gegenüberliegenden Wänden zwei Becken im Bogen herausspringen…« Es wäre denkbar, daß diese Textstelle Alberti bei der Lokalisierung seiner *lavatio frigida* in dem geräumigen Seitenraum des Xystus, mit den Apsiden an beiden Schmalseiten, behilflich war und er von dort ausgehend die gesamte Thermenanlage zu interpretieren suchte. Weiterer Anhaltspunkt war die südliche bis südwestliche Ausrichtung der Warmbäder mit den großen Fensteröffnungen, wie bei Vitruv beschrieben. Eine andere Parallele ergibt sich mit den Pliniusbriefen, in denen er seine Villen in Tuscien (Epist. V, 6) und Laurentinum beschreibt. Auch Plinius geht bei der Aufzählung der Baderäume immer vom Frigidarium aus.

Setzt man bei der Besprechung des Bades in der italienischen Renaissance mit Albertis Architekturtraktat ein, bleibt festzuhalten, daß in der Mitte des 15. Jh.s. das Wissen über antike Badeanlagen noch äußerst gering war. Die richtig aufgenommenen Grundrisse wurden hinsichtlich ihrer Funktion falsch interpretiert. Die Terminologie ist dem eigenen Verständnis und der eigenen Badepraxis entnommen.

Ganz anders als bei Alberti klingt in Filaretes Architektur-»Erzählungen« von ca. 1465 die Beschreibung einer Badeanlage.[3] Unsicherheiten und Überlegungen wie bei Alberti sind hier nicht zu spüren. Ein Bad soll in jener Art und Weise errich-

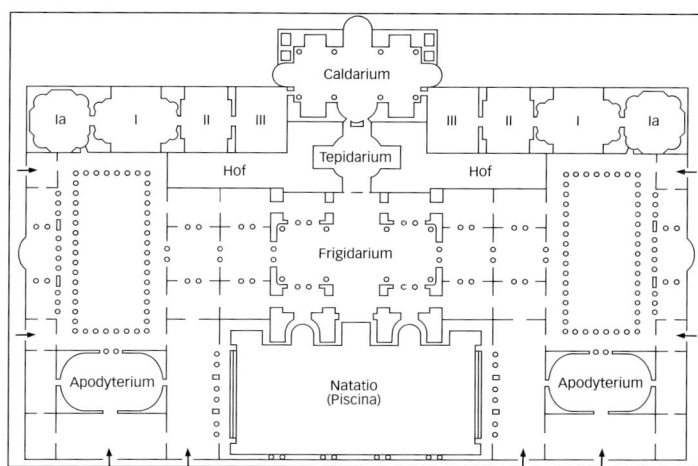

44.
Diokletiansthermen
Grundriß mit
Bezeichnung der
Raumfunktionen

tet werden: Der erste Raum, den man betritt, ist rings von Bänken umgeben. Je zwei Räume schließen an zwei Seiten an. »Zwischen diesen beiden Räumen führt eine Tür in einen Warmraum (*stanza calda*), d. h. ein Schwitzbad (*stufa a seccho*). Darauf folgt das Dampfbad (*stufa calda*) mit seinen Bädern (*bagni*), die entsprechend dem Gebrauch angeordnet sind.« Von Zeit zu Zeit brauche man hierfür mehr oder weniger heißes Wasser, »da man dahingeht, um zu schwitzen (*a stufarsi*).« Weiter beschreibt Filarete (ca. 1400–1469) einen Kreuzgang (*chiostro*) von

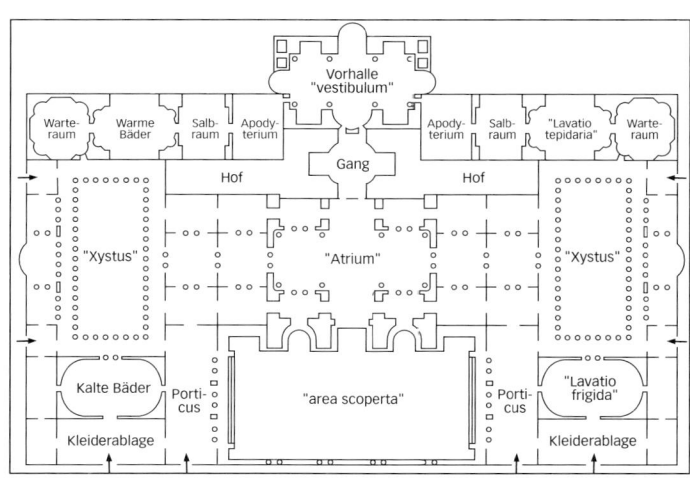

45.
Diokletiansthermen
Grundriß nach
Albertis
Rauminterpretation

20 auf 30 braccia. Der Kreuzgang soll von einem Portikus umkränzt werden, der Plätze zur Wassererhitzung birgt. Zu den Wasserbehältern sollen Wasserleitungen mit Abflüssen vom Brunnen führen. Auf der anderen Seite des Kreuzgangs ist der Platz für das Frauenbad vorgesehen.

Der Versuch, Filaretes Beschreibung auf antike Thermen zu übertragen, scheitert. Statt eines Kaltbades mit Piscina, dem anschließenden lauen und heißen Bad, beschreibt der Italiener ein Dampf- und Schwitzbad mit vorgelagertem Apodyterium. Die umlaufenden Bänke im Auskleideraum, die von dort abgehenden Seitenkammern und die darauffolgende Raumfolge rufen das frühe islamische Bad Konstantinopels ins Gedächtnis. Gerade die kurz nach der islamischen Eroberung Konstantinopels von 1453 – also etwa 10 Jahre vor der Fertigstellung von Filaretes Architekturtraktat – dort errichteten Bäder der Muslime folgen diesem von Filarete beschriebenen Typus.

Das *Mahmud Pascha Hammām* von 1466/67[4] zeigt den bei Filarete ausgewiesenen Grundriß: Man betritt das Bad durch ein tiefes Portal und gelangt in den grossen *Camekân*, der ringsum – von den Durchgängen unterbrochen – mit den üblichen Podesten gesäumt wird. An den Seitenwänden gibt es jeweils eine breite Wandnische. Gegenüber der Eingangsfront führen drei Durchgänge zu weiteren Gemächern des Bades, für deren Anordnung man Filarete wörtlich zitieren kann: »…und mit zwei Räumen auf der einen und zwei auf der anderen Seite«.[5] Zwischen diesen beiden Räumen soll eine Tür sein, die in einen warmen Raum, besser gesagt, in das Schwitzbad führt. Darauf folgt die *stufa chalda* mit ihren *bagni* (Bädern), die ihrem Gebrauch entsprechend angeordnet sind. Mehr oder weniger heißes Wasser wird von Zeit zu Zeit gebraucht, »da man dorthingeht, um zu schwitzen.« Der erste Seitenraum, der mit einem breiten Durchgang an die Haupthalle anschließt, ist dem *Hammāmdschi* (Badwärter) vorbehalten. Durch einen Gurtbogen wird ein weiterer kleiner Seitenraum abgeteilt. Auf der anderen Seite des Camekân führt eine Tür über einen quadratischen Vorraum zu den Latrinen. Zwischen diesen beiden Seitenräumen führt die Tür in den Iwan des *Soğukluk* oder Warmbades. Auch hier gibt es verschiedene Seitenräume, deren Funktion bereits besprochen wurde (s. Kap. IV.). Das Soğukluk ist zwar als *stanza calda* anzusprechen, nicht aber als *stufa a seccho*, wie ihn Filarete noch nennt. Allerdings kann – vom Dampfraum (*Harāra*) herkommend – der Eindruck entstehen, daß der trockene, warme Soğukluk gegenüber dem dampfgefüllten Harāra die Funktion als Raum zum Nachschwitzen hat und als solcher genutzt wurde. Der Harāra selbst hat immer mehrere Seitenräume, die *Maġtas*, im Gegensatz

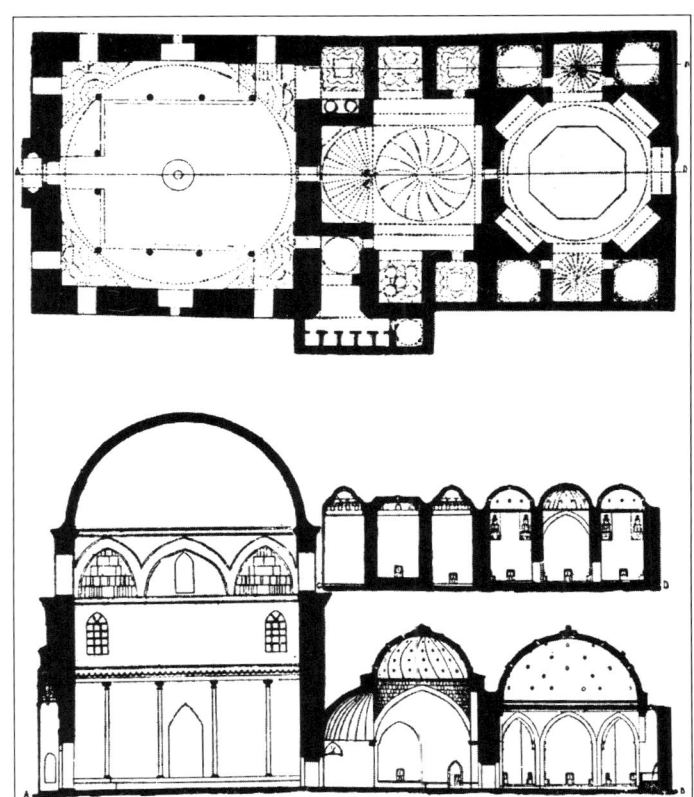

46. Istanbul,
Mahmud Pascha
Hammān, 1466/67,
Grundriß

zum Soğukluk. Ein weiteres Kennzeichen des H̲arāra ist ferner das Auftreten separater Waschmöglichkeiten für die vorgeschriebene rituelle Reinigung, die oft in kleinen Seitenräumen untergebracht sind. Diese separaten Waschräume können durchaus mit dem italienischen Wort *bagni* bezeichnet werden. Auch das 1469 vollendete *Mahomet II. Hammām* in Konstantinopel[6] entspricht besonders in der Männerabteilung des Doppelbades dieser Anordnung. Nur die beiden seitlichen Doppelräume sind nicht direkt mit dem Camekân verbunden. Dem gleichen Typus entspricht das aus dem letzten Drittel des 15. Jh.s. ebenfalls in Konstantinopel errichtete *Kedik Pascha Hammām*[7]. Im 16. Jh. erhalten diese Seitenräume nicht mehr den direkten Zugang von der Haupthalle her, sondern sind nur noch über den Soğukluk oder einen Zwischengang aus zugänglich.

Wie Alberti versucht auch Filarete, unabhängig von Vitruvs Schriften zu einer eigenen Architekturanschauung zu kommen. Jedoch wandte er dabei seinen Blick gen Osten, wo sich die islamische Kultur und Baukunst in voller Blüte entfaltete. Ob er sie aus eigener Anschauung kannte, ist nicht zu beantworten. Die ersten drei Jahrzehnte seines Lebens liegen weitgehend im Dunkeln. Eine indirekte Vermittlung konkreter Kenntnisse islamischer Kunst ist allerdings gut zu rekonstruieren.[8] Der Humanist und Freund Filaretes, Francesco Filelfo (1398–1481) stand unter anderem in direkter Verbindung mit Sultan Mehmed II. Filelfo selbst lebte sieben Jahre (1419–27) in Konstantinopel. Es war auch Filelfo, der sich am 30. Juli 1465 an seinen Freund Georgios Amoirukós, der am Hofe Mehmeds lebte, mit der Bitte wandte, den Überbringer des Briefes, Antonio Averlino (also Filarete) aufzunehmen. Filarete wolle sich in Konstantinopel umsehen.[9] In dieser Zeit hatte Filarete die feste Absicht, nach Konstantinopel zu reisen. Er quittierte seinen Dienst am 16. August 1465 bei Francesco Sforza in Mailand. Seit dieser Zeit gilt Filarete als verschollen. Vielleicht könnten Studien in den Instanbuler Archivalien den weiteren Werdegang Filaretes erhellen.

Doch dessen ungeachtet durchzieht das gesamte Traktat Filaretes ein reges Interesse an orientalischen und exotischen Bauformen.[10] Seine Kirchen mit den zierlichen Türmchen rufen die islamische Moschee mit ihren Minaretten ins Gedächtnis. Neben Filelfo stand Filarete auch in direkter Verbindung mit dem Kaufmann, Botschafter, Gelehrten und Orientreisenden Cyriacus von Ancona (ca. 1392–1455), der zu seiner Zeit die beste Informationsquelle in Sachen Baukunst des Orients und der Antike war. Filelfo könnte den Kontakt vermittelt haben, da er mit Cyriacus in Konstantinopel in enger Verbindung stand. Sowohl Filelfo als auch Cyriacus (seit 1440) stellten sich in die Dienste des Mailänder Hofes.

Hier sei am Rande auf den aus dem gewohnten Rahmen fallenden Aufbau von Filaretes Traktat hingewiesen. Das Ineinanderschachteln verschiedener Erzählebenen und -vorgänge, das Schildern des Einzigartigen, Phantastischen, Besonderen erinnert an Beispiele der Literatur wie Francesco da Colonnas *Hypnerotomachia*[11] oder Guillaume de Lorris *Rosenroman*, die wiederum deutlich an byzantinische Poesie, wie *Kallimachos und Chrysorrhoe*, *Libistros und Rhodamne* anknüpfen, also auch von orientalischer Phantasie und Prachtliebe beeinflußt sind. Filaretes Traktat und die darin beschriebene Badeanlage bleibt jedoch ohne Nachfolge.

Bei Francesco di Giorgio Martini (1439–1501) ist erstmals deutlich Vitruvs Traktat als unmittelbare Vorlage erkennbar.[12] Er setzt mit Vitruvs viertem Punkt ein und übersetzt wörtlich: »Sicondo la moltitudine le grandezze loro ›i bagni‹ è da comporre.« Bei Vitruv: »Die Größe der Bäder muß zur Zahl der Besucher in einem angemessenen Verhältnis stehen.« Die Länge soll der dreifachen Breite entsprechen. Dann beschreibt Francesco di Giorgio – wie Vitruv – die Lage des Labrums in der Nische. Die Nische soll genügend Platz für die Wartenden bieten. Das *laconicum sudationesque* (Schwitz-Dampfbad) übersetzt Francesco mit *sudazioni*, das *tepidarium* bleibt als *tepidario* beibehalten. Dann beschreibt er – immer noch Vitruv folgend – die Belüftungsplatte, die im Scheitel des Sudatoriums befestigt ist. Jetzt erst kommt er auf »i luoghi d'esse bagni« (»Lage der Bäder«) zu sprechen. Auch hierbei folgt er Vitruv (V,10,1), überspringt allerdings eine kurze Passage (Badezeit, Männer- und Frauenbad), um gleich auf die Warmwasseraufbereitung einzugehen: »E vuolsi ordenare tre caldaie en questa forma: l'una d'acqua ghiaccia, l'altra tiepida, e l'ultima calda«, man solle also drei Kessel vorsehen, einen für eiskaltes Wasser, einen für warmes und den letzten für heißes.

Dann kommt er zu eigenen Aussagen: »I bagni così son da ordenare, o tondi o quadri che formare voliamo«, man könne die Bäder also rechteckig oder rund anlegen, wie es beliebe. Der Umfang des Bades kann verschieden sein. In der Breite soll es jedoch wenigstens 10 Fuß messen. Giorgio beschreibt anschließend eine doppelte Ummauerung für das rechteckige Bad, das er ohne Hypokaustenheizung darstellt. Von einer Feuerung aus werden die Hohlräume der doppelten Wand und damit das Bad selbst geheizt.

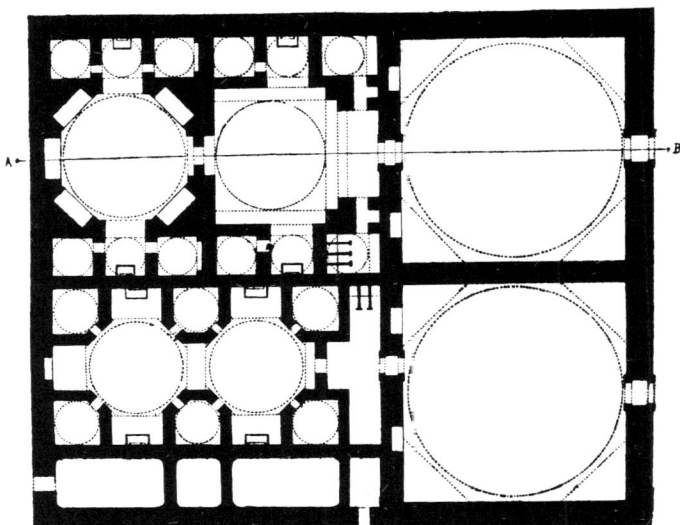

*47. Istanbul,
Hammān Mahomet
II., 1469, Grundriß*

Schließlich erklärt er die Wasseraufbereitung: Über dem Ofen sollen zwei Heiz-kessel angeordnet werden. Der eine soll direkt senkrecht über der Feuerung ste-hen. Seitlich davon soll der andere in einer Höhe angebracht werden, daß der Boden des ersten den oberen Rand dieses Kessels überragt, der sich stark erhitzt. Wenn nun durch das am unteren Ende dieses Kessels befindliche Rohr Wasser in die Badewanne gelassen wird, so wird er von dem Warmwasserkessel (*della tie-pida*) sofort wieder aufgefüllt. Und der Kaltwasserkessel (*frigida*) kann sich nach seiner Entleerung auch wieder füllen. Und so hat man immer kaltes (*frigida*), war-mes (*tiepida*) und heißes (*calida*) Wasser. Der Kaltwasserkessel soll so angeordnet sein, daß in ihn Wasser aus einem Brunnen, einer Quelle oder einer Zisterne nach-fließen kann. Giorgio beschreibt mit seinen eigenen Worten die Wasseraufberei-tung in der Art, wie sie bei Vitruv geschildert wird (V,10,1).

Im weiteren Text gibt er Anweisungen, wie der Ofen anzulegen sei. Über einem doppelten Spalt in der Wand wird der Rauch abgeleitet.

Das Schwitzbad (*stufa*) soll von einer doppelten, tubulierten Wand umgeben werden. Die Pfeiler der hängenden Fußböden (*Suspensur*) sollen im Abstand von 1,5 Fuß auf einer Höhe von 2 Fuß (ebenso bei Vitruv) aufgeführt werden. Neben der Suspensur wird eine Feuerung in der Art, wie er sie schon unter dem Raum zur Wasseraufbereitung beschrieben hat, erwähnt. An die Stufa soll der Raum mit den Wasserkesseln anschließen. Sie soll kleine Fenster im Osten haben und ganz eingewölbt sein. Daneben befindet sich *la frigida lavazione* (Kaltbaderaum) mit »tepidario a guisa di pila (=*vasca*) dove la calida e la fredda per cannoni e chiavi (=*tubazioni e cannelle*) lì mettar si possa. Similmente una camera o spogliatoio che quando esci del bagno in nel letto subito asciungar ti possa«, man könne sich also sofort nach dem Warmbad in der mit Heiß-und Kaltwasserzufluß ausgestatten Wanne im anschließenden Raum zu Bett begeben.

Folgt Francesco di Giorgio zunächst fast wörtlich Vitruv, so geht er im weiteren Verlauf seiner Abhandlung über die Anlage von Bädern zu eigenen Vorstellungen über. Seine Überlegungen zeigen deutlich seinen Versuch, eine Badeanlage zu ent-werfen, die technisch und praktisch realisierbar ist. Damit geht er einen bedeuten-den Schritt weiter als Alberti und Filarete, die sich jeweils nur mit antiken bzw. islamischen Badeanlagen auseinandersetzen und ihre Kenntnisse darüber zu Papier bringen.

Mit einer Serie von Zeichnungen hat Francesco di Giorgio seine Aussagen illu-striert. Dabei bildet er zunächst ein Bad à la Vitruv ab. Neben dem runden Lako-nikum liegen der Baderaum und der Heizraum mit ihrer Wasseraufbereitung.

Diese Abbildung macht bereits deutlich, daß der Künstler die vitruvianische Badeanlage als eine zweiteilige verstand. Giorgio stellt ferner den Grundriß einer Hypokaustenanlage mit ihren Mauerpfeilern dar. Nach seinen eigenen Aussagen nehmen die Illustrationen der Bäder den größeren Stellenwert ein. Zum einen bildet er die *stufa* von runder Form mit anschließendem *frigidario* und *profurnio* mit darüberliegendem Kesselraum ab; dann eine rechteckige *stufa* mit seitlichem *frigidario* und wieder einem *profurnio* mit darüberliegender Wasseraufbereitungsanlage.

Die *stufa* der ersten Zeichnung ist eine bildnerische Umsetzung des vitruvianischen Textes, mit Unterbodenfeuerung, Öffnung im Scheitel und wärmeregulierender Metallscheibe. Sie unterscheidet sich jedoch in einigen wesentlichen Punkten von der ersten Abbildung. Eigenartigerweise befindet sich – im Gegensatz zu Vitruv – im Zentrum der Tholos ein Mauerkranz, der ein entfachtes Feuer umschließt. Eine zylindrische Form erstreckt sich zwischen Mauerkranz und Scheitelöffnung. Diese *stufa* ähnelt den frühen griechischen Lakonien mit der direkten Befeuerung im Zentrum. Die Ummantelung des Feuers weckt dagegen eher die Assoziation eines gemauerten Ofens oder Kachelofens mit direkter ›Innenbefeuerung‹. Die doppelte Bedeutung des Wortes *stufa*, das sowohl Badestube als auch Ofen bedeuten kann, veranschaulichen Francesco di Giorgios Skizzen; sicherlich, ohne dies beabsichtigt zu haben. Sie machen deutlich, wie eng das Thema Bad mit der Frage nach dessen Beheizung verknüpft war.

Im zweiten Bild sind Giorgios Vorstellungen einer *stufa* wiedergegeben. Die doppelte Wand ist angedeutet. Eine umlaufende Sitzreihe ist zu sehen. Während das Frigidarium im ersten Bild als tonnengewölbter Raum auf die Tholos folgt, ist es im zweiten unter einem Dach (Satteldach) mit der *stufa* vereint. Die Innenausstattung des *frigidario* ist nur in der zweiten Illustration zu sehen: An der Wand zum Heizraum hin stehen zwei Badewannen, die mit Wasser aus den verschiedenen Kesseln des Heizraumes gespeist werden.

Es fällt auf, daß der Künstler in allen Skizzen nur den Schwitzraum (*stufa*) und einen Baderaum, den er jeweils als *frigidario* bezeichnet, sowie die Wasseraufbereitungsanlage zeigt. Ein Tepidarium, Caldarium oder Apodyterium fehlen ganz, wie sie auch bei Vitruv nicht ausdrücklich erwähnt und differenziert werden. Diese Begriffe verbindet Francesco nur mit der Wassertemperatur – wie er es auch im Text Vitruvs vorfand. Mit den beschriebenen Wannen und Waschbeckennischen Vitruvs setzt er sich nicht auseinander. Die Interpretation dieser Passage im Text von Vitruv wird jedoch zwei Generationen später von verschiedenen Künstlern in zahlreichen Varianten interpretiert werden.

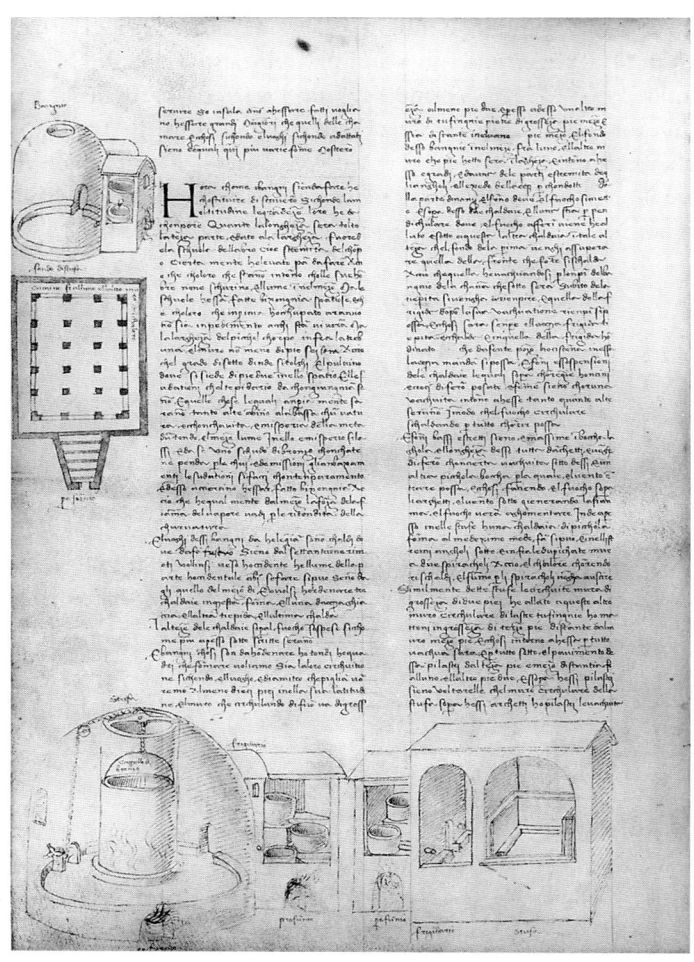

48. *Francesco di Giorgio Martini, Bäderansichten aus seinem Traktat, 1485, fol. 23 verso*

Mit Francesco di Giorgio wird der erste Architekt der Renaissance faßbar, der sich nicht nur theoretisch mit der Badeanlage auseinandersetzt, sondern im *Herzogpalast von Urbino* die Gelegenheit hatte, eine solche zu installieren.

Doch werfen wir zunächst einen Blick auf den Lebensweg des Künstlers, der 1439 in Siena geboren wurde. Seit 1477 war er als Architekt für den Herzog von Urbino im Palazzo Ducale unter Luciano Laurana tätig. Schon 1479–80 arbeitete er – noch im Dienste des Montefeltre – bereits für den aragonensischen Herzog

Alfonso von Kalabrien, dem späteren König Alfonso II. von Neapel. 1492 erschien sein *Opusculum de architettura*, ein Vorläufer seines späteren Architekturtraktats. In den Jahren 1484, 1491, 1492 und 1495 sind weitere Aufenthalte am aragonensischen Hof dokumentiert. Hier erhielt Francesco bedeutende Anregungen, die sich in der überarbeiteten Form seines Architekturtraktats niederschlugen. Eine weitere Anregung gab ihm die von Federico da Montefeltre in Auftrag gegebene und 1483 fertiggestellte Abschrift von Albertis Werk *De re aedificatoria*, das erst von diesem Zeitpunkt an greifbar für ihn wurde. Während seine frühen Antikenstudien (ca. ab 1464 in Rom) oft Phantasiegebilde sind, zeigen die späteren (ca. 1484–95) eine von Überprüfung und Vermessung bestimmte Auseinandersetzung mit den real vorhandenen Bauten der Antike – ganz im Sinne Albertis. Die Architekturtraktate von Vitruv und Filarete waren ihm am Hof von Neapel zugänglich, wohin auch seit 1489 der große Vitruvkenner Fra Giocondo[13] berufen wurde. Hier standen Francesco di Giorgio erstmals auch Vitruvübersetzungen zur Verfügung, an denen am aragonensischen Hof gearbeitet wurde. 1492 stellte Francesco seinen neuen Architekturtraktat fertig.

Obwohl in der Methode und dem Aufbau deutlich Albertis Traktat zu erkennen ist, bleibt Francesco eigenständig. Er fügt Abbildungen bei, die seinen Text erläutern sollen. Deutlich tritt auch hier sein Bemühen hervor, zu praktischen Lösungen zu kommen. Daß Theorie und Praxis bei ihm nicht auseinanderlagen, zeigen die Badeanlagen, die er einrichtete bzw. die unter seinem Einfluß entstanden.

Wohl schon kurz nach seiner Ankunft in Urbino (1477) begannen die Arbeiten an der *Badeanlage im Herzogpalast*, die spätestens mit dem Palast 1482 fertiggestellt war.[14] Das Bad liegt in der von weitem schon sichtbaren Doppelturmfront des Palastes, nahe den Stallungen und unterhalb des Hofes. Über eine Treppe ist es direkt mit dem Privatappartement des Herzogs im Piano nobile verbunden. Die Badeanlage besteht aus zwei aufeinanderfolgenden Räumen. Wahrscheinlich gehörte auch ein damit verbundener Raum im darüberliegenden Mezzanin dazu. In einem rechteckigen tonnengewölbten Raum befindet sich gegenüber dem Fensterschacht ein querrechteckiges (100cm x 124cm) vertieftes Becken mit umlaufender Sitzstufe. Stufen führen an der zum Raum hin offenen Seite in das Becken hinab. An dieser Seite befindet sich auch eine steinerne Brüstung. Seitlich des Beckens ist in der Wand eine Nische zur Ablage der Badeutensilien ausgespart. Pilasterstellungen mit umlaufendem Gesims betonen die vier Ecken des Badebeckenbereichs. An der Rückwand des Beckens befinden sich zwei Rohre für den Wasserzufluß. In den Beckenboden ist ein Abfluß montiert. Vom Fensterschacht aus führt links ein Durchgang in den angrenzenden, etwas kleineren Raum. In der Ausstattung mit Pilasterstellungen und umlaufendem Gesims mit darüberliegendem Tonnengewölbe sowie dem schmalen Fensterschacht sind sich beide Gemächer ähnlich. Bei dem Baderaum mit Becken und dem darauffolgenden Raum entdeckte man unter dem Steinplattenbelag des Fußbodens ca. 50cm hohe Hohlräume – ein Hinweis auf eine ursprüngliche Hypokaustenheizung. Im zweiten Gemach führt gegenüber dem Fenster eine schmale Treppe zu einem Kaminzimmer im Mezzanin, das im Grundriß etwa dem der beiden darunterliegenden Badegemächer entspricht. Die zwei unteren Räume wurden vermutlich in einen älteren, schon bestehenden Raum durch Einfügen einer Trennwand auf Höhe der Fenstermitte eingebaut. Die Zwischenwand bildet die schmalen Lichtschächte beider Räume aus.

Vergleicht man die Badeanlage von Urbino mit Francesco di Giorgios Traktat, so ist eine große Ähnlichkeit mit der von ihm entworfenen zweiten Version festzustellen. Der in der Abbildung als *frigidario* bezeichnete Raum kann mit dem Raum mit vertieftem Becken des Herzogbades von Urbino verglichen werden, dessen Funktion und Ausstattung jedoch dem vitruvianischen Caldarium entspricht. Das vertiefte Becken mit umlaufender Sitzstufe und hineinführenden Stufen, die abschließende Brüstung zum Raum hin: alles Merkmale, die Vitruv für seine *Alvei*, also Badebecken, beschreibt. Laut Vitruv sollte es im selben Raum auch ein *Labrum* geben, das bei Francesco di Giorgio jedoch nicht auftaucht. Der Künstler beschreibt die *frigida lavazione* (Kaltbaderaum) als eine Mischform, denn hier sollen die Wannen mit Warmwasser (*tepidario*) stehen. Frigidarium und Tepidarium werden von Francesco in einem Raum verschmolzen. Das zweite Badegemach muß Francescos Traktat folgend als Schwitzbad, *stufa*, interpretiert werden. Der im Mezzanin liegende Raum mit Kamin diente wohl als Ruheraum mit Bett nach dem Bade, wie es Francesco ja in seinem Traktat beschreibt: »Similmente una camera o spogliatoio che

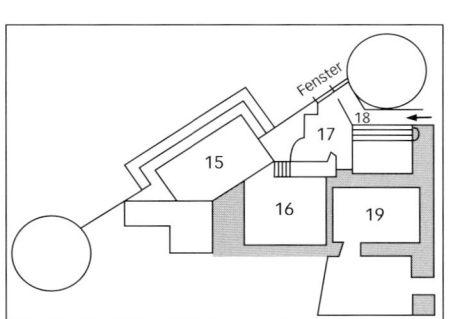

49. *Urbino, Badeanlage im Palazzo Ducale, 1477-ca.1482, Grundrißskizze n. Rotondi*

Erläuterungen zu den Ziffern:
15 Balkon, 16 Raum mit Waschbecken,
17 Stufa, 18 Baderaum mit vertieftem
Becken, 19 Heizraum

quando esci del bagno in nel letto subito asciugar ti possa.« (»Ebenso ein Zimmer oder Auskleidezimmer, in welchem man sich nach dem Bad sofort ins Bett begeben kann, um trocken zu werden.«).

Zusammenfassend kann gesagt werden, daß Francesco di Giorgio erstmals versucht, seine Theorie zur Bäderarchitektur auch praktisch anzuwenden. Er richtet als erster Künstler der italienischen Renaissance eine Badeanlage ein, die eindeutig auf das antike Bad rekurriert. Mit Urbino stellt sich uns eine Badeanlage dar, die zeigt, wie man sich zur Jahrhundertwende ein Bad *all'antica* vorstellte.

Ein weiteres Badeappartement, das unter Francesco di Giorgios Einfluß entstand und quasi die andere Variante seines Traktates vorführt. ist im *Kastell zu Ostia* zu finden.[15] Zwischen 1483 und 1485 wurde es von Baccio Pontelli für den Bischof von Ostia, Giuliano della Rovere, dem späteren Papst Julius II., errichtet. Baccio Pontelli war in den Jahren 1480/81 als Mitarbeiter Francescos im Herzogpalast von Urbino tätig. Dort konnte er sich mit den erforderlichen Kenntnissen zur Anlage eines ›modernen‹ Renaissancebades vertraut machen. Die Badeanlage von Ostia befindet sich im Untergeschoß des südöstlichen Rundturms und ist entsprechend von rundem Grundriß mit ca. 3m Durchmesser. Drei Sitzstufen führen in das vertiefte Becken hinab, das beinahe die gesamte Grundfläche des Raums einnimmt. Auch hier gibt es eine Wandnische zur Ablage der Badeutensilien. Zwei Wasserläufe mit kaltem und heißem Wasser führen von dem Wasseraufbereitungsraum – einem kleinen, tonnengewölbten, in dem dicken Mauerwerk ausgesparten Raum – zum Becken, das über einen Abfluß entleert werden kann. Die Wände sind tubuliert. Dieser Baderaum entspricht von der Form her dem vitruvianischen Lakonikum, hinsichtlich der Funktion jedoch dem Caldarium mit vertieftem Becken.

Diese beiden unter Francesco di Giorgios Einfluß entstandenen Badeanlagen des 15. Jh.s machen deutlich, daß man in dieser Zeit die verschiedenen Funktionen der Raumfolge einer antiken Badeanlage noch nicht klar voneinander scheiden konnte. Die Bäder von Urbino und der Rocca in Ostia stellen erste Versuche dar, theoretische Erkenntnisse, wie sie vor allem aus Vitruvs Schriften, von den Villenbeschreibungen des Plinius, aber auch dem Studium antiker Thermenüberreste gewonnen wurden, in gebaute Realität umzusetzen.
Im italienischen Architekturtraktat des Cinquecento stößt man erst wieder bei Serlio (1475–1554) auf eine intensive Auseinandersetzung mit der Badeanlage, wenn auch in ganz anderer Art und Weise. Zur Zeit des Erscheinens von Serlios

Architekturtraktaten seit 1537[16] war jedoch die Entwicklung des italienischen Renaissancebades bereits weitgehend abgeschlossen. Raffael, Peruzzi, Antonio da Sangallo d. J. waren hierbei die bestimmenden Künstler. Keiner von ihnen hat sich aber als Verfasser eines Architekturtraktates ausgezeichnet. Lediglich Raffael (1483–1520) beauftragte 1514 den Humanisten Fabio Calvo, für ihn eine Vitruvübersetzung anzufertigen und nahm Fabio Calvo als Gast in seinem Haus auf. Am 15. August 1514 schrieb Raffael an Calvo: »Messer Fabio mio carissimo, ich habe den Vitruv erhalten, den Ihr ins Italienische gebracht habt… in sehr schöner Sprache geschrieben.« Dann fährt er fort, daß er, sobald er Zeit habe, »die Figuren zeichnen ›werde‹, die hineingehören«.[17] Raffael fand nie die Zeit dazu, und so kam es doch nicht zur Publikation des italienischen Vitruvius, der zum besseren Verständnis mit Zeichnungen Raffaels hätte illustriert werden sollen. Damit blieb die lateinische Vitruvausgabe des Fra Giocondo von 1511 die einzige mit Abbildungen versehene Edition. Den Text betreffend galt Fra Giocondo als unangefochtene Vitruv-Autorität. Selbst Fabio Calvo zog ihn gelegentlich bei seiner Übersetzung zu Rate.

Anders stand es um Vitruv-Illustrationen. Dem großen Vorbild Alberti folgend, beabsichtigte Raffael, seine Kenntnisse der antiken Architektur durch Vermessen der Ruinen und dem Studium antiker Schriften zu fundamentieren. Das Rom unter dem Pontifikat Leos X. (1513–1521) bot hierzu den idealen Ausgangspunkt. Schon in den Jahren 1513–1515 waren Giuliano da Sangallo (ca. 1445–1516) und dessen Neffe, Antonio da Sangallo (1483–1546), mit Unterstützung zahlreicher Hilfskräfte beauftragt, die antiken Bauwerke genau zu vermessen und aufzunehmen.[18] Vermutlich durch Raffaels oder Fra Giocondos Initiative setzte wenig später ein ähnliches Unterfangen ein, das als Konkurrenz zu dem der Sangalli zu werten ist. 1515 mit Fra Giocondos Tod und Giuliano da Sangallos Rückkehr nach Florenz kamen zunächst beide Kampagnen zum Erliegen. In einem weit umfassenderen Maßstab setzte Raffael 1518 diese Antikenstudien fort. In seinem *Romplan* wollte er nicht nur einzelne Gebäude aufnehmen, sondern das antike Rom zeichnerisch wiederauferstehen lassen.[19] Zahlreiche dieser Antikenaufnahmen sind von Antonio da Sangallo d. J., Giovanni Francesco da Sangallo und Peruzzi (1481–1536) überliefert. Thermenanlagen nehmen dabei eine bedeutende Stellung ein. Von Raffaels Hand gibt es allerdings keine entsprechenden Zeichnungen. Raffael war wohl weniger als ausführende Kraft denn als Leiter des gesamten Projektes tätig – dies verlangte allein schon seine außerordentliche Stellung innerhalb des römischen Humanistenkreises.[20] Raffael verfügte über eine Position, in der ihm zwar das gesamte bauzeichnerische Material zur Verfügung stand (und ihn so zu einem kritischen Vitruv-Interpreten machte), die ihm jedoch andererseits keine Zeit ließ, Calvos Vitruvübersetzung zu illustrieren.

Es gibt gerade in unserem Zusammenhang ein wichtiges schriftliches Dokument Raffaels, in dem er die *Badeanlage der Villa Madama* in einem Brief von 1518/19 an Castiglioni beschreibt.[21] Vom Kryptoportikus aus oder über eine *scala secreta* gelangt man zu den Bädern im Sockelgeschoß der an einem ansteigenden Hang errichteten Villa. Zunächst betritt man zwei Auskleidezimmer, darauf folgt ein offener, warmer Ort – *loco tepido aperto* –, der als Salbraum nach dem Bade dient. Das Sudatorium – *stufa calda e secca* – mit hoher Temperatur und das heiße Bad – *bagno caldo* – mit Sitzstufen schließen an. Unterhalb des Fensters beschreibt Raffael einen Platz, wo man sich im Wasser aufhalten kann, ohne daß der Diener, der einen anderen wäscht, Schatten spendet. Jetzt gelangt man in das warme Bad – *bagno tepido* – und dann in das kalte Bad – *bagno freddo* –, welches so groß ist, daß man darin schwimmen kann, wenn man möchte. Zuletzt beschreibt Raffael die Wasseraufbereitung: Die Wasserbehälter sind so angeordnet, daß kaltes Wasser in den Warmwasserbehälter und das warme Wasser in den Heißwasserbehälter fließt und jeweils entsprechend viel Wasser nachfließt, wie ausgelaufen ist.

Die gesamte Beschreibung der Villa Madama vermittelt den Eindruck, als wolle Raffael eher seine schriftstellerisch-literarische Fähigkeit unter Beweis stellen denn eine Villa genau beschreiben. In seinem Aufbau vom Allgemeinen zum Besonderen folgt er Alberti. Die Darstellung selbst ist eine geniale Verknüpfung literarischer Vorlagen der Antike – namentlich von Plinius' Brief über die Villa Tusci, sowie Vitruvs *De architectura*, dessen Übersetzung Fabio Calvo für Raffael gerade bewerkstelligt hatte – mit Raffaels Erkenntnissen über antike Baukunst, wie er sie aus den exakten Bauaufnahmen des Romplans gewonnen hatte. Man möchte meinen, daß Raffael sich mit diesem Brief als allseitig gebildeter, humanistischer Literat vorstellen und sich von dem Ansehen eines Malers und Architekten befreien wollte, um als *Cortegiano* (wie ihn Baldassare Castiglioni in seinem gerade in jener Zeit entstandenen gleichnamigen Werk beschreibt) Anerkennung in den Humanistenkreisen zu suchen.[22] Daher drängt sich die Frage auf, ob Raffael überhaupt ein real geplantes Bad beschreiben wollte – denn eine solche Thermenanlage befand sich in der Villa Madama nie – oder ob er nur seine Kenntnisse über die mögliche Konstruktion einer antiken Badeanlage in einem Privatpalast zu Papier zu bringen suchte.[23]

Wäre Raffaels Beschreibung der Thermenanlage innerhalb der Villa Madama für Kardinal Giulio de'Medici verwirklicht worden, stünde sie als einzigartiges Werk in ihrer Zeit. Raffael ist der erste Künstler der Renaissance, der die Abfolge von Apodyterium, Frigidarium, Tepidarium, Caldarium und Lakonikum sowie eines Salbraums beschreibt. Hatte sich schon Francesco di Giorgio mit dem Sudatorium und der Wasseraufbereitung befaßt, so erkannte er noch nicht die Abfolge der verschiedenen Baderäume, sondern schloß im *frigidario* die warmen Bäder mit ein. Besonders in einer Passage folgt Raffaels Brief Vitruv: »Et sotto la fenestra ve un loco daporvisi adiacere estare ne l'aqua chel servitore puo lavare altrui senza farsi onbra«; und bei Vitruv: »Labrum utique sub lumine faciundum videtur, ne stantes circum suis umbris obscurent lucem.« Das *labrum* oder der Waschbrunnen ist also unterhalb des Fensters aufzustellen, so daß der Diener, der den Badenden wäscht, keinen Schatten spendet. Auch beschreibt Raffael die *alvei* (Badebecken) in die Sitzstufen hineinführen (»bagno caldo co‹n‹ llj sedilj«) wie sie Vitruv erwähnt, aber auch Francesco di Giorgio in seinem Traktat beschreibt und in Urbino bereits ausgeführt hatte. Das vitruvianische *laconicum sudationesque* übersetzt er als »la stufa calda e secca«, also als heißes und trockenes Schwitzbad,[24] und verbindet es einerseits – wie es Vitruv fordert – mit dem Tepidarium, andererseits mit dem Caldarium. Hierin setzt Raffael offenbar Erkenntnisse um, die er aus den genauen Untersuchungen der römischen Thermenruinen gewonnen hat.

Mit diesem Brief Raffaels ist schriftlich die genaue Kenntnis antiker Badeanlagen dokumentiert. Es bleibt ungewiß, wie deren Umsetzung erfolgt wäre, insbesondere die Lage von *labrum* und *alveus* des Caldariums, mit der sich die ganze Folgegeneration beschäftigt. Erst in einem zwischen 1540 und 1544 datierten Grundrißentwurf (Florenz, Uff. A 828) stellt Antonio da Sangallo für die *Villa Cervini* eine Thermenanlage vor, die fast alle von Raffael beschriebenen und zur antiken Badeanlage gehörigen Elemente enthält. Das unter Raffaels Anleitung entstandene Bad des Kardinals Bibbiena von 1516 – also vor seiner brieflichen Bäderbeschreibung – ist nicht als antike Badeanlage mit komplexer Raumfolge konzipiert. In dem Bäderentwurf für seinen Palast in der Via Giulia (Florenz, Uff. A 311) sieht Raffael nur ein Badezimmer mit Nischenwanne vor.

Mit diesen und weiteren Badeanlagen wollen wir uns im folgenden Abschnitt intensiver beschäftigen und die Architekturtheorie zunächst hinter uns lassen.

2. Die Entwicklung der Badeanlage in Italien im 15. und 16. Jh.

Die Vorläufer

Nur wenige Dokumente sind überliefert, die von Bädern in Privatpalästen der Zeit berichten. Sie lassen jedoch den Schluß zu, daß es in den Behausungen der Reichen einen Raum gab, der als Badezimmer diente.

Schon Papst Clemens VI. ließ 1342/43 in der sog. *turris garderobe* (Garderoben-turm) im *Papstpalast zu Avignon* eine Badeanlage einrichten,[25] für die 1342 »pro 1 calderia posita in stuphis subtus gardarobam«(»für 1 Heizkessel, der in dem Bad unter der Garderobe aufgestellt wurde«), also für einen Heizkessel eine Rechnung gestellt wurde. 1344 berichten die Dokumente von einer Wasserleitung, die ins Bad geführt wurde: »Pro cavando perietem, in qua includentur conductus plumbei, per quos ducetur aqua de puteo virgulti usque ad stufam«. Und 1346 wurde schließlich eine bleierne Wanne dorthin gebracht. Spuren einer einfachen Bemalung der Wände sind noch erhalten. Über der Badeanlage befanden sich auf zwei Stockwerke verteilt die *guardaroba*, in der verschiedener Hausrat aufbewahrt wurde. Von der darüberliegenden, prächtig ausgemalten *chambre du cerf* aus gelangte man zur päpstlichen *camera*. Die Verbindung von Privaträumen, Garde-robe (Auskleidezimmer) und Bad nimmt bereits zukünftige Entwicklungen vor-weg. Dieses päpstliche Exilbad ist allerdings eine Einzelerscheinung seiner Zeit.

In *Florenz* sind zwei Bäder aus dem 15. Jh. bekannt. 1424 erwähnt das Inventar von Angelo und Niccolò da Uzzanos neuem Palast eine *stufa*, die neben der *anti-camera* von Niccolòs *appartamento* lag.[26] Auch hier bleibt die Raumfolge des päpstlichen Bades aus dem 14. Jh. erhalten. Ebenso in dem *Bad des Palazzo Medici*[27]. Ein Inventar von 1492 erwähnt im Erdgeschoß eine »chamera grande terrena detta la chamera di Lorenzo« (»große Kammer zu ebener Erde, die *Kam-mer des Lorenzo* genannt wird«) und »stufa et antichameretta« (Bad und Vor-raum) mit einer im Mezzanin darüberliegenden »camera sopra la stufa« (Kammer über dem Bad), die als Auskleidezimmer diente. Über die Ausstattung wird wei-ter nichts mitgeteilt. Man kann jedoch voraussetzen, daß es einfach gestaltete Nebenräume waren, in denen eine Badewanne mit Wasserzu- und -abfluß stand.

In *Rom* ist aus dem Quattrocento nur das *Bad des Kardinals Francesco Gonzaga* von Mantua aus den Jahren 1468–83 bekannt.[28] Es befand sich in seinem Haus, das später durch die *Cancelleria* ersetzt wurde.

Diese erste Bädergruppe zeichnet sich durch ihre Funktionalität aus. Das Studium antiken Schrifttums mag dazu angeregt haben, sich ein Bad einbauen zu lassen. Weitere Anregungen mögen Autoren der Antike gegeben haben, die immer wieder berichten, daß sie das Bad zur Erholung zwischen den Studien und Geschäften nutzten und schätzten.[29] Man versuchte im 14. und 15. Jh. jedoch noch nicht, das *Bad all' antica* anzulegen, wie es bei den in der Folgezeit entstandenen Badeanlagen von Urbino und Ostia zu beobachten ist. Um solche Badeanlagen errichten zu können, bedurfte es nicht nur der schriftlich überlieferten Kenntnisse des Bades und einem humanistisch geschulten Studium der antiken Überreste, sondern ebenso der Architekten, die all das in die Praxis umsetzen konnten.

Erwachendes Interesse am Antikenstudium

Nahm Cyriacus von Ancona als erster Humanist mit Akribie Bauwerke der Antike auf, so ist ihm Alberti als humanistisch gebildeter »huomo universale« gegenüberzustellen, der nicht beim Studium der Texte und Bauwerke der Alten stehen blieb, sondern auch eine architektonische Umsetzung in seiner Zeit anstrebte. Als Mann seines Standes und seiner Bildung war es für ihn jedoch nicht denkbar, als bloß ausführende Kraft – als Handwerker-Architekt – tätig zu werden. Seine Kenntnisse gab er in beratender und planender Funktion weiter. Als Humanist war es selbstverständlich, sich auch mit den Überresten antiker Zeugen aus Stein zu beschäftigen. Papst Pius II. und Flavio Bindo, der Verfasser eines Romführers (1444/46, 1453), ließen sich 1463 von Alberti durch antike Ruinen führen. Desgleichen 1471 Bernardo Rucellai, Doñato Acciaioli und Lorenzo il Magnifico, die – wie Bernardo berichtet – die antiken Werke auch zeichnerisch festhielten. Schon 1450 besuchte Ludovico Gonzaga auf seiner Pilgerreise nach Rom auch die antiken Ruinen.[30] Alberti ist als Initiator dieser neuen Art und Weise, sich mit der antiken Welt auseinanderzusetzten, anzusehen. Der Funke zündete in zahlreichen florentiner Familien, ganz besonders jedoch bei den Medici. Nannte schon Piero di Cosimo eine *Vitruv-Handschrift* sein eigen, so ließ Lorenzo il Magnifico eine äußerst kostbare Abschrift von Albertis *Architekturtraktat* anfertigen. Lorenzos starkes Interesse an Architektur führte soweit, daß er selbst Pläne entwarf, an Kompetitionen teilnahm und als Ratgeber in Baufragen bei mehreren hochgestellten Persönlichkeiten fungierte.[31] So wandte sich auch der Hof von Neapel mehrfach an Lorenzo de' Medici. 1480 suchte Alfonso von Kalabrien einen Architekten für seine Villa in Poggioreale. Lorenzo sandte Giuliano da Maiano nach Neapel, der die Aufgabe übernahm. 1488 erbat Ferrante von Neapel ein Palastmodell von dem Mediceer, das dieser von Giuliano da Sangallo anfertigen und überbringen ließ. 1490 versuchte Lorenzo Luca Fancelli, den Nachlaßverwalter Albertis, zur Übersiedlung von Mantua nach Neapel zu überreden, was ohne Erfolg blieb.

Ähnlich großes Interesse an Architektur hatte der aragonensische Hof in Neapel. Bereits erwähnt wurden die Aufenthalte Francesco di Giorgios in Neapel seit 1479. Wie Piero di Cosimo de' Medici besaß auch Alfonso I. eine Vitruv-Handschrift. Der gefeierte Vitruv-Kenner und Herausgeber einer ersten illustrierten Vitruv-Ausgabe (1511), Fra Giocando, trat 1489 in den Dienst des Herzogs Alfonso von Kalabrien. Der Herzog ließ sich eine Abschrift Filarete-Traktrats anfertigen.[32] Ebenfalls um eine Abschrift von Albertis *De re aedificatoria* bemühte sich der aragonensische Kardinal Giovanni seit 1483 (wie der Herzog Federico da Montefeltre). Herrscherpersönlichkeiten mit einem derart ausgeprägten Interesse an Baukunst stellten sich kaum Architekten zur Seite, die ihre eigenen Vorstellungen umsetzen wollten, sondern suchten aufgeschlossene, befähigte Männer, die den Ideen ihrer Auftraggeber folgen konnten und diese praktisch umzusetzen vermochten.[33]

Die Bäder von Poggioreale bei Neapel

Es darf also vorausgesetzt werden, daß Herzog Alfonso von Kalabrien für die Planung seines *Poggioreale* bei *Neapel* einen Architekten suchte, der vor allem die Vorstellungen Alfonsos umzusetzen vermochte. Lorenzo il Magnifico war der adäquate Ansprechpartner in solchen Belangen und sandte Giuliano da Maiano, der 1487/88 dafür Pläne entwarf. Poggioreale besaß auch eine *Badeanlage*. Leostello berichtet in den *Effemeriden*[34] am 8. 7. 1489, daß Alfonso »certi bagni e certe stanze« entwerfen ließ. Über Anordnung und Lage dieser »gewissen Bäder« erfahren wir nichts. Da Poggioreale bereits seit der Mitte des 17. Jh.s dem Verfall anheimgegeben war und heute ganz verschwunden ist, können nur eine Skizze Peruzzis (Uff. 363 A r+v) aus den 1520er Jahren und verschiedene schriftliche Quellen Auskunft über das berühmte Lustschloß geben. In Peruzzis Skizze sind keine Bäder eigens bezeichnet. Dagegen sprechen die Quellen davon.

Fichard beschreibt in seinem *Italia* 1536 auch Poggioreale.[35] Die vier Eckrisalite werden durch Portiken verbunden, die einen offenen Innenhof umgrenzen. »Der

135

mittlere Bereich unter freiem Himmel ist einzig zum Zweck des Badens bestimmt. Man steigt drei Stufen hinab. Das Wasser wird sooft und soviel man will, hinein gelassen.« Weiter unten schreibt Fichard: »Wenn auch der frühere Glanz abgenommen hat, so kann es in ganz Italien kein so prächtiges, so wunderbares, so liebreizendes Bad mehr geben.« Burchardus[36] erwähnt jedoch, daß in diesem Innenhof auch Gäste zu Tisch geladen wurden, die der Herzog bei Belieben durch allerlei Wasserscherze überraschen und durchnässen konnte. Dagegen betont noch Celano 1692[37] die Funktion des Innenhofes als Piscina: »… tutto lo scoverto di mezzo è una piscina con vari scalini per chi voleva più o meno bagnarsi.« (»…der gesamte offene innere Bereich ist eine Piscina mit mehreren Stufen, damit derjenige, der baden möchte, dieses mehr oder weniger kann.«)

Im Zusammenhang mit dem Bad ist auch eine Skizze Franceso di Giorgios aus seinem *taccuino dei viaggi* (ca. 1464) von Bedeutung.[38] Sie stellt das sogenannte »bagnio di traiano apozuolo« (Uff. 337 A r) dar. In den inneren quadratischen Bereich führen an jeder Seitenmitte mehrere Stufen hinab. Eine vierachsige Säulenhalle von 2 Joch Tiefe schließt unmittelbar daran an. Das zentrale *bagnio* ist der *piscina* von Poggioreale vom Grundkonzept her sehr ähnlich. Der Hof von Kalabrien nutzte ausbiebig die Nähe zu den Bädern der phlegräischen Felder und kannte Pozzuoli aus eigener Anschauung. Auch befand sich in Alfonsos Bibliothek eine 1471 entstandene, illuminierte Abschrift von Petrus de Ebulos Bäderschrift *De Balneis Puteolanis*, (siehe Farbtafel 2+3) die aus dem frühen 13. Jh. stammt.[39] Baden und Bäder war also ein altes Interessengebiet des Hofes von Neapel, und es lag nahe, die vielen Eindrücke und Kenntnisse über dieselben in einer eigenen Badeanlage umzusetzen. Bei den »certi bagni« handelt es sich wohl eher um die Wasserbassins in der Anlage des Lustschlosses sowie um den überflutbaren Innenhof, in denen man baden konnte, als um eine Badeanlage in einem Raum.[40]

Auch im *Lustschloß la Duchesa*, das innerhalb der großen Parkanlage des Kastells Capuano von Neapel lag, gab es *Bäder*. Im *Castello Capuano* müssen sich großzügige Baderäume befunden haben, denn am 20. Juli 1487 berichtet Leostello, daß der Duca »quella sera mangio a la sala del bagno« (»an diesem Abend im Badesalon dinierte«).[41] Anregungen zur Errichtung seiner Badeanlagen könnte der Duca auch aus seiner spanischen Heimat erhalten haben. Hier existierten noch zahlreiche islamische Paläste, in denen die Badeanlage nicht fehlen durfte. Auch öffentliche Badeanlagen aus islamischer Zeit waren weit verbreitet. Islamische Bäder konnte der Interessierte auch im Königreich Neapel mit Sizilien (z. B. Céfalu) erhalten. Allerdings kann von hier nur die Idee kommen. Stilistisch suchte der Duca, ganz von der Antikenbegeisterung seiner Zeit eingenommen, die Alten nachzueifern.

Die römischen Bäder

Über eine Generation sind fortan keine Badeanlagen von Bedeutung entstanden. Dann setzt jedoch eine intensive Auseinandersetzung mit dem Thema Bad ein, die primär in Rom stattfindet. Im Raffaelumkreis beginnt man in verschiedenen Palästen, Bäder einzubauen oder plant sie in Bauprojekten mit ein. Hier entstehen seit dem frühen 16. Jh. einige Badeanlagen, die mit einem für diesen Raumtypus bisher unbekannten Luxus ausgestattet sind. In ihrer technischen Ausstattung grenzen sie z. T. an die Raffinesse antiker Privatbäder.

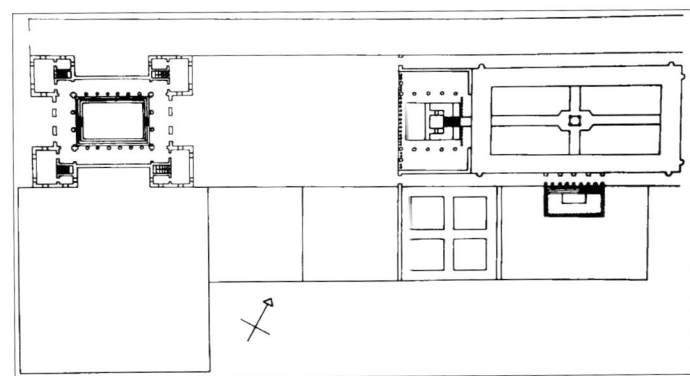

50. Rekonstruktion der Anlage des Lustschlosses Poggioreale nach Fritz Eugen Keller

Die erste Badeanlage, die dieser Gruppe zuzurechnen ist, ließ sich Papst Julius II. (Pont. 1503–1513) im Vatikan einrichten. Julius II. war bereits der Besitzer einer ausgefallenen Badeanlage, nämlich der von der *Rocca in Ostia*, die er noch als Kardinal errichten ließ. Er wollte natürlich in seinem neuen Amt nicht auf die Badefreuden verzichten. So entstand innerhalb seiner Wohnräume im Papstpalast ein groteskengeschmücktes Badezimmer,[42] von dem heute nur noch Fragmente erhalten sind. Es muß jedoch dem 1515/16 entstandenen Badezimmer des Kardinals Bibbiena im Vatikan ähnlich gewesen sein, wenn auch noch nicht so einheitlich die Antike imitierend.

Kardinal *Bibbiena* ließ sein *Bad* neben dem Schlafzimmer anlegen. Es wendet sich zum Cortile del Maresciallo und liegt zwei Stockwerke über dem *appartamento* von Julius II. Raffael hatte die Bauleitung des Bades, die Ausmalung mit Grotesken stammen wohl weitgehend von dem großen Meister dieses Faches, Giovanni da Udine. Weiter arbeiteten Giulio Romano und Giovan Francesco Penni mit. Der Baderaum ist quadratisch, ca. 2,50m x 2,50m und 3,20m hoch. Ein Kreuzgratgewölbe überspannt ihn. Die Böden sind mit Marmor belegt. Die vier Wände sind in der Mitte jeweils mit einer in den Schildbogen des Gewölbes hineinreichenden Arkade geschmückt, die rechteckige Tür ist von einem Flechtband gerahmt. Der Tür gegenüber befindet sich das Fenster, an den beiden Seitenwänden Nischen zwischen den Arkaden, die Skulpturen aufnehmen sollten. An der Horizontalen gliederte sich die Wand in drei Zonen: Sockel-, Wand- und Gewölbezone. Der Arkadensockel ist mit Marmorreliefs geschmückt, von denen die beiden der Seitenwände besonders reich skulptierte Masken darstellen. Durch den Mund des Maskenreliefs der nördlichen Wand wurde das heiße und kalte Wasser eingeleitet. Unterhalb des Fensters befindet sich eine Sohlbank. Die Sockelfelder zwischen den Maskenreliefs sind auf schwarzen Grund mit Amorszenen bemalt. In der Wandzone werden mythologische Sujets nach Ovids *Metamorphosen* dargestellt.[43] In den Lunetten befinden sich Groteskenmalereien, das Gewölbe ist 25 Felder unterteilt, die mit verschiedene Szenen bemalt sind.

Der Raum war hypokaustiert, die Wände tubuliert. Diese Tatsache sowie das Fehlen einer fest installierten Badewanne weist darauf hin, daß es sich bei der *stufetta* – wie Bembo das Bad in einem Brief von 1516 nennt – um ein Schwitzbad handelte. Eventuell gab es eine bewegliche Badewanne, wenn auch die sehr tiefliegende, wasserspeiende Maske kaum den Zweck erfüllen konnte, eine solche direkt mit Wasser zu speisen.

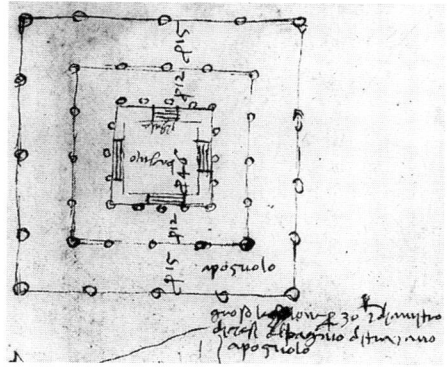

51. *Francesco di Giorgio Martini, »bagnio di traiano apozuolo« (Uff. 327 A)*

Waren die Bäder in Urbino und Ostia mit vertieften Badebecken ausgestattet und deutlich von Francesco di Giorgios Auseinandersetzung mit Vitruvs Schrifttum geprägt, so erinnert Bibbienas Baderaum einerseits an Filaretes Beschreibung[44] der *stufa chalda* mit ihren *bagni*, die entsprechend dem Gebrauch angeordnet sind, mit mehr oder weniger heißem Wasser, das nur nach Bedarf benutzt wird, da man dorthingeht *a stufarsi*, andererseits klingt in Raffaels Baderaum Giorgios Beschreibung und Abbildung der rechteckigen *stufa* an, mit Hohlwänden und Hypokaustum. Die bei Francesco di Giorgio anschließende *frigida lavatione* mit »tepidario a guisa

52. *Rom, Vatikan, Baderaum des Kardinals Bibbiena, 1515/16 (Raffael, Giovanni da Udine, Guilio Romano, Giovan Francesco Penni)*

di pila dove la calida e la fredda per cannoni e chiavi li mettar si possa«, also der Kaltbaderaum mit der Badewanne für das warme Bad, ist in Bibbienas Bad in der Hinsicht gleich in der *stufa* integriert worden, daß hier ein Zufluß für Kalt- und Heißwasser zur Bereitung eines Warmbades installiert worden sind.

Die Gliederung der Wand in der Verikalen und Horizontalen, die plastische Gestaltung des arkadengezierten Mittelfeldes, die symmetrische Anordnung sind fundamentale Grundsätze römisch- antiker Wandmalereien.[45] Kenntnisse dieser

Dekorations- und Malweise gewann Raffael bei seinem durch Giovanni da Udine angeregten Besuch der unterirdischen Domus Aurea des Kaisers Nero. Die Deckenbemalung des Bibbiena-Bades folgt genau jener der Volta dorata von Neros Palast.[46] Giovanni da Udine war hier treibende Kraft und galt bald als Spezialist in Groteskenmalerei *all' antica*. Vor allem durch seine Dekoration zeichnet sich das Bad des Kardinals, der die darzustellenden Themen selbst bestimmte,[47] als erster unmittelbar die Antike nacheifernder Baderaum dar. Die bauliche Lösung läßt jedoch keine Auseinandersetzung mit dem Anlagetypus antiker Bäder oder Vitruvs Beschreibungen erkennen.

Lediglich das Hypokaustum verweist auf Vitruvs Beschreibung des Lakonikums/Sudatoriums. Von einer Tubulierung der Wände, wie sie im Bad des Kardinals Bibbiena vorhanden ist, ist bei Vitruv keine Rede. Wie Bembo berichtet, war das Bad des Kardinals bereits am 20. Juni 1516 fertiggestellt.[48]

Erst in Raffaels Badprojekt[49] für sein Haus in der *Via Giulia* in Rom von 1519/20 wird ersichtlich, daß Raffael bestrebt war, bestimmte Merkmale der Architektur und Anordnung des antiken Bades nachzuempfinden. In einer durch Bernardino della Volpaia überlieferten Kopie von Raffaels Plänen (Uff. 310A und 311A) ist im Piano Nobile (Uff. 311A) neben dem Schlafgemacht zum Innenhof liegend eine *stufa* eingezeichnet. Der Raum ist rechteckig (2,90m x 3,25m), mit einer breiten Rechtecknische von geringer Tiefe an der einen Schmalseite und einer apsisartigen Nische an der gegenüberliegenden Seite. In diese Nische ist ein Oval eingeschrieben mit zwei kleinen Binnenkreisen an jedem Ende. Dahinter liegt ein kreisrunder Raum mit der Bezeichnung *calda*, der aber nur von der Hofloggia aus zugänglich ist. In dem Winkel zwischen Bad und Camera befindet sich ein ganz ähnlicher Rundraum ohne Zugang mit der Bezeichnung *freda*. Das Oval in der Nische ist als Badewanne zu interpretieren, die wohl fest eingebaut war, da auch die beiden Abflüsse bzw. Zuflüsse (in Form der Binnenkreise) eingezeichnet sind. Das mit *calda* und *freda* bezeichnete Rund stellt den Kalt- und Warmwasserkessel dar. Interessant an Raffaels Bad ist die Plazierung der Wanne in einer Nische. In diesem Motiv klingt Vitruvs *schola alvei* an (V,10,4). Raffael war bestens mit den antiken Bauwerken, also auch Thermen und Bädern vertraut.

»Da ich die Denkmäler der Antike eifrig untersucht habe und nicht wenig Mühe darauf wandte, ihnen umsichtig nachzugehen und sie sorgfältig zu vermessen, beständig die guten Autoren zu lesen und die Denkmäler mit den Quellen zu vergleichen, glaube ich, einige Kenntnisse der antiken Architektur erreicht zu haben.«

Selbstbewußt streicht Raffael in dem Memorandum an Leo X. seine Antikenkenntnisse heraus.[50] Dieses Memorandum erläutert Raffaels Vorstellungen zu seinem Romplan, in dem er alle Werke der Antike genau vermessen und in Grund und Aufriß festhalten wollte. Dabei sollte auch früheres Planmaterial mit genauen Vermessungsangaben (etwa von Giuliano ›um 1445–1516‹ und Antonio da Sangallo ›1483–1546‹ von ca. 1515) weiterverwendet werden. In Raffaels Bad für sein Haus in der Via Giulia werden seine profunden Kenntnisse der antiken Architektur jedoch nur punktuell in der Wasseraufbereitungsanlage und der Wannennische greifbar. Weder beabsichtigt Raffael, in seinem Projekt eine vitruvianische Thermenanlage umzusetzen noch einen Badetrakt nach Plinius' d. J. Beschreibung seiner Villen entstehen zu lassen. Daß ihm dieses keine Schwierigkeit bedeutet hätte, stellt Raffael bereits in seinem Brief über die Thermenanlage der Villa Madama von 1518/19[51] dar. Raffaels Privatbad versteht die Vorteile antiker Technik mit dem Komfort einer eigenen Badeanlage zu verbinden.

Etwa zur gleichen Zeit, als Raffael mit dem Bibbiena-Bad beschäftigt war, richtete Antonio da Sangallo das Bad im *Palazzo Baldassini*, Rom, ein.[52] Es lag ebenfalls neben dem Schlafzimmer des Hausherrn. Die Restaurierungsarbeiten (1956) brachten einen doppelten Fußboden zutage, der auf eine Hypokaustenanlage schließen läßt. Daß es hier ein in den Boden vertieftes Badbecken gab, ähnlich dem Bad von Urbino oder Ostia, ist eher unwahrscheinlich, da weder Spuren von Sitzstufen noch von einer Brüstung gefunden wurden. Über das Grundrißquadrat (1,86m x 1,86m) erstreckt sich das mit Grotesken bemalte Spiegelgewölbe.

Ein weiterer Mitarbeiter Raffaels war mit dem Einbau eines Bades im Vatikanspalast beschäftigt. Giulio Romano schuf für den Bischof Giberti ein prachtvolles Badezimmer.[53] An der westlichen Längswand des tonnengewölbten Rechteckraums (1,92m x 2,60m) ist eine gemauerte Badewanne installiert, die aus einer etwas späteren Zeit stammt. Am südlichen Ende derselben, zum Fenster hin, befindet sich eine kleine Sitzbank. Die Gewölbetonne ist in 37 Felder mit Groteskenmalereien unterteilt, die Wände in verschiedene Felder mit ornamentalen und figürlichen Freskenmalereien.

Ebenfalls Giulio Romano zugeschrieben ist das *Bad* Clemens' VII. in der *Engelsburg*[54] (siehe Farbtafel 9), das 1524–1534 geschaffen wurde.[55] Die Entstehungszeit macht jedoch wahrscheinlich, daß Giulio Romano nur mit der Raumkonzeption betraut gewesen sein kann, da er bereits Ende 1524 am Hof in Mantua tätig war.

Ein langgestreckter Rechteckraum von 2,60m x 1,57m setzt sich an der dem Eingang gegenüberliegenden Schmalseite in einer tonnengewölbten Nische von Raumbreite fort. Der Raum ist von einem Spiegelgewölbe überspannt. An den Längswänden befinden sich jeweils zwei Wandnischen, dazwischen liegt an der Außenwand ein Fenster, das in Höhe der Muschelkappen der Nischen ansetzt. Unter dem tonnengewölbten Raumsegment ist eine Badewanne eingemauert, deren Schmalseiten jeweils von einer weiteren kleinen Wandnische bekrönt werden. Eine weitere Apsidialnische mit Muschelkappe liegt direkt unterhalb des Bogenscheitels und reicht bis zu dem Armaturenfeld über der Badewanne. Die Wanne liegt vom Raum

54. Rom, Bad des Bischofs Giberti im Vatikanspalast, vor 1524

abgegrenzt, was besonders durch ihre Stirnwand betont wird, die von ihrer Dekoration her noch dem umlaufenden Sockel des Raumes zuzurechnen ist. Diese Nischenlage der Wanne erinnert an Vitruvs Alveo-Nische. Von seiner Disposition her steht das Bad dem Entwurf Raffaels für eine *stufa* in seinem Haus in der Via Giulia, das ja gleichfalls mit Wannennische ausgestattet sein sollte, am nächsten.

Wie im Bad des Kardinals Bibbiena dominieren auch hier in der Freskendekoration mythologische Szenen und Grotesken,[56] die wiederum z. T. direkt auf Malereien der Domus Aurea zurückzuführen sind.[57] Maler war auch hier Giovanni da Udine. So berichtet schon Vasari,[58] daß »Giovanni in Castel Sant' Angolo una stufa bellissima« (»Giovanni in der Engelsburg ein außerordentlich schönes Bad«) gemacht habe. Auch die Rechnungsbücher erwähnen ihn 1530/31.[59] Da Giovanni da Udine nach dem Sacco 1527 aus Rom floh, müssen die Fresken früher (1525–27) oder bei den Restaurierungsarbeiten nach 1530 entstanden sein. Bereits 1534 beschreibt Fichard das Bad:[60]

»Der Pontifex bewohnt nur wenige enge Räume. Auf dem Zugang liest man diesen Distichon: ›Diese Tür führt entweder in den Saal oder in das Bad (*thermas*) oder in die frostigen Gärten.‹ Durchschreitet man diese Tür (…), so kommt man sofort in die winzigen Gärten, die aber von liebreizendem Anblick sind und mit Gemälden verziert sind. Von dort gelangt man in ein winziges Bad (*in balneolum*), das – wenn es auch klein ist – äußerst elegant in seinen Meeresmuschelornamenten und den vergoldeten Malereien erscheint. Dort setzt sich der Heilige Vater in eine Wanne (*in labro*), worin er sich in heißem Wasser wäscht, das von einem nackten Bronzejüngling herausfließt. Dort sind auch noch andere nackte Knaben gemalt. Man kann sicher sein, daß diese mit großer Andacht berührt werden.«

Diese ironische Schilderung von Fichard geht nicht auf die heute noch erhaltenen technischen Einrichtungen ein. Unter dem Marmorfußboden befindet sich eine Schicht Ziegelsteinbelag, der das Hypokaustensystem birgt. Rechteckige (50cm x 40cm) Kanäle ziehen sich unterhalb des Boden entlang der Längswände. Querkanäle liegen vor der Nische und am Eingang. Hinter der Wannennische befindet sich eine Tür, die zum Heiz- und Kesselraum führt. Dieser ist auf drei verschiedenen Fußbodenniveaus angelegt: Die untere stellt den Eingangsbereich dar. Es folgt ein kleiner Absatz, dann ein erhöhtes Podest, auf dem der Wasserkessel aufgestellt ist. Zu diesem Podest gelangt man auch über eine Treppe, die von hier zu den höhergelegenen Räumen führt. Neben dem Treppenaufgang liegt ein weiterer

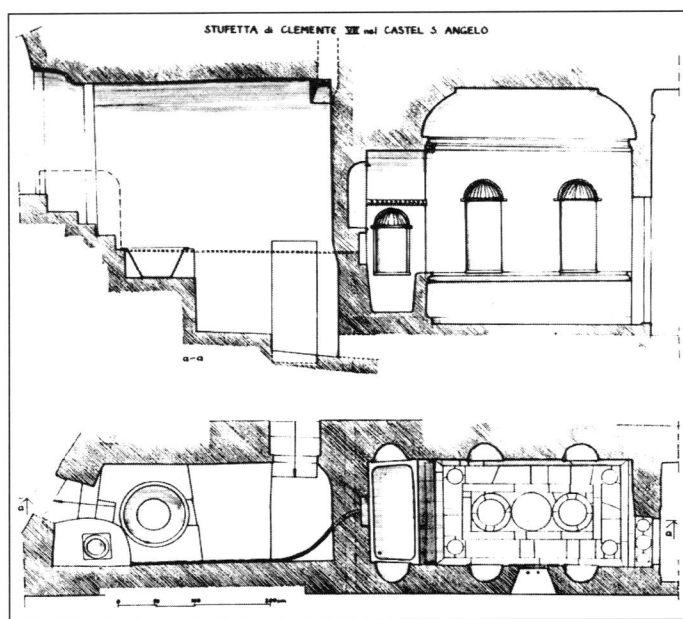

55. Rom,
Engelsburg,
Badeanlage von
Clemens VII.,
1524-1534,
Grundriß und
Querschnitt

Wasserbehälter. Vermutlich floß in diesen Behälter das Kaltwasser aus der
Zisterne. Von dem Kaltwasserbehälter aus konnte die darunterliegende Wasserwanne gefüllt werden. Es muß angenommen werden, daß sich unter dem Podest,
auf dem der zweite Behälter steht, die Feuerungsanlage befand, die von dem unteren Raumabschnitt aus bedient werden konnte. Sowohl Kalt- als auch Warmwasserbehälter liegen höher als die Wasserhähne der Badewanne und gewährleisten
somit den Zufluß von kaltem und warmem Wasser.

Auch für die bisher genannten Bäder müssen ähnliche Heizvorrichtungen zur
Wasseraufbereitung und zur Beheizung des Baderaumes über ein Hypokaustum
oder aber durch Tubulierung der Wände vorausgesetzt werden. Die Eingangstür
des Bades führt zu einer Treppe, die das Bad mit den darunterliegenden Wohnräumen des Papstes verbindet, nach oben führt sie zum Umkleideraum.
In der *Villa Lante sul Gianicolo* des Baldassare Turini da Pescia, die nach 1520 entstand, malte Giulio Romano ein Bad aus,[61] wie Vasari berichtet: »In der Stufa dieses Palastes malte Giulio einige Szenen mit Venus und Amor und von Apollo und
Hyazinthus mit der Unterstützung von seinem Giovani ›da Udine‹ …«.[62] Heute

ist keine Spur in der Villa zu finden, die auf das Bad schließen läßt. Lediglich in einem Brief von 1837 erwähnt Canina, daß die Gemälde der *stufa* renoviert wurden und daß sich diese *stufa* ursprünglich neben der Küche im Kellergeschoß befand. Dieser Baderaum war mit einer Marmorwanne ausgestattet, die heute im Garten der Villa zu sehen ist.

Fichard berichtet 1536 von einem weiteren Bad. Im *Palazzo Capranica*, dessen Bau 1530 begonnen wurde, gab es ein »balneolum elegantissimis laxivissimisque nudarum puellarum lavantium… picturis ornamentissimus, Pontificius in Burgo Angeli et amplius et sumptuosius, more Romano extractum.« (»… Bad, das mit äußerst eleganten und lasziven, nackte badende Mädchen darstellenden und reich ornamentierten Malereien,…, nach römischer Sitte ausgestaltet wurde.«). Auftraggeber war der Kardinal Andrea della Valle, der 1534 verstarb, womit das Bad zwischen 1530 und 1534 datiert werden kann. »Nach römischer Sitte« macht deutlich, daß gerade in Rom die Groteskenmalereien mit mythologischen Szenen und der Darstellung Nackter und Badender weite Verbreitung gefunden hatte. Der Auftraggeberkreis dieser Bäder *all'antica* war die hohe Geistlichkeit.

Zur Gruppe dieser von Grundriß und Raumfolge her relativ schlichten Bäder gehört auch Antonio da Sangallos um 1535 geplante *stufa* in seinem Haus in der *Via Giulia*, Rom (Uff. 1224A), die uns nur – wie Raffaels Privatbad – in dem Planmaterial überliefert ist.[63] Befremdend ist die Lage im Erdgeschoß neben dem Stall, durch den allein sie zugänglich ist. Die *stufa* besteht aus einem schlichten Rechteckraum (1,56m x 2,46m), in dem keine festinstallierte Wanne oder Badebecken eingezeichnet ist. Lediglich ein Wandzylinder, ähnlich der von Raffael in seinem Haus mit *calda* und *freda* bezeichneten Rundschächte, ist seitlich des Bades eingetragen. Lage und Grundkonzeption lassen vermuten, daß es sich hierbei um ein rein funktionell eingerichtetes Bad handelt, mit beweglicher Wanne und plastischer Wandgliederung.

Diese Bäder unterscheiden sich wesentlich von jenen, die im Umkreis Francesco di Giorgios entstanden sind (Urbino und Ostia), da sie auf die Anlage eines vertieft liegenden Badbeckens mit Sitzstufen verzichten. Drückt sich dort deutlich die Auseinandersetzung von Francesco di Giorgio mit Vitruv aus, ist eine *Systematisierung der Badeanlage* mit Heizraum (Ostia) und einer Raumfolge (Urbino) für den Baderitus erkenntlich, so legen diese römischen Bäder eher Wert auf die damals ganz neuartige Austattung mit *Groteskenmalereien* und antiken Szenen

(Bad von Julius II., Bad des Kardinals Bibbiena, Bad im Palazzo Baldassini, Bad des Bischofs Giberti, Badeanlage von Clemens VII., Bad im Palazzo della Valla Capranica). Einen Einfluß von Vitruvs Thermenbeschreibung auf die eigentlichen Baderäume ist höchstens in der Nischenlage (*schola*) der Badewanne in Raffaels Palastprojekt oder im Bad Clemens' VII. zu erkennen. In der Anlage von Hypokausten, tubulierten Wänden und Heizräumen kommt jedoch deutlich *Vitruvius technicus* zu Wort. Dagegen bleibt eine Raumfolge *all'antica*, wie sie Plinius beschreibt, die Ausnahme (Clemens VII.). Man begnügte sich damit, Bad und Schlafzimmer miteinander zu verbinden.

Bäderprojekte und -anlagen des Sangallo-Peruzzi-Kreises

Es war vor allem Antonio da Sangallo der Jüngere (1483–1546), der sich in verschiedenen Projekten und Entwürfen intensiv mit der Anlage eines Bades nach Vitruvs Beschreibung befaßte. Der enge Vertraute und Mitarbeiter Raffaels setzte darin das Anliegen seines Meisters, wie es dieser in seiner Briefbeschreibung der Villa Madama formulierte, in die Praxis um.

Neben Sangallo ist noch Baldassarre Peruzzi (1481–1536) zu nennnen, von dem zwar nur ein ausführlicher Plan zur Anlage eines Bades überliefert ist, der sich jedoch in seinem Antikenstudium auch intensiv dem Thema Bad widmete. In Rom fertigte er Aufnahmen von den Titusthermen, Trajansthermen, Diokletiansthermen, Konstantinsthermen, Agrippa- und Nerothermen sowie den Thermen des Caracalla, des Decius, den sogenannten Thermen der Helena und den Thermae Suranae an. In Ostia (Uff. 568 A. r) skizzierte er Einzelheiten der Thermen, ebenso in Terracina (Uff. 568 A. v). Es existiert von seiner Hand ein Palastentwurf für den Grafen Orsini, den er in die Ruinen der Agrippathermen integrierte (Uff. 456 A. r). Die *stufa* als einfachen Rechteckraum trägt Peruzzi im Plan eines Klosters (Uff. 350 A. v) zwischen Bäckerei und Krankensaal – neben der Küche liegend – ein oder (in Uff. 351 A. r) in ähnlicher Raumkombination zwischen Küche, Bäckerei und seitlich des Bades liegendem Ofen. Diese Bäder haben wohl jeglichen Schmucks entbehrt und sind als reine Funktionsräume anzusehen.

Unter den Skizzen zu den *Diokletiansthermen* fällt ein Querschnitt durch das *bagno* auf[64] (Uff. 158 A. r). In drei Achsen des achteckigen[65] Grundrisses liegt jeweils ein Zugang zum Rauminnern. Die vier dazwischenliegenden Wandfelder sind mit breiten, fast bis in die Schildkappe des Gewölbeansatzes reichenden Apsidialnischen versehen. Im Scheitel der Gewölbekuppel ist eine Öffnung sicht-

bar, die an Vitruvs Lüftungsöffnung des Lakonikums denken läßt. Im Zentrum des Raums
befindet sich das vertiefte, gleichfalls achteckige
bagno. Eine umlaufende Sitzstufe führt in das
Badbecken hinein. Von der Disposition her erinnert Peruzzis Skizze an das Bad des Kastells von
Ostia, wo auch der überkuppelte (Rund-)Raum
eines vitruvianischen Lakonikums mit dem vertieften Becken des Caldariums kombiniert
wurde. Diese Skizze Peruzzis könnte einen Hinweis darauf geben, daß bereits Francesco di
Giorgio und Baccio Pontelli solche Raumdispo-
sitionen kannten und sie in Vitruvs Text
beschrieben fanden.

Seine Vorstellungen einer Badeanlage bringt
Peruzzi in den Plänen (Uff. 599 A. r) für einen
Umbau eines Kastells zum Ausdruck.[66] Der ovale
Baderaum von ca. 3m x 4m schließt direkt an die
anticamera an. Dem Eingang gegenüber liegt ein
Fenster; ein weiteres Fenster befindet sich in der
Längsachse rechts und zeigt zur Loggia. Der
Ovalraum wird von zwei konzentrischen Sitz-
stufen beherrscht, von denen bereits die erste
vertieft liegen könnte. Unterhalb des rückwärti-
gen Fensters befindet sich ein weiteres ovales
Becken mit zwei Sitzstufen, von denen die erste
zum Fenster hin ausläuft. In das Becken trägt
Peruzzi *balneum sive labrum* ein, also »Bad oder

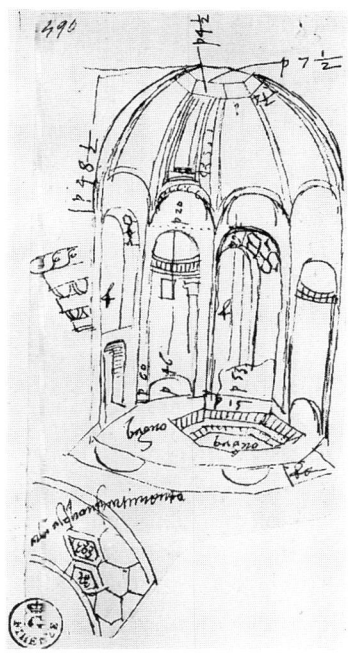

56. *Baldassare Peruzzi (1481-
1536), Querschnitt durch das
»bagno« der Diokletiansthermen, um 1520. Das sogenannte
»bagno« diente als Planetarium
(Florenz, Uffizien, Gabinetto
Disegni e Stanpe, 158 A recto)*

Labrum (Waschbecken, Wanne)«. Außerhalb des Ovalraums, in den vier Ecken
der Ummauerung sind vier Kreiszylinder eingetragen, wie sie schon Raffael für
sein Bad in der Via Giulia und Sangallo für sein Privatbad verwendete. Die beiden
zur *anticamera* liegenden tragen die Bezeichnung *caldarjum* und *frigidarjum*, die
gegenüberliegenden *caldarjum* und *tepidarjum*. Hier sollten sich also die Kessel
zur Aufbereitung des Wassers befinden. Die beiden Heißwasserbehälter liegen
direkt neben dem *camjno* und erhalten dadurch die größte Hitze. Neben dem
Kamin befindet sich das *spogliatoio*, das – so trägt Peruzzi hier ein – über der
Heizkammer liegt. Der Umkleideraum ist also auf Ebene der *anticamera* und von

dieser aus zugänglich, hingegen vom Bad durch das Kamin getrennt. Eine seitliche Treppe führt in den Heizraum hinab. Von hier wurden auch die tubulierten Wände beheizt, die den ovalen Baderaum umschließen. Das Ensemble Heizraum, Umkleideraum, Ruheraum und Bad ist nichts Neues. Ähnliche Dispositionen gab es in Urbino und im Bad Clemens' VII. in der Engelsburg. Die Lage des Bades neben der *anticamera* war bei den meisten bereits besprochenen Bädern zu finden.

Neu in Peruzzis Plan ist das Ineinanderschachteln zweier Bademöglichkeiten. Offenbar versuchte Peruzzi hier Vitruvs Beschreibung der Labrums- und Alveusnische umzusetzen. Vitruv berichtet von der »schola labri et alvei« (V,10,4) und fordert, das Labrum solle unterhalb der Lichtöffnung liegen. Dieses setzt Peruzzi mit seinem Becken unter dem Fenster um. Hierbei handelt es sich wohl um eine erhöhte Wanne, die – nach Vitruv – in einer so geräumigen Nische stehen soll, daß Wartende bequem stehen können. Es war wohl die Erwähnung des Labrums und Alveus in einer Nische bei Vitruv, die Peruzzi veranlaßte, beide ineinanderzuschachteln. Das *labrum* interpretiert Peruzzi als Wanne, in der man ringsum Plätze einnehmen kann und die zur Körperreinigung dient. Daher bezeichnet Peruzzi diesen Abschnitt in seinem Plan als »balneum sive labrum«. Den *alveus* faßt er als unmittelbar zum *labrum* gehörig auf. Beide sind ineinandergeschachtelt und jeweils von Sitzstufen umringt. Wie diese Wannenkombination in Realität hätte ausgeführt werden sollen, ist kaum zu beantworten. Sicherlich hat man sich das Alveus-Badebecken als in den Boden versenkt vorzustellen; mit den Sitzstufen, die gleichzeitig in das Becken hinabführen. So beschreibt Vitruv das Badebecken, so waren auch die Befunde der Renaissancekünstler bei ihren Bauaufnahmen

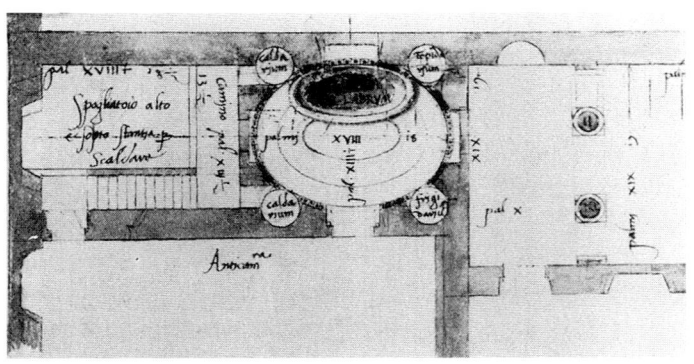

57.
Baldassare Peruzzi,
Umbauprojekt
eines Kastells
(Uff. 599r A)

antiker Thermen. Dagegen konnten die Künstler bei ihren Untersuchungen kein Adäquatum für das Labrum entdecken. Die Frage, was das Labrum vom Alveus unterscheidet, blieb fortan aktuell.

Paßt Vitruvs Beschreibung der Labrumsnische (Waschbeckennische) besonders auf die Situation, wie sie etwa im Caldarium der Stabianer-Thermen von Pompeji zu Vitruvs Zeit verwirklicht war, so hatten die später entstandenen, großen römischen Thermen im Kaisertyp für das Caldarium ganz andere Lösungen entwickelt. Eine Labrumsnische spielt hier keine Rolle mehr. Dagegen sind zahlreiche Badebeckennischen vorhanden. Als Peruzzi seine zweifelsohne progressive Bäderlösung für das Umbauprojekt ca. 1520 entwarf, hatte man im römischen Künstlerkreis für die historische Differenz zwischen Vitruvs Zeit und den vor Ort befindlichen Thermenruinen noch kein Bewußtsein entwickelt. Die Verwendung der Begriffe *frigidarjum, tepidarjum, caldarjum* für die Wasseraufbereitung macht den Einfluß von Vitruvs Text deutlich, zeigt aber auch, daß man diese Begriffe zunächst nur so verstehen konnte, wie sie Vitruv verwendete, nämlich alleine zur Wasseraufbereitung gehörig, nicht aber als Bezeichnung einer Raumfolge. Die Wahl einer Ovalform für das Bad läßt sich aus Peruzzis eigenen Thermenstudien ableiten, wo Rund-, Rechteck-, Oval- oder Polygonalräume in verschiedensten Varianten auftauchen.

Ähnliche, durch Vitruvs Textinterpretation entstandene Probleme suchte Antonio da Sangallo in der *Cancelleria* zu lösen.[67] Im Mezzanin, direkt über dem Eingang des nordöstlichen Flügels, liegt das ca. 1519/20[68] entstandene Badezimmer des Kardinals Raffaelo Riario zwischen Grotesken- und Schlafzimmer. Im Grundriß bildet es ein griechisches Kreuz mit abgeschrägten Eckpfeilern, die die flache Hängekuppel tragen. Die Kreuzarme sind tonnengewölbt. Die dem Eingang gegenüberliegende Kreuznische schließt in einer Apside. In diesem Nischenarm befindet sich ein vertieftes Badbecken von ca. 1,25 x 2,30m. Zwei breite Sitzstufen, die außerhalb der Nische liegen, führen in das Becken hinein. Eine Brüstung schloß das Becken ursprünglich zum Zentralraum hin ab.

Antonio da Sangallo verzichtet auf das vitruvianische Labrum ganz. Statt dessen integriert er den *Alveus* (Becken) in der Nische. Hier folgt er getreulich Vitruv: »Die Breite des Beckens ›Alvei‹ aber zwischen Wand und Beckenbrüstung soll nicht weniger als sechs Fuß betragen, wovon die unterste Stufe und die zum Anlehnen 2 Fuß in Anspruch nehmen sollen.«[69] Das Verhältnis von 3:1 setzt Sangallo im Alveus der Cancelleria annähernd um. Auch die bei Vitruv unter Punkt fünf gestellten Forderungen befolgt er: »Laconicum sudationesque sunt coniun-

58. *Rom, Baderaum der Cancelleria, ca. 1519/20, Antonio da Sangallo und Baldassare Peruzzi (Malerei)*

gendae tepidario.« Sangallo schließt an das überkuppelte Lakonikum-Sudatorium (den Zentralraum) unmittelbar das Tepidarium – das er hier als Warmbadebecken auffaßt – an. In der Mitte der Wölbung soll sich nach Vitruv eine Lichtöffnung mit vorgelagerter, regulierbarer Metallplatte zur Belüftung und Temperierung des Raums befinden. Eine solche Öffnung im Mezzanin eines Palastes war nicht möglich. Vielleicht entschloß man sich deswegen, das Gewölbe mit einer laubberangten Pergola, die im Scheitel Ausblick in den Himmel gewährt, zu bemalen. Diese illusionistische Malerei wurde von Peruzzi ausgeführt. An den Wänden und in den Tonnengewölben der Nischen sind noch Groteskenmalereien und fragmentarisch erhaltene Putten-, Landschafts-, Tier- und Götterdarstellungen von »miniaturhafter Zierlichkeit« zu sehen, die gleichfalls von Peruzzi stammen.[70]

Diese Interpretationsvariante von Vitruv blieb für Sangallo unbefriedigend. In drei weiteren Plänen wird sein Bemühen, das antike Bad des Vitruvius wiedererstehen zu lassen, deutlich. In einem Entwurf für das Haus des *Messer Sebastiano Gandolfo* in *Castro* (zwischen 1537 und 1546) befindet sich im Erdgeschoß eine *stufa* (Uff. 744 A).[71] Der quadratische Raum hat wie der Zentralraum der Cancelleria ebenfalls abgeschrägte Ecken. An den beiden Seitenwänden befindet sich im Zentrum jeweils eine Apsidialnische, die die Wand in etwa drei gleich große Abschnitte teilt. Der Tür gegenüber ist eine an den Enden abgerundete Wanne eingezeichnet, deren Längsseite genau der Wandlänge, an der sie steht, angepaßt ist. Diese Wanne durchschneidet einen Kreis, der die Raummitte einnimmt. Hinter der Badewanne befinden sich drei ovale Formen, in denen wir sicherlich die Behälter zur Aufbereitung des Kalt-, Warm- und Heißwassers vermuten können.

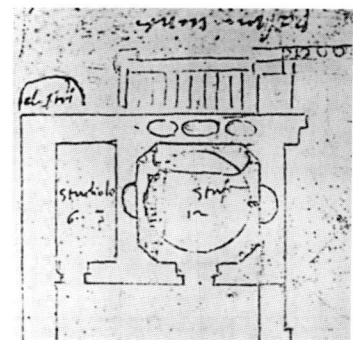

59. Antonio da Sangallo, Entwurf eines Bades für »Messer Sebastiano Gandolfo« in Castro (Uff. 744 A)

Die Kombination von Wanne und sie schneidender Kreisform, die wahrscheinlich die Sitzstufe eines zentralen, vertieften Beckens andeuten soll, erinnert an Peruzzis Bäderentwurf für ein Kastell. Beide Künstler arbeiteten nicht nur in der Cancelleria eng zusammen, sondern auch in den Jahren 1518/20 für Raffaels Romplan.[72] So kann davon ausgegangen werden, daß jeder mit den Projekten und Beschäftigungen des anderen bestens vertraut war. Sie betrieben ihre Antikenstudien gemeinsam und stellten sie dem großangelegten Projekt Raffaels, Roms antike Bauten insgesamt zeichnerisch zu rekonstruieren, zur Verfügung. So sind die recht ähnlichen Rekonstruktionsversuche eines Bades *all' antica* zu erklären, obwohl sie sich in dieser Form weder eindeutig von Vitruv noch von den Zeugnissen anderer antiker Autoren ableiten lassen. Eine bedeutende Rolle spielte hierbei gewiß die Untersuchung und Vermessung der Thermen, für die Rund- und Ovalräume ebenso typisch sind wie Rechteckräume und großzügige Portiken. Der Entwurf Sangallos für das Haus des Messer Sebastiano in Castro greift einerseits die Form des Zentralraumes von der Cancelleria auf, andererseits plant er hier statt des Alveo in der Nische eine im Raum stehende Wanne von beachtlicher Größe (ca. 2,20m lang) und zusätzlich ein vertieftes Becken, das – wie bei Peruzzi – fast den gesamten Innenraum beherrscht. Auch in Sangallos Plan ist nicht ersichtlich, wie die beiden Becken ineinander übergreifen.

151

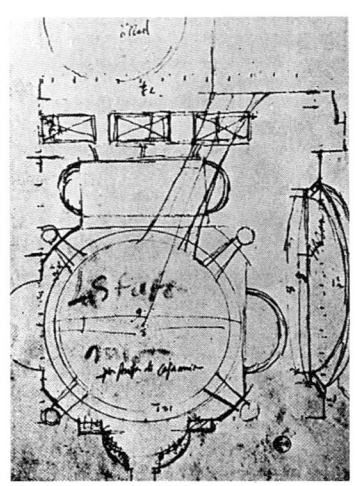

60. Antonio da Sangallo,
Entwurf eines Bades
»per casa mia« in Rom, Via
Guilia (Uff. 986 A)

Erst in dem Plan »per stufa di casa mia«[73] (Uff. 986 A), also für die *stufa* von *A. da Sangallos Haus*, findet die Position der beiden Becken ein klares Bezugssystem. Wiederum handelt es sich um ein Raumquadrat mit abgeschrägten Ecken. Die Seitenwände und die Eingangswand werden jeweils von einer großen Apsidialnische beherrscht. Dem Eingang gegenüber liegt eine Rechtecknische, die die Gesamtbreite des Wandfelds einnimmt. Ihre Schmalseiten schließen in einer weiteren Apsidialnische. Dahinter liegen – wie in den Plänen für das Haus in Castro – drei Wasserbehälter zur Aufbereitung von Kalt-, Warm- und Heißwasser – ganz nach Vitruvs Beschreibung. In der Nische befand sich sicherlich die Badewanne. Hierin versucht Sangallo Vitruvs Forderung, das Labrum in einer Nische anzulegen, gerecht zu werden. Das Badbecken (*Alveus*) befindet sich dagegen – wie im Bad des Peruzzi und des Messer Sebastiano in Castro –

im Raumquadrat als eingeschriebenes Rundbecken (Durchmesser ca. 2,10m) mit Sitzstufe. Mit dem Becken stehen vier kleine Wandzylinder in Verbindung, wie sie Peruzzi auch in seinem Badprojekt einzeichnete. Hier wie dort handelt es sich dabei um Behälter zur Aufbereitung des Wassers. In diesem Entwurf ist es erstmals gelungen, Labrum und Alveo sinnvoll miteinander zu verbinden. Daher ist dieser Plan später als das Projekt für Castro zu datieren, also nach 1537.

Offen bleibt die Frage, wo dieses Bad »per la casa mia« liegen sollte. Es wurde bereits erwähnt, daß Sangallo in seinem Haus an der Via Giulia eine Stufa neben den Stallungen im Erdgeschoß plante (Uff. 1224 A). Bereits Frommel[74] vermutete, daß der viel kompliziertere Entwurf von Uff. 986 A ebenfalls diesem Haus zuzuweisen sei. Er müßte in Verbindung mit den Privaträumen Sangallos gestanden haben, ohne sich um Funktion und Nutzen eines Zweckbades, wie es im Erdgeschoß lag, kümmern zu müssen.

Das Verständnis des antiken Bades

Bei allen bisher besprochenen Badeanlagen wird versucht, antike Badeanlagen nachzuempfinden. In der *ersten Gruppe* geschieht dies primär in der *Grotesken-malerei* und im *Dekorationsschema*. Die *zweite Gruppe*, die vor allem in Plänen überliefert ist, setzt das Bemühen Francesco di Giorgios fort, eine *Raumlösung* für Bad mit Wanne und Becken entsprechend Vitruvs Beschreibung zu finden. Die erhaltenen Bäder machen deutlich, daß zu dieser Zeit bereits Hypokaustum und Tubulierung der Wände üblich waren. Auch in der Aufbereitung von Kalt-, Warm-, und Heißwasser verstand man spätestens seit Francesco di Giorgios Trak-tat, Vitruvius umzusetzen.

Dennoch ist es erstaunlich, daß in keinem der Bäder der Versuch unternommen wird, eine Badeanlage nachzuahmen, wie sie Raffael in der Villa Madama beschreibt oder wie sie von Plinius in seinen Villen beschrieben wird. In Raffaels Brief wie in Plinius' Briefen wird die typisch antike Raumfolge beschrieben, die bei Vitruv eher nebensächlich und unklar Erwähnung findet. Auch die zahlrei-chen Aufnahmen antiker Bauten und der großen Thermen Roms seit etwa der zweiten Hälfte des 15. Jh.s lassen den Schluß zu, daß man eine Abfolge von Baderäumen auch aus den antiken Ruinen kannte. Alberti versucht die Raumfolge antiker Thermenanlagen bereits anhand des Grundrisses der Diokletiansthermen zu erklären (ohne sein Musterbeispiel zu benennen). Er interpretiert sie jedoch noch völlig falsch (s. o.). In einem *Thermen-Plan*, der eventuell von Alberti selbst stammt,[75] gibt es weder Apodyterium noch Lakonikum oder Natatio und Frigida-rium. Auch das Caldarium fehlt. Dagegen zeichnet er ein sehr großes Tepidarium ein mit seitlich abschließendem *sudatio* und *lavatio*. Über einen *ambulatio* gelangt man ins Vestibül, von hier zum *porticus specularia* mit Sitzreihen an der dem Por-tikus gegenüberliegenden Längsseite. Seitlich schließt der Raum an, der *al pene-tralia* – wohl Heizraum mit Wasserboiler – Zugang gewährt. Eine zweite Tür des Vestibulums führt zum zentralen Tepidarium mit Zugang auf der gegenüberlie-genden Seite zur *lavatio* und von dort zum *sudatio*. Der Zeichner dieses Planes – ob Alberti oder ein Anonymus, sei dahingestellt – hat enorme Schwierigkeiten, sich eine antike Badeanlage mit ihrer Raumfolge vorzustellen.

Auch Francesco di Giorgio bildet in seinem Traktat nur das Lakonikum, bei ihm als *stufa* bezeichnet, mit anschließendem Frigidarium ab. Aus seinem Text geht hervor, daß er das Warmbad im Frigidarium ansiedelt und es als Tepidarium anspricht, damit aber nicht den Raum des Warmbades meint, sondern die Badewanne, die mit Warmwasser gefüllt ist: »E connesse a dette stufe la frigida lavazione è da fare, col tepidario a guisa di pila dove la calida e la fredda per cannoni e chiavi lì mettar sie possa«.[76] Diese Aussage zeigt, daß auch Francesco di Giorgio sich keine klare Vorstellung von einer Raumfolge mit steigenden Raum- und Wassertemperaturen machte. Seine Thermengrundrisse[77] vermitteln ein Bild von den Schwierigkeiten, damals antike Ruinen zu entschlüsseln. Weite Teile waren offenbar noch nicht ergraben und sichtbar, was ein Vergleich dieser frühen Aufzeichnungen mit denen von Giuliano da Sangallo (um 1445–1516) aus dem Jahr 1513 deutlich macht.[78] Bereits 1496 nahm Giuliano da Sangallo eine *Thermenanlage* in *Cimiez, Frankreich*, auf, in der die Raumfolge deutlich wird.[79] Das Lakonikum liegt als Rundraum neben dem Tepidarium, genau wie von Vitruv gefordert. Zur einen Seite schließt ein weiterer Raum (Caldarium), zur anderen noch zwei Räume (Apodyterium/Frigidarium) an. Dieser Plan findet in späteren Bäderstudien keine Beachtung, obwohl er das Grundprinzip des antiken Bades à la Vitruv in einfacher, klarer Form vorstellt. Mit Antonio da Sangallos und Peruzzis Antikenaufnahmen von 1518/20, die für die Erstellung des Romplans Raffaels gedacht waren, liegen exakte Angaben zu den antiken Thermen vor, wie sie heute noch weitgehend Gültigkeit haben.

Alle gebauten Bäder des späten Quattrocento und frühen Cinquecento begnügen sich mit einem privaten Luxuscharakter. Meist stehen sie in direkter Verbindung mit den *appartamenti* des Hausherrn, eventuell gibt es ein separates Umkleidezimmer, und der Heizraum darf nicht fehlen. Weiter gehen diese Anlagen nicht in der Ausstattung, das postulierte Lakonikum von Urbino ausgenommen. Einzige Erklärung für dieses Phänomen kann sein, daß man den ganzen lateinischen Fachbegriffen aus der antiken Welt keine adäquaten tradierten Lebensgewohnheiten entgegenstellen konnte.

In Italien entsteht erst in den 1540er Jahren der Entwurf einer Badeanlage von Antonio da Sangallo für die *Villa Cervini*[80], der tatsächlich ein antikes Bad mit seiner Raumfolge darstellt (Uff. 828 A). Der Zugang erfolgt über einen langen Gang, der zu Raum (G) führt. Von hier steigen drei Stufen zum rechteckigen Tepidarium (F). Dem Eingang gegenüber liegt das Fenster. An der Innenwand führt ein Durchgang zum Caldarium (E). Der Rechteckraum, in Größe dem Tepidarium ähnlich, wird etwa in der mittleren Breitachse von einer Balustrade durchzogen, die in der Mitte unterbrochen ist und Zugang zum Badbecken gewährt. Zwei Stufen führen ins Becken hinein, wovon die untere das Becken an drei Seiten umschließt. Oberhalb des Beckens liegt ein Fenster. Dem Becken gegenüber führt ein Durchgang zu dem kreisrunden Lakonikum (D). Eine Querverbindung besteht ferner zwischen Lakonikum und Tepidarium. Drei kreisförmige Behälter liegen zur Innenseite hin zwischen Lakonikum und Praefurnio (G). Sangallo bezeichnet die Wasserbehälter mit: »A – vaso heneo *frigidarium*, B – vaso heneo *tepidarium* und C – vaso heneo *calidarium*.« Der Behälter C scheint direkt über der Feuerung zu liegen, zu der zwei Stufen vom Raum G hinabführen. Den Raum (G) bezeichnet Sangallo mit *praefurnio*. Da das Bad nur durch diesen Raum zugänglich ist, kann er nicht insgesamt als Heizraum genutzt

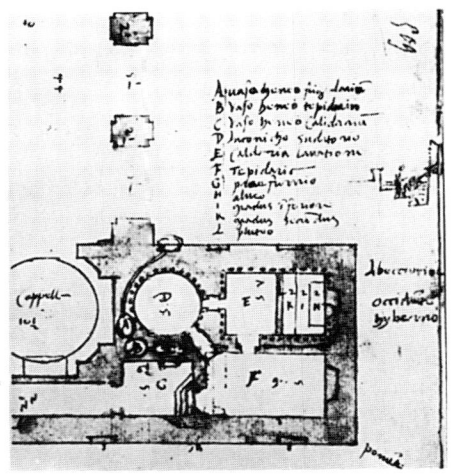

61. Antonio da Sangallo, Entwurf für die Villa Cervini, 1540er Jahre (Uff. 828 A)

worden sein. Caldarium und Lakonikum sind von tubulierten Wänden umschlossen. Zumindest in diesen beiden Räumen muß ein Hypokaustum vorausgesetzt werden. Die vertiefte Lage des Praefurnio (G) läßt vermuten, daß eventuell sogar alle drei Räume hypokaustiert waren.

Die Anordnung des Beckens, Alveo (H), unter der Lichtöffnung entspricht nicht genau Vitruvs Text. Vitruv will zwar das Labrum unter der Fensteröffnung anordnen, da dieses hier jedoch fehlt, kann die Begründung Vitruvs für diese spezielle Lage – nämlich daß kein Schatten auf das Becken fällt – auch auf den Alveo übertragen werden. Auf die Nischenlage von Labrum und Alveo verzichtet Sangallo dagegen ganz. Vitruv verlangt ferner, daß der Abstand zwischen Wand und Beckenbrüstung wenigstens 6 Fuß betragen solle. Die unterste Stufe des Alveo mit der Neigung zum Anlehnen soll 2 Fuß beanspruchen. Sangallo teilt entsprechend das Becken in drei Bereiche von jeweils 2 Fuß Breite: zuunterst den Bereich (H) oder von ihm als *alveo* bezeichnet, dann der *gradus inferior* (I) [untere Stufe] und der *gradus secundus* (K) [zweite Stufe]. Das *pluteo* (L) [Brüstung] schließt das Becken ab. Die Raumverhältnisse des Caldariums weichen jedoch von Vitruvius ab, dagegen treffen sie im Tepidarium zu (2m:3m, 5m:7,5m). Auch in der Anlage des kreisrunden Lakonikums mit tubulierten Wänden ist eindeutig Vitruv wiederzuerkennen. Gewiß darf hier eine Gewölbekuppel angenommen werden. Die

Bezeichnung Sangallos als *Laconicho Sudatorio* übernimmt exakt Vitruvs Sprachgebrauch *laconicum sudationesque*. Drei Wasserbehälter sind nacheinander angeordnet, wie Vitruv es fordert – jeweils einer für heißes, laues und kaltes Wasser. Ihnen dient eine gemeinsame Unterfeuerung, die bei (C) eingetragen ist und ebenfalls bei Vitruv beschrieben wird. Vitruv wird hier in bisher ungekannter Weise getreu umgesetzt. Lakonikum/Sudatorium, Caldarium und Tepidarium sind jetzt erst drei getrennte Räume, wohingegen zuvor ein Raum oft doppelte Funktion übernahm: Meist war bisher der Rund- bzw. Ovalraum des Lakonikums mit der Funktion des Caldariums kombiniert, das Tepidarium fehlte ganz. Hier ist das Tepidarium vom Lakonikum aus zugänglich – wie es Vitruv will.

Bei der profunden Antikenkenntnis seit etwa 1515 ist es erstaunlich, daß erst nach 1540 ein Plan für ein funktionales und richtig interpretiertes Bad nach antikem Vorbild vorliegt. Daß die Ursache hierfür in einer gewissen Interesselosigkeit seitens der Auftraggeber liegt, kann kaum angenommen werden. Auch der finanzielle Aufwand stellte in der Regel kein Hindernis dar. Die technischen Probleme waren schon bei Francesco di Giorgio weitgehend gelöst. Als Erklärung bleibt nur, daß man bislang Theorie und Praxis noch nicht exakt miteinander in Einklang bringen konnte. Man nahm zwar Thermengrundrisse bis ins Detail auf, verstand aber den Zusammenhang innerhalb des Raumgewirrs noch nicht. In Thermen gab es Rundräume, die aber nicht als Lakonikum, sondern als Caldarium dienten (z. B. Caracallathermen), oft fehlte ein Lakonikum ganz. Auch das Tepidarium war mitunter von rundem Grundriß (z. B. Diokletiansthermen). Es gab Apodyterien, zahlreiche Nebenräume wie Bibliothek, Portiken etc., die Vitruv gar nicht erwähnt, ebenso die zum Caldarium führenden Baderäume I, II, III mit steigender Temperatur, z. T. mit Wannen oder Becken ausgestattet. Die Entschlüsselung einer derart kompakten Thermenanlage stellte sich als wesentlich schwieriger dar als z. B. die eines antiken Theaters.

Die Badeanlage blieb außerhalb bestimmter Humanistenkreise, insbesondere des Klerus, eine seltene Erscheinung. Die wenigen erhaltenen Beispiele aus den Jahren zwischen ca. 1515 und 1525 geben einen Einblick in die damalige Vorstellung antiker Bäder. Das eher spärliche Planmaterial zeigt darüber hinaus, daß die Auseinandersetzung mit dem Thema von theoretischer Natur war und legt die Entwicklung bis ca. 1545 dar. Noch in Armeninis Traktat *De veri precetti della pittura* von 1587 wird die Badeanlage als einer der Nebenräume genannt (*loghi minori*)[81] und nur knapp erwähnt. Zum Ende des 16. Jh.s hatte sich das Bad als funktionaler Beiraum kaum weiterentwickelt. Es blieb im allgemeinen ein kleiner Nebenraum in der Nähe von Küche, Zisterne und Ofen, wie dies schon bei den Bädern des frühen 15. Jh.s. verwirklicht war.

Guilo Romano und die *stufetta* des Palazzo del Té

Außerhalb des Kreises um Francesco di Giorgio und Raffael blieb das Bad ein rein sekundäres Objekt. Konzentrierte sich die Beschäftigung mit dem antiken Bad zunächst auf Rom, so brachte der Mitarbeiter Raffaels, Giulio Romano, den dort neu geschaffenen Typus auch in den Norden Italiens, nach *Mantua*, wo Romano seit 1524 für den Hof der Gonzagas arbeitete. Im Mezzanin des Südflügels schuf er im *Palazzo del Tè* ein Bad, das seiner Badeanlage für Clemens VII. in der Engelsburg sehr ähnlich war.[82] Es entstand ca. 1530–34.

Über eine Treppe gelangt man zuerst in einen fast quadratischen Raum, der eventuell als Umkleidezimmer diente. Von hier führt eine Tür in die *stufetta*, einen längsrechteckigen Raum mit einem Fenster an einer Schmalseite. Die Längswand gliedert sich in der Waagerechten in eine Sockelzone von ca. 0,45m Höhe und darüberliegender Wand, welche durch Pilaster, die über der Sockelzone ansetzen, in je drei Felder unterteilt ist. Auf die korinthischen Kapitelle folgt ein reich stuckierter umlaufender Fries, der die Wandfläche

62. Mantua, Badeanlage im Mezzanin des Palazzo del Tè von Guilio Romano, ca. 1530-1534, Deckenansicht, Schnitt und Grundriß

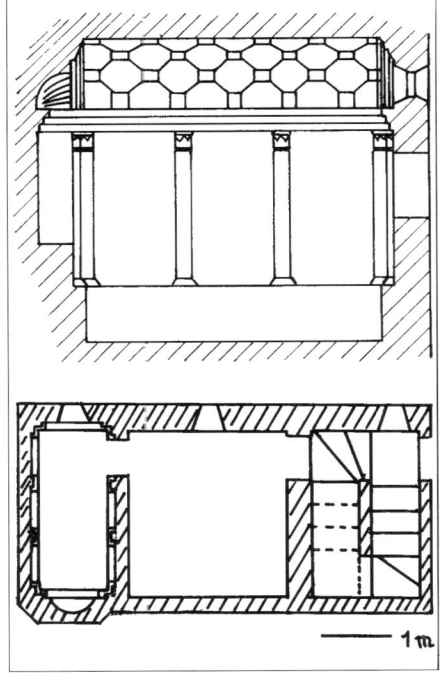

vom Tonnengewölbe scheidet. Das Tonnengewölbe wird ebenfalls durch reichen Stuck in oktogonale Kassettenfelder mit dazwischenliegenden kleinen Quadraten unterteilt. Oberhalb des Eingangs liegt ein Okulus im Schildbogen des Gewölbes. Gegenüber schließt das Gewölbe an der Schmalseite in einer Muschelkalotte, die die Apsidialnische der hinteren Wand bekrönt. Die Nische setzt in einer Höhe von ca. 0,8m an.

Es erstaunt, eine so reiche Ausstattung in einem Raum von den geringen Ausmaßen von knapp 1m Breite und 2,4 m Länge bei einer Höhe bis zum Ansatz des Gewölbes von ca. 2m und bis in den Gewölbescheitel von knappen 2,6m zu finden. Die Benutzung dieses Raums als Stufetta erschließt sich vor allem aus ihrer Lage. Die Treppe führt zu dem Hof des Flügels, in dem sich einst das Ballspielhaus (*rachetta*) befand. Diese Kombination von Bad und Ballspiel bzw. Sport erwähnt bereits Plinius in der Beschreibung der Villa in Etrurien, sie findet jedoch auch in zahlreichen anderen antiken Schriftstücken Erwähnung. Diesen Raum als Stufa zu interpretieren, ergibt sich ferner aus der stilistischen Verwandtschaft zum Bad Clemens VII., an dem Giulio gerade vor seiner Abreise arbeitete. Hier wie dort befindet sich die Nische mit Muschelkalotte an der einen Schmalseite. Da jede technische Ausrüstung der Stufa fehlt, können kaum konkrete Aussagen zu deren Nutzung gemacht werden.

Aus den römischen Bäderbeispielen lassen sich jedoch zweierlei Funktionen ableiten. Zum einen könnte eine – eventuell fest installierte – Badewanne in dem links von der Tür liegenden Platz geplant gewesen sein. Oder der hintere Raum diente als Schwitzbad ohne Wanne, wofür seine kleinen Ausmaße sprechen würden. Der davorliegende Raum hätte dann als Baderaum mit Wanne gedient. Das Fehlen von Wasserzu- und ableitung, des Heizraums und der Wasseraufbereitungszylinder könnte auf den Abbruch der Bauarbeiten im Tè-Palast im Jahr 1534 hindeuten, der die Einrichtung dieser Anlagen vereitelte. Ich möchte jedoch nicht ausschließen, daß diese Räume auch eine andere Funktion gehabt haben könnten. Die Rachetta für das Ballspiel hat ihren Zugang auf der der Peschiera zugewandten Seite, ist also umständlich von der Bädertreppe aus zu erreichen. Meines Erachtens wäre eine Badeanlage eher in Nähe der Peschiera, die auch zum Schwimmen dienen konnte, und dem Ballspielhaus zu suchen.

Auch die *Grotte* am südöstlichen Gartenabschluß wurde als *Bad* (siehe Farbtafel 8) interpretiert,[83] was Quellen jedoch nicht erwähnen. Die Grotte war bereits 1528 in Konstruktion, die Dekoration erfolgte 1531–34.[84] Man erreichte sie durch eine Loggia und über einen *giardino secreto* mit weiteren seitlichen Bauten. Sie besteht aus einem Rechteckraum mit abgeschrägten Ecken mit Wandbrunnennischen und seitlich anschließend zwei Ovalräumen, deren nördlicher mit ähnlichen Nischen in den

Diagonalachsen ausgestattet ist. Von diesen Seitenräumen gelangt man zu jeweils einem weiteren Raum von quadratischem Grundriß. An den Zentralraum schließt gegenüber dem Eingang ein weiterer schmaler Rechteckraum mit Nischen an den Schmalseiten und Tonnengewölbe an. Auf diesen folgt eine Apsidialnische, deren Kalotte von drei kleinen Nischen verziert wird. Der Zentralraum wird von einer achtteiligen Kuppel überwölbt. Muschelwerk, Stuckzierat, Tuffstein und Sandinkrustationen verleihen den Räumen das Aussehen eines unterirdischen Gewölbes, das sich in der Scheinarchitektur von Balustern und Fenstern des Zentralgewölbes öffnet.

Harrt vermutet, daß sich ursprünglich eine Badewanne in dem tonnengewölbten Querraum vor der Apsis befand.[85] Diese Disposition entspräche etwa dem Bad Antonio da Sangallos für sein Haus in der Via Giulia. Heizraum und Wasserbehälter vermutet Harrt in den hinteren schmucklosen Seitenräumen. Die Verbindung eines (illusionistisch) im Scheitel geöffneten Gewölberaums mit einer anschliessenden Wannennische weist durchaus auf Vitruvs Lakonikum und Labrumsnische hin. Die seitlichen Räume könnten als Umkleide- und Ruheraum oder auch als Tepidarium gedient haben, das laut Vitruv dem Lakonikum folgen soll. Allerdings sind meines Wissens auch hier keine technischen Voraussetzungen geschaffen worden, wie z. B. tubulierte Wände, Hypokaustum etc., die Harrts Annahme erhärten könnten. So muß es meines Erachtens These bleiben, daß diese Grotte zugleich als Badepavillon diente.

3. Serlios Architekturtraktat

Wie die vorausgehenden Kapitel deutlich machten, war das Bad im Zeitalter der Renaissance die Angelegenheit einiger weniger herausragender Persönlichkeiten von humanistischer Bildung, die weitgehend der römischen Geistlichkeit angehörten. Ihnen standen begabte Künstler zur Seite, die durch das Studium antiker Texte und Architektur in der Lage waren, auf einer adäquaten Ebene mit ihren Auftraggebern zu verkehren. Insbesondere Raffaels Brief über die Villa Madama und Antonio da Sangallos Projekt für die Villa Cervini machen deutlich, daß man in den Künstlerkreisen nach Auswertung der schriftlichen Zeugnisse der Antike, ganz besonders von Plinius' Villenbeschreibung und Vitruvs Architekturtraktat, und genauem Vermessen und Aufnehmen der antiken Ruinen sowie der Korrelation von Text und Bauwerk in der Lage war, die antike Badeanlage zu rekonstruieren.

Es ist Serlios (1475–1554) Architektur, in der sich – die Bäder betreffend – das Wissen seiner Zeit niederschlägt. Die Phase des Suchens nach der Rekonstruktion des antiken Bades ist abgeschlossen. Jetzt ist das Bad als ein Element vorhanden, das dem Palast eingefügt werden kann, so wie ein Studiolo, eine Bibliothek etc. Es ist allerdings auch nur Serlios Architekturtraktat, das Bäder mehrfach in Palästen erwähnt. Hierin unterscheidet sich Serlios Schrift ganz wesentlich von Palladios (1508–1580)[86] oder Scamozzis (1552–1616)[87] Traktat, wo Bäder zwar als zum antikrömischen oder griechischen Haus gehörig erwähnt, in der Architektur ihrer Zeit jedoch kaum genannt werden.[88]

Insbesondere Serlios lang verschollen geglaubtes *Buch VI über Wohnungsbau* bietet reichhaltiges Material zum Thema Bad. Heute liegen die beiden noch existierenden Bände in Reprint vor. Das Exemplar der Avery Library der Columbia University, New York, wurde 1978 publiziert, das der Münchner Staatsbibliothek bereits 1966.[89] Beide Exemplare sind unterschiedlich gegliedert und auch im Planmaterial nicht einheitlich. Das sechste Buch entstand etwa 1545, als Serlio bereits im Dienste des französischen Königs stand (seit 1540/41). Serlio erhielt seine wesentlichen Anregungen von Peruzzi, dessen Assistent er in Rom war. Häufig erwähnt er in ehrerbietender Anerkennung seinen Lehrer.[90] Er arbeitete jedoch auch unter Bramante und unter Raffael. 1527 verließ er Rom (Sacco di Roma) und ging nach Venedig. Dort erschien 1537 sein Buch IV als erster der acht Bände[91] mit Unterstützung seines Gönners Ercole II. d'Este, Herzog von Ferrara. Buch III erschien 1540 mit großzügiger Unterstützung des französischen Königs Franz I., dem Serlio dieses Werk auch widmete. Der Kontakt zwischen dem französischen König und Serlio wurde vermutlich durch Ercole d'Este hergestellt, dessen Bruder Ippolito d'Este Erzbischof von Lyon und päpstlicher Gesandter in Frankreich war. Bereits im selben Jahr erhielt Serlio jährlich 100 Goldkronen von der Schwester des Königs, Margarete von Navarra. Zum Jahresende übersiedelte Serlio endgültig nach Frankreich. Mit der Thronbesteigung Heinrichs II., 1547, verlor Serlio seine bevorzugte Stellung. Er siedelte schließlich nach Lyon über, wo er Jacopo Strada traf, der die Publikation von Buch VII in Frankreich nach Serlios Tod (ca. 1554) bewerkstelligte.

Serlio wurde aus erster Hand mit der Anlage eines Bades vertraut gemacht. Sein Lehrer Peruzzi, dem er zeitlebens große Hochachtung zollte und den er immer wieder lobend in seinem Traktat hervorhebt, wurde bereits als Maler des Bades in der Cancelleria erwähnt; ferner als Entwerfer des Umbauprojektes für ein Kastell (Uff. 599A), in das er eine Badeanlage mit Baderaum von ovalem Grundriß einbauen wollte. Durch seinen Lehrer war Serlio gewiß ebenso wie dieser auch mit Sangallos Bäderentwürfen und -projekten vertraut. Serlios Jahre in Rom (ca. 1514–1527) waren von den ehrgeizigen Plänen Raffaels, das antike Rom wieder neu erstehen zu lassen, künstlerisch bestimmt.

Die Kunst der römischen Hochrenaissance erreichte ihren Zenit. Nur diese optimalen Voraussetzungen ermöglichten es Serlio, ein eigenes Architekturtraktat zu verfassen, das sich von den bisherigen wesentlich unterschied. Zahlreiche Pläne und Zeichnungen illustrieren die Erklärungen Serlios.

Bäder werden in folgenden Wohnhäusern des VI. Buches beschrieben oder zumindest erwähnt:

   I. Ancy-le-Franc, Frankreich (Avery Lib.,Pl. 16/München I. Teil, Nr. XVII, fol. 16v + 17r)

  II. Fontainebleau, Hôtel des Kardinals Ippolito II. d'Este (Avery Lib., Pl. 11 + 12/München,I, Nr. XV + XVI, fol. 14v + 15r und fol. 15v + 16r)

 III. Fontainebleau, Schloß, Badepavillon für Franz I. (Avery Lib., Pl. 32 + 33/München I, Nr. XXIX, fol. 31v–33r)

 IV. Königspalast in der Stadt (für Franz I.), (Avery Lib. Pl. 71/München, II, Nr. XXII, fol. 66v –68r)

  V. Haus eines italienischen Nobelmanns (Avery Lib., Pl. 58/München II, Nr. XVII, fol. 55v + 56r)

 VI. Haus eines Edelmanns (Avery Lib., Pl. 52/München, II, Nr. XV, fol. 51v–52r)

VII. Palast eines venezianischen Edelmanns (Avery Lib., Pl. 54/München,II, Nr. XVI, fol. 53v–54r; hier wird das Bad nicht genannt)

VIII. Palast eines Principi (nur Avery Lib., Pl. 67)

Im *Palast des Principi* (Nr. VIII) weist Serlio keine Baderäume eigens aus. Er erwähnt nur, daß er die Stufa, die Bäder, die Brunnen u. a. nicht aufgeführt habe, da der umsichtige Architekt dafür die richtigen Orte finden würde.[92] Noch wenig differenziert ist die Badeanlage im *Palast eines venezianischen Edelmanns* (Nr. VII). Serlio zeichnet zwei Räume ein: links von rundem und längsgestrecktem Oktogonalgrundriß und rechts von ovalem und Oktogonalgrundriß. In der Beschreibung dieses Palastes vermerkt er, daß diese Räume als Stufa, als Bad, als Kapelle, als Studiolo oder Ähnlichem dienen könne. Das Bad wird hier als austauschbarer Raum der *loghi minori* behandelt, wie dies im Traktat des Armenini 1587 noch geschieht.[93]

Beinahe in gleicher Weise werden Bäder im *Palast eines Edelmanns* (Nr. VI) in der Stadt eingeplant. In beiden Fassungen des VI. Buchs führt ein langgestreckter Durchgang zu einer Loggia, an der seitlich ganz ähnliche Räume wie in Nr. VII anschließen. In der Ausgabe der Avery Library heißt es hierzu, daß am Ende dieser Loggia verschiedene Formen seien, die als Bad, als Stufa, als Ovatorium, als Studiolo und ähnliches dienen können.[94] Die Loggia solle zu einem Garten hin liegen oder zu einem Hof, entweder ebenerdig oder im ersten Geschoß. Die Seitenräume sollen im Mezzanin liegen, das über die Treppe zu erreichen ist. In der Münchner Ausgabe heißt es, daß der Raum M und die Kapelle N im darunterliegenden Geschoß als Stufa und als Bad ausgestattet werden könnten.[95]

Dagegen findet sich eine eigene Badeanlage im Haus eines *italienischen Edelmanns* (Nr. V). Um einen Portikushof sind verschiedene Räume gruppiert. In der linken Hälfte der Ausgabe der Avery Library ist eine Raumfolge von K, L, M, N notiert, die beschrieben wird als Zimmer K, kleines Zimmer L, das als Auskleidezimmer (*spogliaturo della st[uf]a*) vor der Stufa M dienen soll. Von der Stufa gelangt man in das Bad N. Die Stufa wird von unten in antiker Art und Weise geheizt (*questa stufa si scalda di sotto al modo antico*). Hier ist also ein Hypokaustum unter der Stufa angelegt. Die Stufa, ein kleiner längsrechteckiger Raum, diente offenbar als Schwitzraum, da hier kein Badbecken eingezeichnet ist. Der Baderaum, ebenfalls von rechteckigem Grundriß, ist ringsum von einer doppelten Sitzstufe umgeben, die in das Becken hinabführt. Der ganze Raum soll nach Serlio also als Badbecken dienen.

In der Ausgabe von München sind diese Räume geringfügig verändert, in der Raumfolge jedoch ganz anders zusammengefügt. Zugang zu den Bädern erhält man nun von einem Gang zwischen Portikushof und Loggia. Man betritt zunächst ein Zimmer N. Von hier führt ein schmaler Verbindungsgang vorbei am kleinen Raum P in das Zimmer O. Über einen Durchgang mit Wendeltreppe gelangt man in die längsrechteckige Stufa Q und von dort in den ovalen Baderaum R mit drei umlaufenden Sitzstufen. Auch in dieser Version wird der Baderaum insgesamt von Becken und Sitzstufen ausgefüllt. Die Baderäume und Raum P sollen im Mezzanin liegen und über die Wendeltreppe mit den Räumen N und Q verbunden sein. Die beiden gänzlich dem Bad dienenden »Beckenräume« erinnern stark an Pontellis Bad in der Rocca von Ostia und an Peruzzis Umbauprojekt für ein Kastell (Uff. 599A). Auch Peruzzi wählte die Ovalform und füllte den Gesamtraum mit Sitzstufen und Becken aus. Bei Serlio wird jedoch auf die integrierte Badewanne verzichtet. Bei Peruzzi liegt das Umkleidezimmer über dem

Heizraum – dort, wo Serlio die Stufa unterbringt. Hier wie dort ist die Badeanlage direkt von der *camera* aus zugänglich.

Die Bäderpläne, die Serlio für französische Bauwerke entwirft und/oder ausführt, bieten noch interessantere Varianten.

Das *Schloß von Ancy-le-Franc* (Nr. I) ist an der hinteren Fassadenseite auf das Jahr 1546 datiert. Serlio, der Architekt des Schlosses, nimmt Plan, Aufriß und Beschreibung dieses bedeutenden Bauwerks in sein VI. Buch auf. Er beschreibt das Schloß mit dem an drei Seiten von Loggien umgebenen Innenhof. »Am hinteren Ende des Hofes befindet sich eine Wendeltreppe, über die man zum Vorzimmer O kommt, von diesem gelangt man in den kleinen Saal P, hinter dem es einen Raum Q gibt. Hier entkleidet man sich und geht anschließend in die Stufa R, hinter der der Baderaum S liegt«, so schreibt Serlio im Münchner Exemplar. Im VI. Buch der Avery Library gibt es auch hier wieder aussagekräftige Varianten: Serlio schreibt: »Auf der anderen Seite des Vestibüls [T] liegt der Raum V, der als Auskleidezimmer dienen soll. Raum Y soll die Stufa [stua], und Raum X der Baderaum sein.« Darüber liegt die Camera Q. Die Lage der Bäder von Ancy-le-Franc in Verbindung mit einer Loggia ist mit den Dispositionen der italienischen Paläste für Edelleute vergleichbar.

Die New Yorker Variante ist vom Aufbau her weniger logisch. Das Auskleidezimmer ist von der Camera Q aus nur durch das Bad zu erreichen. Man kann das Bad also nur vom Hof aus über das Auskleidezimmer erreichen oder von der Camera aus durch Bad und Stufa zum Auskleidezimmer gelangen, was jeweils einen harmonischen Ablauf des Baderitus stört. Auch sind die Raumgrundrisse des Bades hier wenig spezifiziert. Diese Mängel sind in der Münchner Ausgabe behoben. Die Raumfolge *Camera, Auskleidezimmer, Stufa* und *Baderaum* entspricht einem logischen Verlauf des Badevergnügens.

Die Raumform eines Oktogons mit alternierenden kleinen Apsidial- und Rechtecknischen – die Fensterseiten ausgenommen – tauchte bereits in den Entwürfen für den Palast eines Edelmanns (Avery Lib., Pl. 52 und 54/München, II, Nr. 15 + 16) auf. In der Verwendung des Oktogonal- oder Rundraums als Baderaum weicht Serlio von Vitruv ab, der hier das Schwitzbad – die *stufa* Serlios – untergebracht haben möchte. Für die Stufa wählt Serlio dagegen einen schlichten Rechteckraum, wie er dies bereits im Haus eines italienischen Edelmanns (Avery Lib.. Pl.. 58/München, II, Nr. XVII) tat. Die Anlage des Schlosses von Ancy-le-Franc erinnert an Poggioreale, dessen Grund- und Aufriß Serlio in Buch III (S. 121ff.) wiedergibt. Serlio kannte Poggioreale nicht aus eigener Anschauung, son-

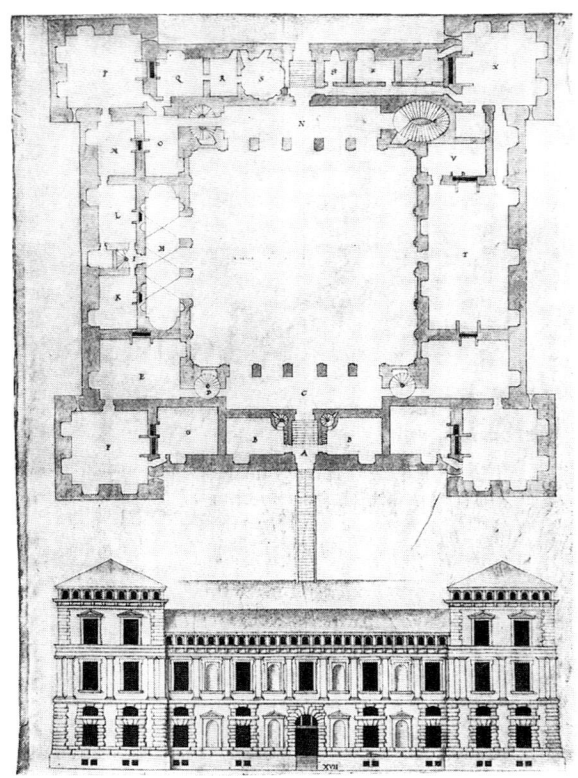

*63. Sebastiano Serlio,
Grundrißentwurf für Ancy-
le-Franc, VI. Buch (fol. 17 r),
ca. 1545 (München,
Staatsbibliothek,
Handschriftenabteilung)*

dern nur von Marc Antonio Michieles Beschreibung; daher ist seine Wieder-
gabe im III. Buch nicht ganz korrekt. Für Poggioreale ist gleichfalls die Anlage
von *certi bagni* belegt. Man kann vermuten, daß sie denen von Ancy-le-Franc
ähnelten.

Auch für das *Hôtel des Kardinals Ippolito d'Este in Fontainebleau* (Nr. II) sah
Serlio eine Badeanlage vor. In der Avery-Ausgabe (Pl.. 11) beschreibt er im hinteren Teil eine Camera D mit dahinterliegendem Serviceraum, die durch einen
Gang miteinander verbunden sind. Eine Wendeltreppe führt zur Badeanlage im
Kellergeschoß. Ganz ähnlich ist die Anordnung in dem Münchner Exemplar:
»… zum Service der ›camera‹ L dient der dahinterliegende Raum M, unter dem
sich das Umkleidezimmer, das Schwitzbad [*stu›f‹a secca*] und das Bad [*bagno*]

befindet, Dinge von allergrößter Bequemlichkeit…« (fol 14v, I. Teil). Die Raumfolge von Ancy-le-Franc bleibt auch hier beibehalten. Über einen schmalen Gang mit Wendeltreppe erreichte man das Bad von der *camera* des Ippolito d'Este. Die Badeanlage war ferner mit dem Ballspielhaus N verbunden. Diese Kombination ist bisher nur für den Palazzo del Tè postuliert worden, die Richtigkeit der oben ausgeführten Thesen (s. vorigen Abschnitt über den Palazzo del Tè) vorausgesetzt. Die beiden Varianten zum Haus des Ippolito d'Este (Avery Lib. Pl. 12/München, I, Nr. 16, fol 15v + 16r) geben keine exakte Lage der Bäder an. Lediglich im Avery Buch VI (Pl. 12) meint Serlio, daß der »prudente Architetto« die Bäder und die Stufa unterzubringen wisse.

In den Plänen für einen *Königspalast innerhalb der Stadt* (Nr. IV) findet sich abermals eine großzügig konzipierte Badeanlage. Sie ist in der Avery-Ausgabe (Pl. 71) über die Loggia des hinteren Seitenhofes zugänglich bzw. von der Raumflucht der hinteren Querachse des Mittelkörpers der Schloßanlage. Hier beschreibt Serlio folgende Raumfolge: Vestibül Q, kleiner Saal mit Kammer und Studiolo, Vorzimmer, Zimmer und dahinterliegendes Zimmer. Hier folgt das Bad, bestehend aus Umkleidezimmer R, Schwitzbad (*stu[f]a per sudare*) S, Bad T und – neu dazugekommen – Barbiersalon V. Das Schwitzbad hat hier den bereits bekannten oktogonalen Grundriß mit Rund- und Rechtecknischen an den Seiten und kommt damit Vitruvs Lakonikum nahe. Der Baderaum T entspricht dem Ovalraum mit den Sitzstufen des Entwurfs für ein Haus eines Edelmanns (München: II, Nr. 17). In der Münchner-Ausgabe (II., Nr. XXII) wird das Schwitzbad als Rundraum gestaltet. Die Badeanlage steht mit dem Hof nicht mehr in direkter Verbindung. Die Hofloggien sind weggelassen. Auch der letzte Raum für den Barbier steht hier nicht mit dem Baderaum in Verbindung. In der Beschreibung werden nur Vestibül R mit anschließender Raumfolge (*loggiamenti*), hinter der die Stufa und das Bad liegen, erwähnt.

Die markanteste Badeanlage, die Serlio im Buch VI abbildet, ist ein eigener *Badepavillon*, den er für *Schloß Fontainebleau* für König Franz I. entwarf. Beide Ausgaben des VI. Buches geben einen fast identischen Grundriß wieder, wobei im Grundriß des New Yorker Exemplars die genauen Funktionen der Räume bezeichnet sind. Das Münchner Exemplar zeigt nebst Außenansicht und Querschnitt noch zusätzlich den Querschnitt zweier Seitenräume, der Stufa und des Baderaums. Da dieser Entwurf eines Badepavillons einen hervorragenden Eindruck in Serlios Bäderkonzeption im allgemeinen gibt, soll er detailliert besprochen werden.

Im Grundriß ist das Bauwerk als runder Zentralraum mit acht kleinen Apsidialnischen und dazwischenliegenden acht flachen Rechtecknischen, um den sich acht Seitenräume verschiedener Form gruppieren, zu beschreiben. Alle Räume sind einem Quadrat eingeschrieben. Der zentrale Rundraum wird in der Mitte von einem großen Brunnen (*fontana*) geziert, und Serlio nennt ihn entsprechend *sala dove sara la fontana nel meggio*. Zutritt erhält man über ein querrechteckiges Vestibül (B) mit Nischen zur Eingangsfront. Dem *vestibulo* gegenüber liegt die *guardaroba* (D), die ebenfalls vom Brunnenraum aus zu betreten ist. Die übrigen Seitenräume sind in der New Yorker Variante nur über das Vestibül oder die Garderobe zu erreichen.

In der Münchner Variante gibt es Verbindungstüren sowohl in der Vertikal- als auch in der Horizontalachse. Seitlich der Garderobe liegt jeweils ein Sechseckraum mit verschiedenen Wand-, Fenster- und Bettnischen. Während der Raum linker Hand (H) nicht weiter spezifiziert ist, wird der zur Rechten als Auskleidezimmer (E) – *camera per spogliarsi* – bezeichnet. Zwei Betten (*letto*) zum Ruhen nach dem Bad finden hier Platz. Auf die Sechseckräume folgt beidseitig ein Ovalraum mit sechs Apsidial- und zwei flachen Rechtecknischen im Scheitel der Querachse. Auch hier ist der linke Raum (I) nicht näher bestimmt. Das rechte Oval (F) ist als *stufa col forno di sotto* (Schwitzbad mit darunterliegendem Ofen) in der Avery-Ausgabe definiert. Von der *camerina I* gelangt man in einen Rundraum mit verschiedenen Nischen, von denen eine als Bettnische dient. Ein schmaler Gang (M) führt zum Vestibül (B). An die Stufa schließt eine runde Badekammer (G) an: In dem äußeren Wandsegment liegt dazwischen der Heißwasserkessel (*caldara per bagno*), der als Kreis eingetragen ist. Der Baderaum wird – wie bereits in den meisten der bisher besprochenen Bäder Serlios – insgesamt von dem vertieften Becken mit umlaufenden Sitzstufen ausgefüllt. Während der Avery Grundriß fünf gleich breite Sitzstufen zeigt, die zur Stufa hin von einer schmalen, in das Becken führenden Treppe unterbrochen werden, schafft die Münchner Variante im obersten, breiteren Absatz einen umlaufenden Gang, der die beiden Zugänge untereinander verbindet, ohne daß das Becken durchschritten werden muß. Auf eine den Beckenrand umschließende Brüstung folgen drei Sitzstufen. Auch hier führt eine Treppe in das Becken hinein. Vom Verbindungsgang mit dem Vestibül (M) führt beidseitig eine schmale Treppe zu den beiden Mezzaninzimmern oberhalb der Ovalräume hinauf. Alle übrigen Räume erstrecken sich über die Gesamthöhe des Bauwerks. Im Querschnitt ist zu erkennen, daß alle Kammern kuppelgewölbt sind.

64a.
Sebastiano Serlio,
Badepavillon für
König Franz I.,
Fontainebleau,
Querschnitt mit
Außenansicht, VI.
Buch (Nr. 32/33),
ca. 1545 (New
York, Avery
Library)

Besonders ausgefallen ist der Aufriß des Badepavillons. Sämtliche Räume sind in einem rustizierten Sockelgeschoß untergebracht. Die Eingangsfront öffnet in einer Mittelarkade, der sich seitlich je zwei Blendbögen anschließen. In den Wandfeldern zwischen den Bögen sind quadratische Fenster bzw. Lichtschächte angebracht; ebenso über den Mauerbögen der Arkaden, die gewährleisten, daß die innerhalb des Baublockes liegenden Räume genügend Tageslicht erhalten. Die vier Ecken des Bauwerks werden von rauchenden Schornsteinen bekrönt. Über dem Zentralraum erhebt sich über oktogonalem Grundriß ein nach allen Seiten hin in Arkaden geöffneter Aufbau, der sich wie eine große Laterne auf den Sockel stülpt. Das Kuppelgewölbe des Zentralraums überragt leicht die Höhe der übrigen Räume, so daß es in den Sockel des Oktogonalaufbaus hineinragt und von dort durch tiefeingeschnittene Lichtschächte Tageslicht erhält. Zwischen den beiden seitlichen Blendbögen setzt eine sanft ansteigende Treppe an, die sich an den Seiten des Bauwerks fortsetzt, um schließlich an der Rückseite an einem Podest zu enden, das auf Deckenhöhe des Kubus liegt und Zugang zu dem belvedere-artigen Tempelaufsatz gewährt.

In der Münchner Variante wird der oktogonale Aufbau noch zusätzlich von einer offenen Laterne bekrönt. Das Bauwerk soll – so Serlio – wie eine *Grotte* errichtet sein, jedoch oberhalb des Erdbodens und lichtdurchflutet. Im Sommer sollen die dicken Wände gesunde Frische in den Räumen gewährleisten, im Winter dagegen Schutz vor Kälte – ein Topos, der häufig in Verbindung mit der Grottenarchitektur auftritt.

Bei Serlio hat sich ein bestimmter Bädertypus herausgebildet. Es gibt immer eine Raumfolge von Camera, Auskleidezimmer, Schwitz-Dampfbad, Baderaum mit vertieftem Becken, was dem antiken Apodyterium mit anschließendem Lakonikum und Caldarium entspricht. Das Frigidarium entfällt ganz. Der Umkleideraum übernimmt als Übergangsraum z. T. noch die Funktion eines Tepidariums. In der Verbindung desselben mit der Stufa, dem Schwitz- oder Dampfbad, bleibt noch Vitruvs Raumfolge erkenntlich. Das Caldarium ist nur über das Lakonikum zu erreichen. Wo Vitruv Wasch- und vertieftes Badbecken beschreibt, bleibt nur das vertiefte Becken mit Sitzstufen und Brüstung, das den gesamten Raum einnimmt, erhalten. Man könnte auf Grund der römischen Entwicklungen vermuten, daß eventuell in der Stufa eine bewegliche Wanne untergebracht war. Jedoch gibt Serlio hierauf nirgends einen Hinweis, obwohl er z. T. sehr detailliert beschreibt. In der Heiztechnik hat sich die antike Hypokaustenheizung durchsetzen können. Die Stufa wird, wie Serlio erwähnt, *di sotto* (von unten) (Avery, Badepavillon für Franz I., Pl. 32) oder *di sotto al modo antico* (nach antiker Art von unten) (Avery, Pl. 58) erwärmt. Es gibt einen Ofen für Hypokaustum und zur Aufbereitung des Wassers: »Questa [stufa] si scaldara sotto li piedi, et il medesimo fuoco scaldara l'aqua del bagno...« (»Dieses Bad erwärmt sich unter den Füßen, und dieselbe Heizstelle erhitzt das Wasser der Badewanne...«) (München, fol. 31v, Badepavillon für Franz I.).

Vorzugsweise verwendet Serlio Rund-, Oktogonal- oder Ovalraume für seine Bäderanlagen. Darin setzt Serlio die Tradition des Peruzzi-Sangallo-Kreises fort.

168

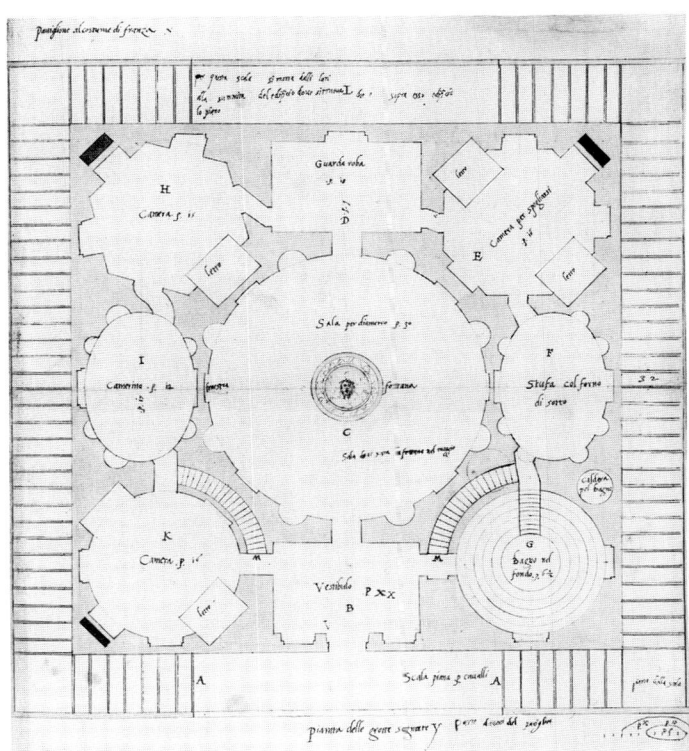

64b. Fontainebleau, Grundriß, VI. Buch (Nr. 32/33), ca. 1545 (New York, Avery Library)

Bei diesen beiden Künstlern findet sich auch das vertiefte Becken mit Sitzstufen (Peruzzi, Umbauprojekt, Uff. 599A; Peruzzi/Sangallo, Cancelleria, Rom; Sangallo, Entwurf für das Haus des Messer Sebastiano in Castro, Uff. 744A; Sangallo, Entwurf für sein Haus, Uff. 986A; Sangallo, Entwurf für die Villa Cervini Uff. 828A), das oft den gesamten Raum einnimmt. Ebenso ist die Verwendung der antiken Heizmethode in diesen Plänen belegt. Allerdings setzt sich Serlio nicht mehr mit Vitruvs problematischer Beschreibung des Labrums und Alveus' auseinander. Er verzichtet gänzlich auf komplizierte Wannennischen. Damit schließt er an die von Baccio Pontelli bereits im Kastell in Ostia gefundene Lösung an, wenn auch kaum direkt, sondern über den Umweg der Auseinandersetzung mit der antiken Badeanlage seines verehrten Lehrers Peruzzi und Sangallos.

4. Zusammenfassung

Die italienische Entwicklung kann zusammenfassend in drei Abschnitte gegliedert werden:

1. Die Auseinandersetzung mit der antiken Badeanlage im Schrifttum Albertis, Francesco di Giorgios und Raffaels;
2. die römische Bäderentwicklung und
3. Ausläufer derselben.

zu 1:

Seit Albertis *De re aedificatoria* ist das Bemühen zu erkennen, Sinn, Funktion und Bautypus der antiken Bäder zu erforschen. Während sich Alberti in seinen Ausführungen zu antiken Thermen noch recht unsicher ausdrückt, formuliert Francesco di Giorgio in seinem Traktat bereits das Wesen einer Badeanlage nach antikem Muster. Das Heizsystem, die Wasseraufbereitung und die Anlage eines Lakonikums sind hier aufgrund der vitruvianischen Beschreibung erklärt und nach eigenen Erkenntnissen weiterentwickelt. Begriffe wie Frigidarium, Tepidarium, Caldarium mit Alveus und Labrum kann Francesco di Giorgio noch nicht eindeutig einordnen. Im Bad von Urbino und Ostia sind die theoretischen Erkenntnisse des Francesco bereits teilweise umgesetzt. Mit Raffaels Brief zur Villa Madama liegt das erste schriftliche Dokument vor, das exakt die Abfolge der Räume einer antiken Badeanlage beschreibt.
zu 2:

In Rom entstehen verschiedene Bäder im Raffael-Umkreis. Die gesamte Gruppe der erhaltenen Bäder zeichnet sich durch antikisierende Groteskenmalereien aus, die besonders von den Malereien der neu entdeckten Domus Aurea des Nero beeinflußt sind. Auch das Heizsystem mit tubulierten Wänden, Hypokaustenheizung und der zentralen Wasseraufbereitung ist *all' antica* angelegt – soweit rekonstruierbar. Ansonsten ähneln diese Bäder den antiken nicht, sondern setzen alte Traditionen fort, indem sie Schlafzimmer und Bad verbinden, eventuell einen Umkleideraum dazwischenlegen. Das Bad der Cancelleria bildet eine Ausnahme. Hier ist das Bemühen zu erkennen, Vitruvs Beschreibung des Caldariums mit Alveus umzusetzen. Ansonsten spielt sich das Ringen um das Verständnis der Anlage antiker Bäder in dem überlieferten Planmaterial des Peruzzi-Sangallo-Kreises ab.

zu 3:

Mit dem Plan zur Villa Cervini Sangallos ist die Badeanlage *all' antica* gefunden, die weitgehend Vitruvs Angaben entspricht. Sie findet in Italien noch keine Umsetzung. Giulio Romano transportiert die Kenntnis der römischen Bäder des Raffaelkreises in den Norden Italiens. Serlio greift dagegen die Entwürfe des Peruzzi-Sangallo-Kreises auf und faßt sie in seinen relativ stereotypen Bäderanlagen zusammen. Beibehalten ist das vitruvianische Lakonikum, das bei Serlio als Stufa Eingang findet. Der Rundraum wird zu verschiedenen Zentralraumformen abgewandelt. Von dem Belüftungssystem im Scheitel des vitruvianischen Lakonikums ist bei Serlio nichts mehr zu hören. Das antike Heizsystem behält Serlio bei. Die Raumfolge wird auf Umkleidezimmer und Badbeckenraum, der als Abwandlung des Caldariums mit vertieftem Becken- und Wannenbad zu verstehen ist, reduziert. In den Bäderanlagen bei Serlios Wohnbauten für die Oberschicht ist deutlich der römische Einfluß erkennbar. Er verbrachte die Tage in Rom, als dort ein wahres ›Antikenfieber‹ tobte. In den später entstandenen Traktaten seiner norditalienischen Kollegen Palladio, Scamozzi oder Vignola taucht das Bad im privaten Palastbau nicht mehr als Thema auf. Es wird höchstens beiläufig am Rande als einer der zahllosen Nebenräume erwähnt.

65. Vorbild späterer Bäderkonstruktionen waren die antiken Badeanlagen Roms.
Um den ungeheuren Wasserverbrauch decken zu können, wurden überall im Römischen
Reich riesige Fernwasserleitungen (Aquädukte) errichtet. Das Bild zeigt die Kreuzung der
römischen Wasserleitungen von Aqua Marcia, Aqua Tepula und Aqua Julia mit der Aqua
Claudia und Anio Novus vor den Toren Roms. (Gemälde von Zeno Diemer, Deutsches
Museum München)

VI. Bäder in Frankreich

Als Serlio 1540 nach Frankreich übersiedelte und 1541 in den Dienst des französischen Königs Franz I. trat, war er nicht der erste bedeutende Künstler, der dem Angebot des großen Herrschers folgte. 1530 war es Rosso Fiorentino (1494–1540) und 1532 Primaticcio (1504–1570). Ebenfalls 1540 folgten Benvenuto Cellini (1500–1571) und Giacomo Barozzi, gen. Vignola (1507–1573), die beide wieder nach Italien zurückkehrten. Diese Künstler brachten jedoch nicht die italienische Kunst als fertiges Exportgut nach Frankreich, sondern mußten sich mit den französischen Traditionen und Gegebenheiten auseinandersetzen. Besonders die von Italien gänzlich verschiedene politische Struktur Frankreichs stellte andere Anforderungen an die Künstler.

1. Fontainebleau

Als Serlio in Frankreich ankam, existierte bereits eine große Badeanlage im Schloß von Fontainebleau. Sie ist in einem Querschnitt des François d'Orbay von 1676 überliefert, der allerdings keine sehr konkreten Vorstellungen von der Badeanlage vermitteln kann. Ferner gibt es Beschreibungen, die auch das Bad erwähnen.[1] Am ausführlichsten schildert der Pater Pierre Dan die Anlage.[2]

>»Und was die Schwitzbäder und die Bäder betrifft, so setzen sie sich aus mehreren niedrigen Räumen zusammen, die unterhalb der *petite Gallerie* liegen und deren Anordnung folgende ist: Es gibt ein gewölbtes Kabinett, das mit zahlreichem Stuckzierat und mehreren Gemälden ausgeschmückt ist, und als Kabinett für heiße Schwitzbäder dient [*cabinet d' Estuves chaudes*], das man mittels eines großen Ofens von sehr guter Ausführung, der seine Wärme über gewisse kleine spiralförmige Öffnungen im Fußboden abgibt, erhitzt. Daran schließt direkt ein Gewölberaum an, der noch dem Schwitzbad dient. Hier kann man durch die Erfindung eines großen Bronzekessels, der in den Seiten verborgen ist, wo sich auch der Ofen befindet, heißes oder warmes Wasser schöpfen, so wie man es gerne möchte. Dieser Saal ist mit verschiedenen Gemälden sowie mit Mauresken, Grotesken und

Arabesken und mit verschiedenem Stuck reich verziert, die den Ort angenehm und köstlich machen. Es folgt ein anderer Saal, in dem sich das Bad in der Mitte befindet, ein Bassin von 3 1/2 Fuß Tiefe, 14 Fuß in der Länge und zehn in der Breite [1,1m x 4,55m x 3,25m]. Das Becken ist von einer Balustrade umgeben und das Wasser, das von beschriebenem Kessel kommt, wird von einem Bronzehahn eingelassen.«

Im Gewölbe beschreibt Père Dan zahlreiche Figuren, die verschiedene Vorstellungen der Alten wiedergeben. An den Wänden entlang seien fünf große Bilder aufgehängt, die thematisch dem Ort des Bades entsprächen. Der Pater beschreibt anschließend einen dritten Saal mit vier großen Gemälden, die Ruinen darstellen, und ein Leda-Jupiter-Gemälde über dem Kamin. Im darauffolgenden Raum befinden sich ein Kamin und Landschaftsgemälde. Es folgen zwei weitere Räume, der letzte mit Holzvertäfelung und reich intarsierter Decke.[3] Père Dan entwirft das Bild einer äußerst luxuriösen Badeanlage mit Dampf-Schwitzbad, einem Baderaum mit großem vertieftem Becken und schließlich einer Folge von drei Räumen, in denen wertvolle Gemälde hingen, wie Leonardos *Mona Lisa*, Sartos *Caritas*, Raffaels *Heiliger Martin*, von Rosso eine *Leda*, von Tizian eine *Magdalena*[4].

Die Badeanlage entstand etwa ab 1530 unter der Galerie Franz' I. 1537 wurden 12 Bottiche (*cuves*), Badewannen (*baignoires*) und Schalen angeliefert.[5] Wenig später war die Badeanlage wohl fertiggestellt, da die Wannen, Zuber etc. sicherlich erst nach Beendigung der technischen und dekorativen Arbeiten ihren Platz innerhalb der Anlage fanden. Von dieser Badeanlage erfahren wir aus den Rechnungsbüchern ferner, daß es ein »rotes Zimmer« (*chambre rouge*) gab.[6]

Diese frühe Badeanlage von Fontainebleau zeigt den exakt gegenläufigen Baderitus wie die Bäder von Serlio: Der Baderaum liegt vor dem Dampf- bzw. Schwitzbad. Am ehesten ist die von Père Dan beschriebene Abfolge mit Serlios Entwurf für einen Badepavillon für Fontainebleau vergleichbar. Den unmittelbar zum Baden gehörigen Räumen stehen die Sekundärräume gegenüber.

Um den genannten Platz des Badeappartements von Fontainebleau innerhalb der Bäderentwicklung bestimmen zu können, muß es genauer analysiert werden. Père Dan beschreibt den ersten Gewölberaum als *cabinet d'Estuves chaudes*. Das Wort *chaudes* fügt er wohl hinzu, da hier besonders hohe Temperaturen herrschten. Auch der gut gemauerte Ofen, der den Raum beheizt, wird hervorgehoben. Wasser wurde in diesem Gemach offenbar nicht verwendet, es wird zumindest nicht erwähnt. Interessant ist Dans Beschreibung der Löcher im Fußboden, durch die die Hitze direkt in den Raum eindringen kann. Ganz besonders diese Aussage macht für dieses Schwitzbad eine Art Hypokaustenheizung wahrscheinlich. Von der Funktion entspricht er dem antiken Lakonikum, einem trockenen Schwitzbad.

Beim darauffolgenden Raum, *estuves*, hebt der Autor anderes hervor. Er liegt noch nahe der Heizung und steht in direkter Verbindung mit dem Warmwasserkessel oder, wörtlich, der »cuve d'arain qui est cachée à costé où est le fourneau.« Der Wasserkessel zur Aufbereitung von Heißwasser war hinter der Wand versteckt und somit für den Pater nicht sichtbar. Die Verwendung von Wasser in diesem ebenfalls sehr heißen Raum führte automatisch zur Entstehung von Wasserdampf. Dieser Raum muß also als Dampfbad (dem vitruvianischen Sudatorium) gedient haben. Eventuell waren hier einige der 1537 gelieferten zwölf Bottiche und

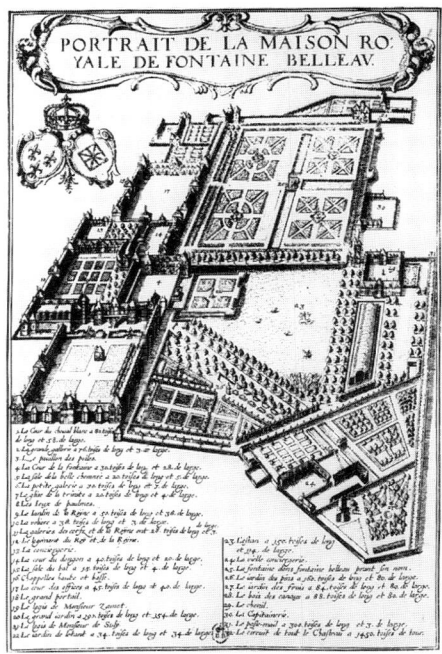

66. *J. Androuet Du Cerceau, Ansicht von Schloß Fontainebleau aus »Les plus excellents Bâtiments...« , 1576 (Königliche Bibliothek Stockholm)*

Wannen untergebracht. Eine ähnliche Atmosphäre, wie sie Primaticcio in seinem Entwurf *Das Bad von Mars und Venus*, der für das Fresko im anschließenden Badesaal bestimmt war, darstellt, könnte in diesem *estuves* geherrscht haben. Zuber und Wannen wurden mit Wasser aus wertvollen Gefäßen gefüllt. Man badete darinnen in dem dampfig heißen Raum und erfrischte sich danach im anschließenden Gemach mit kleiner Piscina. Die Ausschmückung mit allerlei Groteskenmalereien erinnert an die römischen groteskengeschmückten Bäder des Raffael-Umkreises.

Von dem anschließenden Saal mit Becken gibt der Stich d'Orbays (Abb. 67) den Querschnitt wieder. Im Zentrum des Raums ist das große Bassin in den Boden eingelassen. Im Stich d'Orbays ist zu erkennen, daß eine Sitzstufe das Becken

Legenden der Farbabbildungen

1 Hauptraum des Bades der Alhambra, 1333-51 erbaut
2 Petrus de Ebulo, »Balneum Tripergula«, Miniatur aus der illuminierten Handschrift »De balneis Puteolanis«, 13. Jh. (fol. 10 recto, Biblioteca Angelica, Rom)
3 Petrus de Ebulo,» Balneum Sudatoria«, Miniatur aus der illuminierten Handschrift »De balneis Puteolanis«, 13. Jh., (fol. 2 recto, ebd.)
4 Konrad Kyeser, Badeanstalt auf Stelzen mit Blick ins Innere, Miniatur aus der Handschrift »Bellifortis«, 1405 (2° Cod. Ms. Philos. 63 Cim., Bl. 114 verso, Niedersächsische Staats- und Universitätsbibl. Göttingen)
5 Persische Miniatur mit Szenen aus dem Badeleben (Or. 6810, fol. 27 verso, Oriental and India Office Collection of the British Library, London)
6 Der Minnesänger Jakob von der Warte beim Baden im Garten, Miniatur (Cod .Pal. Germ. 848 [Große Heidelberger Liederhandschrift »Codex Manesse«], fol. 46 verso, Universitätsbibl. Heidelberg)
7 Meister des Herzogs Anton von Burgund, Öffentliche Badstube um 1470, Miniatur aus der Handschrift des Valerius Maximus, um 1470 (Universitätsbibl. Leipzig)
8 Hauptraum der»Grotta« im Palazzo del Tè, Mantua, 1528-34
9 Baderaum von Papst Klemens VII., Vatikan
10 Badesaal der Badenburg im Schloß Nymphenburg, München, 1718-22 von Joseph Effner errichtet

2

3

4

Philong mgern Balne Boier sir yolei
Completens Solni hospita stam qi singar aleriu
Trup oum fundi. sir forunu in quo rumnale
Locet impori, et pila rorundi formula
Applicet subeng. qamb long conuersuine
Bonet pila fouerur. erpir aqua forner uorna
Solni submerne. ppompno catessa aqua

5

umgibt, jedoch verzeichnet d'Orbay keine Balustrade, wie sie Vitruv bei seinen Badebecken fordert. Ein Umgang zieht sich um das Becken. Der Raum ist mit einer abgeflachten Kuppel eingedeckt. Wie in Serlios Baderäumen scheint auch hier das Becken beinahe den gesamten Raum auszufüllen. Das vertiefte Becken mit Sitzstufen erinnert ebenso an die bereits beschriebenen italienischen Bäder bzw. Bäderentwürfe wie die Groteskenmalerei. In ihrer Ausdehnung bleiben die genannten italienischen Alvei jedoch weit hinter dem Badebecken von Fontainebleau zurück. Die anschließenden Räume dienten eventuell noch dem Bad, indem auch hier Zuber und Wannen aufgestellt wurden, oder aber sie waren ganz der Ruhe nach dem Bad und dem An- und Auskleiden gewidmet.

Das vertiefte Becken mit Sitzstufen erinnert an Vitruvs Beschreibung des Caldariums, wenngleich es in Fontainebleau auch keine Nischen für das Badebecken (*Alveus*) gibt, das Labrum fehlt. Auch Vitruvs *laconicum sudationesque*, also das Vorhandensein von Dampf-Schwitzbad ist hier verwirklicht, dagegen aber in keinem der italienischen Bäder bzw. Bäderentwürfe der Zeit realisiert. In der Großzügigkeit der Badeanlage gibt es kein italienisches Vergleichsbeispiel. Lediglich Raffaels Beschreibung des Bades der Villa Madama stellt eine noch pompösere Badeanlage vor. Ist jedoch Raffaels Badbeschreibung eher eine literarische Beschwörung der antiken Badeanlage, so steht das Bad Franz' I. als eigenständige Anlage vor uns. In der Kombination verschiedener Baderäume, in ihrer Ausmalung mit Grotesken, in ihrer wertvollen Ausstattung und auch in ihrer Lage gegen Süden mit Blick auf den Teich der »Cour de la Fontaine« und darüber hinaus in weite Landschaften klingen antike Motive an, wie sie insbesondere Vitruv und Plinius überliefern. Dennoch: Sieht man das zähe Ringen der italienischen Künstler jener Zeit, das Bad *all'antica* wiedererstehen zu lassen, was letztlich erst im Plan Sangallos für die Villa Cervini Anfang der 1540er Jahre gelungen ist, so stellt sich erneut die Frage nach möglichen Vorbildern des Bades von König Franz I.

Die französische Bädertradition

In Frankreich und Flandern gab es – anders als in Italien – bereits im Mittelalter Bäder und Badeanlagen von großer Rafinesse. Aus einer ganzen Raumflucht bestand die *Badeanlage des Herzogs von Burgund in Brügge*. 1446 sind ein Baderaum *baignerie*, Schwitzräume *étuves*, ein Vorraum *retraict*, *étuves à barbier*, ein Schwitzraum, der offenbar zugleich dem Barbier diente, ein Serviceraum mit

67. *Fontainebleau, François d'Orbay, Querschnitt durch die Galerie Franz I. mit darunterliegenden Baderaum, 1676*

Ofen zur Erhitzung des Badewassers und zwei Ruheräume mit Kaminen dokumentiert.[7] Bereits 1444 ließ der Herzog aus Dijon einen *étuvier* kommen, der ihm in Brügge ein regelrechtes Schwimmbassin von ca. 4,2m x 2,6m einbauen sollte. Vermutlich gehörte es zum Badezimmer.[8] Das *Hôtel de le Walle in Gent* konnte laut der Rechnungsbücher von 1395/96 eine ähnliche Badeanlage aufweisen. Zwei Künstler wurden für ihre Ausmalung der zwei Baderäume, *chambres baignoires*, des Schwitzbades *estuves*, dem Ruhezimmer und Bedienungsgängen bezahlt.[9] Gewiß gab es auch hier einen Heizraum. Nicht nur in der großzügigen Raumfolge, sondern ebenso in dem hohen Niveau der heiztechnischen Anlagen überraschen die mittelalterlichen Bäder in französischen Palästen.

Besonders gut dokumentiert ist das Heiz- und Wasseraufbereitungssystem im *Bad des Hôtel Jacques Coeur in Bourges*, das zwischen 1443 und 1450 eingerichtet wurde: Zwischen Küche und Diensträumen liegt im Erdgeschoß ein großer

Rechteckraum mit ausladendem Kamin. Von hier führt eine schmale Treppe zu den Wohnräumen des Obergeschosses. Die dritte Stufe der Treppe weitet sich zum Treppenabsatz, von dem aus die Tür Zugang zu einem Badezimmer. Das Badegemach mißt 2,24m x 2,6m und ist mit einem spitzbogigen Kreuzrippengewölbe eingedeckt. In die Wand zwischen Bad und angrenzendem Kaminraum sind zwei Behälter eingelassen.

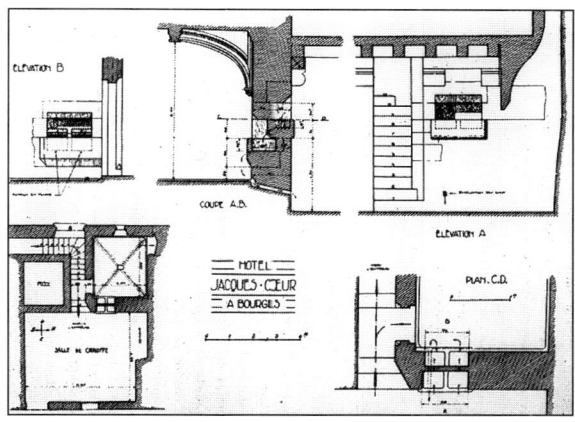

68. Bourges, Badeanlage des Hôtel Jacques Coeur, 1443-1450, Grundriß und Schnitt

Im Kaminraum befinden sich etwa 1,6m über dem Boden ebenso zwei Wasserströge in der Wand. Während der eine vom Dienstpersonal mit über dem Kaminfeuer erhitzten Wasser gefüllt wurde, befand sich im zweiten kaltes Wasser. Diese Tröge sind durch Röhren mit den etwas tiefer liegenden Behältern des Baderaums verbunden. Hier gab es ursprünglich Wasserhähne zum Entleeren der Wasserströge. Der Boden des Bades ist hypokaustiert und ruht auf ca. 60cm hohen Ziegelpfeilern. Der Hohlraum des Hypokaustums wurde vom Kamin des Feuerraums aus beheizt. Ein Röhrensystem in Wänden und Wölbung sorgte für die Luftzirkulation.[10] Wurde das Wasser aus den Behältern in der Wand abgelassen, so verdampfte es sofort auf den erhitzten Bodenplatten und erzeugte ein heißes Dampfbad. Wahrscheinlich stellte man nach Bedarf auch eine bewegliche Wanne unter die Wasserhähne, um den Raum für das wohlige Wannenbad nutzen zu können.

Eine ähnliche Anlage ist im *Schloß von Guémené-sur-Scorff* erhalten. Der Viscount Jean de Rohan ließ hier bereits kurz nach 1377 ein Badezimmer im Erdgeschoß des südwestlichen Flügels einrichten. Der Raum von 2,25 x 1,8m im Grundriß und einer Höhe von 2,5m ist mit einem spitzbogigen Kreuzrippengewölbe eingedeckt. Auch hier finden sich wieder die beiden in die Wand eingelassenen Wasserkammern, die seitlich an einer Wandnische liegen. Sie sind wie im Hôtel Jacques Coeur mit zwei Wasserströgen des angrenzenden Heizraums verbunden. Vom Kamin des Heizraums führen zwei Leitungen direkt zu einer 19cm schmalen Luftkammer, die durch eine nur 6 cm dicke Scheidewand vom Baderaum getrennt ist. Wurde das Feuer im Herd des Kamins entfacht, füllte die heiße Luft diese Kammer und erwärmte über die dünne Scheidewand den Baderaum. Von der Kammer gelangte die Warmluft durch ein quadratisches Loch von 10cm Seitenlänge in die doppelschalige Gewölbekonstruktion einerseits, andererseits füllte sie ein Hypokaustum unter dem Fußboden des Bades. Die beinahe allseitige Umschließung des Raums mit Heißluftkammern ermöglichte die Erzeugung hoher Temperaturen und seine Nutzung als Schwitzbad. Hier wie im Bad des Hôtel Jacques Coeur entstand durch Einleitung des Wassers aus den Trögen ein Dampfbad.[11]

Ein weiteres Bad dieses Typus' wurde in Frankreich im *Schloß von Montreuil-Bellay* (Ende des 15. Jh.s.) des zweiten Barons von Anjou, Guillaume d'Harcourt, entdeckt. Der Raum mißt 2,1m x 2,1m, ist ebenfalls kreuzrippengewölbt und mit einem danebenliegenden Heizraum verbunden. Ein Hypokaustum wird durch vier 0,95m hohe Säulen unter dem Bodenbelag des Bades gebildet. Auch im Château de Montreuil-Bellay sind Hypokaustum und Ofen des Heizraums miteinander verbunden.[12]

Neben den integrierten Schloßbädern gibt es spätestens seit dem 15. Jh. auch den eigenständigen Badepavillon in Frankreich. Im *Hôtel Saint-Pol*, Paris (um 1360), wird von den *étuves* mit großen, von Vorhängen umschlossenen Bottichen in einem eigens dafür unter Karl V. errichteten Pavillon berichtet.[13] Ebenso wird im *Schloß Mehun-sur-Yèvre* des Jean de Berri ein Bäderpavillon erwähnt.[14] Es darf angenommen werden, daß auch deren technische Ausrüstung nicht hinter jener der Schloßbäder zurückblieb.

In Frankreich bestand also bereits vor dem Bau der Badeanlage von Fontainebleau eine sehr fortschrittliche, für die damalige Zeit luxuriöse Badekultur, die weit über derjenigen Italiens lag. Hypokaustum, doppelschaliges Gewölbe, Luftkammern bzw. Tubulierung der Wände weisen eindeutig auf antike Vorläufer hin. Auffallend bei diesen frühen Beispielen ist das Fehlen festinstallierter Badewannen oder -becken. Offenbar wurde dem Schwitz- und Dampfbad, also dem vitruvianischen *laconicum sudationesque* der Vorrang gegeben. In dieser Schwerpunktsetzung sind die französischen Bäder den islamischen vergleichbar. Hier stellt sich die Frage, ob die Kreuzzüge – wie allgemein angenommen[15] – nur das Bedürfnis nach Bädern weckten oder ob man sich nicht auch gleichzeitig von deren Form und Funktion(alität) anregen ließ. Die Bäder der Muslime waren den Christen ebenso zugänglich, und diese nutzten auch die Möglichkeit, wie es z. B. der Pilger Frater

Felix Faber 1483 beschreibt: »Als es nach Mittage war worden, da führt man uns in ein Badstuben, da zogen wir uns aus und badeten da bei den Heiden. Ich hab all meiner Tage köstlicher Badhaus nie gesehen, denn da war mit schneeweißem poliertem Marmelstein alles überzogen...«.[16] Den Muslimen ist das Wannenbad bzw. das Bad in stehendem Wasser verboten, was dazu führte, daß sich in den islamischen Ländern das Dampf-Schwitzbad etablierte. Wie bereits im vierten Kapitel ausführlich beschrieben, setzt das Bad im Orient vor allem hinsichtlich des technischen Betriebs die Errungenschaften der Antike fort. So finden sich Hypokaustum, tubulierte Wände, ein direkt an den heißen Schwitzraum anschlie-

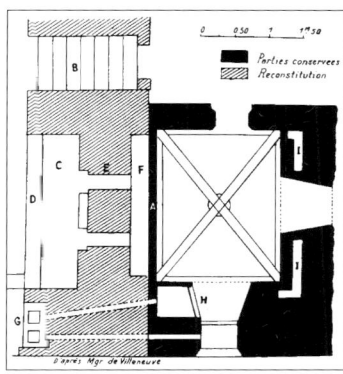

69. Guéméné-sur-Scorff, Badeanlage des Schlosses, nach 1377, Grundriß und Schnitt

ßender Heizraum mit Wasseraufbereitungsanlage grundsätzlich im islamischen Bad – somit genau jene Elemente, die für das mittelalterliche Bad Frankreichs charakteristisch sind. Besonders die von Vitruv in der zweiten Hälfte des ersten Abschnitts und in Abschnitt 2 beschriebenen Merkmale (Wasseraufbereitung, Hypokaustum) sind im Bad der islamischen Welt unmittelbar nachvollziehbar.

Es ist kaum anzunehmen, daß die französischen Bäder des Mittelalters als direkte Antikenrezeption zu interpretieren sind. Einen Aufschluß über mögliche *Traditionslinien* können die relativ gut untersuchten Heizsysteme geben.

Exkurs: Mittelalterliche Heiztraditionen

Im Mittelalter und auch früher bis hin zur Karolingerzeit sind verschiedenartige *Hypokaustenheizungen* belegbar. Besonders in *Klosteranlagen* scheinen sie weit verbreitet und gebräuchlich gewesen zu sein. Erstaunlicherweise stehen Hypokaustenheizung und Bad nur in sehr frühen Klosteranlagen noch in unmittelbarer Verbindung miteinander, obwohl das Bad eine konstante Einrichtung in Klöstern und bei der Geistlichkeit war.[17] Bereits Papst Formosa (9. Jh.) besaß ein freskiertes Dampfbad.[18] In Monte Casino, dem Mutterkloster der Benediktiner, wird 1140 von einem prächtig ausgestatteten Badezimmer, das neben der Küche lag, gesprochen.[19] Bezeichnenderweise nannten die Benediktiner ihre Badekammer *Hypocaustum* oder *Pyrale*.

189

Hilfreichen Aufschluß über das beheizte Klosterbad gibt der *Sankt Gallener Klosterplan* von ca. 820 (Abb. 70). Gleich vierfach tauchen hier Badeanlagen auf: ein Bad im Gesindehaus, das neben Küche und Keller liegt und wohl ohne besondere Ausstattung war; ein zweites gehörte zum Hospital, ein drittes zum Konvent der Novizen. Auch diese beiden letztgenannten Bäder lagen direkt neben der Küche, ein Ofen befand sich in deren Zentrum. Vier runde Badezuber standen in den vier Ecken. Ferner gab es Bänke an den Wänden. Aufschlußreich ist die Anlage des vierten Bades im Schlaftrakt der Mönche. Unter dem *Dormitorium* (Schlafsaal) lag der ebenso große Warmraum (*calefactoria*). Seitlich des *Calefactoriums* ist ein Kamin, in einiger Entfernung davon ein Kanal mit Schornstein zur Ableitung des Rauches (*evaporatio fumi*) eingezeichnet. Die getrennte Anlage beider zur Heizung gehörigen Elemente ergibt nur dann einen Sinn, wenn die im Kamin (*caminus ad calefaciendum*) erzeugte Heißluft zuerst in ein Hypokaustum unter dem Fußboden des Calefactoriums und erst dann über den Rauchabzug ins Freie geleitet wurde. Der Rauchabzug mußte ferner den Nachzug der Heißluft gewährleisteten. Über einen Gang gelangte man vom Calefactorium zum Bade- und Waschraum, in dem sich wiederum ein Zentralofen bzw. zwei Badezuber befanden. Die gleichen Heizvorrichtungen gab es im Novizenhaus und im Hospital.

Auch für Zisterzienserklöster sind ähnliche Heizvorrichtungen belegt (Abb. 71 und 72). Im *Calefactorium des Zisterzienserklosters von Maulbronn* (13. Jh.) ist noch heute das Hypokaustum erhalten. Ein gewölbter Raum erstreckt sich unter dem Plattenbelag des Warmraums. Dieser Gewölberaum wurde von einer Außenfeuerung beheizt. An der nördlichen Außenwand des Calefactoriums befindet sich der Rauchabzug. Er ist mit der Heizkammer verbunden und verschließbar. In das Tonnengewölbe des Heizraums sind 20 Röhren von ca. 11cm Durchmesser eingelassen. Sie führen zum Calefactorium hinauf, wo sie sich auf einer Fläche von 3,5m x 3m verteilen. Diese Röhren waren mit runden Metallplatten verschließbar. War das Feuer im Heizraum erloschen, der Rauch entwichen, wurde der Rauchabzug (D) geschlossen und die Röhren (E) geöffnet. Die heiße Luft drang nun direkt in das Calefactorium ein und beheizte dieses mehrere Tage lang. Durch die indirekte und direkte Beheizung des Maulbronner Calefactoriums entstand in diesem Raum eine sehr hohe Temperatur. Es drängt sich die Vermutung auf, daß der Warmraum ursprünglich oder aber gleichzeitig als (Schwitz-)Bad genutzt wurde, da heute noch eine Wasserabflußrinne erhalten ist.

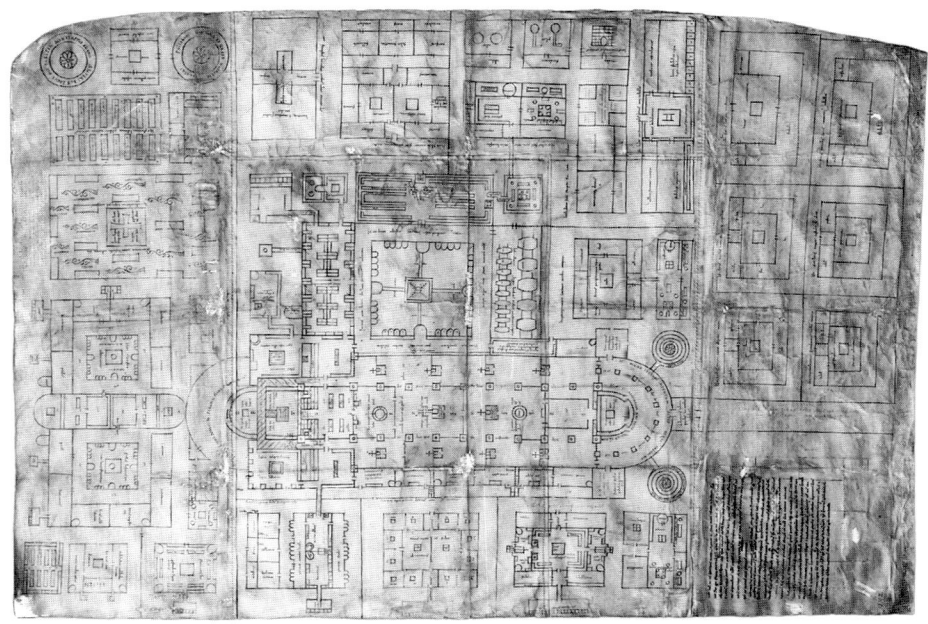

70. St. Gallener Klosterplan, ca. 820 (St. Gallen, Stiftsbibliothek)

Solche Heizanlagen mit Warmluftlöchern im Boden treten bereits in Bauwerken des Imperium Romanum auf, z. B. in den Sudatorien der *Bäder des Kastells Nekkarburken und Urspring*, im *Kastell von Weißenburg* sowie in der *römischen Saalburg*[20]. Schon Winkelmann[21] erwähnt solche Heizkanäle in einem Raum im Obergeschoß einer *Villa in Herculaneum*. Die Heißluft trat aus Löwenköpfen an der Wand aus, die durch Stöpsel verschließbar waren.

Hypokaustenheizungen sind ebenso wie in Frankreich auch in Deutschland bereits im Mittelalter mehrfach belegt,[22] wenn auch nicht im Zusammenhang mit Bädern. Besonders interessant ist die Entwicklung einer Sonderform der Hypokaustenheizung im deutschsprachigen Raum, die an die alte Heizmethode der mittelalterlichen Bäder erinnert, nämlich das Erhitzen der Steine auf dem Ofen und anschließendem Begießen mit Wasser zur Dampferzeugung. Hunziker wies diese Sonderform in einem ehemaligen *Dominikanerkloster* des 13. Jh. in *Bern* nach.[23] Unter dem Boden des Refektoriums befand sich eine tonnengewölbte Heizkammer. Auf ihrem Boden war ein Steingerüst aus mehreren spitzbogigen Rippen auf-

191

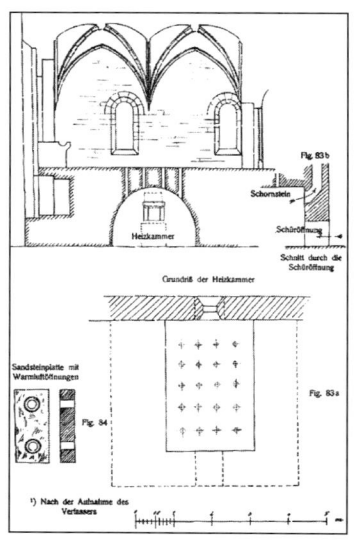

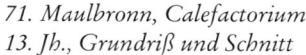

71. *Maulbronn, Calefactorium*
13. Jh., Grundriß und Schnitt

72. *Maulbronn, Calefactorium der Zisterzienserabtei*

geführt. Dieses Gerüst war mit einem Haufen großer Kieselsteine bedeckt, die jedoch nicht zwischen den Rippen durchfallen konnten. Von einem angrenzenden Vorraum wurde das Feuer in dem Steingerüst entfacht. Die darüberliegenden Steine erhitzten sich und gaben noch lange Zeit nach Erlöschen des Feuers die Hitze an die Umgebung ab. Ähnliche Heizanlagen existierten im Ordensschloß der Marienburg und andernorts.[24] Offenbar wurden hier römische mit skythisch-germanischen Heizmethoden gemischt.

Die Klöster sind in der westlichen Welt als die Traditionsträger der Hypokaustenheizung zu bezeichnen. Ihre Nutzung verlagert sich von den Baderäumen (St. Gallen) zu den sogenannten Warmräumen. In deren Bezeichnung als *Pisale* (lat. *pensilis* = auf Bögen ruhend, schwebend) ist noch der Verweis auf das ursprüngliche Heizsystem enthalten.[25]
Läßt sich das antike Heizungssystem als durchgängige Traditionslinie bis ins Zeitalter der Renaissance hinein darstellen, so gilt das keineswegs für das hypokaustierte Bad. Die Bäder wurden in der Regel von einem Ofen beheizt oder lagen neben der ohnehin warmen Küche. Dampf wurde durch Begießen heißer Steine

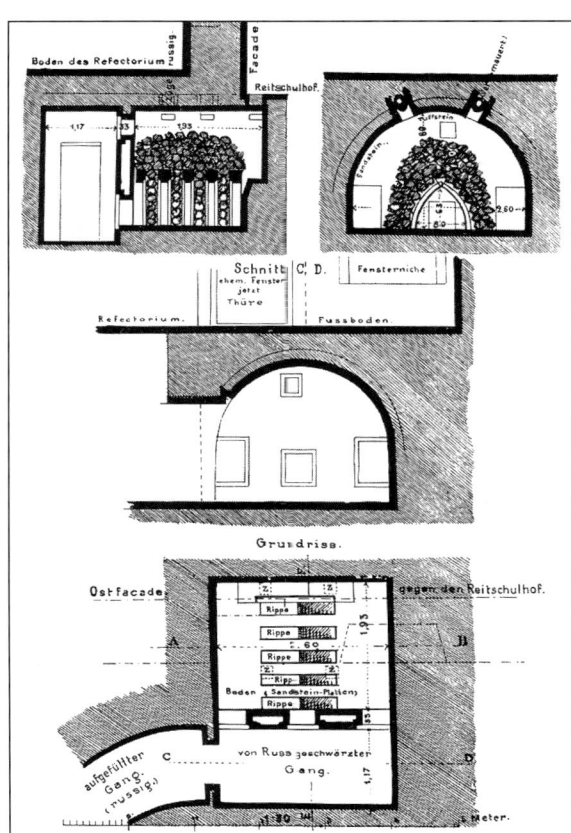

73. Bern, ehemaliges
Dominikanerkloster, 13. Jh.,
Heizsystem des Refektoriums
(nach Hunziker)

erreicht oder durch den entweichenden Dampf der brodelnden Wasserkessel über der Feuerstelle.

Die obengenannten französischen mittelalterlichen Bäder weichen in allen Punkten von diesem ›typisch‹ mittelalterlichen Bad ab. Das Auftauchen des Hypokaustums gerade in Dampf-Schwitzbädern kann nur so sinnvoll erklärt werden, daß man die (im klösterlichen Bereich tradierte,) bekannte Technik im orientalischen Bad in neuer Funktion erlebte. Die Annehmlichkeiten gerade des Bades der Orientalen wird über Jahrhunderte hinweg von europäischen Orientreisenden immer wieder gepriesen. Als man mit seinen eigenen zur Verfügung stehenden Mitteln versuchte, zu Hause nachzubauen, was man dort schätzen und lieben gelernt hatte, entstanden die für damalige Verhältnisse luxuriösen mittelalterlichen Privatbäder.

Konsequenzen für das Bad von Fontainebleau

Die Beschreibung der Heizung für das *Schwitzbad* von Fontainebleau des Paters Pierre Dan: »…estuves chaudes que l'on echauffe au moyen d'un grand fourneau fort bien pratiqué, qui exhale sa chaleur par certains petits souspiraux qui sort du pavé…« (»…heiße Bäder, die man mittels eines großen gut ausgeführten Ofens beheizt, der seine Wärme über gewisse kleine unterirdische Spiralen, die sich in dem Steinbodenbelag befinden, abgibt…«) läßt keinen Zweifel daran, daß sie dem Typus eines Heizsystems entsprochen hat, wie er im Calefactorium der Zisterzienserabtei von Maulbronn belegbar ist. Dies machen die typischen, aber sehr seltenen Heißluftröhren im Boden deutlich, die zwar kaum direkt aus Maulbronn importiert wurden, sondern früher wohl auch in französischen Zisterzienserabteien in Gebrauch waren. Lagen Ofen und Heizung also unterhalb des Fußbodenniveaus, so muß der Heißwasserkessel in unmittelbarer Nähe zur Feuerstelle gelegen haben (»cuve d'airain qui est caché a costé ou est le fourneau«). Die Lage des Wasserkessels direkt hinter dem *Dampfbad* erinnert an die orientalische *Wasseraufbereitungsanlage*. In der Zeit, als im Schloß von Fontainebleau die Badeanlage eingerichtet wurde, waren solche Systeme nur noch im gesamten orientalischen Kulturbereich gebräuchlich und deren Technik – ursprünglich aus der Antike übernommen und den eigenen Bedürfnissen entsprechen abgewandelt – in diesen Gebieten entsprechend perfektioniert worden. Auch hier diente der Ofen im Heizraum hinter dem *Harāra* zur Beheizung des *Hypokaustums*, sofern dieses vorhanden war (Türkei 15./16. Jh., Spanien und Maghreb bis 15. Jh.), wie zur Erhitzung des Wassers. Die Wasserwanne wird im Orient in einem separaten, völlig abgedichteten Raum installiert. Dieser Raum füllt sich mit Dampf, der über kleine Löcher oder Fensterchen in der Zwischenwand ins Dampfbad geleitet werden kann. Der Wasserbehälter hat meist zwei Vertiefungen, eine direkt über der Feuerstelle, die zweite – mit der ersten durch eine Röhre am oberen Rand verbunden – etwas weiter abseits liegend. So wird die Heiß- und Warmwasserversorgung gewährleistet. In Fontainebleau deuten verschiedene Merkmale darauf hin, daß das Wasseraufbereitungssystem ein ähnliches war. Dan spricht von einem *cuve*, also eher einem beckenartigen Wasserbehälter als einem zylindrischen Boiler, wie ihn etwa Vitruv erwähnt oder italienische Künstler zu der Zeit bereits entworfen und istalliert hatten. Er nennt auch nur eine Wanne und nicht *all'antica* je einen Wasserbehälter für heißes, warmes und kaltes Wasser. Bei Dans profunder Kenntnis der Badeanlage hätte er ein Wasseraufbereitungssystem all'antica gewiß auch eindeutig als solches erwähnt. Aus dieser einen »Wanne« konnte man aber zugleich warmes und heißes Wasser ableiten

(»l'on tire de l'eau chaude ou tiede, telle qu'il en est besoin«). Auch das deutet auf das orientalische System hin.

Der *dritte Raum mit vertieftem Becken mit Sitzstufen* ist am schwierigsten einzuordnen. Solche Becken erwähnt zuerst Vitruv, dann finden sie häufig Verwendung in den Bäderentwürfen von Antonio da Sangallo d. J., Peruzzi und Serlio. In Fontainebleau ist das Badebecken jedoch von wesentlich größeren Ausmaßen als bei den Italienern und von rechteckigem Grundriß, während in Italien die Oval- oder Rundform bevorzugt wurde. Im orientalischen Kulturbereich waren vor allem in Ägypten Seitenräume mit vertieften, rechteckigen Warmwasserbecken gebräuchlich. Aber auch in Thermalbädern gab es das meist oktogonale Zentralbecken mit Sitzstufen. Auf Sizilien sind zwei Bäder in mittelalterlichen Palästen belegt, die solche vertieften Becken besaßen.[26] Auch im Bad des Palazzo Rufolo (13. Jh.) lag ein vertieftes Badbecken im Zentrum.[27] Im nahegelegenen Pontone gabe es ein ähnliches Bad mit vertieftem Becken und Sitzstufen (11. Jh.), das als arabisches Bad bezeichnet wird.[28] All diese Beispiele sind auf orientalische Bädervorbilder zurückzuführen. Im französischen Kulturbereich existierte vor der *Piscina* des Bades von Fontainebleau nur im Herzogpalast von Brügge ein großes Badebekken, das jedoch nicht vertieft und mit Sitzstufen versehen, sondern auf Fußbodenniveau installiert war. Dagegen waren die Schwimmbecken mit Sitzstufen in den Thermal- und Heilbädern der Zeit gebräuchlich.

Die Badeanlage von Franz I. zeichnet sich gegenüber den luxuriösen mittelalterlichen Bädern Frankreichs durch seine Lage aus. Es lag – noch den Traditionen entsprechend – im Sockelgeschoß des Schlosses, das sich parterre zur *Cour de la Fontaine* hin in Bogenstellungen öffnete. Vom Bad aus hatte man freien Ausblick über den »Brunnenhof« hin zum davorliegenden Teich und in die weite landschaftliche Umgebung hinein. Plinius d. J. beschreibt in seinen Villen Warmbäder mit Blick aufs Meer und die umgebende Natur, vergleichbar mit dem Bad des Schlosses Fontainebleau.

Die Größe des Raums und des Beckens sowie der Ausblick vom Bad auf See und Landschaft lassen in Fontainebleau primär an *Antikenrezeption* denken. Schwimmbecken sind dem Orientalen fremd. Es gab nur große Becken im Freien für das Spiel der Haremsdamen, bei dem der Sultan von einer seitlichen Galerie aus zuschauen konnte. In seiner Gesamtheit ist die Badeanlage von Fontainebleau jedoch als eine Mixtur verschiedener Einflüsse und Traditionen zu bewerten:

1. Im vorangegangenen Kapitel wurde auf die Schwierigkeiten eingegangen, die die italienischen Renaissancekünstler in der Interpretation von Vitruvs Text zum

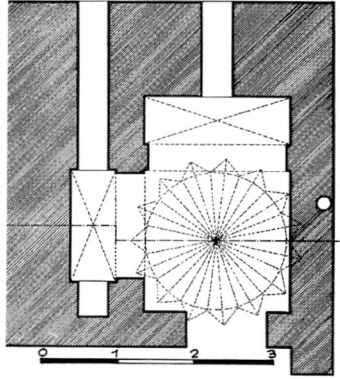

74. Pontone, arabisches Bad in einem Privatpalast, 13. Jh., Grund- und Aufriß

Thema Bad hatten. In Frankreich dagegen konnte man Vitruvs oder Plinius' Bäderbeschreibungen teilweise in den eigenen mittelalterlichen Bädern wiedererkennen. Das vitruvianische *Heizsystem* war kein fremdes.

2. Jedoch entspricht die Art und Weise der *Wasseraufbereitung* nicht Vitruv, nicht dem heimischen mittelalterlichen Gebrauch, auch nicht dem Traktat Francesco di Giorgios, sondern der orientalischen Methode.

3. Die große *Piscina* mit Sitzstufen ist dagegen Rückgriff auf antikes Erbe, in das vielleicht Bekanntes aus den heimischen Heilbädern gemischt wurde.

Die eingehende Analyse der Badeanlage von Fontainebleau mit all ihren spezifischen Merkmalen deutet darauf hin, daß im künstlerischen Umkreis von Franz I. eine Synthese der alten heimischen Bädertraditionen, der orientalischen Gebräuche des Dampf- und Schwitzbades und einer in Italien diskutierten Antikenrezeption stattfand. In ihrer Verbindung französisch-mittelalterlicher Tradition mit den Errungenschaften der italienischen Renaissance ist die Badeanlage eine ganz typisch französische Erscheinung. Im Blick gen Osten wirkt das innovative Interesse des Königs. Es kann kaum Zufall sein, daß das Bad von Fontainebleau zu einer Zeit entstand, als Franz I. (1525, 1532 bzw. 1535) mit Sultan Soliman dem Prächtigen die türkisch-französische Allianz gegen Karl V. aushandelte. Botschafteraustausch und rege Handelsbeziehungen zwischen Frankreich und der Hohen Pforte ebneten jedem Neugierigen oder Wißbegierigen den Weg, beliebige Informationen über Kunst, Kultur, Religion etc. des fernen Landes zu erhalten.

In Italien waren ähnliche Ansätze noch bei Francesco di Giorgio zu erkennen.[29] Er verfaßte seine Bäderbeschreibungen zunächst auf der Grundlage einer Vitruvübersetzung, um dann in allen technischen Einzelheiten das zu beschreiben, was ihm im Zusammenhang mit Heizsystem, Wasseraufbereitung und Bad erreichbar und bekannt war. Man muß auch annehmen, daß die unter orientalischem Einfluß entstandenen Bäder des bekannten Palazzo Rufolo oder von Pontone im amalfischen Küstengebiet mit ihren versenkten Becken mit Sitzstufen den Künstlern der italienischen Renaissance bekannt waren. Bei der Konzeption von Peruzzis oder Sangallos und später Serlios »Beckenräumen« mit vertieftem, fast den ganzen Raum einnehmenden Badebassins mit Sitzstufen können ebenso diese orientalischen, damals noch existierenden Bäder wie auch jene antiker Ruinen eine Rolle gespielt haben.

2. Bäder des 15. und 16. Jh.s

Im 15. und 16. Jh. entstanden in Frankreich zahlreiche Bäder oder auch Badepavillons, die heute weitgehend zerstört sind. Inventare, Rechnungsbücher und andere Quellen ermöglichen jedoch, sich eine recht gute Vorstellung der Bäder und Badekultur zu machen. Stadtpaläste, Schlösser und Herrenhäuser besaßen meist einen eigenen Raum für das Bad. Das Bad wurde in hölzernen, mitunter auch silbernen[30] Badewannen gerichtet. Diese wurden mit Vorhängen aus feinen Stoffen, die an einem Baldachin befestigt waren, beim Baden verschlossen. Man kannte bereits im Mittelalter den Zusatz duftender Badeöle und -essenzen. Wohl die wenigsten dieser Bäder waren mit Hypokaustum versehen. Sie lagen in der Regel nahe der Küche im Keller- oder Sockelgeschoß und konnten von dort aus versorgt werden. Die *Badewanne der Anne de Bretagne* besaß sogar eine eigene »Heizung«. Auf einem Dreifuß ruhte ein Heizbecken, auf dem ein Feuer zubereitet wurde. Diese Apparatur stand unter der Badewanne. Zwei mit Wasser gefüllte Fässer standen bei der Wanne. Über die Hähne an den Fässern konnte das Wasser fürs Bad eingeleitet werden.[31] In Frankreich werden häufig zwei Baderäume erwähnt, die zusammen die Badeanlage ausmachten: *baigneries* und *étuves*. Während die *baignerie* primär dem Wannenbad diente, waren die *étuves* dem Schwitz und Dampfbad gewidmet. Dort, wo es nur einen Baderaum gab, waren beide Funktionen in einem Raum vereint. Hier steht der Begriff *étuves* übergeordnet für das Bad. Neben den oben ausführlich beschriebenen Beispielen des *Schlosses Guéméné-sur-Scorff, des Hôtel Jacques Coeur in Bourges, des Herzogpalastes in Brügge und des Schlosses von Montreuil-Bellay* (Ende des 15. Jh.s) werden *étuves* in dem bereits 1360 entstandenen Badepavillon König Karls V. im *Hôtel Saint-Pol, Paris*, erwähnt.[32] 1384 ließ sich Marguerite von Flandern, die *Herzogin von Burgund*, im *basse cour* ihres *Palastes in Dijon* eine *étuve* einbauen. 1471 erwähnt ein *Inventar des Schlosses von Angers* soge-nannte *étuves voutées* des Königs René.[33] Auch in seinem *Schloß in Baugé* besaß der König gewölbte Baderäume. Eine weitberühmte *Badeanlage* ließ sich *Philipp von Kleve* (1459–1527), der belgische Krieger, einrichten.[34]. Sie bestand aus drei Räumen: der *Chambre de bains*, den *étuves* und dem Heizraum. Im Badezimmer befanden sich vier Badebottiche. Sie waren durch weiße Stoffe zeltartig zu ver-schließen. Ferner stand ein ähnlich umhüllbares Bett im Badezimmer. Gemälde mit Venus und Akteon oder Szenen mit nackten Frauen zierten die Wände der Badegemächer. Im Schwitzraum gab es eine umlaufende Bank. Auch hier konnte man sich wieder dem Blick entziehen, wenn man die weißen Vorhänge zuzog. Der Heizraum diente sowohl zur Aufbereitung von Warmwasser wie auch zur Erwär-mung der Baderäume. Das Inventar erwähnt Schöpfkellen, die darauf schließen lassen, daß die Funktion des Heizraums der Badeanlage des Philipp von Kleve der des Hôtel Jacques Coeur oder des Schloßbades von Guéméné-sur-Scorff ver-gleichbar war; das Wasser also über einer Feuerstelle erhitzt und dann in die Was-serbehälter, die in der Wand eingelassen waren, geschöpft wurde. Von dort konnte man es direkt in den Baderaum oder die *étuves* fließen lassen.

Eine interessante Variante einer Badeanlage findet sich im *Schloß Nantouillet*[35] im Sockelgeschoß. Hier sind in zwei Räumen in tonnengewölbten Nischen fest ein-gemauerte Becken und eine eingelassene Wanne erhalten. Da in der französischen Badeanlage der Schwitzraum von großer Bedeutung war, wurde sicherlich einer der anschließenden Räume des Sockelgeschoßes als *étuves* genutzt. Die ebenfalls im Sockelgeschoß liegende Küche diente gleichzeitig als Heizraum. Die Bäder waren über eine Wendeltreppe direkt mit den Wohnräumen des Kardinal Duprat verbunden. Von ihrer Lage ist die Badeanlage von Schloß Nantouillet der von Ancy-le-Franc vergleichbar. Serlios Entwurf sieht für das Bad von Ancy-le-Franc drei Räume vor: das Auskleidezimmer, die *stufa*, die mit den französischen *étuves* gleichzusetzen ist, und den Baderaum.[36] Über Heizung und Wasseraufbereitung erfahren wir nichts. Die Küche mit Brunnenraum sollte in dem der Badeanlage gegenüberliegenden Flügel liegen, konnte funktional also nicht unmittelbar für das Bad genutzt werden. Serlios Badeanlage für den Kardinal Ippolito d'Este in Fontainebleau[37] ist – wie die des Schlosses Nantouillet – über eine Treppe mit dem Wohnappartement des Kardinals verbunden. Sie liegt im Kellergeschoß und besteht aus Auskleideraum, Stufa und Baderaum, der bei Serlio typischen Raum-folge. Père Dan[38] erwähnt die herausragend schönen Bäder. Abbé Guilbert[39] beschreibt sie näher: »Das ehemalige Badezimmer hat eine reich ornamentierte

Decke, die der begabte Saint Martin, gen. Primaticcio, in der Art ausführte, wie einige der Galerie d'Ulysse.«

Auch das Bad des *Schlosses von Bury* im linken Teil der *Corps de logis* lag neben der Küche und war über eine kleine Treppe erreichbar. Rechnungsbücher[40] erwähnen 1581 Renovierungsarbeiten im Vorraum (Umkleideraum) der *Étuve des Hôtel de Soissons, Paris*, die sich hier in der zweiten Etage befanden. Du Cerceau[41] nennt »Öfen, Schwitzbäder (*Estuves*) und Badewannen« im *Schloß von Maune-en-Tonnerois* (ca. 1566–75).

Die Badeanlage in Frankreich stellt sich als feste Einrichtung in Schlössern und Palästen dar. Vom Mittelalter an ist die französische Badekultur dokumentiert. Schon immer bestand das Bad nicht nur aus schlichten Zubern, die in irgendeinem Raum aufgestellt wurden, sondern aus einer geschlossenen Funktionseinheit mit Heizraum, Wasseraufbereitung und meist mehreren Gemächern für Wannen- und Dampf-Schwitzbad sowie Auskleideräumen. Der italienische Einfluß auf die Bäder lag in ihrer Dekoration mit Bildern mit Motiven antiker Themen. Serlios »Beckenräume« sind in Frankreich nicht belegbar. Das vertiefte Becken mit Sitzstufen vom Bad von Fontainebleau weicht in seiner Größe und Funktion von Serlios *bagno* weit ab.

Aufgrund dieser lange zurückreichenden Tradition stellt sich in Frankreich auch nicht die Frage nach dem Einfluß einer »vitruvianischen Theorie«. Vielmehr gilt zu bedenken, daß den italienischen Fürsten, Potentaten und den in ihrem Gefolge stehenden Künstlern Badekultur zum Wegweiser werden konnte, wenn es um die Interpretation von Vitruvs Bäderbeschreibung ging. In Frankreich konnte man zum Teil das wiedererkennen, was Vitruv kompliziert beschieben hat.[42]

75. Nantouillet, Badeanlage des Schlosses mit eingemauerter Wanne, nach 1520

3. Der Badepavillon

Wie das Badzimmer oder -appartement hat in Frankreich auch der Badepavillon eine lange Tradition. Bereits erwähnt wurde der ca. 1360 errichtete *Badepavillon des Hôtels Saint-Pol in Paris*. Auch im Schloß des Jean de Berri in *Mehun-sur-Yèvre* lag ein Badepavillon am Flußufer.[43]. 1506 ließ sich *Anne de Bretagne in Blois* den nach ihr benannten Pavillon errichten.[44] Die vier Seitenarme des kreuzförmigen Grundrisses öffneten sich teilweise im Obergeschoß als überdachte Aussichtsterrasse. Einer der Vestibüle diente als Kapelle. Dieser Pavillon wurde auch *Bains de la Reine* (»Bäder der Königin«) genannt. Ob nur Legende oder ob hier tatsächlich auch Bäder untergebracht waren, ist nicht mehr zu entscheiden. Vielleicht hatte die beheizbare Badewanne der Königin in diesem Pavillon ihren ursprünglichen Standort?

Der Connetable Anne de Montmorency ließ von Pierre Chambiges am nördlichen Ende seiner Gartengalerie in *Chantilly* 1530 einen Pavillon errichten, der den *estuves et baignoires* diente, also Dampf-Schwitzbäder und Wannenbäder enthielt.[45] Ähnlich war der Bäderpavillon von *Schloß Anet* konzipiert. Er entstand um 1550, da 1547 mit der Innenausstattung begonnen wurde und bereits 1555 eine Quelle die Ausmalung der Bäder beschreibt. Der Badepavillon schloß auch hier an die Galerie des Gartenparterres an. Er lag dem Schloß gegenüber und inmitten des sich hier zu einem Halbrund weitenden Wassergrabens. Von dem großen *Salle de balle* führte eine Geheimtreppe hinunter »jusque dedans un fort grand bassin d'eau«. In diesem großen Wasserbassin badete Diane de Poitier.[46] Pontus de Thyard verfaßte 1555 eine Beschreibung des *Lavatoire d'Isis*. Man könne vom Schloß aus ein Teil des Inneren dieses »Tempels« sehen. Neben dem »Tempel« befinde sich ein *Lavatoire*, in das man hineinsteigen könne.[47] Architekt dieser Anlage war Philbert Delorme. Ebenfalls von Delorme wurde der *corps d'hôtel* des *Schlosses von Saint Germain-en-Laye* 1557 entworfen. An den langgestreckten Baukörper schlossen vier Pavillons an. Einer dieser Pavillons war mit *étuves*, *baigneries* und *cabinet* ausgestattet. Die Dampfbäder waren mit Gewölbe versehen.[48] Delorme bezeichnet in seinen *Nouvelles Inventions*[49] das neue Schloß von Saint-Germain als »la maison du Théâtre & baignerie«, die er neu zu errichten begonnen habe. Es sei ein sehr seltenes und nur wenigen Personen bekanntes Bauwerk.[50]

Die etwa gleichzeitig entstandene *Maison Blanche* von *Schloß Gaillon* ist ähnlich konzipiert wie der Badepavillon von Anet. Das Haus liegt inmitten des Wassers. Androuet du Cerceau beschreibt 1576 die erste Etage als offenen Saal, von Arkaden begrenzt und den Blick aufs Wasser freigebend. Im Obergeschoß befanden sich

76. Blois, Schloß,
Pavillon der Anne de
Bretagne, 1506

verschiedene Räume von großem Komfort. Im *salle basse*, seitlich des *buffet* gab es drei quadratische Springbrunnenbecken, in die man hinabsteigen konnte. Vielleicht diente auch die *Maison Blanche* als Bad, das umschließende Wasserbecken als große *Piscina* wie in Anet.

Über das Aussehen solcher *estuves* gibt ein Stich von Jacques Androuet Du Cerceau Auskunft. Er beschreibt das Schloß von *Dampierre*[51], wo es unter anderem »estuves e baignoires« gäbe, sowohl in einem der Ecktürme als auch an einem naheliegenden Platz. (Abb. 77). Da Du Cerceau diese *estuves* als »von großer Anmut« empfand, gab er sie im Stich wieder. Das Schwitzbad habe drei Nischen und »einige Säulen« mit einem Gewölbe darüber. Bei dem abgebildeten *Pavillon d'Estuves* handelt es sich um den dem Schloß gegenüberliegenden, von Galerien flankierten Gebäudekomplex. Wie in Anet liegt der Pavillon – hier allerdings nur zur einen Seite – im Wasser. Das Schwitzbad ist von rundem Grundriß mit drei seitlichen Nischen und der Eingangsfront. Die dem Eingang gegenüberliegende Nische ist mit Fenstern versehen. Alle drei Nischen sind mit Sitzbänken ausgestattet. Hier ließ sich der Badegast während des Schwitzens nieder. Die Nischen wurden von über der Lamberis ansetzenden Säulen flankiert. Über dem Gesims setzt die Gewölbekuppel an. Dieses Schwitzbad wird von dickem Mauerwerk umschlossen. Nach Du Cerceaus Plänen muß noch ein Obergeschoß angenommen werden. Die den zentralen Rundraum flankierenden Pavillons enthielten wohl die *baignoires* und Ruheräume. Die Bezeichnung des Gebäudes als *Estuves* und als *Thermae* gibt interessanten Aufschluß. Androuet Du Cerceau stellt es damit eindeutig in die antike Tradition. Der runde Grundriß, die Eindeckung mit Gewölbekuppel läßt an Vitruvrezeption denken. Eigenartig muten die unter die Grundrißlinie weisenden Füße der Badegäste an. Sie ergeben nur einen Sinn, wenn man statt eines Fußbodens hier ein vertieftes, raumfüllendes Wasserbecken mit Sitzstufen annimmt, so wie sie Serlio in seinen Entwürfen für das *bagno* öfters verwendet. Sehr ähnlich sind Du Cerceaus *Estuves* dem Baderaum (S) mit drei Nischen, den Serlio für den an die *stufa* anschließenden Baderaum von Ancy-le-Franc entwirft.[52]. Auch die *stufa* des von Serlio für Franz I. entworfenen Badepavillons[53] ist Du Cerceaus Entwurf vergleichbar. Der Ovalraum mit sechs halbkreisförmigen Nischen wird laut Serlio von unten beheizt. Bei Androuet Du Cerceau bleibt die Heizfrage völlig außer acht. Diente der Pavillon nur als Schwitzbad, muß eine Hypokaustenheizung wie bei Serlio angenommen werden. Befand sich hierin aber ein raumfüllendes, in den Boden versenktes Bassin, so muß sich irgendwo innerhalb des Gebäudekomplexes eine Wasseraufbereitungsanlage befunden haben, das man sich am ehesten in der Art denken kann, wie es in den italienischen Bädern und Bäderprojekten konzipiert war.

Serlios Bade-Grottenpavillon

Der Typus des Badepavillons ist ein traditionsgemäß französischer. Offenbar folgt er in Ausstattung und Raumform jedoch um die Mitte des 16. Jh. italienischen Einflüssen, wie sie u. a. durch Serlio vermittelt werden. Das *bagno* als Baderaum mit vertieftem Bassin und Sitzstufen kann sich jedoch gegenüber der alten französischen Tradition des Schwitzbades und Wannenbades nicht durchsetzen.

Serlio fertigte seine Entwürfe für den Grotten-Badepavillon, wie er selbst schreibt, im Auftrag Franz' I. Der König habe von verschiedenen Architekten Entwürfe und Modelle anfertigen lassen.[54] Bei einer Variante dieses Entwurfs führte er an, daß Franz I. diesen inmitten einer seiner Gärten errichten lassen wolle.[55] Serlio macht zur Lage dieses Pavillons noch genauere Angaben in seinen skizzenhaften Aufzeichnungen des Avery-Library Manuskripts.[56] Inmitten des großen Gartens von Fontainebleau befinde sich ein Teich mit Springbrunnen, von 75 Fuß (ca. 24,4m) Breite und der Länge einer Pferderennbahn. Über diesen Teich führe eine gut gearbeitete Brücke von quadratischem Grundriß gleicher Größe (also ca. 24,4 x 24,4 m). Es seien bereits viele Entwürfe und Modelle für ein Gebäude auf diesem Platz gemacht worden. Serlios Gebäudeentwurf mißt 57 Fuß im Quadrat im Grundriß zuzüglich der Treppenrampen von ca. 6,5 Fuß Breite, war also mit einer Gesamtbreite von ca. 70 Fuß konzipiert. Der Pavillon hätte somit bis auf einen kleinen Seitenstreifen von je 5 Fuß das gesamte Brückenplateau eingenommen. In der Höhe sollte der Grottenpavillon die Gartenmauern überragen, um freien Ausblick in die Landschaft vom Dachplateau aus zu haben. All diese Angaben lassen den geplanten Platz für den von Franz I. in Auftrag gegebenen Entwurf genau bestimmen. Seitlich des Weihers lag neben dem Spaziergang der große Frucht- und Wiesengarten, der zugleich als Spiel- und Turnplatz diente. Ein breiter Kanal erstreckte sich der Längsachse nach inmitten des Gartens. Eine ebenso breite Brücke führte darüber. Allein dieses Brückenplateau entspricht Serlios genauen Beschreibungen. Auch die Verbindung von Bade- oder Lusthaus und Spielplatz ist eine gängige, denke man etwa an das Bad des Palastes von Ippolito d'Este in Fontainebleau, das auch unweit des Ballspielsaales lag.[57] Der große Teich

77. Dampierre, »Estuves« nach J. Androuet Du Cerceau,»Les plus excellents Bâtiments...«, 1576

von Fontainebleau diente zugleich als Schwimmbassin[58] und als Karpfenweiher. Nach Serlios Aufrissen sollte der Pavillon von außen als Grotte gestaltet werden.

Die *Grotte des Pins*

Auch die *Grotte des Pins* soll ursprünglich als Badegrotte gedient haben. Ihre Rustikafassade erinnert unmittelbar an Serlios Rustikaentwürfe seines vierten Buches, das bereits 1542 in französischer Sprache erschien.[59] Das Publikationsdatum fällt damit genau in die Entstehungszeit der *Grotte des Pins* von 1541–43. Ein Vergleich von Serlios Rustikaportalen und der Fassade der Grotte des Pins macht den Einfluß des italienischen Künstlers deutlich. Anders als in Serlios Bade-Grotte waren in der *Grotte des Pins* auch die Innenräume ursprünglich mit Muschel- und Tuffsteinwerk gestaltet.

Primaticcio war für die Innenraumgestaltung verantwortlich, und es ist anzunehmen, daß er die Erfahrungen aus seiner Mitarbeit in Giulio Romanos *Grotte des Palazzo del Tè* (siehe Farbtafel 8) hier in Fontainebleau zehn Jahre später umsetzen konnte.[60] Das Einfügen eines Badepavillons in einen Galerietrakt ist dagegen ganz französische Manier. Es wurde schon darauf hingewiesen, daß bereits 1530 in *Chantilly* der Badepavillon zwischen die den Garten umschließende Galerie eingefügt wurde. Die *Grotte des Pins* wurde erst nachträglich in den Eckpavillon des Schloßtraktes von 1527, der die *Grande Basse Cour* (heute *Cour du Cheval Blanc*) von den *Jardins des Pins* trennt, eingebaut.[61]

Die Grotte nimmt die Höhe von zwei Stockwerken ein. Ein Dreiportalfront aus unbehauenen Sandsteinquadern gewährt Zugang zum Innern der Grotte. Die Stützen des Portals sind als schemenhafte Atlanten ausgebildet. Abbé Guilbert beschreibt die schon damals (1731) stark beschädigte Grotte.[62] Sie messe 25 Fuß im Quadrat und sei ca. 12 Fuß hoch.[63] Muschelwerk, Kristalle und Tuffsteinwerk rahmten die illusionistischen Freskenmalereien, auf denen verschiedene Geschichten, Fische und Vögel dargestellt seien, die »sich in den beiden von Kristall gesäumten Becken« spiegelten. Zwei Fontänen würden in den Wasserbassins springen. Es ist auch Abbé Guilbert, der die Funktion der Grotte als Bad erwähnt. Sie »bildet eine *Salle de Bains*, die der Herrlichkeit des Königs Franz I. würdig ist.« Hinter dem flachgewölbten Grottenraum liegt ein Hof. Das Gewölbe der Grotte war mit drei Medaillons mit Darstellungen in *sotto in su* bemalt. In den seitlichen waren Juno und Minerva vor einem Laubengitter auf Wolken sitzend dargestellt, im mittleren drei Putti, die sich in einer Mondsichel tummeln.[64] Stein- und Kristallbrocken unterteilen das Gewölbe in weitere, mit Muscheln hinterlegte Felder von unregelmäßiger Form, in denen sich verschiedene Meerestiere und Hähne aus buntem Steinmosaik tummeln. Die Wände sind teilweise mit illusionistischen Landschaften freskiert.

Die Berichterstatterin des Lebens am Hofe von Franz I., Madame de Villedieu, weiß von der Nutzung der Grotte zu berichten.[65] Franz I. habe die Grotte für seine Favoritin Anne de Pisselieu, Duchesse d'Etampes, errichten lassen, deren Appartement direkt über der Grotte liege. In das Muschelwerk seien Fenster und Spiegel eingelassen worden, hinter denen sich eine Nische befunden haben soll. Von hier habe König Franz I. seinem Voyeurismus frönen und seine Geliebte beim Baden beobachten können, wie es ihm beliebte. Castellan sah noch 1840[66] die

78. Fontainebleau, »Grotte des Pins«, 1541-1543

gemalte, vergoldete Laube Primaticcios sowie Groteskenmalereien und Muschel-werk in der *Grotte des Pins*. Die Gestaltung der *Grotte als Laube* erinnert an Peruzzis Malereien im Bad der *Cancelleria* (ca. 1520). Die Verbindung von Pergo-len- oder Laubendarstellungen und Grotte oder Bad bleibt bis weit ins 18. Jh. hin-ein ein beliebtes Thema.[67]

4. Bewertung

Die französische Bäderentwicklung kann als eigenständig bezeichnet werden. Die Bäderanlagen, die bis ins 14. Jh. zurück greifbar sind, machen deutlich, daß in Frankreich eine hochstehende Badekultur bereits im Mittelalter existierte, die die Kenntnis tradierter antiker Heiztechniken zu nutzen verstand. Die bevorzugte Form der Dampf-Schwitzbäder, der *estuves*, macht es wahrscheinlich, daß diese französischen Palastbäder unter dem Einfluß der orientalischen Badekultur ent-standen, in der es ausschließlich diesen Badetypus gab, vom *Illidsche* (Thermal-bad) abgesehen. Die Kreuzzüge förderten einen regen Austausch zwischen Orient und Okzident, was sich gerade auch in der Badekultur bemerkbar machte. Bereits bei der öffentlichen mittelalterlichen Badestube wurde bemerkt, daß durch den Einfluß aus dem Orient das Wannenbad beinahe ganz durch das Dampf-Schwitz-bad abgelöst wurde. Die ersten faßbaren hypokaustierten *étuves* in Frankreich haben bereits eine so ausgereifte Technik, daß man annehmen muß, daß diese nicht gerade entwickelt worden war, sondern bereits frühere Beispiele dieser Art existierten, die Tradition also noch weiter zurückreicht. Die Hypokaustenheizung läßt sich letztlich auf die klösterlichen Heizsysteme zurückführen, die sie seit ca. dem 13 Jh. aber nicht mehr unter der Badeanlage installierten, sondern für die sich daraus entwickelnden Warmräumen (*Calefactorien*). Bei der Dampferzeugung fällt auf, daß ihre technische Bewerkstelligung gemessen am Heizsystem noch relativ dilletantisch ist. Daraus wird erkenntlich, daß man für das Dampfsystem eigene Wege gehen mußte und für dieses auf keine Traditionslinie zurückgreifen konnte. Italien war bei diesen Entwicklungen kein gebender Teil, war man dort doch noch selbst auf der Suche der ausgereiften Badeanlage. Der Einfluß des italienischen Renaissancebades auf die französische Bädertradition ist relativ gering zu bewerten. Die Badeanlage von Fontainebleau entstand zu einer Zeit, als Italien nichts Ebenbürtiges aufzuweisen hatte. Die *Piscina*, wie sie in Fontainebleau entstand, gab es damals in Italien nur in Raffaels Beschreibung der Villa Madama.

Wie die Badeanlage im Schloß hat auch der Badepavillon eine weit zurückreichende Tradition in Frankreich. Er wurde bevorzugt am (Hôtel de Saint-Pol, 1360) oder im Wasser errichtet (Anet, ca. 1550), häufig im Anschluß eines Galerietraktes oder einer Gartenloggia.

Dokumente über Badeanlagen, die nach ca. 1560 entstanden, sind kaum zu finden. Hierin ist die französische Entwicklung der italienischen vergleichbar. Auch in Italien sind Bäder in späterer Zeit nur noch selten zu finden.[68]

Sowohl die Verbreitung von Seuchen wie auch die Beschlüsse des Konzils von Trient (1545–1564) leisteten dieser Entwicklung Vorschub. Ein Thema wird das Bad in Frankreich erst wieder im Zeitalter des Absolutismus.

5. Bäder im Architekturtraktat des 16. Jh.s.

Es war wohl die Beharrlichkeit, aber auch die fruchtbare Blüte der mittelalterlichen Kultur Frankreichs, die eine eigenständige französische Auseinandersetzung mit der Antike als nicht notwendig erscheinen ließ. Auch die seit dem Ende des 15. Jh. nach Frankreich berufenen italienischen Künstler mußten sich hier assimilieren. Die aus der eigenen Tradition entwickelte Formensprache blieb weiterhin wirksam.

Reagierte man auch verhalten, was eine direkte Übernahme der neuen italieni-schen Baukunst betrifft, so war doch das Interesse an der italienischen Renaissance in Frankreich groß. Schon 1500 hielt der Vitruv-Kenner und Übersetzer Fra Gio-condo in Paris eine Vitruv-Vorlesung. Jean Martin publizierte 1546 eine Überset-zung von Francesco da Colonnas *Hypnerotomachia Poliphili* und ein Jahr später kam seine Vitruv-Übersetzung heraus. 1553, nach Jean Martins Tod, wurde seine Alberti-Übersetzung publiziert. Er war auch der Übersetzer von Serlios Buch III., IV. und V.[69] Die französischen Theoretiker setzten sich mit den italienischen Trak-taten und Schriften auseinander, ohne sie jedoch zu assimilieren. Vielmehr wurde der italienischen Architektur die französische gegenübergestellt.

Besonders Jacques Androuet Du Cerceau (1520–1584) betont die Schönheit und Eigenständigkeit der französischen Architektur, was sich bereits im Titel seines Werkes *Les plus excellents Bastimens de France* niederschlägt. Das Werk setzt sich aus zwei Teilen zusammen. Der erste Teil erschien 1576, der zweite folgte 1577.[70] In diesem wohl bekanntesten Werk Du Cerceaus, das eine unschätzbare Quelle bei der Erforschung der französischen Architektur darstellt, wurden Bauwerke in kur-zen Texten beschrieben. Du Cerceau erwähnt im I. Band das *Bad des Schlosses von Maune-en-Tonnerois* (Burgund), ohne Näheres auszuführen. Im zweiten Teil bil-det er die bereits besprochenen *estuves* von *Dampierre* ab. Diese Abbildung mit der kurzen, stichwortartigen Erläuterung läßt keine Auseinandersetzung von Du Cer-ceau mit Bädern erkennen. Auf einen ähnlichen Sachverhält stößt man in seinem zuerst 1559 erschienenen *Livre d'Architecture*, in dem es um den Wohnhausbau geht. Nur in drei der Paläste sind Badeanlagen eigens erwähnt,[71] immer mit der sel-ben Formel: »…salles, chambres, cabinets, garderobes, estuves & autre membres necessaires.«

1561 folgte ein zweites Buch über Kamine, Portale etc. und 1582 ein drittes, in dem er Entwürfe für Landschlösser vorstellt. Hier werden Bäderanlagen nicht ein-mal erwähnt. Die stereotype Beschreibung der *étuves* macht deutlich, daß dies kein Thema für eine Schrift zur Architektur war – obwohl sich Du Cerceau in den 1540er Jahren in Rom aufhielt und hier auch Antikenstudien betrieb.[72]

Auch Philibert Delorme (1510–1570) hielt sich mehrere Jahre in Rom auf (1533–36). Seine theoretischen und die aus seiner reichen Praxis als Architekt (Schloß Anet, Saint-Germain-en-Laye, Tuilerien) gewonnenen Kenntnisse konnte er erst in den letzten zehn Jahren seines Lebens zusammenfassen, als er 1559 nach dem Tode Heinrichs II. in Ungnade fiel. 1561 wurden seine *Nouvelles Inventions pour bien bastir et a petit fraisz* herausgegeben. 1567 folgte sein *Premier tome de l'architecture*; ein Werk, das in neun Bücher unterteilt ist und verschiedene Themen behandelt.[73] Delormes profunde Kenntnisse der Architektur spiegeln sich in seinen Werken wieder. Er verwertet seine Kenntnisse des Schrifttums von Vitruv, Alberti, Francesco di Giorgio[74], aber auch von Serlios Werken und von Primaticcios gebauter Architektur. Delormes Traktat lehnt in Aufbau und den Darstellungsstrukturen an die italienischen Vorläufer an.

So befaßt er sich mit der *Lage der Bäder* (I. Buch, VII., fol. 15). Die sehr warmen westlichen Gebäudetrakte eigneten sich besonders zur Anlage der Küche, Waschküche, des Dampfbades, der Öfen und Baderäume. Die Bäderanlagen sollen im Sockel- bzw. Kellergeschoß untergebracht werden wie Küchen etc. (Buch III, I, fol. 52). Man müsse dafür sorgen, daß das schmutzige Wasser abgeleitet werden könne, ohne daß die Bewohnter davon Schaden haben (III. Buch, II.). Ganz ausführlich beschreibt er die Verwendung von Fenstern in den Badegemächern im III. Buch (VII., fol. 63 verso). Im *Schwitzbad* [*estuves*] solle das Fenster nur ca. 0,5 x 1 Fuß (ca. 16cm x 32cm) messen. Im *Badzimmer* [*baignerie*] sollten weit größere Fenster verwendet werden, damit der Raum sehr hell sei und man »puisse prendre quelque plaisir en se baignant«, sich also beim Baden auch vergnügen könne. Delorme betont, daß er gerne noch Näheres zu diesen Räumen sagen würde, auch zu den *Öfen*, die zur Beheizung der Bäder dienten und anderen zugehörigen Räumen, daß es hier aber um die Fenster gehen solle.

Jean Bullants (1520/25–78) Architekturtraktat von 1564 hat ausschließlich die fünf Säulenordnungen zum Thema.[75]

Auch in Bernard Palissys (1510–1590) Schriften, die sich hauptsächlich mit der Anlage von Grotten befassen, wird nicht auf Bäder oder Badegrotten eingegangen.[76]

Das Thema Bad war für die französischen Architekten-Theoretiker ohne besonderes Interessse. Dies ist damit zu begründen, daß man mit der Anlage von Bädern bestens vertraut war. Was die italienischen Traktate zum Thema Bad zu sagen hatten, betraf in erster Linie die Heiz- und Wasseraufbereitungsanlage. Gerade erstere war in der französischen Bädertradition längst fester Bestandteil, als man sich dort damit auseinanderzusetzen begann. So blieb es bei der Übernahme neuer italienischer Dekorationsformen, wie sie insbesondere von Primaticcio und Rosso Fiorentino in Frankreich umgesetzt werden konnten.

VII. Das Bad im deutschsprachigen Raum vom 15. bis zum 17. Jh.

1. *Vitruvius teutsch* – Vitruvius französisch

Wie bereits in dem Abschnitt zur Entwicklung der Badeanlage in der italienischen Renaissance diskutiert, stellte es sich für die Künstler-Architekten als eine schwierige Aufgabe dar, zu einer adäquaten Vitruvinterpretation zu gelangen. Vermaß und untersuchte man dort antike Baureste und versuchte sie mit Hilfe verschiedener Schriftstücke antiker Autoren zu interpretieren, so führte das insbesondere bei der Bäderbeschreibung Vitruvs zu großen Problemen. Vitruv beschrieb Badeanlagen, die noch vor dem Einsetzen der Bautätigkeit an den riesigen Kaiserthermen seit Nero entstanden. Solche kleinen Thermen- und Badeanlagen wurden nur selten von den Renaissancekünstlern in ihren Antikenzeichnungen aufgeführt,[1] ihre Untersuchung schien angesichts der zahlreichen überwältigenden Monumentalbauten nicht von Interesse.

Wollte man Vitruv übersetzen, so gab es hierbei bereits rein sprachliche Schwierigkeiten. Die Fachbegriffe des römischen Autors hatten nicht immer ihr Synonym im damals – das heißt im 15. und 16. Jh. – geläufigen Sprachgebrauch; man denke nur an Begriffe wie *Alvei* oder *Lakonikum/Sudatorium*. Man konnte Vitruv nur auf Grund der eigenen Kenntnisse der lateinischen Sprache, des allgemein gebräuchlichen Vokabulars übersetzen und – was sicher nicht zu vermeiden war – auf Grund der eigenen Vorstellungen einer Badeanstalt, so wie man sie aus der eigenen Zeit und der eigenen Kultur kannte.

In Italien erschien 1486 die erste gedruckte Vitruvausgabe, die Sulpicio besorgte. 1511 edierte Fra Giocondo seinen illustrierten Vitruv und erst 1521 gab Cesare Cesariano einen reich illustrierten Vitruvius in italienischer Sprache mit Kommentar heraus.[2]

1547 übersetzte Jean Martin Vitruv ins Französische. Bereits ein Jahr später gab Walther Ryff oder Rivius den *Vitruvius teutsch* heraus.[3] Beide Verfasser griffen sowohl auf Fra Giocondos lateinische Ausgabe wie auf Cesare Cesarianos italienische Übersetzung des Vitruv zurück.

Eine besondere Schwierigkeit stellte die Übersetzung der Fachbegriffe, die Vitruv benutzte, dar. Jean Martin versuchte die Begriffe ins Französische zu übertragen. Das Caldarium wird zum *Schwitzbad*, das Tepidarium zum *Warmbad*[4]. Dort, wo Vitruv von *caldaria* für Männer und Frauen spricht, benutzt Martin das Wort *estuves*, also den in Frankreich gebräuchlichen Begriff für Bad und Dampf-Schwitzbad. Die von Vitruv geforderte gemeinsame Unterfeuerung und Wasseraufbereitung für das Männer- und Frauenbad (*hypocausis*) wird bei Martin gänzlich falsch interpretiert. Er spricht nur von der Wasseraufbereitung und setzt hier Hypocaustum mit *Estuves* gleich, was – wie es für den Benediktinerorden belegt ist – zu der Zeit wohl nicht begrifflich geschieden war. Gleich darauf übersetzt er Hypokaustum mit Ofen (*fourneau*). Im vierten Abschnitt wird Vitruvs *balnea* mit *Estuves* übersetzt. Die Labrumsnische und Alveussnische übersetzt Martin mit »lieu...devant le Lavoer *ou* Bagnoere«, der Ort also, wo man sich wäscht *oder* badet. *Laconicum sudationesque* wird von Martin mit »Laconique, ou Poele faict à la facon de Lacedemone & la retraite pour suer« übersetzt. Das Lakonikum erklärt er also als *Ofen*, nach Art der Lakonier gebaut, und Sudatorium übersetzt Martin als *Schwitzbad* wie oben das Caldarium.

Diese wenigen Beispiele zeigen, daß die lateinischen Begriffe nie gleichbleibend übersetzt wurden. Vielmehr operierte Martin mit mehreren französischen Begriffen, die recht kunterbunt, je nach dem eigenen Verständnis von Vitruv als Synonym für einen einzigen lateinischen Ausdruck benutzt wurden.

Rivius behilft sich dagegen dort mit der Beibehaltung der lateinischen Ausdrücke, wo es keinen entsprechenden Begriff im deutschen Sprachgebrauch gibt. So bleiben die Bezeichnungen *Caldario* und *Tepidario* erhalten.

Auch er übersetzt das *Hypocausto* als »Ofen, der die Vasaria oder Kessel erwermbt«. Die Wasserbehälter selbst bezeichnet er mit *Caldarium*, *Tepidarium* und *Frigidarium*. Deutlich geht hieraus hervor, daß die Trennung der verschiedenen Raumfunktionen der Bäder damals nicht ein Gebrauch war. Praefurnium (Ofen) wird zum *Kaminhals*. Labrum und Alveus werden beide mit *Wasserkasten* übersetzt. Lakonikum übersetzt Rivius nicht, das Sudatorium dagegen übersetzt er als *Schweißbad*.

Sehr aufschlußreich zum deutschen Badewesen der Zeit und zum Verständnis antiker Anlagen und Begriffe der Alten ist der ausführliche Kommentar zum Kapitel »Bad« bei Rivius:

»Dieweil bei den alten...vil ein andern brauch und manier gehabt ires Badens und Waschens/ist sich nit zu verwundern das uns solche gebew frembd und die gefeß unbekant sind/daraus dan dieses Capitel schwer und unverstendig...«. Rivius erklärt zunächst, daß die alten Römer drei unterschiedlich warme Baderäume hatten (*Caldarium, Tepidarium, Frigidarium*) aber auch »in gleicher gestalt …ir Wasser gefeß unterschieden und genennet« haben. Interessant ist, daß der Begriff des Hypokaustums auch hier wieder als *Badstuben ofen* erlärt wird und Praefurnium – also der eigentliche Ofen – als *Kamin*. Von Labrum *oder* Alveus spricht Rivius, nicht von *und*. Beides seien *Wasserkästen*, wie sie damals in Kurbädern üblich waren. Lakonikum und Sudatorium differenziert er ebensowenig. Es seien beides *truckne Schweißbäder.*

Anschließend beschreibt Rivius noch ausführlich die aus Cesare Cesarianos Ausgabe entnommene Abbildung einer Badeanlage *all' antica*, die erneut die Unklarheit verschiedener vitruvianischer Begriffe vor Augen führt.

Gab es in Frankreich eine lange Tradition der *Hypokaustenheizung*, so lassen Rivius' genauere Ausführungen zum Begriff des Hypocaustums auf Ähnliches in Deutschland schließen. Denn es gab, wie er schreibt,

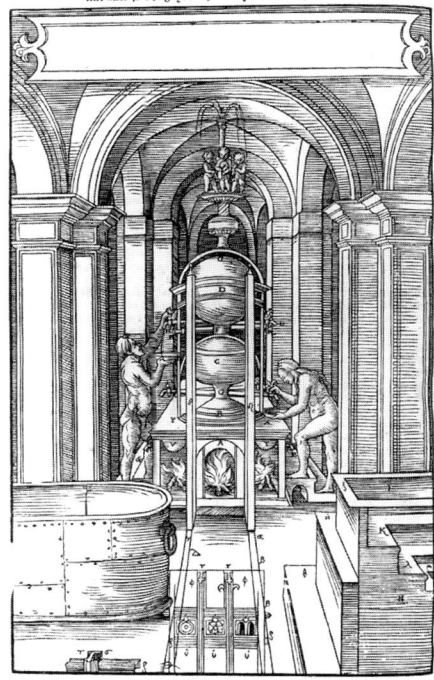

79. Walther Rivius, »Vitruvius Teutsch«, Badeanlage all' antica, 1548 (nach Cesare Cesarianos Vitruv-Ausgabe von 1521)

»kleine oder große Badtstuben öfen, damit man das Wasser wärmet…aber in gemeinen [öffentlichen] Baden und grossern Badtstuben mit Wercksteinen/oder wie an etlichen orten im brauch/allein durch die erhitzung des untersten gewelbs solche Bad zu hitzen/und auff gelegten brettern darin umher zu gehen.«

Mit dem »untersten gewelb« kann Rivius nur eine *Unterbodenfeuerung* ansprechen, wie sie etwa aus dem Kloster Maulbronn bekannt ist. Der Fußboden erhitzte sich dadurch so stark, daß es eines zusätzlichen Bretterbelags bedurfte. Eine solche

Heizanlage in einer Badeanstalt ist bisher jedoch in Deutschland nicht bekannt geworden. Dagegen befindet sich der Ofen aus »Wercksteinen« in der Regel in den mittelalterlichen Bädern, wie z. B. Kulmbach, Eberbach[5] oder Dieburg.[6] War das Steinwerk erhitzt, wurde Wasser darauf gegossen, »damit der aufsteigende dampf die hitze vermehre«.[7]

Es ist hier nicht der Ort, die Frage nach dem Fortleben antiker Heizsysteme unter besonderer Berücksichtigung von deren Wandel und der begrifflichen Benennung derselben zu klären. Festzuhalten bleibt nur, daß man noch Mitte des 16. Jh.s. der vitruvianischen Bäderbeschreibung recht hilflos gegenüberstand, in Deutschland und in Frankreich. Die eigenen Bäder sahen ganz anders aus und es »ist nit zu verwundern das uns solche gebew frembd und die gefeß unbekannt sind«, wie es Rivius ausdrückt.

2. Das Schrifttum

Wenn hier zunächst auf Goldmanns *Architekturkompendium* eingegangen wird, so um die Verbindung zu Rivius herzustellen. Nikolaus Goldmann war Mathematiker und lebte von 1611 bis 1665. Seine *Vollständige Anweisung zur Civilbaukunst* wurde zwar erst 1696 publiziert,[8] war jedoch bereits zu seinen Lebzeiten fertiggestellt und bildet somit den Endpunkt des hier zu betrachtenden Zeitraums.

Im III. Buch behandelt Goldmann im XXXIX. Kapitel das Thema: »Von den neuen Zimmern/und sonders von den Stuben.« Die *Stuben* seien die Räume, in denen die Deutschen zur Winterszeit wohnen würden, da sie durch einen Ofen beheizt seien. Später fährt er fort:

> »Die *Bäder oder Badstuben*/welche zu unserer Zeit nicht eben zur Wollust und Überflusse/wie bey den Alten/sondern zur Nothwendigkeit bereitet werden/kommen den Stuben am nechsten bey. Diese wollte ich kleine angeben/und fast achteckicht/oben mit einem Spiegel oder Halbkugel-Gewölbe/mitten sollte eine Wanne eingesenckt seyn/darin der Badende steigen müste/und solte das Wasser nicht höher als biß an die Brust gehen/wann man darinne sässe. Es werden Hähne zum kalten und warmen Wasser erfordert/und darunter Wannen/darin man das Wasser einlasse. Es soll an der Badstub eine kleine Anziehstube seyn/welche auch etwas Wärme aus dem Ofen genisse.«

Wie der *Ofen* aussehen und funktionieren soll, beschreibt Goldmann bereits im V. Kapitel des I. Buches und veranschaulicht dies auch durch eine Abbildung (Abb. 80), wie Bäder, Küchen etc. um den Ofen gruppiert werden sollen.

> »Die Offen können in Gewölben unter den Zimmern versteckt werden/und sollen aus glatten kacheln ohne gedruckte Formen bestehen: Die Wärme kann man durch *hinauff steigende röhren* in die Zimmer einlassen…Der Offen kan in der Küchen erheitzet werden/es können aber die röhren auß der obern Krümme des Gewölbs hinauff gerichtet werden/daß ihre Eröffnungen am Boden des Zimmers enden/und also durch einen breiten Ritz die Wärme herauß gelassen werde: aber solche Röhren können mit zufallenden Thürlein eröffnet und zu gemacht werden/daß man nach Belieben die Wärme einlasse. Es wäre auch nicht übel gethan/wann man etliche Röhren in ein zimmer führete/dadurch man die Wärme sparsam oder vielfältig einlassen könnte…«.

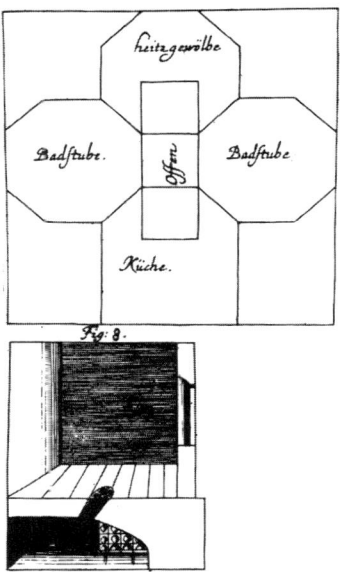

80. Goldmann, »Vollständige Anweisung zur Civilbaukunst«, Anordnung der Räume um den »Ofen« (Buch 1, Kap. 5)

Dann schlägt Goldmann noch vor, daß Brunnen bzw. Zisterne und Küche nahe beieinanderliegen sollten, so daß das Wasser am besten per Hähne in die Küche geleitet werden könne:

> »man könte auch wohl machen/daß ein einiger Offen zum Kochen/zu Erwärmung der Zimmer/und Erwärmung des Wassers zum Baden und Waschen zugleich dienete…Oben auf dem Ofen solte ein ziemlich grosser Kupfferner Kessel eingemauert werden. Die Zimmer links und rechts des Ofens könnten als Männer- und Frauenbad dienen…«.

In seiner Abb. 6, Fig. 8 und 9 stellt er sowohl den Ofen unter der Stube als auch den zwischen den Stuben dar. Ein großes *Heizgewölbe* ist zur Befeuerung vorgesehen.

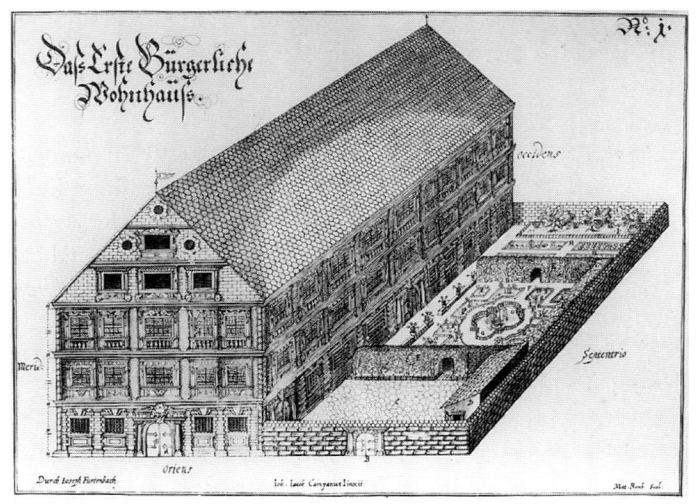

81. J. Furttenbach,
»Architectura reac-
tionis«, 1640,
Kupferstich Nr. 1
»Daß erste Bürger-
liche Wohnhaus«

Der Ofen ist jeweils als Kachelofen – einer typisch deutschen Form – ausgebildet.
Beschreibung und Abbildung rufen unmittelbar das Heizsystem der Zisterzienserabtei Maulbronn, des Ordensschlosses Marienburg[10] oder des Schlosses Marburg[11] etc. ins Gedächtnis, aber auch die Badeanlage von Fontainebleau mit ihren
markanten Heißluftlöchern. Es war Rivius, der auch die unterirdischen Heizgewölbe der Deutschen erwähnte und Goldmanns Text bestätigt nur, daß dieses wohl
typisch »germanische« Heizsystem noch 100 Jahre später aktuell war.[12] Jedoch sind
ebensowenig aus dieser Zeit solche Heizkammern in Bädern erhalten. Nicht außer-
gewöhnlich und teilweise bereits im Mittelaler gebräuchlich ist Goldmanns Ausstattung der Bäder mit Wannen und Hähnen für den Wasserzufluß. Dagegen ist das
vertiefte Becken mit Sitzstufen ein Ausstattungselement, das in seiner Zeit in den
Privatbädern höchst selten war – wir werden im nächsten Kapitel Beispiele des 16.
Jh.s nennen – und eigentlich erst im Verlauf des 18. Jh.s öfters auftaucht (z. B. Kassel, Marmorbad; Schwetzingen, Schloß Kislau). Dagegen waren diese vertieften
Becken gängiger Bestandteil der Kurbäder (wie es bereits Rivius erwähnt), jedoch
lagen sie dort nicht inmitten des Raumes (wie es Goldmann beschreibt). Der überkuppelte Baderaum mit zentralem vertieftem Becken mit umlaufenden Sitzstufen
war zu Goldmanns Zeit im gesamten Osmanischen Reich, also auch auf dem Bal-
kan und in Ungarn, gebräuchlich und im Westen längst bekannt. Im folgenden
Kapitel wird ein Bad (Wien, Neugebäude, um 1570) vorgestellt, das offenbar diesen

osmanischen Bädertypus nachahmt. Auffällig an Goldmanns Bäderbeschreibung ist, daß die vitruvianische Terminologie, die so lange die Szene beherrschte und irritierte, keine Rolle mehr spielt.

Ganz anders als bei Goldmann wird das Thema »Bad« bei Furttenbach[13] behandelt. In seiner *Architectura universalis* (1635) stellt er zwei Entwürfe für öffentliche Bäder vor,[14] auf die hier jedoch nicht weiter eingegangen werden soll. In der *Architectura civilis* (1623) werden Bäder nur in einem Haus miteinbezogen. Das Bad liegt gleich seitlich des Eingangsbereichs, »neben der Stuben hat es auch/nach *Teutschen stilo*, ein Badstuben…«.

Das *Badstüblein* ist ein kleiner Rechteckraum mit *Ofen*, der – ebenso wie der Ofen der angrenzenden Stube – von einem kleinen Vorraum aus beheizt wird. Wannen oder Becken sind, wie bei allen anderen Badekammern Furttenbachs, nicht eigens vermerkt. Der Beisatz in »Teutschen stilo« bezieht sich wohl primär auf den großen Badofen. Man darf annehmen, daß sich hier ebenso Badezuber befanden, wie sie Furttenbach in den öffentlichen Bädern beschreibt. Da kein eigener Heizraum mit Wasserkessel vorhanden ist, wurde das Wasser wohl auf dem Ofen erwärmt und dann in die Zuber gegossen. Furttenbachs Badestube stellt einen schlichten Typus vor, wie er vom Grundprinzip seit dem frühen Mittelalter in Gebrauch war.

In der *Architectura recreationis* (1640) tauchen mehrfach Bäder auf.[15] Im ersten Teil erwähnt Furttenbach in allen vier vorgestellten Bürgerhäuser Bäder. Im Kupferstich Nr. 1 stellt er die Ansicht eines stattlichen Hauses mit Garten und davorliegendem Hof dar. Im Hof ist an die Außenmauer ein kleines Gebäude angebaut, das nebst Brunnen und Waschküche auch ein »Bädlein« beherbergt. Von seiner Ausstattung ist es dem des Hauses der *Architectura civilis* gleich: Die danebenliegende Waschküche und der Brunnen gewährleisteten die Warm- und Kaltwasserversorgung. Stereotyp hält Furttenbach an dieser Funktionseinheit auch in den drei folgenden Beispielen fest, unabhängig davon, ob das Bad innerhalb des Hauses oder in einem eigenen Wirtschaftstrakt (Bsp. 1 + 2) untergebracht ist. Im Teil zwei stellt Furttenbach »Adeliche Schlösser« mit ihren Lustgärten vor. Während in den Lustgärten Furttenbachs zwar Grottenanlagen eine zentrale Rolle spielen, taucht der im Mittelalter und der Renaissance im deutschsprachigen Raum beliebte Badepavillon[16] nicht auf. Bäder sind in immer wieder gleicher Weise im Erdgeschoß untergebracht.[17] Selbst in öffentlichen Gebäuden wie dem Rathaus oder dem »Werckhaus« fehlen Waschküche mit angrenzendem Bad nicht.[18] Nur in einem Hausbeispiel der *Architectura privata* (1641) taucht »Bädlein« im Erdgeschoß auf.[19]

Furttenbachs *Architectura* stellt praktische Vorschläge dar. Die Theorien Vitruvs oder der italienischen Renaissancekünstler spielen hierbei keine Rolle. Das einfache Muster einer Badestube im »Teutschen Stilo« war zu seiner Zeit gewiß noch der übliche Typus. Das Bad tritt nur als Funktionsraum (im Erdgeschoß) auf.

Es ist kein sonderlich beachtenswertes Thema wie etwa die Grotte, der Lustgarten oder das Gartenparterre. Mit dem Beisatz »nach Teutschem Stilo« grenzt er hier auch explizit die deutschen Sitten von denen der Italiener ab. War die italienische Baukunst einerseits Furttenbachs große Lehrerin und großes Vorbild, so wollte er andererseits die in Deutschland gebräuchlichen Sitten nicht eliminieren, sondern beides miteinander verbinden.

3. Der Badepavillon

Im deutschsprachigen Raum genoß der Badepavillon ähnliche Beliebtheit wie in Frankreich. Anton Tucher erwähnt in seinem Haushaltungsbuch (1507–1517) auch ein Bad in seinem Garten. Ebenso gehörten Lusthäuser zu den Gärten des reichen Bürgertums wie etwa denen der Fugger in *Augsburg*. Bäder gab es neben anderen Lusthäusern, Grotten und allerlei Wasserkünsten auch im Garten des Augsburger Patriziers Ambrosius Höchstetter.[20] In *Straßburg* waren solche Badhäuser in den Gärten wohl ebenso verbreitet, denn Gailer von Kaisersberg schimpft über die »Lusthauser« und »danach haben sie eygen badstuben, weiher, see und fischtrög«,[21] die Patrizierfamilien der Stadt. Bereits im 15. Jh. ist ein Badhaus im Garten von *Abt Johann III. zu Admont* belegt.[22] Die Archivalien nennen eine Badstube im *Burggarten zu Wien*, die in den 1530er Jahren entstanden sein muß.[23] Über deren Ausstattung ist jedoch nichts bekannt.

Eventuell diente auch eines der Lusthäuser, die vor 1530 im *Lustgarten zu München* entstanden, als Badepavillon. Spinelli beschreibt 1530 in seinen Briefen ausführlich die Lustgärten des Herzogs Wilhelm IV.[24] Er schildert den Pavillon inmitten des Gartens mit einem Kunstbrunnen im Parterre und »oberhalb jenes Brunnens befindet sich ein Zimmer [besser mit Stube – im Sinne Goldmanns – zu übersetzen], das drei Gemälde[25] …enthält, welche Malereien von höchstem Wert sind. Es hat einen ofen mit Darstellungen, die wie lebend erscheinen…«. Das Wort »Zimmer/Stube« heißt im italienischen Originaltext *stufa*. Hartig erklärt – bezugnehmend auf den deutschen Herausgeber der Briefe, Thomas –, daß »stuva, stufa, eigentlich Ofen, dann gewärmter Raum, Warmstube…, welche hier eine Art Gartensalon dargestellt haben mag«, bedeute. *Stufa* war in jener Zeit im Italienischen jedoch ein ebenso gängiger Begriff für das Bad. Der Ofen wird von Pinelli gleich darauf eigens erwähnt, was ausschließt, daß er mit *stufa* den Ofen meint. Es wäre durchaus denkbar, daß man in dieser *stufa* gelegentlich auch zwischen all den wertvollen Gemälden gebadet hat, ähnlich wie in Fontainebleau.

Auch der sogenannte *Isarturm* der *Stadtresidenz Landshut* diente als Badepavillon. Errichtet wurde er 1542 unter dem Bayernherzog Ludwig, der 1536 in Mantua weilte und dort den Palazzo del Tè seines Gastgebers ausgiebig studieren konnte. Ein langer Gang verbindet Turm und den italienischen Bau des Schlosses. Das Bad war ursprünglich mit Fresken ausgemalt, die jedoch gänzlich ver-

82. Landshut, Isarturm der Stadtresidenz, 1542

schwunden sind. Die ehemalige Badestube ist noch heute mit Ziegelpflaster aus quadratischen und achteckigen Platten belegt.[26] Hier wurden die Zuber aufgestellt. Der anschließende Gang stellte gleichzeitig die Verbindung zu den Wirtschaftsgebäuden her.[27] Es existierte ein eigener Wasserkanal. Martin[28] nennt einen ähnlichen Badhaustyp 1545 im *Schloß Münden*.

Während diese Berichte und Dokumente nur die Existenz der bisher genannten Badepavillons belegen, entstand 1570 ein Badepavillon im *Neugebäude von Wien*, mit dem konkrete Ausstattungselemente faßbar werden. Dieser Badepavillon bleibt jedoch bislang ein Einzelfall in der Bädergeschichte der Zeit.

Das Neugebäude vor Wien wurde seit 1568 an der Stelle errichtet, wo zur Zeit der ersten Belagerung Wiens, 1529, das große Zeltlager des osmanischen Heeres unter Sultan Soliman dem Prächtigen aufgebaut war. Wie die jüngste Monographie zum Neugebäude[29] nachweist, nahm sich Kaiser Maximilian II. nicht nur der Legende nach, sondern tatsächlich dieses türkische Heerlager zum Vorbild bei Anlage und Aufbau seines Lustschlosses. Die Anlage ist völlig symmetrisch aufgebaut. Der

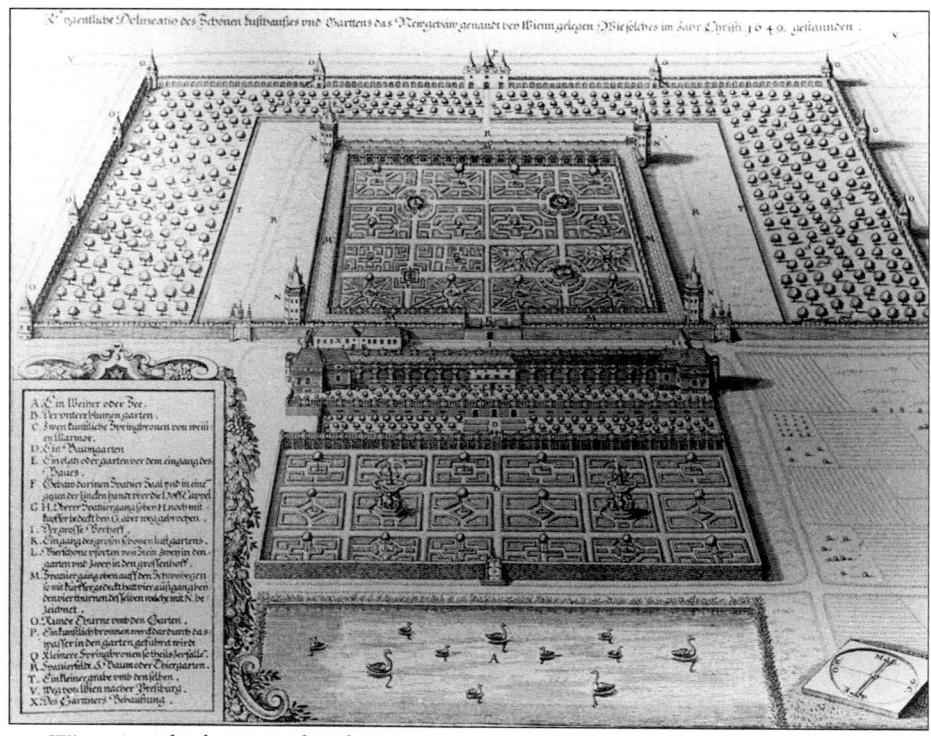

83. Wien, Ansicht des Neugebäudes in Simmering, seit 1568 unter Kaiser Maximilian II.
errichtet, nach Matthäus Merian, »Topographica Provinciarum Austriacarum«, 1655

äußere Baum- und Tiergarten wird von einem von mehreren Rundtürmen unterbrochenen Loggiengang umschlossen. Dem Baum- und Tiergarten ist ein weiteres Gartenquadrat einbeschrieben, an dessen vier Eckpunkten jeweils ein sechseckiger Turm in die Höhe ragt. Auch diese Türme werden durch Loggiengänge mit bekrönendem *Spaziergang* untereinander verbunden. Der umschlossene Garten wird von geometrischen Parterrefeldern geziert. Vor dieser Anlage liegen das Lustschloß, weitere Gärten und ein großer Teich. Der Nordostturm des inneren Ziergartens war als *Badeturm* eingerichtet.[30] 1570 muß dessen Bau schon weit fortgeschritten gewesen sein, da der Bauschreiber in diesem Jahr darauf drängte, daß die Schulden für die geleisteten Arbeiten am *Badegebew* bezahlt werde sollten.[31] Der sogenannte Badturm ist etwas größer als die übrigen; vielleicht, da dem

218

äußeren Sechseck ein Oktogon einbeschrieben ist, somit eine zweischalige Auf-mauerung vorliegt.

Vom Südwesten her führt eine Wasserleitung zum Turm, die sich dann gegen Norden fortsetzt. Am Boden der nordöstlichen Hälfte befinden sich drei kleine Öffnungen. »Die Öffnungen in der Innenmauer weisen auf eine hypokaustale Anlage hin. Es müßten sich demzufolge in den Zwischenräumen von äußerem und innerem Mauermantel Feuerstellen befunden haben«.[32] Vermutlich befand sich ein größeres Achteckbecken mit Sitzstufen im Turmbad. In den Stockwerken darüber vermutet Lietzmann Ankleide- und Ruheraum.[33]

Diese Badeanlage entspricht vom Typus als Oktogonalraum mit ebensolchem Becken, mit Hypokaustum und Heißluftheizung genau dem des osmanisch-tür-kischen Thermalbades, also *Illidsche*. Nur wenige Jahre zuvor wurden in Buda-pest von den türkischen Eroberern solche Bäder errichtet, die z. T. noch heute in Betrieb sind.[34] Maximilian könnte seine Anregungen, sich in seinem neuen Lust-schloß eine Badeanlage nach orientalischer Art einbauen zu lassen, auch bei sei-nem Spanienaufenthalt (1548–1552) gewonnen haben. Hier konnte er die Gärten und das »Turmbad« der Alhambra selbst in Augenschein nehmen – oder aber auch die zahlreichen Bäder, die die islamischen Eroberer auf spanischem Boden einst errichtet hatten und deren Betrieb mit dem Abzug der Feinde nicht einge-stellt wurde. Als direktes Vorbild können diese Bäder jedoch nicht gedient haben, da ihnen der zentrale Achteckraum mit oktogonalem Becken mit Sitzstufen, wie er eben für das türkische Illidsche verbindlich ist, fremd war.[35] Vielmehr sind diese Ausläufer einer hochstehenden (Bade-) Kultur als stimulierendes Element zu bewerten.

1604 beschreibt der savoyische Botschafter Manfredi »Malereien mit Frauenak-ten sowie Stuck- und Golddekor« in den Baderäumen.[36] Es überrascht doch sehr, daß ein deutscher Kaiser inmitten der Zeit tobender Türkenkriege sein Lust-schloß gerade in Anlehnung an die Bau- und Kunstgesinnung seiner Feinde errichten ließ. Meines Erachtens ist dieses Merkmal für uns heute überraschend, da die Hochschätzung der und die Kentnisse von der orientalischen Kultur jener Zeit in ihrem ganzen Umfang noch nicht annähernd erkannt worden sind. Alle bedeutenden Reiche jener Zeit versuchten, Handels- oder diplomatische Bezie-hungen mit der Hohen Pforte aufzunehmen. Exotische Pflanzen waren allerorten äußerst beliebt und ein Muß für jeden neu angelegten Garten seit der Renaissance, wenn dieser besondere Beachtung erfahren wollte. Ebenso zollte man exotischen Tieren in den – auch unter orientalischem Einfluß stehenden – Menagerien beson-deren Kredit. Man heischte nach der Pracht und dem Überfluß des Orients, einem

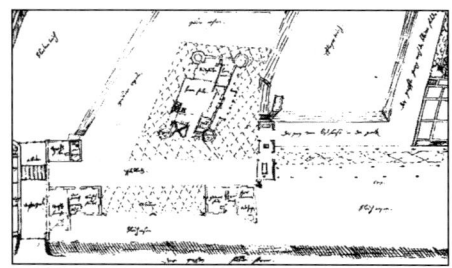

84. Kassel, Lusthaus der Fuldaaue,
Handskizze des Badegeschosses von
Moritz von Hessen-Cassel

Land, das damals wie ein Zauber aus »1001 Nacht« auf Europa einwirkte. Wurde bereits die Entstehung der *französischen Adelsbäder* mit Hypokaustenanlage, seit dem 14. Jh. nachweisbar, dem Einfluß aus dem Orient zugewiesen, drängte sich die These auf, daß die *Badeanlage von Franz I. in Fontainebleau* aus denselben Quellen schöpfte, so steht mit dem *Badturm Kaiser Maximilians II.* ein Baudenkmal vor uns, das in seiner Gesamtkonzeption von orientalischen Vorstellungen geprägt wird. Das Lustschloß galt in seiner Zeit jedoch nicht als Ort orientalischer Sinnes- und Lebensfreude. Das Gebot der Zeit hätte es nie zulassen können, den Erzfeind des christlichen Kaisers, Sultan Soliman und die ganze islamische Welt, in irgendeiner Weise als vorbildlich darzustellen. So galt das Neugebäude von jeher als »ein großartiges Triumphmal«[37], das den Sieg über die osmanischen Heere dokumentieren sollte.

Eine weitere Verbindung von Lusthaus und Bad befindet sich in dem unterhalb des Stadtschlosses auf einer *Halbinsel der Fuldaaue in Kassel* errichteten Bauwerk.[38] Im Erdgeschoß ließ sich seit 1570 der Landgraf Wilhelm IV. von Hessen-Cassel gegen Süden liegend Küche und Bad einrichten. Daneben lagen die Gemächer für den Landgrafen und dessen Gemahlin, wie die Handskizze des Nachfolgers von Wilhelm, Moritz, zeigt.

Im ersten Stock lag ein großer Saal mit einer Fontäne im Zentrum, die bis zur Decke hochstrahlte. Sie wurde von einer aus dem Bad hergeführten Wasserleitung gespeist. Die früheste Beschreibung des Bades von 1604 stammt aus der Feder des pommerschen Edelmanns Lupold von Wedel: »Das Lusthaus hat erstlich ein groß Fürstlich Gemach, dabei eine Badstube, da das Bad von lauter Zinn gemacht und zween Hähne darein, aus einem zapft man kalt, aus dem anderen heiß Wasser. In der Stube stehet ein fürstlich Bett…«. Auch Landgraf Herrmann zu Hessen-Rotenburg besichtigte 1641 das Bad: »Underm Saal ist eine schöne Badstub mit Zinn bekleidet, darinnen auch sonderbare sehr artige Spritzwerke zu finden. «[39] Es gab eine Wasseraufbereitungsanlage, von der aus Warm- und Heißwasser direkt in das mit Zinnplatten ausgeschlagene, in den Boden vertiefte Badebecken geleitet wurde. Das Lustschloß wurde Ende des 17. Jh.s zerstört.

Um 1594 gab es laut Schätzungsurkunde[40] auch ein Badhaus im Garten des *Herrensitzes Neunhof bei Nürnberg*: »darbey zu negst ein schöne badthaus mit einem lustigen ab Zieh-Chamerlein, oben auff ein boden, vor dem haus ein schöner schöpffbrunnen von metalln eimer.«

Im Bad nennt eine Beschreibung des Herrensitzes[44] »Bänk, Schemel, kupfern Laugen- und offen Kessel.« Das Wasser wurde direkt auf dem im Bad befindlichen Ofen erhitzt. In Bezug auf diese gängige Ausstattung eines Bades scheint sich bis ins 18. Jh. hinein nichts geändert zu haben. Die 1703 in Nürnberg publizierte *kluge als künstliche …Hauß-Halterin*, nennt noch den Ofen im Bad, in den man

> »einen großen küpfernen Kessel ein[ge]mauert hat, um das benöttigte Wasser darinnen auf zu wärmen. Man kann ihn auch zum Waschen benutzen, wenn man nicht besondere Kessel im Hofe eingemauert hat. Übrigens muß das Bad mit Bänken umgeben und rings mit Holz getäfelt seyn, damit die Kälte nicht durch das Mauerwerk häufig eindringe, und man an einen Ort verbrenne, und an den andern fast erfröhre. Nechst deme gehören auch in das Bad ein messing- oder küpfernes Laugen-Kessel ein, den Kopf zu zwagen [scheren], ein und andere Bad- Wannen …«.[42]

Obwohl im Hof eine Backstube mit Waschhaus und zwei Kesseln lag, wählte man für das Bad einen eigenen Pavillon und nicht – wie es Furttenbachs Traktate etwa eine Generation später noch zeigen – die Verbindung von Waschhaus und Bad in einer Funktionseinheit. Dieses Herrenbad des Hauses Kreß (1453–1500) macht deutlich, daß Furttenbachs uniforme Badstubenentwürfe nicht einmal dem Bedürfnis wohlhabender Herren gerecht wurden. Sie sind hier als *Nutzraum* wie Küche und Wäscherei behandelt, nicht aber als *Lust- und Luxusobjekt*[43].

4. Das Schloßbad

Weit mehr verbreitet als der Badepavillon im Garten oder Park war die Badstube im Schloß. Im Mittelalter fehlte sie, mit einfachen Zubern ausgestattet, kaum auf einer größeren Burg. Immer wieder werden Bäder in Gedichten, Epen und Liedern erwähnt.[44]

Im *Alten Schloß Darmstadt* lag ein Bad in dem massiv gemauerten Erdgeschoß des heutigen *Weißensaalbaus*. Darüber lagen im Fachwerkbau Kapelle und eine

85. Schloß Ambras, Badezimmer der Philipine Welser mit vertief-tem Becken, 1567

Kammer. Die Kapelle wurde 1377 geweiht und gibt damit einen Anhaltspunkt zur Datierung.[45] Ebenso erwähnt ein Inventar von 1566 ein Bad mit zugehörigem kupfernen Becken im alten *Schloß von Brühl*[46]. Auch diese Bäder folgten der oben genannten allgemein üblichen Ausstattung.

Eine Variante zum Zuberbad stellte das sogenannte *Wildbad* dar. Hierbei wurde ein mehrere Personen fassendes Becken im Baderaum eingebaut und mit Kalt- und Warmwasserzufluß versehen. Im Frankreich des 15. Jh.s. wurde solch ein Badebassin bereits im *Herzogspalast von Brügge* erwähnt.

Im deutschsprachigen Raum ließ 1567 Erzherzog Ferdinand II. von Tirol für seine Gemahlin Philippine Welser ein *Badeappartement in Schloß Ambras*[47] im Zuge der damals stattfindenden Modernisierungsarbeiten an der mittelalterlichen Burg einbauen. Das Bad liegt im Erdgeschoß des sogenannten »Gefangenenturmes« (15. Jh.). An den Vorraum, der mit einem Fries mit Badeszenen und Jungbrunnen ausgemalt ist, schließt der mit Holzgetäfel ausgestattete

86. Schloß Ambras bei Innsbruck, Fries des Vorzimmers mit Jungbrunnenszenen

87. Landshut,
Burg Trausnitz,
»Italienischer
Anbau« mit dem
ehemaligen
Badezimmer im
Sockelgeschoß, ca.
1570-1580 (im Bild
links von der Burg
stehend; heute ein
Schloßrestaurant)

Baderaum mit vertieftem, zinnausgeschlagenem Becken, mit eingebautem Holz-
sitz an. Das querrichtige Becken erreicht eine Tiefe von 1,60 m. Es nimmt die
gesamte Breite des Raumes zum südlich liegendem Fenster hin ein. Hinter dem
Baderaum liegt ein Dreiecksraum, in dem ein gemauerter Kessel zur Erhitzung
des Badewassers erhalten ist. Weitere kleinere Räume schließen an, die Badeappartement und Treppenhaus miteinander verbinden. Das gemeinsame Baden
mehrerer Personen in solchen bassinartigen Becken hat im Bereich des Kurbades
eine lückenlose bis zur Antike zurückverfolgbare Tradition.[48] In den Badeorten
ließen die Unterkünfte jedoch teilweise alle Wünsche verwöhnter Damen und
Herren offen.[49] Das mag den Anstoß dazu gegeben haben, sich zu Hause, auf
dem Schloß, eigene Gesellschaftsbäder einzurichten.
Diesem Typus ist auch das *Bad auf der Burg Trausnitz* (ca. 1570-1580) zuzurechnen.[50] Es liegt im Sockelgeschoß des italienischen Anbaus. Im Zentrum des
tonnengewölbten Raums ist ein ovales Badbecken von beachtlicher Größe eingelassen. Es mißt bei der Tiefe von 1,8 m ca. 3 m in der Breit- und 5 m in der
Längsachse. Das Becken ist aus Backsteinen gemauert und war ursprünglich
wohl mit Zinnplatten – wie das Becken von Ambras – ausgeschlagen. Zu- und
Abfluß sind noch erkennbar. Die Längswände werden von stukkierten Gurten
mit Karyatidenmotiven belebt. Sonstiges schmückendes Beiwerk ist verloren
gegangen. Besonders ausgefallen ist die vom zweiten Obergeschoß bis zum Bad
hinabführende, gänzlich mit burlesken Szenen und solchen der Commedia dell'
Arte bemalte sogenannte Narrentreppe. Sie verbindet die Wohngemächer mit
dem Bad. Auf der Burg Trausnitz gab es jedoch bereits 1495/96 im »Innerern
Torwartshaus« ein *Wildbad*[51]. Ein Zinngießer und Kaltschmied werden als Liefe-

88. Landshut,
Burg Trausnitz,
»Narrentreppe« im
Italienischen Anbau,
die Bad und Wohn-
gemächer miteinan-
der verbindet

ranten der Badezimmereinrichtung genannt. So gab es wohl bereits in diesem
Turm ein mit Zinn ausgeschlagenes großes Badebassin.

Ein besonders luxuriöses *Wildbad* ließ sich Markgraf Philipp II. von Baden
(1575–1588) im *Neuen Schloß in Baden-Baden* einrichten. Das großzügige Badeappartement besteht aus Heißluft- und Dampfbad, dann dem Baderaum sowie
Umkleideraum und Heizkammer. Es liegt im Untergeschoß im südöstlichen
Abschnitt, dem Schloßgarten und der Terrasse zugewandt. Man erreicht die
Badeanlage nur über einen Wendeltreppenturm, der in den südwestlichen Eckraum der Wohnräume des über dem Bad liegenden Geschosses führt. Zunächst
gelangt man in einen Raum für die Wache, von dort in einen Flur, der Zugang
zum Badeappartement des Markgrafen gewährte. Der erste kreuzgewölbte Raum
von quadratischem Grundriß kann nur als Auskleideraum gedient haben. Von
hier führt ein Durchbruch durch das dicke Mauerwerk zum tonnengewölbten
Baderaum, der bis auf das schmale Zugangspodest von einem vertieft eingelassenen Becken von ca. 4m x 4m eingenommen wird. Dem Eingang gegenüber führt
eine fünfstufige Treppe in das Becken hinein. Ringsum läuft eine Sitzstufe, die in
der Fensternische und an der westlichen Wand durch zwei weitere ergänzt wird.
Unterhalb des Zugangspodestes liegt eine Halbrundnische, durch die warmes
Thermalwasser in das Badbecken geleitet werden konnte. Gleich neben der
Beckentreppe führt eine Tür in einen Dreiecksraum, von dem aus die südöstliche
Tür zu weiteren Seitengemächern – vielleicht Ruheräumen – führt, die nordöst-
liche zum Dampf-Schwitzbad. Dieses Gemach von unregelmäßigem Grundriß
ist gleichfalls tonnengewölbt und von einer Pfeilerstellung unterteilt: In der nor-
westlichen Ecke befinden sich in Wandnischen zwei übereinanderliegende, ein-

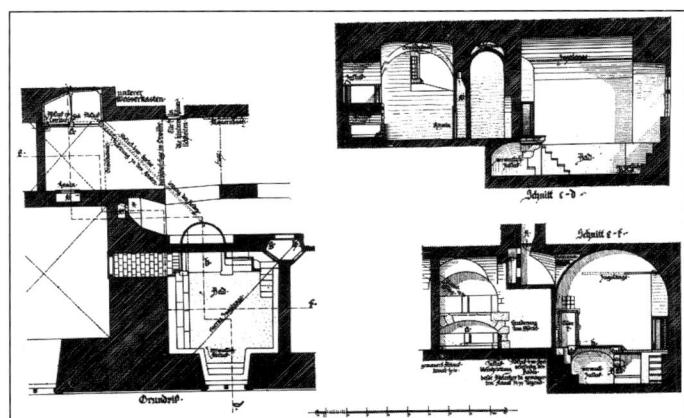

89. Baden-Baden,
Neues Schloß,
Badeanlage im
Kellergeschoß, ca.
1575-1588

gelassene Wasserkästen, denen der französischen mittelalterlichen Bäder (Hôtel Jacques Coeur, Schloß Guéméné-sur-Scorff etc.) vergleichbar. Diese Wassertröge dienten zur Bedampfung einerseits und zur Wasserzuleitung andererseits. Mittels des Dunstabzuges über dem oberen Wasserbehälter wurden Raumtemperatur und Bedampfung des Schwitzbades reguliert. Das Thermalwasser wurde durch Bleiröhren in diesen Behälter geführt. Im unteren Kasten wurde das Heißwasser mit kaltem Wasser zur gewünschten Temperatur gemischt und dann ins Badbekken geleitet. Zwei Kamine sorgten für die Erwärmung des Raums.[52]

Heberer von Bretten beschrieb 1582 das Bad: »Auch zeigt man uns in dem Schloß ein schönes Bad, ganz überzinnt und heimliche Wasserkunst von warmen und kalten Quellen«.[53] Das Badebecken war also wie jenes vom Hochschloß Ambras oder von der Burg Trausnitz mit Zinnblech ausgeschlagen.

Im weiteren Sinne, jedoch aus anderen Quellen entspringend, waren auch die Bäder vom Neugebäude und das große Schwimmbecken von Fontainebleau Wildbäder. Ein *Wildbad* existierte ferner in der von Herzog Wilhelm V. von Bayern errichteten *Maxburg* (1590–96) in *München*[54].

Auch im deutschsprachigen Raum entstanden seit dem späten 16. Jh. bis ca. Mitte des 17. Jh.s keine nennenswerten Badeanlagen. Nur das »Bädlein« neben der Waschküche, wie es Furttenbach in seinen Traktaten anführt, lebte fort.

5. Zusammenfassung

Zusammenfassend läßt sich festhalten, daß sich Badeanlagen im deutschsprachigen Raum großer Beliebtheit erfreuten – ähnlich wie in Frankreich, aber anders als in Italien. Anlage und Ausstattung änderten sich über die Jahrhunderte hinweg wenig. Konnten in französischen Bädern Hypokaustenheizanlagen nachgewiesen werden, so belegen Texte des Rivius und Goldmanns, daß im deutschsprachigen Raum wohl zahlreiche Bäder durch unterirdische Gewölbekammern, in denen z. T. Steine zur Wärmespeicherung erhitzt wurden bzw. an deren Stelle – wie es Goldmann abbildet – der Kachelofen treten kann, geheizt wurden. Diese Tradition scheint eine typisch deutsche Variante der durch die Klosterbaukunst überlieferten Hypokaustenheizung zu sein. Sowohl Badepavillons wie auch Baderäume im Palast waren beliebt. Gab es festinstallierte, vertiefte Badebecken, wie sie aus der Tradition des Kurbades herzuleiten sind, so waren diese mit Zinnblech ausgeschlagen. Auch dieser Typus des *Wildbades* hat im deutschsprachigen Raum eine weit zurückreichende Geschichte; spätestens seit dem 15. Jh. ist er belegbar (Trausnitz). Die Badekultur war in Deutschland, ähnlich wie in Frankreich, ein so fester Bestandteil des Lebens, daß man sich hier – ganz anders als in Italien – nicht verlaßt sah, Bäder *all' antica* zu schaffen, oder daß man sich darum bemühte, Vitruvs Bäderbeschreibung zu interpretieren und in die Tat umzusetzen.

VIII. Das Bad im Zeitalter des Barock

Die Keimzelle der barocken Baukunst war Rom. Ihre Breitenwirkung erstreckte sich jedoch erst über ganz Europa, als in der zweiten Hälfte des 17. Jh.s das absolutistische Frankreich den neuen Baustil zum Ausdruck seiner politischen Konzeption zu nutzen und zu formen verstand. Nach dem Tode Mazarins (1661) zentralisierte der junge Sonnenkönig alle Macht in seiner Person: »L'état c'est moi« (»der Staat bin ich«). In staatlichen Akademien wurden die Künste gepflegt und gehegt, zugleich aber den Zielen des Königreichs dienlich gemacht. Fähige Künstler standen den Akademien vor – so Le Brun der 1648 gegründeten Akademie für Malerei und Skulptur oder François Blondel der 1671 ins Leben gerufenen Académie Royale d'Architecture. Bereits 1666 wurde die französische Akademie in Rom gegründet. Besonders begabte junge Künstler wurden als Stipendiaten dorthin geschickt, um vor Ort sowohl die Antike als auch neue römische Kunstströmungen studieren zu können. Die französischen königlichen Akademien begünstigten jede Art künstlerischer Publikationen, seien es Lehrbücher, Plansammlungen bekannter vorbildhafter Bauwerke oder Dekorationsentwürfe etc., Architekturtraktate oder französische Übersetzungen bedeutender fremdsprachiger Traktate wie etwa das 1651 erstmals publizierte Malereitraktat Leonardos oder wie die vom König in Auftrag gegebene Vitruvübersetzung von Perrault. Diese Dokumente sind heute zur wichtigsten Informationsquelle zur französischen Kunst geworden, da zahlreiche Werke aus dieser Zeit gänzlich verschwunden sind oder so häufig verändert und modernisiert wurden, daß sie keinen Aufschluß zur Kunstübung ihrer Entstehungszeit geben können. Auch die Badeanlage und ihre Entwicklung vom 17. Jh. bis zur Mitte des 18. Jh.s ist in französischen Quellen zwar hervorragend dokumentiert, jedoch nur noch vereinzelt an bestehenden Bauwerken zu bestaunen.

Basiert die französische Barockarchitektur auf der italienischen, so kann diese für die Badeanlage nicht beansprucht werden. Dokumente italienischer Badeanlagen des Seicento sind äußerst rar.

1. Italien zwischen Renaissance und Barock

90. *Genua, Bad des Palazzo Pallavicini »delle Peschiere«, 1560/62*

Im fünften Kapitel wurde die Suche nach dem Bad *all'antica* der italienischen Renaisssance beschrieben. Mit Antonio da Sangallos Entwürfen für ein Bad in der Villa Cervini aus den frühen 1540er Jahren des 16. Jh.s. war erstmals ein stimmiger Grundriß einer Renaissancebadeanlage nach antikem Muster gefunden worden, der jedoch auf italienischem Boden keine Umsetzung fand. Dagegen setzte sich in der zweiten Jahrhunderthälfte das pompös ausgestattete Badezimmer (sofern es ein solches innerhalb eines Palastes überhaupt gab), ähnlich den Bädern Raffaels in der Engelsburg oder im Vatikan, durch.

Giacomo Barozzi, gen. Vignola (1507–1573) erwähnt in seinem Plan von 1559 für den *Palazzo Farnese in Caprarola* ein *bagno* im Souterrain mit darüberliegender *stufa*[1]. Das *bagno* wurde jedoch im Verlauf der Erbauungszeit des Palastes zu einem Serviceraum mit Feuerstelle zur Erhitzung des Wassers umfunktioniert. Die *stufa* mißt 4,15m x 3,75m. Noch heute kann man die gemauerten Ziegelsteinbänke an der Wand sehen. Eine Steinwanne in Form eines Vierpasses ist in den Boden versenkt. Wasserzu- und abfluß sind noch sichtbar. Das Spiegelgewölbe ist wie die römischen Renaissancebäder mit Grotesken bemalt. Neben dem Baderaum lag noch eine *barbaria*.

Auch für den *Farnesepalast in Piacenza* entwarf Vignola 1569 ein Bad,[2] das jedoch nie zur Ausführung gelangte. In Vignolas Plan des Untergeschosses ist im nordöstlichen Eckraum von quadratischem Grundriß ein rundes vertieftes Badebecken mit Sitzstufen eingetragen und als *bagno ritirato* bezeichnet. Eine Treppe des seitlich anschließenden Raums führt zu einem größeren Gemach, welches Zutritt zu einem großen quadratischen Raum, den Vignola als *bagno* bezeichnet, gewährt. Die vertiefte Wanne mit umlaufenden Sitzstufen erinnert an die Entwürfe aus dem Sangallo-Peruzzi-Kreises.

Peter Paul Rubens (1577–1640) hielt sich 1605 im Verlauf seiner Italienreise auch in Genua auf. 1622 publizierte er sein Werk *I palazzi di Genova*, ein Stichwerk mit Grund-, Aufrissen und Ansichten bedeutender genueser Paläste. Rubens weist in fünf Palästen auch Bäder aus.[3] Sie liegen sowohl im Kellergeschoß als auch im Erdgeschoß oder gar den darüberliegenden Etagen. Bevorzugte Form für das Badezimmer scheint nach Rubens Aufzeichnungen das Achteck mit Apsidial-nischen in den Diagonalen und verschiedenen größeren Nischen oder Durchgängen zu weiteren Seitenräumen in den Achsen gewesen zu sein. Die dem Eingang gegenüberliegende Nische nimmt meist die Badewanne auf. Im *Palazzo Pallavicino* (»*delle Peschiere*«) von 1560/62 ist noch heute die ursprüngliche Ausstattung mit Marmorwanne erhalten.

Vasari[4] beschreibt ausführlich das Bad, das Galeazzo Alessi, der Architekt zahlreicher Paläste des reichen Genua, im *Palazzo Grimaldi* 1555/56 errichtete: Das Bad

> »ist rund und in dem Wasserbecken in der Mitte können 8–10 Personen zusammen baden. Das warme Wasser empfängt das Becken aus den Köpfen von vier Seeungeheuern, die dem Wasser zu entsteigen scheinen; das kalte Wasser dagegen fließt aus ebenso vielen Fröschen, die auf den Köpfen der Fabeltiere sitzen. Rund um das Becken, zu dem man auf drei kreisförmigen Stufen hinabsteigt, läuft ein Streifen, breit genug, daß zwei Menschen bequem nebeneinander auf ihm wandeln können.«

Jetzt beschreibt Vasari die vier großen Apsidialnischen mit flachen, runden Wannen.

> »In jeder kann ein Mensch baden, denn warmes und kaltes Wasser fließt ihr [der Nischenbadewanne] aus den Hörnern einer Maske zu…Zwischen den acht Wandteilen sind Hermen angebracht, die das Gesims tragen, und auf ihm ruht das runde Gewölbe des ganzen Baderaums. In seiner Mitte hängt eine große Kugel aus Kristallglas und von hier erstrahlt nach verschiedenen Seiten, wenn das Bad während der Nacht benutzt wird, hellstes Licht und macht den Raum taghell. Ich unterlasse von den Bequemlichkeiten des Vorraums, des Auskleidezimmers und dem kleinen Bad zu reden…«

Vasaris Beschreibung bringt deutlich den manierierten Zeitgeschmack zum Ausdruck. Der Oktogonalgrundriß wie auch das vertiefte Becken mit Sitzstufen ver-

91. Florenz, Palazzo Pitti, Bad der Maria Luisa, ursprgl. vor 1574. Heutiger Zustand vom Ende des 18. Jh.s. Anfang 19. Jh.

weisen jedoch auf die antike Thermenarchitektur und ihre Rezeption in der Renaissance.

In Florenz ließ sich Cosimo I. um 1565 im *Palazzo Vecchio* einen Baderaum anlegen.[5] In der dem Eingang gegenüberliegenden Nische ließ sich Cosimos Sohn, Francesco, eine Wanne aus Stein einbauen. Die Wände sind mit Szenen der antiken Mythologie von Cupido und Venus bemalt, zwischen denen sich Groteskenmalereien ausbreiten. Der Baderaum entspricht in seiner Grundkonzeption dem Bad Clemens VII. in der Engelsburg.

Auch im *Palazzo Pitti* in Florenz fehlte es nicht an Bädern, die die Archivalien mehrfach nennen. Zweifel besteht über deren Lage. Im Inventar von 1574, das nach Cosimos Tod angefertigt wurde, wird eine *stufa* im Piano nobile des Nordflügels erwähnt. Nach grundlegenden Renovierungsarbeiten im 18. Jh. ist dieser Raum heute als *Bad der Maria Luisa* bekannt. Das in einer Nische eingebaute, in den Boden vertiefte Becken mit Geländer entspricht dem bereits im Palazzo Ducale in Urbino von Francesco di Giorgio verwirklichten Typus eines Renaissance-Alveus nach antiker Art. Ein weiterer Baderaum lag vermutlich im Erdgeschoß der südöstlichen Ecke.[6]

Weitere Bäder gab es im Hauptgebäude der Villa Giulia, Rom (1551–1555), in der Castellina, einem Landsitz der Este bei Ferrara (1579), im Palazzo Reale in Neapel

(1583). Ein kleiner Raum des Piano Nobiles der Villa Artemino von Signa bei Florenz (E. 16. Jh.) soll ursprünglich auch als Baderaum gedient haben.[7]

Spärlich werden die Informationen zum Bad im italienischen Barockzeitalter. Quellen (1613–14) erwähnen ein Bad im sog. Ripetta-Flügel des *Palazzo Borghese*, Rom, dessen Bau 1612 begonnen wurde.[8] Dieser Flügel diente dem Kardinal Scipione Borghese als Wohnung. Der Baderaum von ca. 4,0m x 4,2m lag im Erdgeschoß. Östlich folgte ein Serviceraum. Eine Wendeltreppe führte zu einem weiteren Raum im darüberliegenden Mezzanin, der mit Kamin und Bett ausgestattet war, also als Ruhe- (und Umkleide-)raum diente. Über die künstlerische Ausstattung der Räume berichten die Quellen nichts.

Während die Dokumente aus der Entstehungszeit den Baderaum als *stufa* bezeichnen, wird er in den späteren Quellen als *bagno* erwähnt, der darüberliegende geheizte Raum wird dagegen *stufa* genannt. Vielleicht kann das als Hinweis darauf gewertet werden, daß der Begriff *stufa* zunehmend mehr für einen heizbaren Raum im allgemeinen benutzt wurde und nichts mehr mit dem Bad, das eben ursprünglich in aufwendig geheizten Räumen installiert wurde, zu tun hatte.[9]

Ein Sprung in die Mitte des 18. Jh.s. führt zum sog. Badeappartement der *Villa Albani* in Rom,[10] das Kardinal Alessandro Albani um 1757 am westlichen Ende einer langgestreckten Portikushalle anlegen ließ. Das ursprüngliche Aussehen der Anlage ist nur in Stichen des P. A. Pâris überliefert. Die Grundrisse von Pâris (ca. 1770) und Percier (ca. 1787/90) stellen beide ein Raumgefüge vor, das starke Ähnlichkeit mit den Stabianerthermen oder auch den Forumsthermen in Pompeji hat. Am Ende des Portikus gelangt man über einen Vorraum in einen Rundraum, der dem Lakonikum und späteren Frigidarium der Stabianerthermen entspricht. Der anschließende langgestreckte Raum ist mit dem Männertepidarium der Stabianerthermen, das dort auch neben dem Rundraum liegt, vergleichbar. Besonders markant ist die Parallele in Raumform und Ausstattung mit einem großen Labrum in der ausladenden Apside des vierten Raums dieses »Badeappartements« der Villa Albani und dem Männercaldarium der Stabianerthermen.

Pompeji wurde im 16. Jh. entdeckt. An eine systematische Untersuchung und Auswertung ging man jedoch erst um die Jahrhundertmitte des 18. Jh.s. Die enge Verwandtschaft im Aufbau der Grundrisse der Villa Albani und der Stabianerthermen von Pompeji drängen zur Annahme, daß bereits hier erste Kenntnisse der Badeanlage der alten Ruinenstadt verwertet wurden. Diese »Badeanlage« war mit zahlreichen antiken Statuen, Säulen und Bildwerken ausgestattet und wurde daher auch mit dem Begriff *Museo* belegt. Meines Erachtens wurde dieses Raumgefüge der Villa Albani nicht als zur Nutzung bestimmte Badeanlage konzipiert, sondern ist vielmehr als ein musealer Nachbau einer antiken Badeanlage – wahrscheinlich der Stabianer Thermen – zu verstehen.

2. Die Badeanlagen in französischen Architekturtraktaten, Lehrbüchern und Stichwerken

War das Bad noch kein Thema im französischen Schrifttum des 16. Jh.s., so gewinnt es im 17. Jh. und besonders im 18. Jh. zunehmend an Bedeutung.

Louis Savots Architekturtraktat

Bereits im 1624 erschienenen Werk *Architecture françoise* des Mediziners Louis Savot (ca. 1580–1640) wird die Anlage von Bädern im 18. Kapitel ausführlich behandelt, obgleich der einleitende Satz schon vorwegnimmt, daß »die *étuve & bains* in Frankreich nicht notwendig [sind]«, und auch in anderen Ländern sei es nicht so wie einst. Heute könne man sich des Badens enthalten, »da wir ja Unterwäsche tragen, die uns heute zur Reinhaltung des Körpers dient«. Wenn ein grosser Seigneur dennoch ein Bad wünsche, so solle es eher in den unteren Etagen angelegt werden, da das Wasser leichter dorthin zu schaffen sei und die erforderlichen Gewölbe hier einfacher zu bauen seien. »Vier Räume sind hierfür nötig, wovon der erste der Raum für den Ofen ist, in dem das Feuer zu entfachen ist, das sowohl den Badofen wie auch das Badewasser erhitzt.« In diesem Raum solle auch das Holz für die Feuerung aufbewahrt werden. Der Heizkessel für das Wasser solle über dem Feuer auf Eisenstangen installiert werden. Auf den Heizraum folge der »*étuve*, in dem der Ofen und der Heißwasserboiler sich befindet, die beide von Keramik oder anderem Zierat umschlossen und über der Wölbung der Feuerung angeordnet sind. Dieser warme Raum [*étuve*] erhält sein Licht vom Badezimmer [*chambre de bain*].« Eine Tür solle zum Badezimmer führen, und nur Glasöffnungen sollten den Raum von dorther erhellen. Dieser Warmraum solle sehr klein sein, sein Gewölbe niedrig, um hier eine möglichst große Hitze erzielen zu können. Auch das Badezimmer solle aus demselben Grund nicht zu groß sein, das Gewölbe aber durchaus höher und reich mit Ornamenten dekoriert. Ein Fenster soll der Tür zum Warmraum gegenüberliegen. Man könne eine oder zwei ovale Wannen aufstellen, in die solle sowohl kaltes als auch warmes Wasser über schöne Hähne eingeleitet werden können. Man könne im Badezimmer auch eine Wandnische zur Ablage von Schatullen und Vasen, die nach Belieben mit Puder, Likör oder Duftessenzen zu füllen seien, vorsehen. Eine weitere kleine Feuerung solle im Badezimmer aufgestellt werden, um die Wäsche zu trocknen und zu wärmen. Vom Badezimmer gelangt man »in ein weit größeres, sehr helles, freundliches und reich verziertes Gemach, das mit Tapisserie und mit schönen Betten ausgestattet ist. Hier erfrischt man sich und ruht nach dem Bade aus. Auch ein reichgeschmückter Kamin soll sich hier befinden.«

Diese ausführliche Beschreibung eines Badeappartements des frühen 17. Jh.s. führt nicht nur die Anlage eines Bades, sondern auch gleichzeitig die Badesitten der Zeit vor Augen. Die Anlage solcher Bäderwar wohl eher selten, ja auch gar nicht notwendig, da man fortschrittlich war und – wie Savot erwähnte – die leicht wechselbare Unterwäsche das Bad durchaus zu ersetzen vermochte. Dennoch durften im Bad die Puderdosen, Parfums und andere Duftessenzen nicht fehlen, die ja ansonsten alleine schon ausreichten, eine duftend gepuderte Sauberkeit vorzutäuschen.

Die Beschreibung Savots belegt jeden Raum mit einer spezifischen Funktion, die sich – wie wir sehen werden – Ende des 17./Anfang des 18. Jh.s. ändern wird. Savot nennt den Heizraum, den Schwitzraum (*étuve*), ein Badezimmer (*chambre* oder *cabinet de bain*) und das Ruhezimmer. Die Beschreibung des Heiz- und des Schwitzraumes erinnert noch an die mittelalterlichen französischen *Étuves* des Hôtel Jacques Coeur oder des Schlosses Guémené-sur-Scorff, aber auch an die Badeanlage von Fontainebleau. Statt einer Hypokaustenheizung wird jetzt offenbar ein Ofen in der Art des deutschen Kachelofens zur Erhitzung des Schwitzbades verwendet (»recouvert d'ouvrage de potterie ou autre ornement agréable«; »bedeckt mit Töpferarbeit oder anderer angenehmer Verzierung«). Klein, niedrig und nur indirekt über Fenster in der Zwischenwand belichtet, war der Schwitzraum günstig konzipiert, um hohe Temperaturen zu erzielen. Das Badezimmer war wie seit alters her mit Badewannen ausgestattet und schön ornamentiert. Allerlei kosmetische Artikel wurden auf der Ablage in der Nische aufgestellt, die die Renaissancekünstler Italiens einst so gerne mit antiken Statuen schmückten. Die Zeiten hatten sich geändert und damit die Bedürfnisse der Menschen. Was Savot zum Ruhezimmer mit Kamin und Betten ausführt, weist auf alte fortlebende Traditionen hin, wie sie in Frankreich spätestens seit der Badeanlage von Fontainebleau belegt sind.

François Blondel

Savots Traktat ist heute vor allem in der Ausgabe des François Blondel (1618–1686) von 1685 greifbar. Der Leiter der Königlichen Architekturakademie beließ Savots Text und fügte lediglich in Anmerkungen Ergänzungen oder Korrekturen bei. Blondel war ein weitgereister Mann und in diplomatischer Mission in der Türkei, in Griechenland, in Ägypten und Dänemark unterwegs. Auf seinen Reisen in die islamische Welt lernte Blondel auch deren blühende Badekultur kennen. Fügt Blondel den gesamten Ausführungen Savots zum Thema Bad nichts bei, so drängt es ihn jedoch, gleich zur Eingangsbemerkung Savots, daß das Baden heutzutage überall aus der Mode gekommen sei, in einer Fußnote (b) anzumerken, daß »dieser Autor nichts davon wußte, was zur Zeit in der Türkei, in Persien und im ganzen Orient gängig ist. Dort ist der Gebrauch der Bäder wenigstens ebenso häufig, wie er einst bei den Römern und bei den Griechen war.«

Gewiß wußte man bereits zu Savots Zeiten, daß das Bad im Orient eine häufig zu findende Einrichtung war. Blondels Bemerkung ist daher besonders bemerkenswert und so zu interpretieren, daß man sich zwischenzeitlich auch für die Welt des Orients lebhaft zu interessieren begann. Dafür spricht auch, daß die Orientreiseliteratur in der zweiten Hälfte des 17. Jh.s in Frankreich sprunghaft ansteigt. Die Beschreibung der Badeanlage von Savot ist für Blondel an sich noch richtig, so daß er Savots Ausführungen nichts hinzuzufügen hat.

Augustin Charles d'Aviler und Jean Mariette

Augustin Charles d'Avilers erste Ausgabe der *Cours d'architecture* von 1691 geht nicht auf die Anlage von Bädern ein. Erst in Mariettes stark veränderten und erweiterten Ausgaben des Traktats, das seit 1727 mehrfach neu aufgelegt und ergänzt wurde, taucht das Thema Bad auf. Mariette beschreibt das *Appartement des Bains* als eine Raumfolge, die gewöhnlich im Erdgeschoß liege. Die *Salles, Chambres, Garderobe, Salles des Bains* und *Étuve* sollen mit Marmor, Stuck, Malereien etc. reich ausgestattet sein, so wie man es im Bad der Königin im Louvre und in Versailles sehen könne.

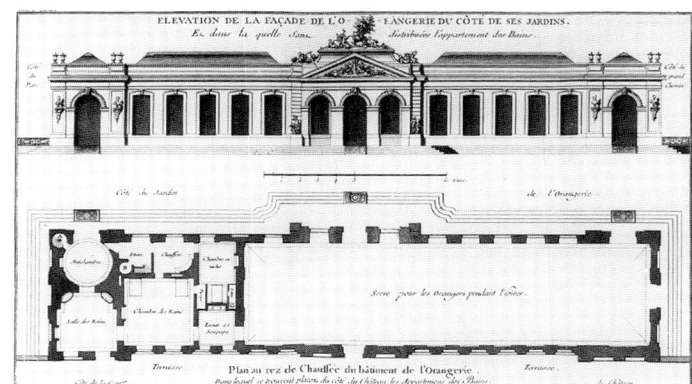

*92. J.F. Blondel,
Badeappartement,
»De la Distribution
des Maisons de
Plaisance«, 1737*

Jacques-François Blondel

Als wichtigstes Dokument zur Anlage von Bädern ist nach Savot/F. Blondel das
Werk *De la Distribution des Maison de Plaisance...* von 1737/38 von Jacques-
François Blondel (1681–1756) zu nennen. Mit seinen konkreten Aussagen zum
Bad schafft er einen verbindlichen, lang nachwirkenden Standard. Brisieux zitiert
in seiner *L'art de bâtir les maison de campagne...* von 1743 (Bd. I, Kap. III, S. 7/8)
im Abschnitt über Bäder teilweise wörtlich Blondel. Bezeichnenderweise fehlen
Ausführungen zum Bad in Brisieux Traktat *L'Architecture moderne ou l'Art de
bien bâtir pour toutes sortes des personnes*, das 1728, also noch vor J. F. Blondels
epochalem Werk, erschien. Auch der Abschnitt zum »Bad« (Bd. II, S. 20) und zu
den »Étuves« (Bd. IV, S. 97) in Diderots Enzyklopädie von 1756 stammen von
Blondel. Dies macht deutlich, wie verbindlich Blondels Aussagen galten. Blondel
selbst fügt seiner Bäderbeschreibung von 1737 in seinem 1752 erschienen Lehr-
buch *Cours d'architecture* (Bd. I, S. 32/Bd. II, S. 405–410/Bd. IV, S. 117–120) nichts
Wesentliches hinzu.

Im ersten Band der *Distribution...* beschreibt Blondel im IV. Kapitel die Vertei-
lung und Dekoration der Räume in den Seitenflügeln des Schlosses. An erster
Stelle erwähnt er das *Appartement des Bains*, das das Orangeriegebäude zum Park
hin abschließen soll. Es solle nicht die heiße Mittagssonne einfangen (ganz im
Gegensatz zu Vitruvs Forderung und in der Nachfolge der der italienischen
Renaissancekünstler), da »die Bestimmung dieses Appartements nach Frische

velangt.« Daher sei es gewöhnlich in den unteren Etagen anzulegen. Das Baden verlange Einsamkeit (»solitude«), was bedinge, daß der Badeflügel abseits des Schlosses liegen solle. Nun beschreibt der Architekt den Grundriß seines idealen Badeanlagenentwurfs. Zugang wird von der Orangerie her gewährt. Zunächst gelangt man »in einen runden Raum, der als Vorzimmer zur *Salle des Bains* dient. Ich habe in einer seiner Ecken eine Treppe [A] eingetragen, die zum Dach hinaufführt…«. Dem Eingang gegenüber führt eine Tür zur *Salle des Bains*, eine weitere Tür gewährt Zugang zum *Étuve*.

> »Die *Salle des Bains* ist groß genug, um dort zwei Badewannen aufzustellen [Anm. *: wie dies im Schloß von Saint Cloud der Fall ist]. Man sieht es selten, daß es nur eine gibt; sei es, daß zwei Personen sich gegenseitig Gesellschaft leisten und sich miteinander amüsieren in ihrer Einsamkeit (›solitude‹), sei es, daß solche Gemächer dadurch ihre Symmetrie wahren oder daß man eine der Wannen mit warmem Waser zu füllen wünscht & die andere mit Wasser, das entsprechend der Saison temperiert ist.«

Der Raum könne mit Marmor, mit vergoldeten Boiserien oder mit Groteskenmalerei ausgestattet sein, wobei letztere einen kleinen Raum verlange, da man sie ansonsten schlecht wahrnehmen könne: eine Forderung Blondels, die wir bereits in den winzigen Baderäumen der Renaissance in Italien umgesetzt fanden. Die Badewannen sollen in – der Form der Wanne entsprechenden – Nischen, die bis zur Hohlkehle hochreichen sollen, installiert werden. Sie sollen von *Pavillons* umschlossen werden. Damit spricht Blondel die bereits im Mittelalter gebräuchlichen Wannenbaldachine an, die man bei Bedarf verschließen kann. Im zweiten Band bildet Blondel solch einen Badewannenbaldachin ab. Die Badewanne soll aus Kupfer gefertigt werden, und außen soll man sie mir einer Farbe bemalen, die mit dem in Raum dominierenden Farbton harmoniert.

Auf die *Salle des Bains* folgt in der Enfilade liegend die *Chambre des Bains* von beinahe quadratischem Grundriß. Hier befinden sich zwei Betten zur Ruhe nach dem Bad. Zwischen denselben führt eine Tür zum Wärmeraum (*Chauffoir*), der so genannt wird, »da man hier die für den Service der *Chambre des Bains* benötigte Wäsche trocknen läßt«. Damit übernimmt dieser *Chauffoir* die Funktion, die der zusätzliche Ofen in Savots Ruheraum übernahm. Von dem Warmraum gelangt man zur einen Seite zu dem *Étuve*, in dem sich die Heizanlage (B) befindet, die der Erwärmung des Badewassers dient. Zur rechten Seite liegt ein kleiner Raum mit Nische für ein Bett. Seitlich der Nische gelangt man einerseits über eine

Passage zur *Chambre des Bains*, andererseits zu einer Abortanlage. Diese in der Enfilade liegenden *Lieux à Soupape* (WC) sind über die *Chambre des Bains* oder von der Orangerie her zugänglich. Die *Lieux à Soupape* oder »Örter der Erleichterung« sind eine luxuriöse Variante der *Retirade* oder *Lieux* mit integrierter Wasserspülung, deren Anlage und Funktion Blondel ausführlich im zweiten Band (3. Kap., S. 136ff.) beschreibt.

Im gleichen Band geht Blondel auch nochmals auf die Anlage der *Salle des Bains*, des Badezimmers, ein (3. Kap., S. 129).

93. *J.F. Blondel, Ausstattung der »Salle des Bains«. Über der Wanne ist ein Baldachin angebracht, an dem der Badevorhang befestigt war.*

»Zu einem vollständigen Badeappartement gehört ein Saal, in dem sich mehrere Badewannen befinden und der von einem Vorraum für die Dienerschaft begleitet wird. Ein Schlafzimmer mit einem oder mehreren Betten entsprechend der Anzahl der Badewannen schließt an. Bei diesem Raum muß die Garderobe zum Wechseln der Wäsche liegen sowie ein Abort. Hinter dem Saal muß ein kleiner Raum für den *Étuve* konstruiert werden.«

Blondel beschreibt nun genau die Art und Weise der Wasseraufbereitung. Neben dem Wasserbehälter (C) über dem Ofen (B) des *Étuve*, in dem das warme Wasser aufbereitet wird, muß ein großes Kaltwasserreservoir (F) liegen, das so hoch installiert sein muß, daß sowohl der Zufluß des Kaltwassers zu den Badewannen (A) als auch zum Warmwasserboiler gewährleistet ist. Eine Treppe (K) führt zum Warmwasserboiler hinauf.

In seinen *Cours d'architecture* faßt Blondel seine Vorstellungen einer Badeanlage nochmals zusammen. In Band II (S. 405) kommt er innerhalb seines Lehrbuches am ausführlichsten auf Bäder zu sprechen. Er faßt seine Vorschläge zur Dekoration der Gemächer knapp zusammen: Im Badezimmer sei Marmor oder polierter Kalkstein für Boden und Wände zu empfehlen, da es hier immer etwas feucht sei. In den übrigen Räumen dürfe man dagegen auch Boiserie, Spiegel, Ver-

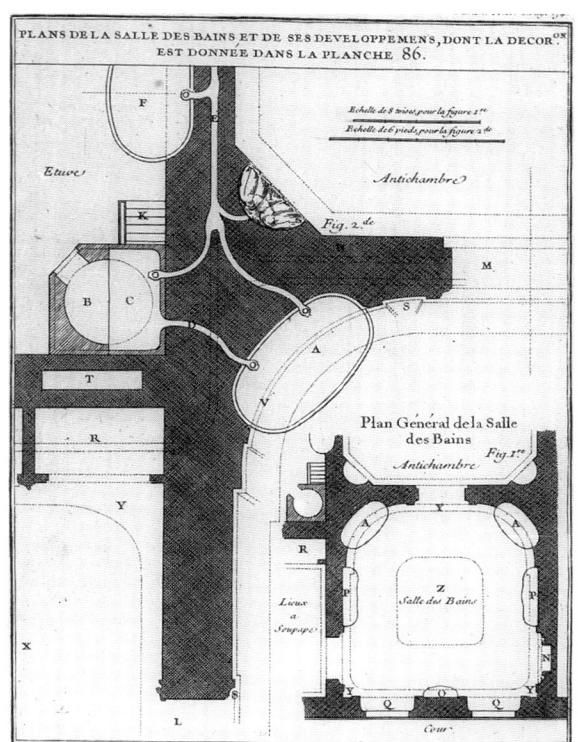

94. *J.F. Blondel, System der Wasseraufbereitung für das Bad aus »De la Distribution...«, 1738*

goldungen, Fayence etc. verwenden. Die Panneaux sollen mit Arabesken, Tieren und Blumen bemalt sein, die den Eindruck von Sommerfrische in das Bad zaubern sollen. Im Gegensatz zu seinem Werk *De la Distrubution...* fordert Blondel jetzt, das Bad gegen Süden auszurichten.

Ca. 100 Jahre nach Savots Äußerungen zum Bad ist der Kern eines Badeappartements noch immer der gleiche: das Badezimmer mit anschließendem Ruhezimmer. Was sich geändert hat, ist die Funktion der in Frankreich seit Jahrhunderten als Schwitzbad genutzten *Étuves*. Mit dieser Bezeichnung wird jetzt der Raum belegt, der primär zur Aufbereitung des Warmwassers dient. Ein eigener Feuerraum, wie ihn Savot beschreibt, gibt es nicht mehr. Das von Blondel mit *Chauffoir*, also Warmraum, bezeichnete Kabinett, ist von seiner Lage neben dem *Étuve* (Heizraum) her am ehesten mit dem früheren Schwitzraum zu vergleichen. Blondel belegt jedoch keinen seiner zum Badeappartement gehörigen Räume mit dieser Funktion. Das Schwitzbad ist aus der Mode gekommen. Diese Entwicklung muß sich bereits in der zweiten Hälfte des 17. Jh.s. vollzogen haben, da bereits Félibien in seinen *Principe de l'Architecture* (1699, 3. Aufl.) die *étuves* als Raum definiert, in dem sich eine Heizstelle befinde, und daher eher dem Heizraum Savots entspricht. Eigens erwähnt er die *étuves à faire suer*, die Schwitzbäder also, die er jedoch nur im Zusammenhang mit der Antike nennt.

Die Badeanlage erscheint bei Blondel als ein separates, vom Schloß möglichst entfernt liegendes Appartement oder Lustschloß. Wir haben gesehen, daß der Badepavillon bereits in der Renaissance und früher in Frankreich auftritt. Jedoch lag das Gros der Badeanlagen in den Sockelgeschossen der Paläste und Schlösser. Blondel belebt weniger den alten französischen Lustpavillon-Typus, als daß er vielmehr einer neuen Zeit mit geänderten Lebensgewohnheiten ihren architektonischen Rahmen zimmert.

Was die französischen Theoretiker beschreiben, läßt sich in dem umfassenden publizierten Planmaterial überprüfen.

Plansammlungen

Das Bad taucht in den umfangreichen Plansammlungen des 17. Jh.s. in Frankreich, gemessen an der Vielzahl der vorgestellten Paläste, nicht gerade häufig auf. Dennoch vermittelt das Material insgesamt den Eindruck, daß sich der besonders reiche Adel für seine großen Stadthäuser gerne den Luxus eines eigenen Bades leistete. Meist ist nur ein Raum für das Bad bestimmt. Badeappartements wurden – wenn überhaupt – bevorzugt in Schlössern eingerichtet.

Jean Marot

Als erste wichtige Plansammlung ist die des Jean Marot (1619–1679) zu nennen. Der kleinen Ausgabe, dem sogenannten *Petit Marot*, von ca. 1654/60 folgte um 1670 eine wesentlich umfassendere Mappe, der *Grand Marot*[11]. Diese Plansammlung stellt auch einige, um die Jahrhundertmitte entstandene Bäder in Palästen vor und kann somit als ein wichtiges Dokument die Badeanlage der Zeit betreffend bezeichnet werden. Ihre Zahl ist auf fünf Entwürfe begrenzt: ein Bad des Maison *Henselin* (Hesselin) von 1641/42, ein Bad im Hôtel de Lionne (ca. 1665), beide von Le Vau (1612–1670) errichtet. Eine bedeutende Badeanlage befindet noch heute im Schloß Vaux-le-Vicomte (1657–61), dessen Architekt ebenfalls

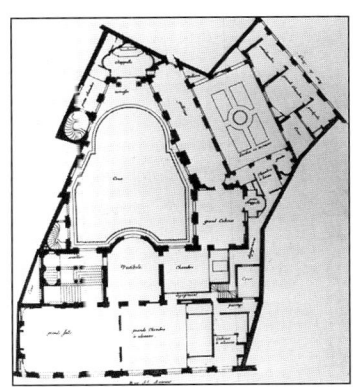

95. Paris, Hôtel de Beauvais, Ausschnitt des Grundrisses mit dem Bad-Grotte-Garten-Komplex (J.F. Blondel, »Architecture Française«)

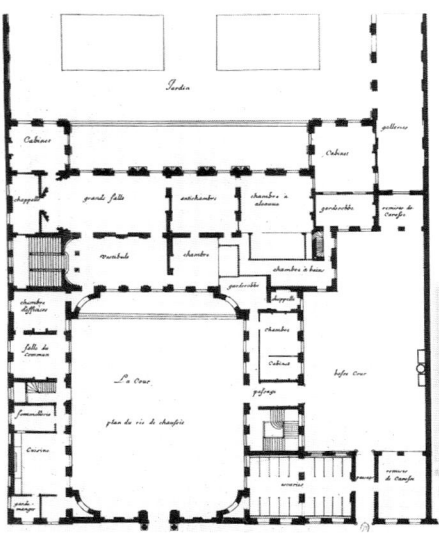

96. *Paris, Grundriß des »Hôtel de Lionne«, um 1665, von Le Vau (Jean Marot, Architecture françoise)*

Le Vau war. Auf diese wollen wir erst später genauer eingehen. Bei Marot findet sich auch der Grundriß des bereits besprochenen Bades neben der Grotte im *Hôtel de Beauvais* (1652–55). Dann stellt er seine eigenen »Desseins des bains a bastir au bout des Jardins du *Chasteau de Maison*« vor. Dieser Entwurf gibt die Anlage eines Nymphäums mit davorliegendem Bassin wieder, in dem mehrere Personen baden, bezieht sich also auf eine *Piscina*, ein Freibad.

Der Plan des *Palastes des Monsieur Hesselin* ist von Marot nicht beschriftet. Erst bei Blondels *Architectur françoise* (II,249) ist eine *chambre des Bains* neben einem *Salle* und Kabinett eingetragen. Dieses Raumtrio liegt separat zwischen dem eigentlichen Wohntrakt und den Stallungen, dort wo Hof und Garten aufeinanderstoßen. Es wird in den Dokumenten zur *Maison Hesselin* als Sommerwohnung des Hausherrn bezeichnet.[12] Es ist eher unwahrscheinlich, daß dieses zum Garten hin öffnende Gemach als Bad genutzt wurde, wie es Blondel annimmt. Vielmehr ist zu vermuten, daß sich hier die in den Dokumenten erwähnte Grotte befand.[13]

Im *Hôtel de Lionne* befindet sich eine *chambre à bains* im Erdgeschoß des Hauptwohntraktes zwischen Hof und Garten. Das Bad liegt im Eckkabinett, dessen Befensterung zum seitlichen Nebenhof geht. Es ist von seiner Lage her den Nebenräumen zuzurechnen. Ein Durchgang führt zu einer Garderobe, eine Tür zum Vorzimmer und Schlafzimmer der Enfilade. Die Bäder sind dem Raumgefüge noch recht unorganisch zugeordnet und werden dort, wo Sekundärräume des Gebäudes Freiraum zur Nutzung bieten, eingeschoben.

Badeappartements, wie sie Savot beschreibt, hatten in der Zeit ihren Platz noch im Sockelgeschoß und waren, wie Savot deutlich macht, doch eher selten, da es ein kostenintensiver, aufwendiger Luxus war, den man – nach Ansicht jener Zeit –

nicht brauchte. Immerhin wagte sich das Bad aus seiner verborgenen Lage abseits im Kellergeschoß seit der Mitte des 17. Jh.s. aus seinem Versteck hervor und gesellte sich in unmittelbare Nachbarschaft der Wohnräume.

Augustin Charles d'Aviler, Jean Mariette, Jacques-François Blondel

Die von Mariette herausgegebene Plansammlung des A. Ch. d'Aviler (1691) dokumentiert die Stellung des Bades bis weit ins 18. Jh. hinein. Die umfassendste Plansammlung legt jedoch J. -F. Blondel in seiner vierbändigen *Architecture françoise* an, deren erster Band 1752 erschien. Auf Blondels Werk bezieht sich Mariette in seiner *Cours d'Architecture*-Ausgabe von 1760.

In knapp zwanzig Grundrissen der mehrere hundert Objekte umfassenden Plansammlungen werden Bäder oder Badeappartements aufgeführt. Bäder, die im Sokkelgeschoß oder im Mezzanin bzw. in den oberen Geschossen lagen, finden keine Beachtung in den sich auf das Piano nobile bzw. die Haupträume konzentrierenden Stichwerken. Man muß also davon ausgehen, daß es weit mehr Badeanlagen in den aufgeführten Gebäuden gab, die jedoch aufgrund ihrer Lage nicht erfaßt wurden.

Jules Hardouin Mansart (1646–1708) entwarf das *Hôtel de Noailles* in Saint-Germain-en-Laye. Im Erdgeschoß des Wohntraktes liegt im rechten Eckraum zum Hof und Garten die *chambre des Bains*. Eine ovale Badewanne ist eingetragen. Zum seitlich liegenden Garten führt eine Balkontür, und zum Hof hin liegt ein Fenster. Eine verborgene Tür führt zur Garderobe, von der man ins Schlafzimmer der Enfilade gelangt. Unweit des Bades liegt die Galerie. Die Gesamtdisposition ist von Le Vaus Bad im Hôtel de Lionne, das ca. eine Generation früher entstanden war, sehr ähnlich.

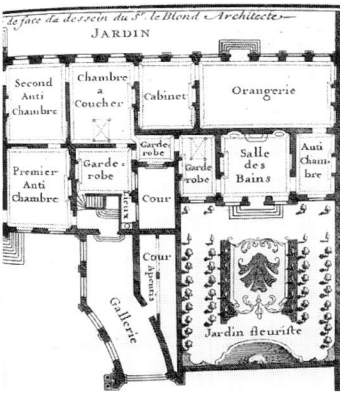

In einem *Entwurf von Le Blond* (1679–1719) ist die *Salle des Bains* ganz zur Gartenseite hin gerückt. Eine Treppe führt vom Bad, in dem zwei Wannen eingetragen sind, direkt in den Blumengarten. Der Treppe gegenüber bietet eine Hecke mit großem Brunnenbassin einen angenehmen Prospekt als Gartenabschluß. Seitlich des Bades

97. *Grundrißentwurf von Le Blond (Jean Mariette, L´Architecture Française, 1727)*

liegen Vorraum und Garderobe, die wieder zum Schlafzimmer führt. Die Garderobe ist zweiteilig aufgebaut. Ein Bett befindet sich in dem an das Badezimmer anschließenden Abschnitt, der als Ruheraum, als *chambre des bains* à la Blondel, nach dem Bade dient. Hinter dem Bad liegt die Orangerie, die über den Vorraum mit dem Bad verbunden ist – eine Disposition, die bereits Blondels Vorstellungen vorwegnimmt. Die zum Bad gehörigen Räume bilden hier eine eigene Enfilade. Dadurch wird dem Badeappartement eine Note besonderer Eigenständigkeit innerhalb der Gesamtanlage gegeben.

Recht interessant ist auch die Badeanlage des *Hôtel de la Vrillière* gestaltet, die im hinteren Seitentrakt an einem kleinen Innenhof liegt. Die Räume sind auch hier als Enfilade angelegt, die über eine Garderobe vom Schlafzimmer des Haupttraktes zu erreichen ist. Von der Garderobe gelangt man zu einer Passage mit Zugang zum Abort rechterhand. Diese Passage mündet in die *Bains*, die mit zwei Wannen ausgestattet sind. Weiter folgt der *Étuve* mit großem Ofen in der Ecke. Da dieses Gemach in der Enfilade liegt, meint hier *Étuve* gewiß nicht Heizraum, sondern ist im Sinne Savots als Schwitzraum mit Kachelofen und darüberliegendem Heißwasserboiler (der selbstverständlich auch dem Blick entzogen und mit Kacheln o. ä. verkleidet ist) zu deuten. Es folgt eine weitere Passage, die zum Hof hin einen Ausgang hat und gegenüber desselben zu einem kleinen WC führt. In der Enfilade schließt die *Chambre* mit Ruhebett an. Das Hôtel wurde vom Architekten Claude Guillot Aubry (1703–1771) errichtet.

Im 1718 von Armand-Claude Mollet († 1742) für den Comte d'Evreux erbauten Pariser Stadtpalast liegt ein Badeappartement, das aus *Bains* und *Chambre des Bains* besteht, am Ende der Stallungen. Eine Tür des Baderaums öffnet sich zur Terrasse, die zum Garten überleitet.[14] Im *Hôtel d'Humières*, ebenfalls von Mollet entworfen, gibt es im Erdgeschoß eine *Chambre des bains*, die mit einer Badewanne und einem Ruhebett ausgestattet ist, also zugleich als Bad und Ruhezimmer fungierte.[15]

In seinem Entwurf für das *Château de Stain* liegt das Bad am Ende des linken Seitenflügels hinter dem Billardzimmer, ohne Verbindung zum Schlafzimmer. Es setzt sich aus einer quadratischen *Salle des bains*, einer von seitlich zum Hof führenden Passage, von der die *Lieux* zugänglich sind, und dem *Étuve* zusammen. Der *Étuve* ist ein winziger Ovalraum, der gewiß nur Feuerung und Wasserboiler aufnehmen konnte. Er ist nur von dem Verbindungsgang zwischen Billiardzimmer und Passage zugänglich. Im Badezimmer ist eine großzügige, ovale Badewanne aufgestellt, die ein weit geschwungener Baldachin umschließt. Dieser diente einst zur Befestigung der Vorhänge, die die Wanne in eine isolierte Badekabine verwandeln konnten.

Das 1722–1728 für *Louis de Bourbon errichtete Palais* ist mit einem pompösen Badeappartement ausgestattet. Es liegt zwischen dem Wohnappartement und der großen, sich zum Garten hin öffnenden Galerie, von der aus das Bad auch direkt zugänglich ist. Dagegen fehlt eine direkte Verbindungstür vom Bad zu den Privatgemächern. Man mußte den Korridor benutzen, um von hier über eine Passage zum Badeappartement zu gelangen. Das Bad ist daher der Galerie zuzuordnen. Von hier betritt man zunächst ein Vorzimmer. Ein breiter Durchgang führt zu den *Bains*. Zwei konzentrische, ovale Kreise sind dem zentralen Rechteckraum einbeschrieben. Da jeglicher Hinweis auf Wannen fehlt, kann es sich bei diesen Binnenovalen nur um ein vertieftes Badebecken mit Sitzstufen handeln. Die seitliche Rechtecknische diente wahrscheinlich als Alkoven, in dem allerlei Toilettenutensilien wie Puderdosen, Parfums und Flacons mit allerlei Duftessenzen ihren Platz fanden. Die bereits erwähnte Passage führt zu einem Korridor. Gleich seitlich liegen die *Étuves* mit Feuerstelle und Wasserbehälter. Diese Badeanlage diente offenbar als Gesellschaftsbad, in dem sich gleichzeitig mehrere Badegäste zusammen amüsieren konnten. Blondel sagt: »Die beiden bequemen Appartements und das *Appartement des bains*, die im linken Flügel des Gebäudes liegen, sind mit allen Annehmlichkeiten ausgestattet und mit soviel Eleganz wie nur möglich dekoriert…«.[16]

In Blondels eigenen Entwürfen[17] ist zu beobachten, daß das Badeappartement sich gänzlich verselbständigt und aus seiner Zugehörigkeit zu den Privatgemächern herauslöst.

Im Verlauf der ersten Hälfte des 18. Jh.s hat sich die Badeanlage erstmals seit ihrem (nachweisbaren) Bestehen seit dem Mittelalter zu einem auf Eigenständigkeit pochenden Raumgefüge entwickelt, das sich selbständig in der Summe der Raumglieder behauptet. Parallel zu dieser Entwicklung mußte sich das Bad von seinem Reinigungscharakter befreien und immer mehr die unterhaltsame, amüsante, ja auch amourös-voyeuristische Komponente entwickeln. Aus dem Funktionsraum hat sich ein Raum entwickelt, dessen Daseinsberechtigung sein Luxus ist, mit dem man gerne prunkt wie mit der Galerie, der Bibliothek etc.

Wie sich die Entwicklung an noch faßbaren Badeanlagen oder in Quellen gut dokumentierten Bädern dieses Zeitraumes darstellt, soll im folgenden aufgezeigt werden.

3. Französische Bäder
vom Zeitalter des Barock bis Mitte des 18. Jh.s

Gleich nach der Mitte des 17. Jh.s. entstanden drei Badeanlagen in bedeutenden Bauten von Louis Le Vau (1612–1670), die zugleich Varianten dieses Themas in drei verschiedenen Architekturtypen vorstellen:

1. in einem königlichen Stadtpalast, dem Louvre,
2. in einem Stadtpalast eines reichen Adeligen, dem Hôtel Lambert, das dem Finanzsekretär des Königs, Nicolas Lambert de Thorigny, gehörte und
3. dem Landschloß des königlichen Finanzministers Fouquet, Vaux-le-Vicomte, dessen Pracht und Schönheit, dessen neue Konzeption in Architektur (der *Appartement double*, die Le Vau hier erstmals umsetzte) und Garten (Le Nôtres erste bedeutende barocke Gartenanlage) den jungen König Ludwig XIV. so stark beeindruckten, daß er eifersüchtig Fouquets Künstler in seinem Schloß-bau zu Versailles verpflichtete und Fouquet selbst aber in den Kerker werfen ließ (offiziell wegen Veruntreuung der Finanzen).

Bäder im Louvre

Im Louvre existierte sowohl ein Bad im *Appartement d'été* (Le Vau, 1655–1658) wie auch im *Appartement d'hiver* (1653–1655). Über die Ausstattung des im Erd-geschoß des westlichen Seitenflügels liegenden Bades des Sommerappartements ist nichts bekannt. Im Grundriß des Erweiterungsbaus von Le Vau ist die *Salle des Bains* als Oval eingetragen. Seitlich liegt das *Oratoire*, davor der Saal der Bot-schafter, nordöstlich dahinter schließt die Antikengalerie, die zum Garten führt, an. Dieses Sommerappartement wurde gleich nach Fertigstellung des Winterap-partements für Anne d'Autriche errichtet. Das Bad war gewiß von einer ähnlich luxuriösen Ausstattung wie das des Winterappartements, über das Quellen[18] sehr gut informieren. Dieses Bad lag am östlichen Ende des sog. *Appartement d'hiver* oder *des bains*. Die Königinmutter, Anne d'Autriche, ließ seit 1653 hier ihre neuen Wohnräume gestalten. Die Bauleitung lag zunächst noch in Händen Lemerciers (1585–1654), wurde aber nach dessen Tod noch während der Umbauarbeiten an Louis Le Vau übertragen. Die Entwürfe für die Innenausstattung stammen von Eustache Le Sueur.

Man erreichte das Bad nur vom Schlafzimmer der Königinmutter aus. An der Rückseite des annähernd quadratischen Raums ist durch schwarz-weiße Marmorsäulen – zwei Säulenpaare im Raum stehend, je eine Säule an den Seitenwänden anschließend – ein Alkoven abgetrennt, in dem einst die Wanne stand. Hinter dem Alkoven liegt ein kleiner Raum, der als Heizraum zu interpretieren ist. Das Badezimmer der »Reine-mère« war aufs Kostbarste ausgestattet. Pilaster von seltenstem – vielleicht antikem – Marmor zierten den Alkoven. Der gesamte Raum war in Gold gehalten. Die Lambris war mit blauen Fruchtkörben auf vergoldetem Grund bemalt, auf den Tafeln dazwischen waren Tugenden ebenfalls in Blau auf Goldgrund dargestellt. Im Alkoven zierten Nymphen, kleine Figuren und Meeresgottheiten sowohl die Lambris wie auch die darüberliegenden Boiseriearbeiten. Alles war in blauer Camaieu-Malerei auf vergoldetem Grund ausgeführt. Der Plafond des Badealkovens war in derselben Farbgestaltung mit Szenen von Cupido und Psyche bemalt. Im Vorraum zierten zwei Bildtafeln in Oktogonalform mit Szenen von Jupiter, Venus, Minerva, Mars und Merkur sowie Musen in Blau auf Goldgrund den Plafond. Selbst die weiße Marmorwanne war ursprünglich in blauer Farbe mit Amor bemalt. Blaue Lackmöbel, mit kleinen Blumenmalereien übersät, standen im Badegemach. Das wertvollste Möbelstück stellte die *Toilette* der Anne d'Autriche dar, ein Toilettentisch aus ziseliertem Gold mit eingelegten Emailarbeiten. Ein Spiegel, zwei Leuchter und eine Toilettengarnitur, die aus siebzehn Teilen bestand, gehörten zu dieser *Toilette*. Die unermeßliche Pracht dieses glanzvollen Finales des Winterappartements verlieh der gesamten Raumfolge den Namen *Appartement des bains*.

Das Bad des Hôtel Lambert

Wesentlich bescheidener erscheinen die seit 1652 ausgestatteten Baderäume des Hôtel Lambert in Paris.[19] Heute sind sie nicht mehr in ihrer ursprünglichen Form und Ausstattung erhalten. Sie lagen im dritten, dem Attikageschoß, über der Deckenwölbung der *chambre italienne*. Diese Lage bedingte, daß man von dem Seitenraum des Bades, der sich über der Flachdecke der neben dem italienischen Zimmer liegenden *Chambre* befand, einige Stufen hinaufsteigen mußte, um zu den Baderäumen zu gelangen. Die Badeanlage des Hôtel Lambert bestand aus zwei Räumen, der *chambre des bains* von 3,5m x 4,35m und dem *cabinet des bains* von 2,3m Breite. Hier stand eine verzierte Badewanne, die von Vorhängen verschlossen werden konnte. Gegenüber des Fensters im Ruheraum öffnete sich eine Nische, die das Bett aufnahm. Sie konnte mit zwei Vorhängen verschlossen werden. Das noch erhaltene Deckengemälde des Raums stammt von Le Sueur.

Zwar verborgen im Attikageschoß, doch immerhin aus Ruheraum und Badezimmer bestehend, mit einer gemessen noblen Ausstattung mit vergoldeter und bunten Blümchen bemalter Wandbespannung aus Leder und dem Deckengemälde Le Sueurs, macht die Badeanlage des begüterten Finanzsekretärs bereits deutlich, daß das Bad – aus seinem Kellerdasein befreit – an Bedeutung gewonnen hatte.

Vaux-le-Vicomte

Mit Vaux-le-Vicomte (1657–1661) treffen wir auf eine Badeanlage, die noch heute erhalten ist.[20] Ein komplettes Badeappartement mit Vorraum, Badezimmer und

*98. Vaux-le-Vicomte, Grundriß von Le Vau: **1.** Vestibul, **2.** Großer ovaler Salon, **3.** Vorzimmer von Ludwig XIV. (danach Mme de Villars), **4.** Zimmer von Ludwig XIV. (danach Mme de Villars), **5.** Kabinett von Ludwig XIV. (danach Mme de Villars), **6.** Herkules-Salon, **7.** Musen-Salon, **8.** Kabinett der Marschallin, **9.** Dégagement, **10.** Großer viereckiger Raum (heute Eßzimmer), **11.-14.** Zimmer und Garderoben, **15.** Buffet, **16.** Eßzimmer von Fouquet (heute Sommer-Salon), **17.** Badekabinett von Fouquet, **18.** Kabinett, **19.** Zimmer von Marschall de Villars, **20.** Arbeitskabinett von Marschall de Villars*

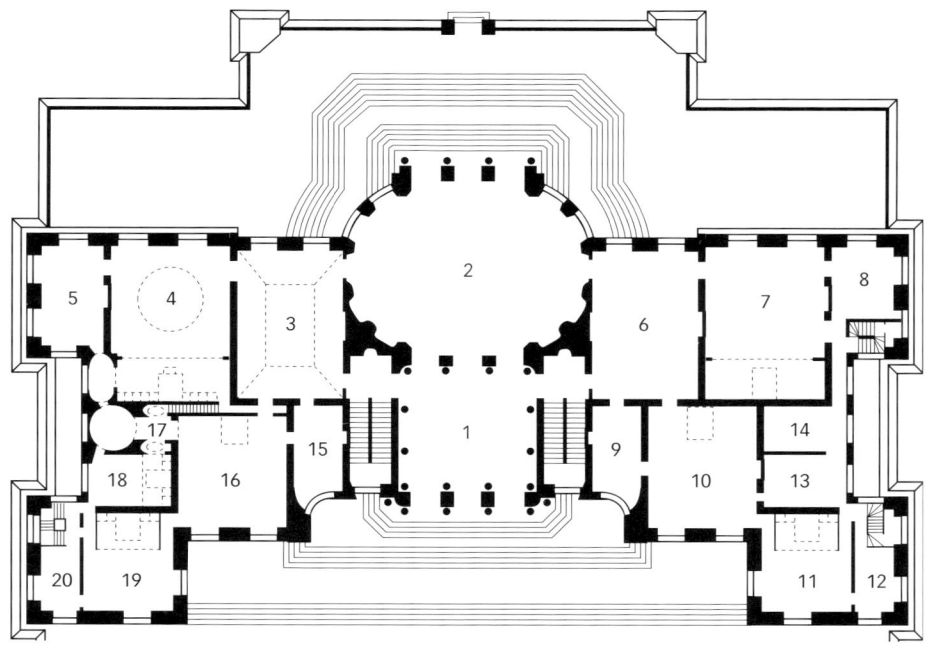

Ruheraum, die zwischen die neuartige Konzeption der doppelten Raumfolge (*appartement double*) gepackt sind, war etwas völlig Neues. Das Badeappartement ist gleichzeitig von dem Cabinet und Schlafzimmer des Appartement Ludwigs XIV., das in der Enfilade zum Garten liegt, und von dem zum Hof liegenden Wohnappartement aus zugänglich. Über eine Treppe erreicht man es ebenso direkt von den Wohnräumen des Finanzministers Fouquet im ersten Obergeschoß aus. Die Badeanlage ist also nicht nur einem, sondern zugleich drei Wohnappartements zugeordnet, was eine singuläre Disposition darstellt. Die Versorgung des Bades muß von der darunterliegenden Küche aus bewerkstelligt worden sein, da ein separater Heizraum im Erdgeschoß fehlt. Primär sollte die Badeanlage dem König zur Verfügung stehen. Nur von seinen Gemächern aus ist sie sinnvoll zu durchschreiten. Es gibt sowohl einen Zugang von des Königs Kabinett wie auch durch eine versteckte Tapetentür im Schlafalkoven der *chambre à coucher*. Zunächst gelangt man in ein kleines *Dégagement*, das zum runden Vorraum führt. Dem Fenster der *Antichambre* gegenüber liegt der Zugang zur *Salle des bains*, einem kleinen, langgestreckten Rechteckraum mit Wannennischen an beiden Längswänden. Vom Badezimmer führt eine Tapetentür zum Speisesaal Fouquets. Nach dem Bad ging man über das Vorzimmer zum Ruhezimmer, dessen Zugang der Tür zum *Dégagement* gegenüberliegt. Es ist mit Bett und Wandschränken ausgestattet. Eine zweite Tür führt zum Treppenhaus, das einerseits hoch zu Fouquets Wohnräumen führt, andererseits zum Schlafzimmer des Marschalls Villar im Erdgeschoß. Die Decke der runden *Antichambre* ist mit Stuck verziert, den Deckenspiegel bemalte Le Brun.

Auch Fouquets Nachfolger Colbert ließ sich in seinem 1670 erworbenen und von Claude Perrault (1613–1688) umgebauten Schloß in Sceaux ein *Appartement des bains* anlegen. Wie J. F. Blondel in seinen *Cours d'architecture* herausstreicht, war es vorbildlich mit Arabesken ausgemalt (Bd. II, S. 406). Das Schloß ist heute bis auf die Orangerie und den Pavillon d'Aurore zerstört.

Das Badeappartement von Versailles[21]

Es ist als Verdienst Le Vaus anzusehen, die Baderäume als zur *Commodité* gehörend in die Wohnräume der Paläste integriert zu haben. Welchen ungeheuren Luxus diese zu neuer Würde gelangte Einrichtung in sich vereinigen konnte, zeigt das Badeappartement des Sonnenkönigs Ludwig XIV. in Versailles. Es ist das einzige Bad, das sich wohl ohne Schande neben die »Thermen« der antiken Villen hätte stellen können. An der Großzügigkeit der Räume, an ihrer kostbaren Ausstattung mit erlesenem Marmor, aber auch an ihrer exzentrischen Eigenwilligkeit wurde dieses wahrlich königliche Bad in der Folgezeit nicht mehr übertroffen. Es stellt einen Höhepunkt, gleichzeitig aber auch einen Wendepunkt in der Anlage des Bades dar.

1672 von François d'Orbay begonnen, war das *Appartement des bains* 1678 fertiggestellt, um bereits 1683 wieder zerstört zu werden. Das Badeappartement lag im Erdgeschoß des nordwestlichen Eckteils der neu errichteten *Corps de logis* unter dem Appartement des Königs. Es umschloß den sog. Badhof an der westlichen und nördlichen Seite. Insgesamt zählten sechs Räume und eine kleine Garderobe zum Badeflügel. Der dorische Salon (*Vestibul*) bildete den Auftakt der nördlich liegenden Enfilade. Zwei Reihen von je vier Marmorsäulen mit dorischem Kapitell, die dem Saal seinen Namen verliehen, teilten den Salon in drei gleich große Kompartimente. Die Wände waren verputzt und sollten mit Fresken bemalt werden. Gemälde von Bon Boulogne zierten einst Plafond und Soraporten. In den vier Nischen der Schmalseiten befanden sich zwei antike Statuen (Apoll/Merkur) und zwei Antiken nachgebildete Figuren (Venus/Bacchus). Der Boden war mit schwarzen und weißen Marmorplatten schachbrettartig belegt. 1673 schuf man eine Treppe, die zum nördlichen Gartenparterre führte.

0Es folgte der ionische Saal (*Pièce ionique* oder *Salle de Diane*), der ebenfalls nach der Kapitellform der den Pilastern vorgelagerten Säulen benannt wurde. Bei den Ecksäulen verwendete man schwarz-weißen flandrischen Marmor, alle übrigen Säulen waren aus pyrenäischem Marmor. Basen und Kapitelle wurden in weißem Marmor abgesetzt. Die Wände waren ebenfalls mit Marmortafeln belegt. Der Deckenspiegel wurde von Le Moyne bemalt. Stuck mit Diana- und Jagdszenen zierte den Plafond. Die Marmorsockel in den Nischen, die die beiden Säulen der Fensterwand und die der ihr gegenüberliegenden Wand ausgrenzten, nahmen Statuen der Flora und Pallas auf.

Der anschließende oktogonale Salon (*Salon octogone* oder *cabinet des mois*) schloß die nördliche Enfilade ab und bildete zugleich den Auftakt zur westlichen Raumfolge, in der die eigentlichen Baderäume, die *chambre des bains* und das *Cabinet des Bains*, lagen. Der Raum ist nach seinem oktogonalen Deckenzentrum benannt, deren Ecken ursprünglich auf acht Marmorsäulen ruhen sollten. Statt ihrer wurden dann aber acht Personifikationen der zwölf Monate hier auf Sockeln aufgestellt. Die übrigen vier stellte man in den Ecken des Saales auf. Diese Figuren wurden in vergoldeter Bronze nach Entwürfen Le Bruns gefertigt. Alle Wände waren mit rotem und weißem Marmor belegt. Über dem Kamin befand sich ein

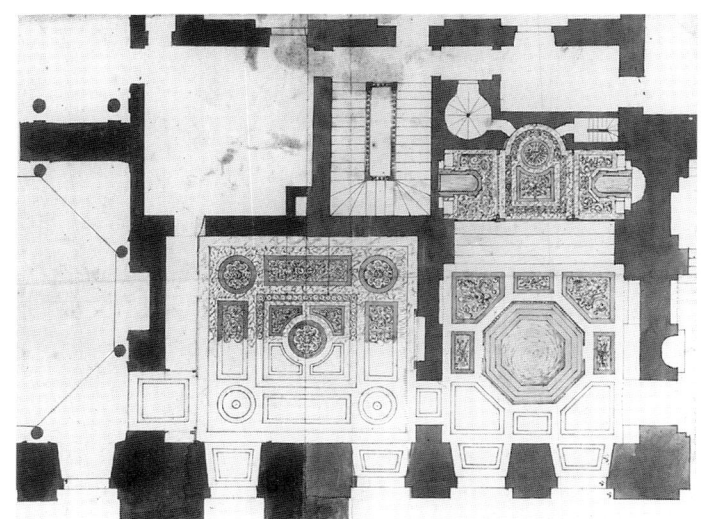

99. Versailles, ursprgl. Anlage der »Chambre des Bains«, 1672-1678 von François d´Orbay für Ludwig XIV. errichtet, 1683 Umbauten zum Opfer gefallen

großes Gemälde von Houasse. Der oktogonale Plafond wurde von Le Moyne mit Apollo und Daphne bemalt.

Die ursprünglich quadratisch geplante *chambre des bains*[22] mit dahinterliegender Garderobe und großzügigem Treppenhaus, das zu den königlichen Gemächern der ersten Etage hinaufführte, mußte beim Einbau der Spiegelgalerie im ersten Stockwerk aus statischen Gründen zu einem Rechteck erweitert werden. Man bewerkstelligte dies, indem man eine Bettnische in der Erweiterung einbaute. Garderobe und Treppenhaus mußten wesentlich verkleinert werden. Man konnte so jedoch den bereits verlegten, kunstvoll intarsierten Marmorboden des vorderen Raumquadrats belassen. Vor die Pilaster der Wand zum *Salon octogone* wurden vier Marmorsäulen mit vergoldeten korinthischen Bronzekapitellen gestellt. Zwei weitere Säulen begrenzten den Bettalkoven. Zwischen den Säulen wurden Ablagen für Puderdosen, Flacons, Schalen, Vasen etc. geschaffen. Auch im Ruheraum wurden alle Wände mit verschiedenfarbigen Marmortafeln belegt.

Der Durchgang führte schließlich zum letzten Raum des Badeappartements, dem *cabinet des bains*. Der langgestreckte Raum war in einen quadratischen vorderen Teil und eine Estrade, die über fünf Stufen zu erreichen war, unterteilt. Von der Apsidialnische der Estrade führte ein kleiner Bedienungsgang zu den dahinterliegenden Räumen, von denen einer als Heizraum mit Warmwasseraufbereitungsanlage zu interpretieren ist, die anderen wohl nur als kleine Passagen zum Treppenhaus, zur Garderobe und zur *chambre des bains* zu werten sind. Ursprünglich befand sich auf der Estrade ein großes, in den Boden versenktes Oktogonalbecken mit umlaufender Sitzstufe und einer hineinführenden Treppe. Der massige Monolith aus weißem Marmor ist noch heute, nach einer langen Wanderung, in der Orangerie von Versailles zu bewundern. 1677 wurde dieser Monolith in den quadratischen vorderen Teil verfrachtet und in den Boden eingelassen. Auf dem Podest stellte man 1678, ebenfalls leicht versenkt, zwei weiße Marmorwannen an den beiden Seitenwänden auf, die mit vergoldeter Bronze verziert waren.

Schon mehrfach sind wir im Verlauf der Bädergeschichte auf solche Oktogonalbecken gestoßen: in der Zeichnung des *bagno* der Diokletiansthermen von Peruzzi, in Aufnahmen antiker Nymphäen, dann in den unter orientalischem Einfluß entstandenen Bädern Süditaliens (Palazzo Rufalo, »arabisches Bad« von Pontone) sowie in der Anlage von Thermalbädern im Osmanischen Reich. Die italienische Renaissance kannte bereits das vertiefte Badebecken mit Sitzstufen (Herzogpalast von Urbino, Bad der Rocca in Ostia, Cancelleria in Rom, verschiedene Entwürfe des Sangallo-Peruzzi-Kreises) von meist rundem/ovalem oder rechteckigen Grundriß (nach Vitruv bzw. den Befunden antiker Thermen). Im deutschsprachigen Raum tauchen vertieft angelegte Badebecken im 16. Jh. mehrfach auf (Ambras; Trausnitz in Landshut, Baden-Baden). Im Wiener Neugebäude wurde die einzige Badeanlage mit Oktogonalbecken außerhalb orientalischer Hoheitsgebiete rekonstruiert, die sich jedoch als ganz unter osmanischem Einfluß entstanden darstellte.

Ludwig XIV., der die ganze Welt *en miniature* in seinem Versailles einfangen wollte, könnte bei seinem *cabinet des Bains* durchaus türkische Illidsche vor Augen gehabt haben, mit ihren steinernen Oktogonalbecken mit umlaufender Sitzstufe. Ein reger Botschafteraustausch mit der Hohen Pforte, zahlreiche gegenseitige Gesandtschaften, insbesondere in Frankreich in Mode gekommene Orientreisen und daraus resultierende Moden *à l'Orient* – all dies mag den sich permanent mit der weitbekannten Pracht des Sultanhofes in Konstantinopel messenden Sonnenkönig dazu inspiriert haben, bei der Anlage seiner *cuve de bain* auf orientalische Vorbilder zurückzugreifen.[23] Wenn gar berichtet wurde, daß die Franzosen sich schon sehr bemühen müßten, um die wunderbaren Bäder der Orientalen nachzuahmen,[24] daß die Orientalen solch großartige *amateur du Bains* seien, daß alles, was sie gegen Frankreich sagen könnten, sei, daß es in Europa

100. Versailles, Oktogonalbecken mit Sitzstufen und hineinführender Treppe, Monolith aus weißem Marmor, ursprgl. im »Cabinet des Bains« des Badeappartements Ludwigs XIV.

keine Bäder gäbe, deren Zweck die Sauberkeit und Reinheit des Körpers sei,[25] so mögen solche Aussagen weitgereister Männer dazu gereizt haben, demonstrativ zu zeigen, welch großen Wert man auf das Baden legte und welch prächtige Bäder man anzulegen im Stande war – vergleichbar mit dem Herrlichsten der Antike, die Bäder des unliebsamen, aber nachahmenswerten Feindes noch übertreffend!

Der Badepavillon von Marly

Auch in dem Badepavillon von Marly,[26] dem Lustschloß Ludwig XIV., das Jules Hardouin Mansart entwarf, lassen sich ähnliche Vermutungen anstellen. 1687 ließ Ludwig XIV. den fünften Gartenpavillon der linken Reihe in einen Badepavillon umwandeln. Im Erdgeschoß lagen hinter dem Treppenhaus die Garderobe, daneben die *chambre des Bains* mit zwei Ruhebetten. Das Ruhezimmer war direkt vom Garten aus zugänglich. Dahinter befand sich die kleinere *salle des bains* mit zwei ovalen Badewannen. Im Obergeschoß installierte man die Behälter für warmes und kaltes Wasser in dem Raum, der direkt über dem Badezimmer lag. Davor befand sich ein weiterer Ruheraum mit einem Bett. Das kleine Gemach hinter der Treppe diente wahrscheinlich dem Service und Badepersonal. 1688 wurde der Badepavillon laut Rechnungsbücher[27] mit Fliesen aus Holland ausgestattet.

Diese Fliesenausstattung eines Bades ist in Frankreich ebenso ein Novum wie ein oktogonales, vertieftes Badebassin. Fliesen benutzte man bislang primär im bürgerlichen Milieu der Niederlande. In den höfischen Bereich Frankreichs wurden auch sie erstmals von Ludwig XIV. eingeführt: Das *Trianon de porcelaine* (1670–1687) im Schloßpark von Versailles war außen gänzlich mit Fliesen belegt.

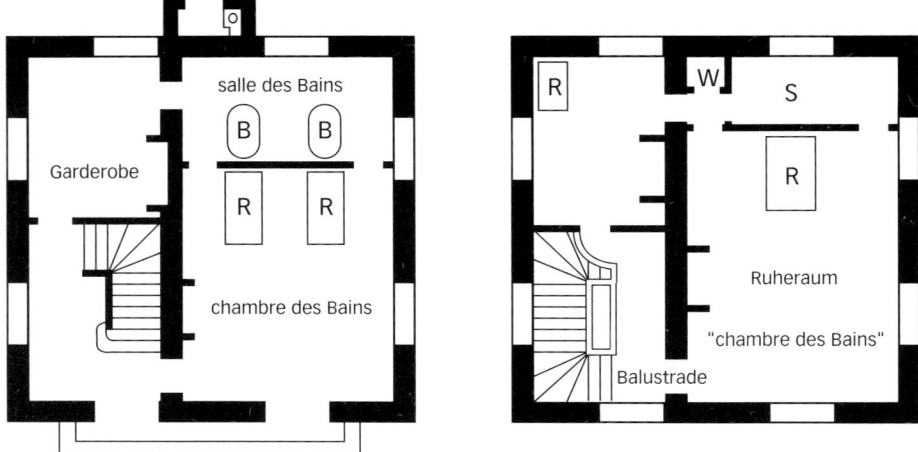

101. Marly, Grundriß des Badepavillons, EG + OG, um 1687
R = Ruhebett, B = Badewanne, W = Raum zur Aufbereitung von Warmwasser,
S = Service

Sogar das Dach und teilweise die Innenräume waren gefliest. Sicher ging es nicht
um die Übernahme bürgerlicher Wohnkultur in den höfischen Bereich. Vielmehr
sind diese Erscheinungsformen nur zu erklären, setzt man die Rezeption solcher
Dekorationsformen aus der islamischen Welt her kommend voraus. Hier wurden
Fliesen traditionsgemäß reicher verwendet, um Innen- und Außenwände in glän-
zende Porzellanpaläste zu verwandeln. Diese Mode nahm in Indien, Persien und
auch in der Türkei durch Einflüsse ostasiatischer Porzellane ihren Aufschwung
und stand etwa um 1600 dort bereits in voller Blüte. Auf dem europäischen Kontinent waren es Nationen, die ihren Reichtum durch Handel und Schiffahrt vor
allem mit der Levante erlangten, die bereits vor der Mode am Hofe des Sonnenkönigs solche Dekorationsprinzipien anwandten: das ohnehin stark von der islamischen Kultur geprägte (Süd-)Spanien und Portugal sowie die Niederlande. Die
seit Anfang des 17. Jh. den europäischen Markt überschwemmenden Porzellane
aus Ostasien konnten nur im Verbund mit der Vermittlung über den Orient, wo
all diese Dinge schon längst ihre Umsetzung im höfischen Bereich erfahren hatten, zur modisch extravaganten Chinoiserie führen.[28] Der Badepavillon von Marly
bildet den Auftakt zur Verwendung von Fliesen in Baderäumen. Die Lazienki in
Warschau und die Badenburg in München setzen u. a. diese Mode fort.[29]

Selbst in Versailles ließ Ludwig XV. sein Badeappartement im ersten Obergeschoß 1728 mit Fliesen ausstatten.[30] Auch im Schloß Rambouillet entstand in den 1730er Jahren ein Fliesenbad.[31]

Zusammenfassend kann festgehalten werden, daß sich unter Ludwig XIV. die Badeanlage aus ihrem Funktionszusammenhang mit den privaten Wohngemächern herauslöste und sich zu einer repräsentativen Eigenständigkeit entwickelte. Mit dem Badepavillon von Marly hat sich bereits eine Entwicklung vollzogen, die erst J. F. Blondel in seinen Lehr- und Architekturbüchern theoretisch nachvollzieht. Blondel trug jedoch in seiner Funktion als Lehrer an der französischen Königlichen Architekturakademie wesentlich zur allgemeinen Verbreitung dieser höfischen Kunstrichtung bei.

4. Die Lazienki in Warschau

Ganz unter französischem Einfluß stehen die *Lazienki* (Bäder), in Warschau.[32] Der niederländische Architekt Tylman van Gameren errichtete sie um 1690 im Park von Ujazdow, einem Besitz des Prinzen Lubomirski in Warschau. Über das ursprüngliche Aussehen der heute durch An- und Umbauten veränderten *Lazienki* geben verschiedene Darstellungen Aufschluß: Von Tylman van Gameren ist ein Fassadenentwurf erhalten, der kurbrandenburgische Hofbaumeister Christian Eltester fertigte Grundriß- und Fassadenentwürfe. Bedeutend zur Rekonstruktion sind vor allem J. Ch. Kamsetzers Quer- und Längsschnitt des Gebäudes. Der Pavillon liegt auf einer in ein künstlich angelegtes Bassin hineingebauten »Insel«. Der nördliche Abschnitt reicht auf einem abgetreppten Terrassenplateau ins Bassin hinein. Um einen oktogonalen, über zwei Stockwerke reichenden Mittelsaal mit bekrönender Kuppel und Laterne sind allseitig weitere Räume gruppiert. Nördlich schließt der zur Hälfte auf der Wasserterrasse liegende, ovalgestreckte Oktogonalsaal an, jeweils mit einem kleinen Seitenkabinett. Die Seitenkabinette erscheinen im Aufriß als flankierende Türme. Von dem linken Eckkabinett gelangt man ins Treppenhaus mit kleinen Seitenräumen und dann ins Schlafzimmer. Das rechte Eckkabinett gewährt Zugang zu einer Passage mit kleinem Seitenkabinett, die zum Ruheraum und dahinterliegendem Badezimmer, dem Diana-Saal, führt. In der Mittelachse zum Garten folgt schließlich das Vestibul. Der Diana-Saal und der Ruheraum sind noch heute mit dem ursprünglichen Flie-

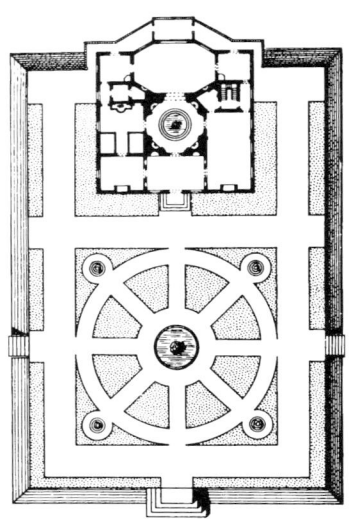

*102. Grundriß der »Lazienki«
im Park von Ujazdów von
Christian Eltester, um 1690*

*103. Quer- und Längsschnitt der »Lazienki« in
Warschau von J.Ch. Kamsetzer. Das Badeschlößchen
wurde um 1690 von Tylman van Gameren errichtet.*

senbelag aus weißen und blau bemalten weißen Fliesen sowie Stuckzierat ausgestattet. Der Diana-Saal war zusätzlich mit Grottenelementen ausgeschmückt. Im
Ruhezimmer standen seitlich des Durchgangs zwei Betten. Die drei Räume der
Mittelachse – Vestibul, Oktogonalraum, ovalgestreckter Achteckraum – bilden
eine Enfilade. Den Höhepunkt des Ensembles stellt der zentrale Kuppelraum dar.
Schwere Barockstuckaturen bestimmen seine plastische Gliederung. Die vier Dia-
gonalapsiden sind mit Wandbrunnen geschmückt und mit Muscheln, Schnecken
und Steinchen als Grottennische gestaltet. Die Raummitte wird von einem in den
Boden vertieften Rundbecken mit zwei umlaufenden Sitzstufen eingenommen.
Eine Fontäne im Zentrum speit Wasser in die Höhe. Dieser Kuppelraum diente
als große Badehalle. Das Bassin erinnert mit den umlaufenden Sitzstufen, dem
Springbrunnen im Zentrum unmittelbar an Versailles. Seine Plazierung in einem
oktogonalen Kuppelraum, dessen Dach an der Außenseite mit einem türkischen
Schabrakenüberwurf zusätzlich geziert ist, kann nur unter dem Einfluß der
gerade aus Ungarn verjagten Türken und deren dort zurückgelassenen Bädern mit
ebensolchen überkuppelten Badehallen mit großem Bassin und Sitzstufen entstanden sein. Der Schabrakenüberwurf ist ein Motiv, das besonders häufig im

österreichischen Kulturraum nach dem Entsatz vor Wien von 1683 auf den Kuppeln der Paläste der Sieger auftaucht[33] und die Triumphmale dieser Sieger des Krieges gegen die Osmanen ziert. Auch die polnischen Kriegsteilnehmer machten sich offenbar solch aussagekräftige Motive zu eigen.

Das Ambiente der beiden rechter Hand liegenden Gemächer der *Lazienki* war ganz durch die chinoise-orientale Dekoration des blau-weißen Fliesenbelages bestimmt, ähnlich dem Badepavillon von Marly, der gewiß wegweisend für die hier gewählte Ausstattung war.[34]

5. Barockbäder im deutschsprachigen Raum

Erblühte am Hofe des Sonnenkönigs das ganz auf Repräsentation ausgerichtete Badeappartement zu neuem Leben, so war es zur gleichen Zeit um die Badeanlage in Schlössern des deutschsprachigen Raums noch recht schlecht bestellt. Die Nachrichten bleiben im gesamten 17. Jh. spärlich. Selbst in der ersten Hälfte des 18. Jh.s sind Bäder eine seltene Erscheinung, treten jedoch im Umkreis des bayerischen Kurfürsten Max Emanuel gleich mehrfach auf. Gerade der bayerische Kurfürst war es, der sich gegen die Habsburger mit Ludwig XIV. verbündete und auch lange Jahre im Exil an dessen Hof lebte. Die französische Bädermode brachte Max Emanuel aus seinem Exil in die Heimat.

Das *Prunkbad* im Neuen Schloß von Baden-Baden

Die erste Badeanlage, die nach den Wirren des Dreißigjährigen Krieges in Deutschland zu fassen ist, ist das sog. *Prunkbad* im Neuen Schloß von Baden-Baden.[35] Seine Entstehung weist man allerdings bereits französischem ›Einfluß‹ zu. Markgraf Ferdinand Maximilian soll dessen Anlage befohlen haben, um seine französische Geliebte, Louise Christine von Savoyen-Carignon, die das Leben am französischen Hof nicht verlassen wollte, nach Baden-Baden zu locken. Der Mission der Badeanlage war jedoch kein Erfolg beschieden. Heute stellt das auf 1652–69 datierte *Prunkbad* einen Höhepunkt der Schloßanlage dar, da es nicht wie der größte Teil der Schloßausstattung beim Orleanschen Erbfolgekrieg 1689 zerstört wurde. Der Baderaum liegt im Erdgeschoß des westlich den Hof abschließenden Wohntraktes gleich neben dem Ausgang zum Schloßgarten. Zur

104. Baden-Baden,
Neues Schloß,
Prunkbad, 1660

anderen Seite folgen die Wohnräume der Markgräfin, mit deren Zimmerflucht es
jedoch nicht direkt verbunden ist. Der leicht rechteckige Raum hat an der südlichen
Seitenwand eine Apsidialnische mit einem integrierten ovalen, großen Marmorbek-
ken, das jedoch weder Zu- noch Abfluß aufweist. Gegenüber steht an der nördlichen Wand ein halbrunder Marmortisch mit großem Spiegel darüber. Monumen-
tale Hermen begrenzen sowohl die Apsidial- wie auch die Fensternische und den
Tisch mit Spiegel. Die Wannennische und die anschließenden Wandfelder sind mit
Sprossen belegten Facettenspiegeln geschmückt. Masken und Schilf in Stuck
umschließen Spiegel und Nischen. Das Kreuzrippengewölbe zeigt ähnlichen
Stuckzierat mit dazwischengesetzten Facettenspiegeln in den Schildbögen. Über-
reich belegt der weiße Stuck Gewölbe und Wände. Ursprünglich befand sich ein
versenktes Badebecken im Zentrum. Heute sind weder Spuren einer – vielleicht nie
fertiggestellten – Wasserversorgung noch einer Heizung zu finden.

Das große Waschbecken der Nische mit ursprünglich davorliegendem vertieftem
Becken erinnert an Entwürfe des Sangallo-Peruzzi-Kreises, die versuchten,
Labrum (Waschbecken) und *Alveus* (vertieftes Badebecken) in einem Raum zu
koordinieren. Auf deutschem Boden könnte am ehesten das Bad der Burg Trausnitz (ca. 1570–80), für das auch stuckierte Gurte und Karyatiden belegt sind, zum
Vergleich herangezogen werden. Auch dieses Bad entstand unter italienischem Einfluß im »Italienischen Anbau«. Offenbar wollte man mit dem *Prunkbad* bewußt
einen völlig anderen Bädertypus schaffen als den des bereits zwei Generationen
früher entstandenen Kellerbades desselben Schlosses. Das Bad wird – ähnlich den

französischen Entwicklungen – innerhalb der Wohngemächer integriert und mit ansprechendem Zierat versehen. Das funktional angelegte Bad des Kellergeschosses des späten 16. Jh.s. von bescheidener Ausstattung kam dem neuen Bedürfnis nach Luxus und Eleganz nicht mehr entgegen.

Bamberger Residenz

Vielleicht in der Anlage dem *Prunkbad* ähnlich war das 1698 bei Umbauarbeiten der Residenz durch Fürstbischof Lothar Franz zerstörte Bad mit Sternengewölbe und marmorner Kufe in der Fürstenwohnung.[36]

Schloß Salzdahlum[37]

Im Flügel der Herzogin lag das Bad des Lustschlosses Salzdahlum, das Herzog Anton Ulrich von Braunschweig-Wolfenbüttel durch Johann Balthasar Lauterbach anlegen ließ. Es entstand um 1690. 1813 wurde das Lustschloß abgebrochen. Ausführlich wird das neben dem Schlafgemach der Herzogin und mit diesem über einen kleinen Vorraum verbundene Bad von Leonhard Christoph Sturm 1717 beschrieben:

»Das Bad ist ein viereckichter ungefehr 8 Fuß lang und 5 Fuß weiter Wasserbehälter, der ein paar Fuß mit seinem Boden unter den Boden der Kammer reichen mag, worinnen er liegt. Vorn sind Stufen dran, daß man bequem hineinsteigen und nach Belieben tieff oder wenig im Wasser sitzen könne und alles ist mit hollandischen weissen Porzellain Fliesen ausgesetzt, es gehen zwei Röhren hinein, dadurch wie mir gesagt worden kalt und heiß Wasser könte eingelassen werden. Ich habe aber weder vernommen noch ein Vestigium daran gesehen, daß es würcklich zum Baden sey gebrauchet worden…«.[38]

Solche Zweifel waren durchaus berechtigt. Wie die Badeanlage von Versailles, wie das *Prunkbad* von Baden-Baden war auch Salzdahlum nur ein ›Schaustück‹ mit moderner, französisch beeinflußter Fliesenausstattung und vertiefter Badewanne.

Schloß Rastatt

Der badische Markgraf Ludwig Wilhelm, der wegen seiner Siege im Türkenkrieg als »Türkenlouis« bekannt wurde, verlegte seine Residenz von Baden-Baden nach Rastatt. Hier entstand seit 1702 das neue Schloß. Nach dem Tod des Markgrafen, 1706, führte seine kunstsinnige Gemahlin Augusta Sybilla den Bau fort. Ein Inventar von 1772 erwähnt im sog. Sybillenbau des Architekten M. L. Rohrer ein *Serenissima Bad-Küchel* mit eingebautem kupfernem Wasserkessel.[39] Dieses Bad, das in Verbindung mit der *Küchel* erwähnt wird, dürfte eher als Nutz- denn als Schaubad konzipiert gewesen sein.

Schloß Charlottenburg, Berlin[40]

Kurfürst Friedrich III. ließ seit 1695 das Landhaus Lützenburg für seine Gattin Sophie Charlotte errichten. Seit 1702 war der Architekt Eosander von Goethe beauftragt, den Neringbau durch Seitenflügel zu erweitern. 1713 war die Dreiflügelanlage fertiggestellt. Im westlichen Anbau befindet sich – noch heute – hinter dem Schlafzimmer des Kurfürsten ein kleines Badekabinett, das durch eine Tapetentür vom Schlafzimmer aus zugänglich ist. Das Marmorbecken liegt in den Fußboden vertieft. Über Heißluft konnte das Wasser erwärmt und über bronzene Delphinhähne in das Badbecken eingeleitet werden. Die Wände waren ursprünglich mit Eichenholz vertäfelt – eine altertümliche Manier. Der gesamte Baderaum zeichnet sich durch dezente Noblesse und Funktionalität aus.

Schloß Weilburg[41]

Die bereits im Mittelalter gebräuchliche Holzvertäfelung des Baderaumes taucht außer im Bad des Schlosses Charlottenburg auch in Schloß Weilburg auf. Das Bad liegt im Erdgeschoß zwischen der Neuen Hofstube und der Kanzlei. Vor seiner Umfunktionierung zum Bad ca. 1711 diente der Raum als Archiv. Dieser Teil des Erdgeschoßflügel geht auf die Entstehungszeit des Schlosses zwischen 1534 und 1572 zurück. Der neu erstellte Baderaum ist etwas höher gelegen als die übrigen Räume. 1711 wurde durch das Einziehen einer Wand ein Heizraum abgetrennt, der vom Hof aus bedient werden konnte. Über zwei Messinghähne wurde das dort in Kupferkesseln aufbereitete Heißwasser in die schwarze Marmorwanne des

Badegemachs eingelassen. Ein dritter Hahn diente dem Kaltwasserzufluß. In die riesige, etwas unförmig wirkende Wanne stieg man über zwei Stufen zunächst hinauf, um dann über zwei Sitzstufen an der einen Schmalseite der Wanne in das warme Naß hineinzusteigen. 1713 war das Badegemach fertiggestellt. Der Auftraggeber, Graf Johann Ernst von Nassau-Weilburg weilte 1682, also noch vor der Zerstörung des Badeappartement von Versailles, am Hofe Ludwigs XIV. Er galt als Protegé der Schwägerin des Sonnenkönigs, Liselotte von der Pfalz. Es wäre vermessen, von der Lage im Kanzlei- und Wirtschaftstrakt, von der Ausstattung und Größe her, das Weilburger Bad in die Nähe der königlichen Bäder von Versailles rücken zu wollen. Dennoch mag der Graf von dort Anregungen erhalten haben, eine aufwendige Marmorwanne zu Hause zu installieren. Ansonsten steht das Bad von Weilburg ganz in der deutschen Tradition des 16. Jh.s und weist in seiner Eichenholzvertäfelung eher auf Bäder wie Ambras, in seinem abgelegenen Kellerdasein etwa auf Baden-Baden oder das Bad der Trausnitz.

Bäderentwürfe für Darmstadt

Nur in Entwürfen ist auf ein Bad der landgräflichen Wohnappartements im ersten Obergeschoß des Schlosses Darmstadt zu schließen. Diese Entwürfe legte Delafosse 1715 dem Landtag vor. Sie kamen jedoch nicht zur Ausführung.[42]

Das Bad als Thema im Umkreis des bayerischen Kurfürsten Max Emanuel

Rätsel gibt eine Grundrißvariante zum *Schloß Nymphenburg* in München auf,[43] die auf 1714 zu datieren ist. Der Entwurf sieht vor, südlich des ersten Pavillons einen umbauten, querrechteckigen Innenhof, der zu den im Halbrund endenden Schmalseiten hin abgetreppt ist, anzulegen. Im ersten Obergeschoß, das der Plan wiedergibt, sollte im westlichen Mittelrisalit eine große, von einer Balustrade umgebene *Piscina* angelegt werden. Südlich erreichte man über eine Passage einen weiteren Baderaum mit raumfüllendem Becken. Ein drittes Badegemach folgte auf ein kleines Kabinett. Dieser Plan, den der Bauherr Max Emanuel noch in seinem Exilsitz Saint Cloud erhielt, kurz vor seiner Rückkehr nach München (1715) und kurz bevor der Schloßbau von Nymphenburg mit den beiden gestaffelten Pavillons fertiggestellt wurde, kam nie zur Ausführung. Der Entwurf macht jedoch deutlich, daß Max Emanuel bereits vor dem Bau der Badenburg (1718–1722) mit der Anlage von Bädern experimentierte. Es war ganz offensichtlich ein zentrales Thema für seinen Schloßbau von Nymphenburg, der ja auch eben den Nymphen, dem Thema Wasser geweiht war.

Bekannt ist auch, daß sich der Kurfürst während seiner Jahre im Exil (1706–1715) intensiv mit Architektur beschäftigte und sein reges Interesse im Umfeld des Sonnenkönigs, zu dem er verwandtschaftliche wie freundschaftliche Beziehungen pflegte, zur Genüge genährt wurde. Das Badeappartement Ludwigs XIV. lernte er nicht mehr aus eigener Anschauung kennen. Dafür war er gewiß mit dem Badepavillon von Marly, den Bädern der Schlösser von Sceau, Vaux-le-Vicomte oder Saint Cloud, wo er selbst ein Schlößchen besaß, vertraut. Er kannte aus nächster Nähe die neuesten französischen Strömungen, noch bevor sie allseits durch Blondels Publikationen aufgenommen wurden.

Wäre das große Schwimmbecken des Mittelrisalits im Projektplan für Nymphenburg mit Wasser gefüllt worden, dann hätte dieses ein so enormes Gewicht, dann würde es einen so starken Druck auf die darunterliegenden Gewölbe ausüben, daß man schwerlich solch eine Piscina im ersten Stockwerk hätte installieren können. Wahrscheinlich war dieses Badebecken bereits so konzipiert, wie es später in der Badenburg ausgeführt wurde: eine Galerie mit Geländer im ersten Stock, von der aus man zur Piscina des Erdgeschosses hätte hinunterschauen können.

Vielleicht weil die Mode der Zeit sich schon wieder geändert hatte, entschloß sich Max Emanuel zu dem Bau eines Badeschlößchens statt einer ausgedehnten Badeanlage im Hauptschloß. Die *Badenburg*[44] wurde 1718–1722 von Joseph Effner im Schloßpark von Nymphenburg errichtet (siehe Farbtafel 10). Im Erdgeschoß liegen der zum Oval gestreckte oktogonale Gartensaal mit großer Freitreppe zum davorliegenden *Parterre d'eau*, dahinter das Spielzimmer, zu dessen einer Seite Schlafzimmer mit Kabinett und Garderobe, zur anderen die Galerie des großen Badesaales anschließen. Die gesamten Räume, die dem Schlößchen seinen Namen verliehen, die Bäder also, waren alle im Sockelgeschoß untergebracht. Unter dem Gartensaal lagen zum Parterre hin zwei Baderäume, dahinter zwei Ruheräume, die über eine Passage miteinander verbunden waren. Von der Passage gelangt man auch in einen dunklen Zwischenraum, der wohl der Lagerung von Brennmaterialien diente. Die Ruheräume sind mit Kamin ausgestattet. Eine Wendeltreppe führt von hier direkt ins Erdgeschoß. Die südliche Wendeltreppe hat einen Zugang zur großen, vertieft liegenden Schwimmhalle von 8,7m x 6,1m. Der gesamte Raum unterhalb der Galerie des Erdgeschosses wird von dieser Piscina eingenommen. Ursprünglich war sie auf eine Höhe von 1,45m mit Zinnplatten ausgeschlagen. Darüber ist noch heute der ursprüngliche blau-weiße Fliesenbelag zu sehen. Hinter einem Vorbau verborgen gelangt man über mehrere Stufen von der Wendeltreppe aus in das Schwimmbecken. Vor dem Vorbau sind zwei Sitzstufen montiert. An der Innenwand des Badesaales befinden sich zwei vergoldete Delphinhähne, die mit Kalt- und Warmwasser von dem angrenzenden Heizraum aus gespeist wurden. Ursprünglich gab es einen dritten Zufluß, über den Milch zugeleitet worden sein soll!

Der unter dem Spielzimmer liegende Heizraum vermittelt noch heute einen lebhaften Eindruck solcher technischer Anlagen. An der Wand zur Schwimmhalle ist ein großer, zylindrischer Wasserbehälter mit spiralförmigem Wärmetauscher über einer Feuerstelle installiert. Einige Stufen führen weiter hinten im Raum zur Feuerung hinab. Zwei Sitzstufen umschließen den Wasserkessel zum Raum hin. Wurde das Feuer entzündet, so stieg die heiße Luft in den Röhren des Wärmetauschers auf und erhitzte dadurch das Wasser im Kessel. Die Wasserdämpfe füllten den Raum. Von der Funktion her liegt die Vermutung nahe, daß es sich bei diesem Heizraum um den alten Typus des *Étuve* handelt, also um ein Dampf-Schwitzbad mit Sitzstufen an der heißesten Stelle des Raums, der Feuerstelle. Wie bereits gezeigt wurde, dienten solche *Étuves* zu Savots Zeiten noch als Heiz- und Schwitzraum, bei J. F. Blondel dagegen nur noch als Heizraum, wobei das Schwitzbad ganz aus der Mode gekommen war. Alleine die Größe des Raums, aber auch die Sitzstufen legen für die Badenburg eine Doppelfunktion von Heizraum und Dampfbad nahe. Anregungen zur Anlage eines Dampfbades kann Max Emanuel in den türkischen Bädern Ungarns erhalten haben, die er aus der Zeit seiner Türkenfeldzüge aus eigener Anschauung kannte.[45] Daß der bayerische Kurfürst seine Anregungen aus dem islamischen Kulturbereich erhielt, wird ferner durch die Tatsache unterstützt, daß solche *Étuves* (Schwitzbäder) in Frankreich, an dessen Moden sich der Kurfürst in der Regel orientierte, nicht mehr modern waren, als die Badenburg entstand. Auch die direkt daneben liegende Küche, die die Badegäste nach ihrem Bad mit feinen Speisen verwöhnen konnte, weist auf orientalische Sitten hin, fehlte doch im islamischen Bad nie der kleine Küchenraum, in dem Kaffee und reichhaltige Speisen zubereitet wurden.

Daß man in den beinahe vierzig Jahren seit der Rückschlagung der türkischen Bedrohung im Entsatz vor Wien (1683) genügend Distanz zu dem islamischen Erzfeind gefunden hatte, um sich dessen kultureller Errungenschaften zu bemächtigen, dokumentiert auch der österreichische ›Star-Architekt‹ Bernhard

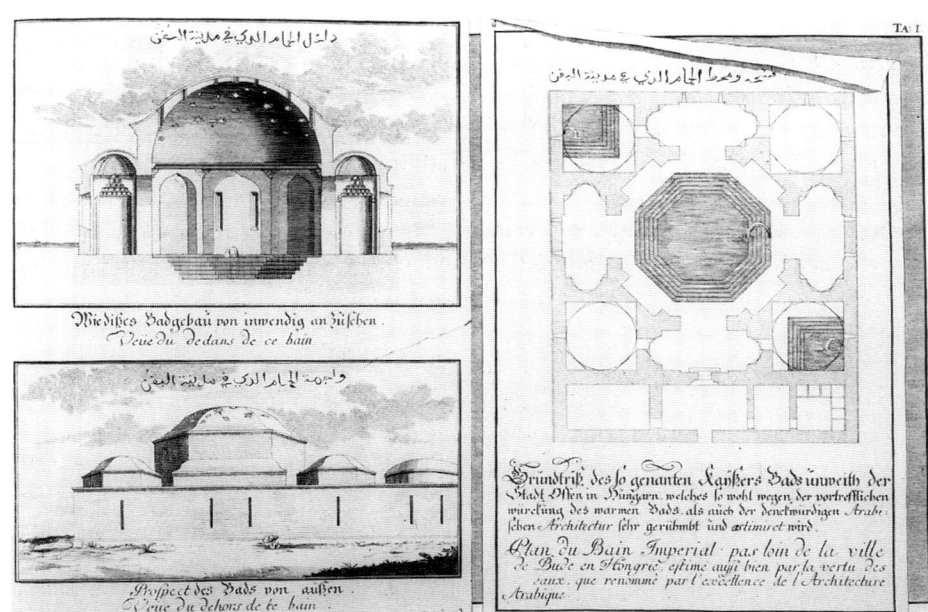

105. Bernhard Fischer von Erlach, Csåszår-Bad in Budapest, aus: »Entwurf einer Historischen Architektur«, um 1721

Fischer von Erlach. Im dritten Teil seiner *Historischen Architektur* stellt er »einige Gebäude der Araber und Türcken« vor. Gleich auf der ersten Tafel erscheint das Csåszår-Bad, eines der türkischen Bäder von Budapest, das um die Mitte des 16. Jh.s. errichtet wurde. Auch Marsigli nahm 1726 das Cååszår- und das Kiråly-Bad auf.[46]

Die beiden Räume mit Marmorwannen waren gefliest, die Ruheräume mit rotem Stoff bespannt. Hier zeigt sich wiederum französischer Einfluß. Auch der Fliesenbelag der Schwimmhalle verweist auf Vorläufer wie Marly oder die *Lazienki* in Warschau, die Max Emanuel, der mit der Tochter des polnischen Königs verheiratet war, gewiß kannte. Für die Piscina mit umlaufender Galerie im darüberliegenden Erdgeschoß, deren Wände mit rotem Scagliamarmor belegt sind, ist dagegen in Frankreich – abgesehen von der Piscina von Fontainebleau, die erst 1697 zerstört wurde – kein Vergleichsbeispiel zu finden. Dagegen kannte die mondäne

Welt des Kurbades solche Anlagen, so daß die Idee eher von hier kommen muß. Die Badenburg wurde erst von Max Emanuels Sohn und Nachfolger Karl Albrecht 1727 fertig ausgestattet. In ihrem Erscheinen ist sie zunächst modisches Lustschloß, *Maison de Plaisance à la francaise*. In ihrer Ausstattung atmet sie die Noblesse römischer Antike in der Stuckmarmorverkleidung der Galerie. Sie wurde von der Chinamode inspiriert – fast alle Wände der Erdgeschoßräume waren mit chinesischen Tapeten bespannt und der chinoise-oriental inspirierte Fliesenbelag dominierte ursprünglich im Kellergeschoß. In ihrer Funktion vereint sie mondäne Badewelt mit orientalischen Badesitten und französischer Intimsphäre.

Auch in der *Stadtresidenz* befand sich zur Zeit Max Emanuels eine Badeanlage.[47] Sie wurde während des Residenzbrandes von 1729 beschädigt und danach von Karl Albrecht wieder aufgebaut. Ursprünglich waren ihre Wände mit Marmorplatten belegt. Das Bad lag unweit des Grottenhofes. Johann Georg Keyssler berichtet 1751: »…Das churfürstliche Bad besteht aus einem Grottenwerk und drey Nebenzimmern.« Diese Aussage läßt vermuten, daß die Badeanlage dem damals typischen französischen Typus mit Vorraum, Baderaum und Ruheraum folgte. Ob das Grottenwerk den Grottenhof meint oder aber eine eigene Grotte neben den Bädern lag, ist ungewiß.

Wie Max Emanuel wurde auch dessen Bruder, Fürstbischof Joseph Clemens, mit dem Bann seitens des Kaiserhauses in Wien belegt. Auch Joseph Clemens ließ seit 1714 mit seiner erneuten Einsetzung in Kur und Würde gleich mit dem Bau eines neuen Lustschlosses beginnen. Architekt war der Franzose Robert de Cotte. In dem hufeisenförmigen Erweiterungsbau *Buenretiro* seines Bonner Schlosses sollte ein Badeappartement angelegt werden.[48] Es war als dreiteilige Raumfolge mit Antichambre, Bade- und Ruheraum – ganz im französischen Stil – gedacht. Der Ruheraum sollte mit chinesischen Lacktafeln zwischen den Boiseriefeldern ausgestattet werden. Im Bad wünschte sich der Kurfürst dagegen blau-weiße Bemalung der Wandvertäfelung, so daß diese ausschauen sollte wie Porzellan. Alles sollte mit einem wasserabweisenden Lack überzogen werden. Buenretiro wurde allerdings erst unter Clemens August, dem Sohn Max Emanuels, seit 1728 fertiggestellt.

In Brühl bei Bonn ließ sich Clemens August in seinem *Schloß Augustusburg* ebenfalls ein großzügiges Bad anlegen, das hinter dem Schlafzimmer des Sommerquar-

106. Brühl, Schloß Augustusburg, Kabinett (ehemaliges Bad), 1741

tiers im Erdgeschoß lag.⁴⁹ Der gesamte Raum ist noch heute mit blau-weißen Wandfliesen ausgestattet, die im Verbund eine Flächenmusterung ergeben. In der Nische befand sich früher eine Marmorwanne. Die Deckenkehle ist reich mit verschiedenen Wasch-und Toilettengeräten in Stuck verziert. Das Bad gehört bereits dem Rokoko an und ist ca. 1741 entstanden.

Alle Bäder, die unter Max Emanuel oder in seinem Umkreis entstanden, zeichnen sich durch ihre Vorliebe in der Verwendung chinoiser bzw. chinoise-oriental inspirierter Motive aus. Daß gerade Max Emanuel und seine Angehörigen überall Bäder einrichten ließen, geht zweifelsohne auf deren frankophile Einstellung zurück und wurde durch den engen Kontakt mit Ludwig XIV. und dem Leben an dessen Hof wesentlich bestimmt. In ihrer Typologie stehen diese Bäderanlagen ganz unter dem Einfluß französischer Vorbilder.

Um so mehr ist zu betonen, daß die Badenburg dennoch weit darüber hinausweist, indem sie verschiedene Elemente in sich vereint. Ihr wegweisender Charakter für zukünftige Entwicklungen innerhalb Deutschlands ist nicht zu unterschätzen. Hier wird in Deutschland der Typus des eigenständigen Badeschlößchens etabliert, wie er im Marmorbad in Kassel und im Schwetzinger Badehaus in der Nachfolge entsteht.

Das *Marmorbad* in Kassel

1722–1728 ließ Landgraf Karl westlich vor dem Orangerieschloß das sog. *Marmorbad* errichten.[50] Dieser Badepavillon erhielt etwas später im Küchenpavillon sein Pendant. Die Orangerie mit ihren begleitenden Pavillons entstand an der Stelle, wo bis ins späte 17. Jh. das Lustschloß des Landgrafen Wilhelm IV. mit dem bereits besprochenen Bad des 16. Jh.s stand. War man in Hessen-Cassel also mit dem Thema »Bad« vertraut, so haben beide Anlagen jedoch typologisch nichts miteinander gemein. Stand erstere ganz in der deutschen Tradition, so ist das *Marmorbad*, wie bereits die Bezeichnung verrät, eine Anlage, die an antike Bäder erinnern will. Das *Marmorbad* verkörpert die barocken Vorstellungen eines antiken Bades. Die schlichte dreigeschossige Außenarchitektur erweist sich im Innern als reines Blendwerk. Dem Baukörper wird nur die Badeanlage im Erdgeschoß eingefügt. Im Zentrum des quadratischen Grundrisses liegt eine vertiefte Piscina, deren Ecken konvex einschwingen. Eine Treppe führt ins Becken hinein. Vor den Konvexbögen befinden sich jeweils Sitzbänke. Hier sind auch an einer Seite Delphinhähne installiert. Acht Pfeiler akzentuieren die Ecken des Bassins. Die Marmorbrüstung an den gebogenen Seiten alterniert mit schmiedeeisernen Geländern der geraden Seiten des Beckens. Der Beckenumgang ist tonnengewölbt. Über dem Bassin erhebt sich eine Kuppel mit Opaion im Scheitel, das zusätzlich von einer Säulenbrüstung bekrönt wird. Im Scheitel ist ein – erneuertes – Deckengemälde angebracht. Der gesamte Raum erstrahlt in vielfarbigen kostbaren Marmorinkrustationen. Reliefs mit Themen der antiken Mythologie zieren die Wandfelder. Zwölf Statuen antiker Gottheiten sind in den vier Ecknischen, in den vier Nischen, die durch den geschwungenen Beckenbogen sich ausbilden und seitlich der beiden Kamine verteilt. Der gesamte plastische Schmuck – vielleicht auch der Architekturentwurf selbst – stammt von dem in Rom ansässigen Pierre Etienne Monnot, der bereits 1712 mit der Fertigung verschiedener Statuen beauftragt wurde. Den Plan, ein Bad zu errichten, hatte der Landgraf also schon damals gefaßt. Ob es bereits zu dem frühen Zeitpunkt als eigenständiger Badepavillon geplant war, ist nicht bekannt.

Die Ausstattung mit Themen antiker Mythologie und mit Gottheiten der Antike, die reiche Verwendung von Marmor, der vertiefte Alveus unter dem Kuppelraum weisen in ihrer Gesamtheit ganz darauf hin, daß sich Landgraf Karl ein

107. Kassel, Marmorbad, 1722-1728, von Pierre Etienne Monnot ▷

antikes Bad so vorstellte, wie wie sein *Marmorbad* aussah. Weder die schlichte achteckige Marmorpiscina Ludwigs XIV. noch dessen elegant dezente Dekoration seiner Baderäume können für Kassel Anregungen gegeben haben. Die Badenburg des Nymphenburger Schloßparks war zwar bei Baubeginn des Marmorbades fertiggestellt, konnte jedoch höchstens typologisch Anregungen für den Bade«pavillon« Karls von Hessen-Cassel gegeben haben. Auch das *Marmorbad* diente primär als Schauobjekt. Bis heute ist nicht geklärt, ob es jemals benutzt wurde.

Mit dem *Marmorbad* ist die letzte bedeutende, noch erhaltene Badeanlage des Barockzeitalters in Deutschland entstanden.[51] Bäder setzten sich im deutschsprachigen Raum jedoch nicht als selbstverständlicher Bestandteil einer Schloß- oder Palastanlage durch. In Österreich sind für die zahlreichen Lustschlösser, die nach dem Vertreiben der Osmanen im Wiener Gürtel entstanden, keine Bäder belegt. Der Einfluß der Baukunst des französischen Erzfeindes auf das unmittelbare Umfeld der Habsburger ist relativ gering zu bewerten. Hierfür sind primär die politischen Streitigkeiten zwischen dem Reich des Sonnenkönigs und dem Wiener Kaiserhaus verantwortlich zu machen.

In der zweiten Hälfte des 18. Jh.s. änderte sich die Situation. Immer häufiger sind Bäder in fürstlichen Residenzen zu finden.

6. Ausblicke

Die Landgrafen von Hessen-Cassel hielten auch weiterhin an der von ihnen geschätzten Einrichtung eines Bades fest. Ca. 1755 wurde ein Bad mit versenktem Becken im Keller des *Schlosses Wilhelmthal* bei Kassel angelegt. Es war – dem alten Typus folgend – über Treppen mit dem Ankleidezimmer des Landgrafen verbunden. Noch erhalten ist das heute schmucklose Kellerbad des Weißensteinflügels von *Schloß Wilhelmshöhe*, Kassel, das ca. 1785 entstand. Auch hier badete man in einem versenkten ovalen Bassin. Landgraf Wilhelm IX. von Hessen-Cassel ließ von Du Ry ein Badegemach im *Schloß Montchéri*, Hofgeismar, anlegen. Auch hier ist das marmorne Becken in den Boden versenkt. Die Wände sind mit Spalieren bemalt. Der noch heute erhaltene Raum ist mit einer anderen Nutzung belegt.[52]

108. Benrath,
Sommerschloß, Bad des
Kurfürsten, n. 1751,
von Nicolas de Pigage

In Deutschland fällt besonders auf, daß das Bad beziehungsweise die zur Badeanlage gehörenden Räume, die in der zweiten Hälfte des 18. Jh.s. entstanden, bevorzugt mit Motiven der Garten- und Grottenarchitek-tur dekoriert werden, wie etwa im Spalierbad von Montchéri. Auch *Schloß Braunshardt* bei Darmstadt besaß ein Bad mit davorliegendem Spalierzimmer (ca. 1760). Im *Osteinpalais von Geisenheim* im Rheingau stellte der Fliesenbelag des Badezimmers eine illusionistische Gartenarchitektur dar (um 1771).[53]

Im *Neuen Schloß Bayreuth*[54] ist noch heute die Badeanlage mit Spalierzimmer zu bewundern, eines von insgesamt sieben Gartenzimmern des Schlosses. Der »Badetrakt« wurde ca. 1760–1765 von Carl Philipp Gontard als Bindeglied zwischen dem Südflügel des Neuen Schlosses und dem »Italienischen Bau« errichtet. Die Badeanlage liegt im Erdgeschoß und ist über eine kleine Treppe mit den Wohngemächern des Piano nobile verbunden. Sie setzt sich aus Ruheraum mit Alkoven für das Bett und direktem Ausgang in den Garten, dem Vorzimmer und dem Badezimmer zusammen. Das Vorzimmer von rundem Grundriß ist als Rosenlaube bemalt und stuckiert. Vier Wandnischen nehmen Statuen auf. Im recht kleinen Badegemach

von ovalem Grundriß befindet sich das in den Boden versenkte ovale Marmorbek-
ken. Der schlichte Raum mit zwei Nischen in der Längsachse, die Figurenschmuck
aufnehmen, wird von einer Laternenkuppel bekrönt. Seitlich des Badetraktes
schließen Galerieräume, Garten- (Fest-)saal und Grottenräume an. Diese Raumkombination ist bereits bei den frühen Grotten-Bädern anzutreffen und als eine in
der Renaissance entworfene Vorstellung antiker Nymphäen bestimmt, die die
Lusthausarchitektur seit dem 16. Jh. wesentlich beeinflußte.

Nicolas de Pigage schuf für den pfälzischen Kurfürsten Carl Theodor das *Sommerschloß Benrath* (nach 1751). Achsensymmetrisch liegen seitlich des Vestibüls die
Appartements des Kurfürsten und der Kurfürstin. Um einen inneren Lichthof derselben gruppieren sich jeweils mehrere Garderoben und ein Badezimmer. Eichen-
laub imitierender Stuck verwandelt das Bad des Kurfürsten in eine waldartige
Grotte. Im Bad der Kurfürstin halten zwei Hermen den Badewannenhimmel, der
an die baldachinartigen Vorhänge der Barockbäder erinnert, so wie sie auch Blondel – der Lehrer Pigages – in seiner *Cours d'architecture* als immer noch modisches
Accessoire des Bades aufführt. In der
Wandausbuchtung gegenüber des Aus-
gangs zum Innenhof waren einst Badewannen aufgestellt. Eine wasserspeiende
Maske im Bad der Kurfürstin und eine
von Putten getragene, wasserspendende
Urne im Bad des Kurfürsten sind noch
heute dort sichtbar. Über die Garderoben gelangt man vom Bad zu den kur-
fürstlichen Schlafzimmern und Kabinetten. Zum Garten hin schließen sommer-
liche Festsäle an.

Einen ähnlich stuckierten Badehimmel
schuf Nicolas de Pigage im *Badehaus des
Schwetzinger Schloßparks* (1769–1773)
für ein und denselben Auftraggeber.[55]
Der schlichte Außenbau birgt zwei
kleine Appartements in sich, die durch
den zentralen Ovalraum verbunden
werden. Das östliche Appartement setzt

*109. Schwetzingen, Baderaum des
Badeschlößchens im Schloßpark, 1769-1773,
von Nicolas Pigage*

110. Kislau (bei Bruchsal), Badezimmer des Schlosses, 1769

sich aus dem zentralen Vorzimmer mit Schreibraum zur einen Seite und chinesischem Zimmer zur anderen zusammen. Im westlichen Appartement schließen an das Vorzimmer ein Schlafgemach und der Baderaum an. Das versenkte, ovale Marmorbecken ist zur Hälfte in eine Wandnische eingepaßt. Sechs Stufen führen hinein. Die gesamte Nische wird von dem in Stuck erstarrten Badehimmel bedeckt. Über vier Metallschlangen und eine Urne aus Stuck konnte einst das in einem separat liegenden Küchenpavillon aufbereitete Wasser eingelassen werden. Muschel- und Korallenstukkaturen, Marmor, Alabaster, Kristalle und Spiegel dienen zur Dekoration der Wände, eine Dekoration, die »Grotte« evozieren will. Eine Vogelvoliere steht mit dem Badhaus in direkter Verbindung, deren Prospekt von einem illusionistisch gemalten, arkadischen Landschaftsidyll abgeschlossen wird.

Zur Interpretation des Schwetzinger Badhauses scheint mir wichtig, auf die Moschee des Schloßparks hinzuweisen. Sie bildet einen kleinen Moscheenbau originalgetreu nach. Moschee und Badhaus sind im Islam zentrale architektonische

Aufgaben. Meines Erachtens macht gerade das Auftreten dieser Gebäudekombination deutlich, daß auch bei der Anlage des Bades orientalische Gebräuche mitspielten. Zur chinoisen Raumgestaltung, zum – für Deutschland typisch – vertieften Badebecken mit dem stuckierten Badehimmel à la Blondel, zur aus Antike und Renaissance adaptierten Grottenarchitektur gesellen sich orientalische Elemente, die das Zelebrieren eines entrückt exotisch angehauchten Lebensstils erst abrunden.

Eine bedeutende Badeanlage ist auch in *Schloß Kislau* bei Bruchsal erhalten.[56] Ein ovales, vertieft liegendes Badebecken befindet sich in einer tiefeinschneidenden Wandnische mit zwei seitlichen konchenförmigen Nischen zur Aufnahme des Statuenschmucks. Stufen führen ins Becken hinein. Seitlich der Wannennische führt eine Tür zur marmorverkleideten Retirade. Rocailleornamente umranden Hohlkehle und Kartuschen. Neben dem Baderaum liegt der Ruheraum mit Bettalkoven. Auf die Zubereitung von Heißwasser konnte in Kislau verzichtet werden, da das Bad mit dem (in der Gegend gerade entdeckten) warmen Thermalwasser gespeist wurde. 1769 wurde diese Badeanlage für den Kardinal Hutten fertiggestellt.

Die bürgerliche Variante eines Lusthauses mit Bad entstand 1798 im Pavillon für den Offenbacher Bankier Metzler.[57] Salins des Montfort plante im Erdgeschoß einen zum Oval gestreckten Oktogonalraum mit vorgelagertem, halbrundem Balkon und einer runden, tempelartigen *rotonde*, die sich zu etwa 2/3 zum Garten hin

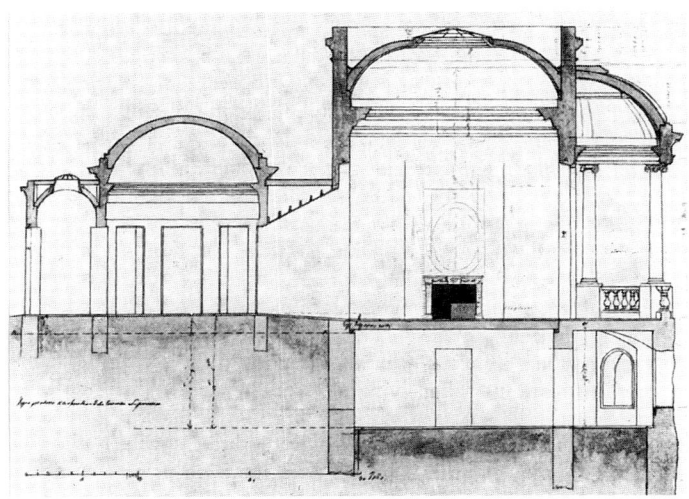

111. Offenbach, Querschnitt durch den Metzlerschen Pavillon, 1798

*112. Offenbach, Metzlerscher Pavillon,
1798 von Salins de Montfort*

öffnete. Hinter der Rotonde lag ursprünglich eine große künstliche Felsengrotte. Unter dem Oktogonalsaal befindet sich eine Badeanlage in dem künstlich aufgeschüttetem Felsenwerk. Das Bad besteht aus *Vestibul, Antichambre, cabinet* und *bain* mit *cuve, chaudière* und *Reservoir d'eau froide.* Die Raumfolge mit Heizraum und Wasserreservoir läßt noch ganz die französische Architekturtheorie Blondels erkennen. Zum Baden gab es eine *cuve,* was vom Begriff her eher auf ein versenktes Badebecken hindeutet als auf eine Badewanne (*baignoire*). Der Baderaum war ganz mit Spiegelplatten ausgelegt.[58] Ansonsten wurde Marmor zur Wandverkleidung bevorzugt. Der *Metzlersche Pavillon* ist als Musentempel aufzufassen.

Auch in dem ehemaligen *Haus Saint-George*, Offenbach[59] plante Salins de Monfort einen (hier) runden Badesaal mit *cuve* seitlich des Schlafzimmers, der zum Garten liegen sollte (ca. 1819).

Wir wollen hier damit enden, die immer umfangreicher werdende Liste von Bädern weiterzuverfolgen.[60] Das aufblühende Bürgertum verstand sich diese alte Einrichtung vor allem unter praktisch-hygienischen Gesichtspunkten nutzbar zu machen. In dieser neuen Auffassung der Badeanlage liegen auch die Wurzeln unserer heutigen ›kleinen‹ funktionellen Fliesenbäder oder – heute noch als luxuriös geltenden – Marmorbäder.

7. Zusammenfassung

Das prunksüchtige Barockbad ist in seiner Erscheinung nur zu fassen, wenn man die Gründe untersucht, die einst dafür verantwortlich waren, daß die Badeanlage von etwa dem letzten Viertel des 16. Jh.s. an bis in die Mitte des 17. Jh.s. ein sehr stiefmütterliches Dasein fristete. Reformation und Gegenreformation setzten dem badefreudigen Mittelalter und dem Bad der beginnenden Neuzeit ein Ende. Die Beschlüsse des gegenreformatorischen Konzils von Trient verurteilte strikt alles Nackte als unzüchtig und schlecht. Ihre Auswirkungen waren so weitgehend, daß selbst nackte Figuren von Michelangelos *Jüngstem Gericht* der Sixtinischen Kapelle im Vatikan malerisch ›bekleidet‹ werden mußten. Solches Vorgehen verdeutlicht, wie tiefgreifend sich diese Beschlüsse auswirkten. Sich im erfrischenden Bad nackt der wohltuenden körperlichen Entspannung hinzugeben, konnte nur als sündhaft verurteilt werden. Dagegen war gegen die heilenden Bäder weniger vorzubringen. Daraus resultiert, daß die Heil- und Kurbäder eine meist bis ins Mittelalter oder gar bis zur Antike zurückreichende Tradition haben, und daß sie im 16. und 17. Jh. ebenso regen Zuspruch fanden wie zuvor. Das Reinigungsbad konnte allerdings nicht bestehen. Ganz darnieder lag die Badekultur im Dreißigjährigen Krieg (1618–1648). In diese Zeit fällt Savots Traktat, das einführend zum Thema »Bad« ja besonders betont, daß das Baden heute (also um 1625) völlig unnötig sei. Nur wer unbedingt auf die Badeanlage nicht verzichten wolle, der sollte…

Um so überraschender ist die Tatsache, daß gleich die ersten bedeutenden Barockbäder einen wichtigen Platz innerhalb des Bauwerkes einnehmen, und daß es betont prunkvolle Räume sind. Zuerst arriviert das Bad von seiner bisher gebräuchlichen Lage im Sockelgeschoß oder abseits der Herrschaftswohnung zu einem Raum, der dem Schlafzimmer des Piano nobile, der Enfilade direkt angegliedert wird. In Versailles bestimmt die Badeanlage sogar den Zweck der Enfilade, wird zum repräsentativen Vorzeigeobjekt, bis sie sich in Marly völlig zum eigenen Thema verselbständigt. Beinahe ausnahmslos sind diese Bäder extrem aufwendig, kostbar und prunkvoll ausgestattet. Über ihre tatsächliche Benutzung zum Baden ist selten etwas überliefert, und wenn, dann heißt es meist, daß sich der Badende unwohl fühlte, arge Migräne habe o. ä., um damit die Notwendigkeit des Badens zu unterstreichen und das Baden zu legitimieren. Gerade das Barockzeitalter war weit von hydrophiler Hygiene entfernt. Es war noch vielmehr im Gedankengut eines Louis Savot verhaftet als dem der badefreudigen Antike. Puder, Parfums spielten eine große Rolle, nicht das Waschen oder gar Baden.

All der Pomp, der für einen beinahe ›nutzlosen‹ Raum oder für ein Raumgefüge aufgewendet wurde, ist nur damit zu erklären, daß das Bad primär anderen Funktionen als dem Reinigungszweck diente, es in erster Linie zur Repräsentation eingerichtet wurde. Daß man solche Schauobjekte auch gerne mit ›exotischen‹ und ausgefallenen Materialien ausstattete, bot sich geradezu an. Nur als Repräsentationsraum, nicht aber als Raum zur sündhaften Körperreinigung konnte das Bad seine Daseinsberechtigung wiedererlangen. Diese ursprüngliche Verpflichtung zur Keuschheit drückt sich bei den frühen Bädern darin aus, daß sie oft nahe einer Kapelle oder des privaten Oratoriums lagen, sie damit also eher in die sinnbildliche Nähe zur seelischen Reinheit entrückt wurden. Dieser Bezug wird jedoch bald aufgegeben. Die Badeanlage steht nur mehr für sich, nicht als Ort der Reinigung, sondern als Luxusgegenstand. Mit dem Zurückdrängen des kirchlichen Einflusses kann sich auch im 18. Jh. das Bad als Nutzraum langsam etablieren. Die geistesgeschichtliche Wende, die die Aufklärung brachte, Jean-Jacques Rousseaus Ruf zurück zur Natur gaben den aufgeschlossenen Kreisen die gedankliche Freiheit, auch ihren (nackten) Körper als etwas Natürliches neu zu begreifen. Vor allem Rousseaus Gedankengut drückt sich in den bevorzugten Bäderdekorationen mit Motiven aus Garten- und Naturlandschaften der zweiten Hälfte des 18. Jh.s. aus.

Die deutsche Entwicklung ist der französischen sehr ähnlich. Eigenständig bleibt sie vor allem in der bevorzugten Verwendung der vertieften Badebeckens, das – aus dem Kurbad entliehen – hier seit alters besonders geschätzt wurde. In dem konservativ katholisch geprägten Italien führte das Bad sein Schattendasein fort. In Spanien mußten zugleich die Wurzeln islamischer Kultureinflüsse und die der Reformation ausgerissen werden. Die Reconquista und die Anlage von Bädern standen sich diametral entgegen.

Diese kleine Geschichte des Bades von Antike bis Spätbarock zeigt eine Einrichtung, die ein Urbedürfnis des Menschen nach Sauberkeit, Erfrischung und Entspannung zu befriedigen vermag. War das Bad in seinen Ursprüngen eng mit religiösen Ritualen verbunden, so war es auch die Religion, die beinahe sein völliges Aussterben im Okzident bedingte. Im Orient dagegen förderte sie seine bis heute blühende Kultur über Jahrhunderte. Die klösterliche Kultur tradierte antike Heizsysteme, der Orient regte mittelalterliche Kreuzfahrer und Ritter zum Schaffen einer ausgefeilteren heimischen Badekultur an. Antike, Orient und eigene Traditionslinien bilden geographisch verschiedene Bädertypen aus, die bis zum 17./18. Jh. in Spuren wirksam bleiben. Im Barockzeitalter, in dem das Bad an Ausstattungsprunk und Großzügigkeit durchaus wieder mit dem der Antike konkurrieren kann, ist es von Reinlichkeitsbedürfnissen und Körperbewußtsein jener Zeit am weitesten entfernt. Die Geschichte des Bades macht vielleicht klarer als andere Bereiche der Kunst- und Kulturgeschichte ein Geben und Nehmen zwischen Orient und Okzident deutlich, aber auch gleichzeitig das ungebrochene Wirken tiefwurzelnder Traditionen. Sie zeigt, wie historische, religiöse und geistesgeschichtliche Gegebenheiten die Möglichkeiten und Grenzen einer kulturellen Einrichtung bestimmen.

Anmerkungen zu den Kapiteln I. - VIII.

Anmerkungen zu Kapitel I.

1 Sir John Marshall, *Mohenjo-Daro and the Indus Civilization*, London 1931, 3 Bde.; Jean-Louis Doreau, *Les Bains dans l'Inde antique*, Paris 1936, S. 33 ff. ;Ernest Mackay, *La civilisation de l'Indus*, Paris 1936, S. 25/45–47/59–62; Sir Mortimer Wheeler, *The Indus Civilization*, Cambridge 1953, S. 29ff.

2 André Parrot, *Mission archéologique de Mari*, II, Le Palais, Paris 1958; ders., *Mari, Capitale fabuleuse*, Paris 1974

3 Zu den griechischen Bädern siehe besonders: René Ginouvès, *L'établissement thermal de Gortys d'Arcadie*, Paris 1959; ders., *Balaneutikè, Recherches sur le bain dans l'antiquité grecque*, Paris 1962; Hans Schleif, *Die neuen Ausgrabungen in Olympia (und ihre bisherigen Ergebnisse für die antike Bauforschung)*, Berlin 1943

4 Zur römischen Badeanlage besonders empfehlenswert: Erika Brödner, *Die römischen Thermen und das antike Badewesen*, Darmstadt 1983; Werner Heinz, *Römische Thermen, Badewesen und Badeluxus im Römischen Reich*, München 1983 Für spezifischere Fragen: Helmut Heinz, *Römische Bäder in Baden-Württemberg*, Tübingen 1979; Daniel Krencker/Emil Krüger u. a., *Die Trierer Kaiserthermen*, Augsburg 1929; Fritz Kretzschmer, *Die Entwicklung des antiken Bades und das Bad auf dem Magdalensberg*, Klagenfurt 1961; Elke Merten, *Bäder und Badegepflogenheiten in der Darstellung der Historia Augusta*, Bonn 1983; E. Pfretzschner, *Die Grundrißentwicklung der römischen Thermen*, Straßbug 1909; Edit Thomas, *Römische Villen in Pannonien*, Budapest 1964

5 Curt Fensterbusch, *Zehn Bücher über Architektur* (dt. Übersetzung von Vitruvs *De architectura libri decem)*, Darmstadt 1964; Vitruvs Schrift entstand in den 20er Jahren des 1. Jh.s. v. Chr.

6 Hans Eschebach, *Die städtebauliche Entwicklung des antiken Pompeji mit einem Plan 1 : 1000 und einem Exkurs: Die Baugeschichte der Stabianer Thermen nach H. Sulze*, 1970 ders., »*... laconicum et destrictarium faciund ... locarunt*«, Untersuchungen in den Stabianer Thermen zu Pompeji, in: Mitteilungen des Deutschen Archäologischen Instituts, Römische Abteilung, 80, 1973, S. 235 ff.; ders., *Die Stabianerthermen in Pompeji*, Berlin 1979

Anmerkungen zu Kapitel II.

1 Mit dem Bad in der frühchristlichen Kirche befaßte sich erstmals Zellinger (1927). Seine Abhandlung blieb bis heute grundlegend.

2 Carl Maria Kaufmann, *Die heilige Stadt der Wüste*, Kempten 1924, S. 129 ff. Die Menasstadt wurde 1905–1907 von dem Autor ausgegraben. Neuere Untersuchungen von Müller-Wiener, bes. 1965 und 1966

3 Zellinger, 1927, S. 120

4 Paedag. III 5, zitiert nach Zellinger, 1927, S. 36

5 Négrier, 1925, S. 116

6 Luigi Dami, *The Italian Garden*, 1923, S. 1

7 Négrier, 1925, S. 122 u. S. 131

8 Marcuse, 1903, S. 49; Schleyer, 1909, S. 178

9 Marggraff, 1881, S. 21; Genzmer, 1899, S. 37

10 Négrier, 1925, S. 121, Anm. 1

11 Einhardt verfaßte 814, also kurz nach dem Tode Karls d. Großen dessen Biographie.

12 Négrier, 1925, S. 130 f.

13 1758 wurde Ciampinis Entdeckung von Paciandi publiziert: *De sacris christianorum balneis*. Er interpretiert die Entdeckung aufgrund einer Inschift als Bad des Papstes Formosus (Négrier, 1925, S. 118 f.)

14 Scheyer, 1909, S. 173

15 Frater Felix Faber, *Evagatorium*, 1483 (*Die Pilgerfahrt des Bruders Felix Faber ins Heilige Land Anno 1483*, Berlin 1964, S. 80).

Felix Faber, 1441 in Zürich geboren, studierte in Basel. Seit 1473 lebte er als Dominikanermönch in Ulm. Seine erste Pilgerfahrt unternahm er 1480, seine zweite 1482/83. Er starb 1502 in Ulm.

16   J. Wigger, *Bericht des Ibrahim ibn Jakub über die Slawen aus dem Jahre 973*, in: Jahrbuch des Vereins für mecklenburgische Geschichte und Altertumskunde, Schwerin 1880, S. 19

17   Rivius, *Neue heilsame und nützliche Badenfart*, Würzburg 1549, I. Kapitel

18   Rivius, 1549, Kapitel VII.

19   Ein öffentliches Bad gab es in jedem größeren Ort. Nur selten sind jedoch noch die Bauwerke erhalten oder gar restauriert und erforscht worden. Hier seien einige der noch erhaltenen Bäderbauten genannt: – Heidelberg, Mittelbadgasse, Badhaus, seit 1265 dokumentiert; dient heute als Wohnhaus. – Obertalfingen bei Ulm; Reutlingen; Metzingen; Wangen (nicht restauriert); Bad Waldsee, Kreis Ravensburg (»Maienbad«); Ravensburg (für diese Hinweise danke ich Herrn Prof. Dr. Krins, Landesamt für Denkmalpflege, Tübingen). – Coburg (restauriert, heute ein Restaurant wie die Badstuben von Dieburg und Eberbach); Obernai (Elsaß, nicht restauriert), Kulmbach (nicht restauriert, 15. Jh.); Blaubeuren (heute Museum).

20   Peter Schubart, *Das spätmittelalterliche Badhaus in Eberbach, Rhein-Neckar-Kreis*, in: Denkmalpflege in Baden-Württemberg, 9, 1980, S. 131–135

21   Helmut Reinhardt, *Ein Badhaus des späten 16. Jhs. in Dieburg*, in: Architectura, 1986, S. 130–148

22   Guarinonius, 1610, Guarinonius war Arzt des Frauenstiftes Hall (s. a. Marcuse 1903, S. 5/6)

23   Guarinonius, 1610, S. 949

24   Helbling, ca. 1292, repr. 1886, III, 1–18

25   Zitate nach Helbling, op. cit, III, 34/38f./41/20–21/77- 79

26   Rivius, 1549, Kap. VII

27   Guarinonius, 1610, S. 945

28   1380 im Florentinischen geboren; er war 40 Jahre lang Kuriensekretär unter 10 verschiedenen Päpsten. Poggio reiste zusammen mit Papst Johann XXIII. (1410-15) zum Konstanzer Konzil und besuchte von dort aus die Bäder von Baden. Poggio heiratete später. Er starb 1459 als Kanzler der Republik in Florenz. Zitiert nach Schultz, 1892, S. 238 ff. Folgende Anmerkungen entstammen der ersten deutschen Übersetzung von 1780: »K«: »Den Blicken der Männer preisgegeben. Diese Einrichtung ist noch immer die nämliche. Der Pöbel badet sich, auf offener Gasse, unter freiem Himmel in zwey großen Bädern, die man das St. Verena Bad und das Freybad nennt.« »L«: »Von beyden Seiten sich setzen, und berühren kann. Anitzt ist diese Einrichtung etwas verschieden. In einzeln Bädern sind alle Scheidungen aufgehoben, aber die Bäder überhaupt hängen nicht mehr zusammen. Auch die hier beschriebenen Gallerien sieht man nicht mehr, weil es nun Sitte ist, näher zu treten. Jedes einzelne Bad ist nun eine sehr lustige und gewölbte Halle, und für zehn bis zwölf Personen eingerichtet. Kabaliere und Damen setzten sich in dieselben gemeinschaftlich und unbedeckt, in bunter Reihe, wie in Teutschland an einer Tafel, aber nicht mit niedersächsischem Ernst« »N«: »Auf dem Wasser schimmernden Tafel. Diese Tafeln findet man itzt fast in allen Bädern. Es wird an denselben gefrühstückt, und, weil man in der Schweiz einen ungleich größern Appetit hat, und sechsmal mehr ißt als in Teutschland, wird auch in diesen Bädern, wo man sich täglich fünf bis sechs Stunden baht, oft den ganzen Tag gezecht.«

29   Vgl. hierzu auch die Erlebnisse des Seigneur de Montaigne in Baden (1988, S. 33ff.)

30   Négrier, 1925, S. 140–142

31   Montaigne, 1988, S. 17

32   Ebd. S. 19

33   Ebd. S. 20

34   Ebd. S. 205

35   Rivius, 1549, Einleitung

36   Kauffmann, 1959, S. 2ff. Kauffmann beschreibt die durchgängig dokumentierte

Tradition der Bäder in dieser Gegend. Schriftliche Quellen gibt es seit dem 1. Jh. v. Chr. Bis ins 19. Jh. hinein reicht Kauffmanns Zitatenschatz. Im 19. Jh. wurden die Bäder wieder aufgebaut. Die Bäder von Pozzuoli sind heute wieder in Betrieb.

37 Petrus de Ebulo, *De Balneis Puteolorum et Baiarum*, Faksimile nach MS Angelica (1474), 13. Jh. mit prächtigen Illuminationen. Petrus de Ebulo beschreibt zahlreiche Bäder der phlegräischen Felder und nicht nur die von Pozzuoli (Puteolorum) und Bajae.

38 Zur Handschrift des Petrus de Ebulo siehe Kauffmann, 1959, insbesondere S. 13ff. Als Vorläufer der Bäderbeschreibungen nennt Kauffmann (S. 14) Paulus Silentiarius (6. Jh.) mit seinen langen Versen über die Bäder von Pythia (bei Prusa in Kleinasien). In dem sehr umfassenden wie interessanten Sammelband *De balneis*, Venedig 1552, zählt Michael Savonarola ebenfalls die Bäder »in terra Laboris a Neapolitanis de Agnano dictis« auf (S25ff.).

39 Kauffmann, 1959, S. 40ff. In dem MS. Angelika (13. Jh.) gibt es nur die Kuppelräume, in der Bodmer Handschrift (Genf, 14. Jh.) tauchen dagegen beide Typen auf.

40 Kauffmann, 1959, S. 21f., führt 10 illuminierte Handschriften von Ebulos Schrift auf und 10 weitere, die nicht illuminiert wurden.

41 Ebd.; Teile Süditaliens waren bis in die Mitte des 11. Jh.s. unter byzantinischer Herrschaft. Der byzantinische Stil wirkte jedoch noch länger als ein Jahrhundert nach.

42 Konrad Kyeser, *Bellifortis*, 1405, repr. 1967, S. 113

43 Galenus, römischer Arzt des 2. Jh.s. n. Chr.

44 Hundsmonat: das ist der August, die heißesten Sommertage. Im Altertum stand die Sonne dann im Sternbild des Hundes. (Repr. *Bellifortis*, 1967, S. 86/87)

45 Kyeser, *Bellifortis*, 1405, repr. 1967, S. 114

46 Hans Sachs, zitiert nach Luz, 1958, S. 90f.

47 Thomas Murner, XXVI., 5–10

48 Ebd., XXVI., 39–42

Anmerkungen zu Kapitel III.

1 *Kallimachos und Chrysorrhoe*, (291–354 und 770–804). Siehe hierzu Gothein, 1914, I, S. 146; Schissel, 1942, S. 347; Berger, 1982, S. 112 Text aus dem Französischen von der Autorin übertragen nach *Le roman de Callimaque et de Chrysorrhoé* (frz. Michel Pichard), Paris, 1956

2 Krumbacher, 1897, S. 857

3 Ähnliche Bäderbeschreibungen sind auch in anderen byzantinischen Romanen zu finden: *Libistros und Rhodamne* (2448–2453; 2454–2510), 14. Jh.; *Belthandros und Chrysantza*, (457–459, –472); *Theodoros Meliteniotes*, (803f., 2525f.), 2. Hälfte 14. Jh.; *Digenes Akritis I*, 198–218; Bad der Prinzessin; *Achilleis*, 776–794

4 Krautheimer, 1979, S. 214: »Byzantine Architecture starts with Justinian.« Schweinfurth, 1954, S. 29

5 Die Bücher des Hofzeremoniells wurden ins Französische übersetzt und sind 1935 zuletzt publiziert worden (Vogt, 1935)

6 Maier, 1973 (Fischer TB, Byzanz), S. 54; nach: *Constitutio Deo auctore* (*Corpus Juris Civilis I*, ed. Mommsen-Krüger 1928, S. 8)

7 Erdmann, 1943, S. 20; Schweinfurth, 1956, S. 42

8 Ktesiphon = Hauptstadt des Sassanidenreiches, Stadt in Babylonien am linken Ufer des Tigris gegenüber von Seleukeia

9 Schweinfurth, 1954, S. 17

10 Richter, 1897, S. 316f.

11 Ebd., S. 303

12 Richter 1897, S. 363; Gothein, 1914, I, S. 147

13 Richter 1897, S. 362

14 Ebd., S. 256

15 Ringbom, 1956, S. 71f. u. 147

16 Richter, 1897, Nr. 779/890; Gothein, 1914, I, S. 144

17 Ebd.

18 Berger 1982, S. 93

19 Brödner, 1983, S. 266; Berger, 1982, S. 53, S. 109 u. S. 145f.; Müller-Wiener, 1977, S. 19

20 Berger, 1982, S. 148f.

21 Richter, 1897, S. 307 Berger, 1982, S. 150f.

22 Berger 1982, S. 149

23 Ebd., S. 145

24 Im Jahr 424/25 wurde die *Notitia Urbis Constantinopolitanae* als offizielle Stadtbeschreibung verfaßt.

25 Müller-Wiener, 1977, S. 49, gibt den Grundriß eines öffentlichen Bades des 4./5. Jh.s. wieder. Es besteht aus mehreren Rundräumen und Badbecken in apsidialen Ausbuchtungen, die z. T. an einen Rechteckraum anschließen. Vom Grundriß erinnert es eher an das hellenistische Bad von Gortys als an römisch-antike Bäder dieser Zeit.

26 Bemalungen sind durch die Wasserdämpfe und hohe Luftfeuchtigkeit meist zerstört. Im Umayadenschloß von Quṣair Amra (frühes 8. Jh.) haben sich Malereien erhalten, die ganz in der antiken Tradition stehen.

27 Berger, 1982, S. 49

28 Ebd, S. 96

Anmerkungen zu Kapitel IV.

1 Karabaček befaßt sich in Musils Band mit den Malereien. Auch er schließt auf die umgekehrte Raumfolge (S. 227f). In dieser frühen Zeit war jedoch schon die Aussage, daß es sich bei Quṣair ʿAmra um eine Badeanlage handle, eine sehr gewagte, an die man sich rückversichernd herantastete. Strygowsky, 1907, S. 59f.

2 Butler, 1907-1919 (1909), II, Set A,4, S. 77-88; II, Anhang XIX-XXV

3 Cresswell, 1932, I, S. 276

4 *Encyclopädia Islamica*, Artikel Hammām aṣ-Ṣaraḫ, Bd. III, S. 147, nennt für Quṣair ʿAmra, Hammām as-Ṣaraḫ, Ǧebel Sais als potentiellen Erbauer Walīd I.

5 Butler, 1907–1919, S. 80

6 Musil, 1907, S. 67 f., Cresswell, I, 1932, S. 276 ff.

7 Sauvaget, 1939, 246/247, Journal Asiatique, 231, S. 15–26

8 Schlumberger, 1939, S. 213–223

9 n. Sauvaget, 1939, Journal Asiatique, I., fig. 7

10 Musil, 1907, S. 68. Noch Cresswell, 1932, S. 275ff., übernimmt den Grundrißplan von Musil mit eingezeichneten Wandröhren. Von dem großen Apodyterium, dem Diensthof und Heizraum ist hier noch nichts vermerkt. Die Raumfolge wurde von Musil – wie für Quṣair ʿAmra – noch vom Kuppelraum als Frigidarium ausgehend interpretiert.

11 Musil, 1907, S. 68

12 Zu Ǧebel Sais siehe den Bericht von Sauvaget, in: Syria XX, 1939; Zum Bad: S. 246f.

13 Sauvaget, Journal Asiatique, 1939, S. 52 f.

14 Ebd., S. 24 f.

15 Ebd., S. 36 f.

16 Schlumberger, 1939, S. 213 ff.

17 Die erste umfassende Monographie zu Ḥirbat al-Mafǧar publizierte Hamilton 1959.

18 Zur Frage des Einflusses sassanidischer Kunst in Ḥirbat al-Mafǧar siehe den Aufsatz von Ettinghausen, 1972.

19 Siehe die Rekonstruktion bei Ringbom, 1956, Abb. 115

20 Ettinghausen, 1972, S. 38ff.

21 Ebd., S. 39

22 Strygowski, 1907, S. 59. Die frühchristlichen Kirchen waren im Aufriß allgemein als Basilika gestaltet.

23 Hamilton, 1959, S. 130

24 Herzfeld, 1921, S. 130

25 Ebd.

26 Grotzfeld, 1970, S. 29

27 D. Baatz, *Römische Bäder mit hölzernen Apodyterien*, in: Archäologisches Korrespondenzblatt, 1973, stellte fest, daß zahlreiche Militärbäder bei denen man bisher keine Apodyterien durch Grabungen belegen konnte, hölzerne, z. T. palästraartige Vorhallen hatten, die sowohl als Apodyterium wie auch als Sport- und Unterhaltungshalle genutzt wurden. In den Kastellbädern der syrischen Limes, einem waldlosen, wüstenartigen Landstrich also, sind solche hölzernen Apodyterien jedoch nicht anzunehmen.

28 Butler, 1907, S. 118 ff. (II,B,3,) nennt in seinem Text zu seiner Abbildung 120 folgende Räume: A = Eingang, C = Stallung, D = Apodyterium, E = Tepidarium, F = Caldarium, G = Sudatorium, H = Frigidarium, K = Aufenthaltsraum mit Bühne (L); N =

Latrinen, M = Apodyterium für Reiche, O = Zisterne, R = Reservoir; Schlumberger, 1939, S. 221, Anm. 1 dagegen: K u. L = Apodyterium, M = Eingangshalle, N = Latrine, H = Tepidarium I, G = Tepidarium II, F = Caldarium, E = Heizraum, O u. R wie bei Butler; Die Anordnung nach Butler ist sehr unwahrscheinlich. Daß einem Sudatorium ein Frigidarium folgt, ist völlig untypisch und wäre heiztechnisch sehr unökonomisch oder gar nicht machbar.

29 Butler, 1909, II, B, S. 175

30 Ebd., S. 302

31 Auch das Bad von aṣ-Ṣaraḫ weist einen Kuppelraum am Ende der Raumfolge auf.

32 Die Bäder von Qaṣr al-Ḥair und Ḥirbat al-Mafǧar bilden eine Ausnahme.

33 In Brād sind drei Sonderräume durch Säulenstellung von der Halle abgetrennt.

34 Dies gilt auch für Byzanz seit Justinian, Anfang d. 6. Jh.s.

35 Herzfeld, 1914

36 Ḥirbat al-Mafǧar bildet hierbei eine Ausnahme. Die Badekammern sind wesentlich geräumiger als bei den beiden übrigen Umayadenbädern. Die Piscina in der Audienzhalle ist so groß, daß eine ganze Gesellschaft gleichzeitig darin baden konnte. Auch Qaṣr al-Ḥair hat noch geräumige Badekammern.

37 Kirab el-intisar, 105, Ende des 10. Jh.s.

38 Zitiert nach Glück, 1923, S. 98; s. a. Grotzfeld, 1970, S. 26f.

39 Grotzfeld, 1970, S. 27 u. Anm. 4 (ebd.)

40 Ebd., S. 27

41 Zu Karm Abu Mena, sog. »Menasbad«, s. a.: Müller-Wiener, 1965 (insbes.) und 1966

42 Berger, 1982, S. 22f

43 Die Bäder von Damaskus wurden in der Monographie von Écochard/Le Coeur, 1943, eingehend untersucht.

44 Écochard/Le Coeur bezeichnen diesen Typus als »plan centré«. Wenn die Baderäume ohne bestimmtes Ordnungssystem aneinander- gereiht sind und keine einheitliche Achse haben, sprechen die Autoren von »plan rectiligne« (z. B. ʻAbda, Serdjilla, Karm Abu Mena)

45 Grotzfeld, 1970, S. 58f.

46 Einen guten Überblick über die Entwicklung der Damaszener Bäder gibt der Faltplan bei Écochard/Le Coeur, 1943.

47 Zu den Kairiner Bädern siehe: E. Pauty, 1933, die einzige bisher erschienene, umfassende Monographie.

48 S. a. Krencker/Krüger, 1929, S. 209 »Es sei nur hingewiesen auf den Viernischenraum, der sich aus dem römischen Caldarium entwickelte, denn das Bestimmende für die Nischenbildung waren die Wannen, die darin standen.«

49 *Ars Hispaniae*, III, 1951, S. 171

50 Ebd., S. 257 ff.

51 Manuel Gomez-Moreno, *Baño de la Judería en Baza*, in: Al -Andalus, 12, 1947, S. 151–156

52 Marçais, 1926, I, S. 341 ff.

53 Bartolomé Ferrá, *Baños arabes en Palma*, in: Boletino de la Sociedad Arqueológica Luliana, III, Sept. 1889, S. 129 f.; Girault de Prangey, 1841, Text zu Tafel II

54 Leopoldo Torres-Balbás, *El baño musulmán de Murcia y su conservación*, in: Al-Andalus, 17, 1952, S. 433–438; selben Autor s.: *El Baño de Torres-Torres (Valencia) y otros levantinos*, in: Al-Andalus, 17, 1952, S. 176–186 ; *La judería de Zaragoza y su baño*, in: Al-Andalus, 21, 1956, S. 172–190

55 Marcais, 1955, S. 315 ff.

56 Girault de Prangey, 1849, S. 58 ff.; Puig y Cadafalch, 1936, S. 6 ff.

57 Leopoldo Torres-Balbás, El baño de Doña Leonor de Guzman en el Palacio de Tordesillas, in: Al-Andalus, 25, 1960, S. 409- 425

58 Glück, 1921, Klinghardt, 1927 Diese beiden Werke beschäftigen sich eingehend mit den Bädern der Türkei. Z. T. sind die Aussagen jedoch schon veraltet.

59 Amari, *Storia dei Musulmani di Sicilia*, vol. III, S. 820, Anm. 1; s. a.: Adolf Goldschmidt, *Die Favara des Königs Roger von Sizilien*, in: Jahrbuch der preußischen Kunstsammlungen, 16, 1895, S. 199–215, ders., *Die normannischen Königspaläste in Palermo*, in: Zeitschrift für Bauwesen, 48, 1898, S. 540–590; Guido di Stefano, *Monumenti della Sicilia normana*, Palermo 1955, S. 71

60 Girault de Prangey, 1841, S. 92ff u. Plan VII mit Text

61 Enlart, 1904, S. 90

62 Enlart, 1904, s. 90

63 Schiavo, 1940, S. 481; Arnoldo Venditti, *Scale e i suoi borghi: II. un villagio rudere: Pontone d' Amalfi*, in: Napoli Nobilissima, 2, Heft 5, 1962/63, S. 167

64 Venditti, op. cit., 1962/63, S. 167

65 So bezeichneten Écochard/Le Coeur die Raumfolge in den Damaszener Bädern; 1943, II., S. 125

66 Grotzfeld, 1970, S. 22

67 Gerlach, 1674, S. 260

68 Heberer von Bretten, 1597, III. Buch, V. Kap.

69 Johann Wild, 1604, repr. 1964, I. Buch, 19. Kap.

70 Du Loir, 1654, S. 181

71 Johann Wild, 1964, I. Buch, IXX. Kap.

72 *Hidscha = Illidscha*

73 Gemeint sind die *Maqāsīr*.

74 *Ǧurn*, der Steinblock vor den Wasserhähnen.

75 Chrisma meint *Hirizma* (türk.) oder *nūra* (arab.), ein damals gebräuchliches Enthaarungsmittel. Grotzfeld, 1970, S. 75

76 Dieser »runde Herd« ist das erhöhte Podest im Zentrum des H̲arāra.

77 Die Beschreibung des Hypokaustums läßt erkennen, daß Wild eines der türkischen Bäder vor Augen hatte, die alleine noch in dieser Zeit hypokaustiert waren.

78 Wild beschreibt die separaten Seitenräume, die *Maqāsīr*.

79 *Maġtas* genannt, mit den Tauchbecken

80 Heberer von Bretten, 1597, III. Buch, V. Kap.

81 Auf das Podest im Zentrum, dem *Göbek taşi*.

82 Wild, 1964 (1604)

83 Montagu, 1964, S. 196

84 Ein sehr süßes Fruchtgetränk.

85 Montagu, 1964, S. 98f.

86 Ebd., S. 197

87 Rosenthal, 1965, S. 357ff. Übers. a. al-Ghuzuli, Matali al-budur, II, S. 7f. (Kairo 1299/1300)

88 zitiert nach Grotzfeld, 1970, S. 48

89 *Trudy otdela Vostoka*, Bd. II, Leningrad 1940 »Travaux du Department oriental«, S. 177–183 Den Hinweis verdanke ich Akelei Sell, Berlin.

90 Mouradjir d'Ohsson, 1788, II, S. 65

91 Lady Montagu, 1964, S. 206f.

92 Mit »japanischem Porzellan« ist ein Fliesenbelag gemeint.

93 Tavernier, 1681, dt. Ausgabe, S. 26 ff.

94 Zitiert nach Grotzfeld, 1970, S. 146 ff. (Beilage 4)

95 *H̲alwa* ist eine Badekammer

96 Gothein, 1986, S. 10, diess., 1914, I, S. 49f., Schleyer, 1909, S. 5

97 Z. B. in Fathpur Sikri, Palastbauten Akbars (2. H. d. 16 Jh.); Reuther, 1924, T. 28. Auch das sog. »Bad der Königin« (ca. M. d. 16. Jh.) von Vidschajanagarh ist dieser Tradition zuzurechnen. In einem schlichten Würfelbau befindet sich ein großes, von einem Hallengang umschlossenes Rechteckbecken (Reuther, 1924, S. 80, T. 155)

98 Diese Nischenwände = *Cini Kanas*, sind fester Bestandteil der indischen Mogulgärten. Auch hier rauscht das Wasser über die beleuchteter Nischenwände hinweg.

99 Z. B. das Hammam des Ibrahim Han in Kirman, Persien und das Hammam des Hadji Sayyed Hu in Kaschan (17. Jh.), Persien, mit einer Piscina.

Anmerkungen zu Kapitel V.

1 Die erste Publikation erschien 1485. 1550 wurde die erste italienische Übersetzung mit Abbildungen herausgegeben. Deutsche Ausgabe von Max Theuer, 1912. Zum Bad bei Theuer S. 464–467

2 Alberti, 1485, 92v, zitiert nach Theuer, 1912, S. 290

3 Filarete, fol 74r+v. Übersetzt nach der Faksimile-Ausgabe von Spencer 1965, fol. 74r+v.

4 Glück, 1921, S. 109ff. und S. 162 Mahmud Pascha wurde nach der Eroberung von Byzanz, 1453, zum Großwesir ernannt. Seine Aufgabe war es, Künstler für die zahlreichen neuen Bauaufgaben der gerade eroberten Metropole zu berufen. Er starb 1474.

5 Diese seitlichen Doppelräume tauchen gerade bei den Bädern von Konstantinopel

auf, die noch in der 2. Hälfte des 15. Jh.s. entstanden. Da kaum noch Bäderbauten aus dieser frühen Zeit in Kleinasien zu finden sind, kann nur vermutet werden, daß die Bäder dort schon im Verlauf des ganzen 15. Jh.s. oder bereits früher einen ähnlichen Grundriß hatten.

6   Genzmer, 1899, S. 31f. Texier, 1858, S. 25ff., P. Gillius beschrieb im 16. Jh. das Mahomet II. Hammâm. Texier übersetzte Gillius' lateinische Beschreibung ins Französische (S. 35ff.)

7   Glück, 1921, S. 100ff. und S. 161

8   Siehe Quadflieg, 1981, S. 148ff. Jean Colin, *Cyriaque d'Ancone. Le voyageur, le marchand, l'humaniste*, Paris, 1982. S. 379, Übersetzung eines Briefes Filelfos an Mehmed II.

9   Legrand, *Cent dix lettres grecques de Filelfe*, Paris 1892, S. 120f. Tigler, 1963, S. 5/6

10   Quadflieg, 1981 Restle, 1981, stellt die These auf, Filarete habe im Auftrag Mehmets II. an der Bauplanung der Külliye, einer Stiftung des Sultans, mitgewirkt.

11   Francesco da Colonna beschreibt das Bad folgendermaßen: »… Darinnen waren vier Sitzreihen angeordnet, die rundherum liefen und eine unter der anderen war und eng ineinander gefügt waren, mit Jaspis und chalcedonischem Stein <=Marmor> in allen Farben überzogen…« Er beschreibt korinthische Säulen in den Ecken, die in verschiedenen Steinsorten ausgeführt waren und in allen Farben glänzten. Die Kuppel war als Eichenlaubdach aus Jaspis und Gold gestaltet. Im Scheitel hielt ein goldener Löwenkopf ein Räuchergefäß aus Kristall, das ständig mit duftenden Substanzen gefüllt war und einen unschätzbaren Wohlduft verbreitete. Die Wände waren aus schwarzem Gestein mit Verzierungen aus rotem Jaspis. Auf dem Grund des Badbeckens waren Fische so nachgeahmt, daß man meinte, sie seien lebendig. Graphische Muster aus verschiedenen Steinsorten umgaben die Fische. Die gesamte Beschreibung zeichnet eindeutig das Bild des byzantinischen Bades, wie es sich unter orientalischem Einfluß am Hof der byzantinischen Kaiser entwickelt hatte.

12   In fol 23 (r+v) des *Tratatto* geht es um die Anlage des Bades. Das Traktat liegt in zwei Reprints vor: 1. Maltese, 1967, S. 99 ff (nach Handschrift der Bibl. Reale, Turin, Cod. Torinese Saluzziano 148) 2. Firpo/Marani, 1979 (Nach Handschrift d.Bibl. Med. Laur., Florenz, Cod. Ashburnham 361). Die Zeichnungen der beiden Codici sind beinahe identisch.

13   Fra Giocondo gab 1511 in Venedig das erste Vitruvtraktat mit Abbildungen heraus.

14   Frommel, 1973, S. 75f. *Quando gli dei…,* 1984, Sinisalo, S. 12f und S. 22f. Edwards, 1984, S. 110–113, Kat. Nr. 6 Zur Geschichte des Palastes siehe Rotondi, *Il Palazzo Ducale di Urbino*, Urbino,1951, 2 Bde; (engl. Ausgabe 1969)

15   Frommel 1976, S. 76f. *Quando gli dei…,* 1984, Sinisalo, S. 23f. Edwards, 1984, S. 113–115, Kat. Nr. 7

16   Serlios sieben Bücher zur Architektur erschienen nicht in chronologischer Abfolge. 1537 publizierte er Buch IV über Säulenordnungen. 1540 folgte Buch III (vorbildliche Bauten der Antike und Renaissance) und 1545 Buch I (Planimetrie) und II (Stereometrie, Perspektive, Szenographie). Buch V (Kirchenbau) wurde 1547 publiziert. Noch vor seinem Tod erschien das *Extraordinario Libro* mit der Aufnahme zahlreicher Portale, das in späteren Gesamtausgaben von Serlios Architekturtraktaten fälschlicherweise als Buch VI eingefügt wurde. Buch VI wurde erst im 20. Jh. in der Avery Libary (1978 publiziert) und in der Staatsbibliothek München (1966 publiziert) wiederentdeckt. Für die Beschäftigung mit Badeanlagen ist dieses Buch das ergiebigste Werk. Auch Buch VIII wurde erst 1985 publiziert, obwohl es sich bereits seit Serlios Tod (1554) im Besitz des Frankfurter Verlegers Jacopo Strada befand.

17   zitiert nach Frommel/Ray/Tafuri, 1987, S. 56/57

18   Diese 134 Bauaufnahmen sind im *Codex Coner* (publ. Huelsen) zusammengefaßt.

19   Die Fakten, die zur Annahme eines solchen Romplans von Raffael führen, der durch

Papst Leo X. angeregt wurde, stellt H. Günther in seinem Werk über Architekturzeichnungen (1988) überzeugend dar. (Günther, 1988, S. 60)

20 Ebd., S. 326

21 Foster, 1967/68, S. 311, (24) Zur Badeanlage der Villa Madama siehe: Edwards, 1984, S. 130 ff. *Quando gli dei...*, 1984, Sinisalo, S. 22 Frommel/Ray/Tafuri, 1987, S. 325

22 Frommel/Ray/Tafuri, 1987, S. 56 und S. 325

23 Frommel, 1975, S. 71f. Frommel macht deutlich, daß das Briefprojekt Raffaels von seinem damals verbindlichen Plan für die Villa Madama (Florenz, Uff., A. 273) u. a. in der Thermenanlage abweicht.

24 Raffael spricht mit der *stufa calda e secca* wohl die beiden verschiedenen Arten von Schwitzbädern an: das (nasse) Dampfbad und das (trockene) Schwitzbad, was bei Vitruv dem Sudatorium und Lakonikum entspricht. *Calda e secca* könnte jedoch auch nur das (trockene) Schwitzbad meinen. Filarete bezeichnet diese beiden Raumtypen als *stufa a seccho* (Schwitzbad) und *stufa calda* (Dampfbad)

25 Schäfer, 1914, S. 223 (Zitat), S. 249, S. 347 (Zitat) Labande, 1925, II, S. 19; zur Badeanlage, I, S. 107

26 Bombe, 1928, S. 13. Heute erhalten als Palazzo Capponi – nach dem späteren Besitzer benannt –, jedoch stark verändert.

27 Bulst, 1969/70, S. 369 ff. Das Bad liegt in dem nördlichen Anbau des bereits 1444 unter Cosimo begonnenen Palastes. Dieser Anbau entstand erst seit 1468 unter Piero di Cosimo, der das benachbarte Haus aufkaufte, um hier Platz für die Wirtschaftsräume zu schaffen. Die Einrichtung von Küche mit großem Backofen und Herdstellen in diesem Anbau macht wahrscheinlich, daß sich der Einbau eines Bades mit gemeinsamer Nutzung der heiztechnischen Vorrichtungen bei diesen Um- und Anbauarbeiten besonders anbot.

28 Sinisalo, in: *Quando gli dei...*, 1984, S. 11

29 Vgl. Plinius d. J., *Epist III./1* Bericht über den Tagesablauf Suprinas; *III./5* berichtet

Plinius von seinem Onkel Plinius d. Ä., daß die Studien nur während der Badezeit ruhten. *IV./2C Lampridius, Historiae Augustae* (Hg. August Cloß), Bericht über Kaiser Alexander Severus.

30 Günther, 1988, S. 23 u. S. 110

31 Günther, 1988, S. 108 f. Ca. 1482 gelangte Albertis *De re aedificatoria* zur Veröffentlichung. 1485 erschien es erstmals im Druck. Federico da Montefeltre ließ sich nach dem Manuskript des Lorenzo de' Medici 1483 eine Abschrift anfertigen. 1484 bat Ercole d'Este darum, ihm *De re aedificatoria* auszuleihen. (ebd., S. 26, Anm. 118)

32 Ca. 1483–1489, 1492 gebunden

33 Siehe hierzu: Günther, 1988, S. 109ff., der deutlich macht, daß erst auf Anregung verschiedener Herrschergeschlechter (hier besonders am Beispiel der de'Medici) eine Beschäftigung mit antiker Baukunst bei den Architekten einsetzte.

34 J. Leostello, *Effemeridi delle cose fatte per il duca di Calàbria (1484–1491)*, ed. G. Filangieri, Documenti per la storia le arti e le industrie delle Provincie Napoletane I, Neapel, 1883

35 Johann C. Fichard, *Italia*, 1536, auszugsweise von August Schmarsow, Excerpte aus Johann Fichards Italia von 1536, in: Repertorium für Kunstwissenschaft, 14, 1891, publiziert; zu Poggioreale, S. 374

36 Johannes Burchardus, *Diarium (1483–1506)*, 3 Bde. ed. L. Thuasne, Paris, 1884, zu Poggioreale: 1494, II, S. 174/75

37 Carlo Celano, *Notizie del bello dell'antico e del curioso della Città di Napoli*, 1692, erste Publ. 1792, repr. 1964, VIII., S. 1946

38 Bereits Frommel, 1961, S. 92/93, sieht einen Zusammenhang der Skizze von F. di Giorgio (Uff. 337 A. r) und dem Portikushof von Poggioreale

39 C. M. Kauffmann, 1959, S. 84/85. Diese Handschrift wird heute in der Biblioteca Ambrosiana (MS. I. 6 Inf.), Mailand, aufbewahrt. Illuminiert wurde sie von Cola Rabicano, der von 1451 bis zu seinem Tod 1488 im aragonensischen Skriptorium arbeitete.

40 Siehe zur genauen Rekonstruktion der Loggienanlage: Ulrika Kiby, *Poggioreale: Das erste Nymphäum der Renaissance*, in: Die Gartenkunst, 1/1995

41 Leostello, op. cit.

42 Frommel, 1963, S. 76 Sinisalo, 1984, S. 15, in: *Quando gli dei…*

43 Ovids *Metamorphosen* wurden 1497 mit Illustrationen publiziert. Zum Bad des Kardinals Bibbiena siehe Frommel, 1973, S. 76; ders., 1987, S. 369; Redig de Campos, 1967, S. 100 ff., S. 107 ff.; ders., 1983, S. 221 ff.; Edwards, 1984, S. 15 ff.; Malme 1984, S. 34 ff.; Sinisalo, 1984, S. 15/S. 24

44 Filarete, fol. 74r+v (ed. Spencer, 1965, I)

45 Malme, 1984, S. 35/36, in: *Quando gli dei…*

46 Dacos, 1969, S. 22

47 Malme, 1984, S. 36/37, in: *Quando gli dei…*

48 Vincenzo Golzio, *Raffaelo nei documenti…*, Vatikan 1936, S. 48, (2. Auflage 1971)

49 Frommel, 1973, S. 76 Frommel/Ray/Tafuri, 1987, S. 236 Edwards, 1984, S. 132/3 Sinisalo, 1984, S. 24/26/27, in: Quando gli dei…

50 Dieses sogenannte Memorandum von Baldassarre Castigliones Hand, aller Wahrscheinlichkeit nach auf Veranlassung Raffaels und in dessen Sinn abgefaßt, ist als eine Art Vorwort zu einem groß angelegten Werk über die antike Architektur Roms zu verstehen. Es wurde v. Germann, 1980, S. 94-113, vollständig übersetzt und kommentiert. Der Brief ist etwa 1519/20 zu datieren. Er erläutert Raffaels Vorstellungen zu seinem Romplan (Günther, 1988, S. 60f.)

51 Foster, 1967/68

52 Frommel, 1973, I., S. 77 Sinisalo, 1984, S.15 ff., S. 28; Frommel datiert das Bad 1516/17 u. die Freskendekoration 1519/21 (1973, II, S. 27)

53 Redig de Campos, 1967, S. 122f. Frommel, 1973, I, S. 76 Edwards, 1984, S. 42 ff. Sinisalo, 1984, S. 18 Vasari (Milanesi), V, 532, berichtet, daß Giulio Remano dieses Bad für seinen Freund Giberti entworfen habe.

54 Harrt, F., 1958, S. 62; Biehn, o. J., S. 8; Frommel, 1973, I, S. 77 ;Edwards, 1984, S. 26 ff.; Sinisalo, 1984, S. 18 Quando gli dei, 1984, S. 51–127; Contardi, 1984, S. 51–73

55 Contardi, 1984, S. 64

56 Mit dem Ausmalungsprogramm befaßt sich Saari, 1984, ausführlich.

57 Saari, 1984, S. 82

58 Vasari (Milanesi), VI, S. 558

59 Contardi, 1984, S. 66

60 Fichard, *Observationes*; ital.: *D'Onofrio, Castel San Angelo*, Rom 1971, S. 245; auch in: Contardi, 1984, S. 68/69

61 Sinisalo, 1984, S. 18 Lilius, 1981, S. 83f.

62 Vasari (Milanesi), V, S. 534. »Nella stufa di questo palazzo dipinse Giulio alcune storie di Venere e d'Amore e d'Apollo e di Iacinto, con l'aiuto de'suoi Giovani…« (»Im Bad dieses Palastes malte Guilio einige Szenen der Venus mit Amor und Apollo und von Hyakinthos mit Hilfe seines Giovani…«)

63 Frommel, 1973, S. 77 ;Edwards, 1984, S. 147-149 ;Sinisalo, 1984, S. 18

64 Dieser Raum war das Planetarium (Wurm, 1984, S. 405).

65 Im Plan ist das Bad nur siebeneckig eingetragen, was meines Erachtens auf die knappe Skizzierung Peruzzis zurückzuführen ist und nicht aussagt, daß der Raum siebeneckig war.

66 Frommel, 1973, I, S. 76; Edwards, 1984,S. 146/7; Sinisalo, 1984, S. 28ff, in: *Quando gli dei…*

67 Frommel, 1967/68, S. 96/97; Frommel, 1973, I, S. 74 und 77.; Edwards, 1984, S. 38 ff.; Sinisalo, 1984, S. 17f. und S. 26ff.; Schiavo, A., 1963, S. 194/95

68 Frommel, 1967/68, S. 96

69 Fensterbusch, 1964, (V,10,4) S. 244, 19-20

70 Frommel, 1967/68, S. 97

71 Edwards, 1984, S. S. 152/3; Sinisalo, 1984, S. 32

72 Günther, 1988, S. 316f.

73 Frommel, 1973, S. 77 ;Edwards, 1984, S. 147–149 ;Sinisalo, 1984, S. 18 und 31/32

74 Frommel, 1973, S. 77

75 Burns, 1980; *aedificum thermarum*, Cod. Ash. 1828 (App.) fol. 56v-57r, Florenz, Biblioteca Med. Laurenziana Scaglia, 1988, weist den Plan in ihrem Aufsatz einem Anonymus zu und datiert ihn auf ca. 1515.

76 Francesco di Giorgio, ed. Maltese, 1967, S. 101

77 Ebd., Tav. 133/134/135 und fol. 74 (Titus-thermen);fol. 73r (Diokletiansthermen)fol. 73v (Caracallathermen)

78 Günther, 1988, S. 136ff. Uff. Codex Barberini 4424, 66v-67r (Caracallathermen; Uff. 104 A) Diokletiansthermen

79 Borsi, 1985, S. 264f. Im Taccuino Senese, fol. 13

80 Frommel, 1973, S. 78; Edwards, 1984, S. 150-152; Sinisalo, 1984, S. 21f.

81 Armenini, *De veri precetti della pittura*, 1587, S. 201: »Ma così fatte pitture si convengono ancora in quasi tutti i luoghi minori, come à iriatti piacevoli, à gli anditi, alle scale, à i poggiuoli, à i bagni, alle stufe, & à tutti i repostigli di casa…cosi ne' bagni & nelle stufe debbon farsi di cose acquatici.«

82 Forster/Tuttle, 1971, S. 288 ff.

83 Hartt, 1958, I, S. 146/7

84 Verheyen, E., *The Palazzo del Tè in Mantua*, Baltimore/London 1977, S. 13

85 Hartt, 1958, S. 146

86 Palladio, Andrea, *Vier Bücher über Architektur*, 1570, dt. 1983

87 Scamozzi, Vincenzo, *L'idea della architettura universale*, 1615 (reprint 1964)

88 Lord Burlington entdeckte Palladios Rekonstruktionszeichnungen antiker Thermen in der Villa Maser, dessen Besitzer Barbari der Mäzen Palladios war. Lord Burlington edierte Palladios Thermenentwürfe erstmals 1732 (London). 1785 gab es eine weitere Publikation, die Octave Bertotti Scamozzi bewerkstelligte (Vicenza). Palladios Thermenpläne sind nach axialsymmetrischen Gesichtspunkten ergänzt und dort recht frei rekonstruiert, wo es keinen Baubefund gab.

89 Marco Rosci, *Il trattato di Architettura di Sebastiano Serlio, Sesto libro delle habitationi di tutti i gradi degli homini*, Mailand 1966; 1. Band Faksimile, 2. Band Kommentar. Das Münchner VI. Buch wurde 1924 von Julius Schlosser wiederentdeckt (J. Schlosser, Kunstliteratur, Wien, 1924, S. 361) -James S. Ackerman, Adolf K. Placzek, Myra Nan Rosenfeld, *Sebastiano Serlio on domestic architecture. The 16th century*

Manuscript of Book VI in the Avery Library of Columbia University, Cambridge, 1978

90 Allerdings nur in der Ausgabe der Avery Library.

91 Buch I Planimetrie (Erstdruck 1545); Buch II: Stereometrie, Perspektive, Szenographie (Erstdruck 1545); Buch III: Bauten der Antike und Renaissance (1540); Buch IV: Säulenordnungen, Fenster, Portale (1537); Buch V: Kirchenbau (1547); Buch VI: Wohnbau (München 1966, New York 1978); Buch VII: Schlösser, Innenarchitektur, Restaurierung (1575); Buch VIII: Militärbauten (Jur.e Gwendolyn Johnson, 1985)

92 »Io non ho parlato delle stufe; et de bagni: ne' di fontane; et altre cose pertenente a tanto edificio per che segondo i lochi et commodità il prudente Architetto li trovava luoco…« (»Ich habe nicht von den *stufe* und den Bädern gesprochen, auch nicht von Brunnen und anderen Dingen, die in vielen Bauwerken zu finden sind, da der umsichtige Architekt entsprechend der Örtlichkeiten und der Anmehmlichkeit Plätze finden wird…«) (Avery, Pl. 67, Text)

93 Armenini, *De'veri precetti della pittura*, 1587

94 »Nei capi di questa loggia sono quell forme diverse la quali servirano per bagni e s[t]u[f]e: per oratorii e studii et cose simili…« (»An den Enden dieser Loggia befinden sich verschiedene Formen, die als Bad und als *stufa* dienen; als Oratorium und als Studierstube und für ähnliche Dinge…«)

95 »…la camera M et la capella N si potra farne stu[f]a et bagno da basso…« (»…Der Raum M und die Kapelle N können im unteren Geschoß als *stufa* und als Bad ausgestattet werden…«)

Anmerkungen zu Kapitel VI.

1 Abbé Guilbert, II, 1731, S. 71–74, Cassiano del Pozzo, 1625, publ. v. E. Müntz, 1886, S. 269f. Siehe zu dem Thema »Bäder in Fontainebleau« insbesondere: – Chantal Sibylle

Eschenfelder, *Die Bäder Franz I. in Fontai-nebleau*, München, 1991 – Dorothee Herrig, *Fontainebleau. Geschichte und Ikonologie der Schloßanlage Franz I.*, München, 1992, S. 124–127

2 Père Pierre Dan, 1642, S. 113ff.

3 Dimier, 1900, S. 280–284, analysiert die im Badeappartement erwähnten Malereien und die hier aufgehängten Gemälde, worunter sich u. a. auch Leonardos *Mona Lisa* befand.

4 Dimier, 1930, S. 97. Die Gemälde beschreibt Cassiano del Pozzo detailliert.

5 Rechnungsbücher, publ. von de Laborde, I, 1877, S. 108

6 Ebd. S. 200

7 Victor Gay, *Glossaire d'Archéologique du Moyen-Age et de la Renaissance*, Paris, 1887, I, S. 103

8 Cabanès, 1909, S. 236f.

9 Dehaisnes, Chrétien, *Documents et extraits divers concernant l'histoire de l'art dans la Flandre, l'Artois & le Hainant avant le XVème siècle, II*, Lilles, 1886, S. 741

10 Aubert, 1929 Gandilhon/Gauchery, 1931, S. 78–81

11 Duhem, 1929, S. 482–489

12 Micheline de Grandmaison, 1962, S. 50–52; 1964, S. 417–420. Auch im Schloß von Bridoré gab es eine solche Anlage aus dem Ende des 15. Jh.s (Albrecht, 1986, Anm. 60, Kap. III)

13 Enlart, 1904, II, S. 90–92

14 Ebd., S. 90

15 So z. B. bei Genzmer, 1899, S. 39; Marcuse, 1909, S. 53

16 Faber, Felix, begab sich 1480 auf die Pilger-reise als Begleiter und Kaplan des Georg von Stein. Eine zweite Pilgerreise unter-nahm er ebenfalls als geistlicher Betreuer des schwäbischen Adeligen Johann Truchseß 1483. 1502 verstarb der Geistliche in seinem Dominikanerkloster in Ulm (Frater Felix Faber, *Evagatorium, 1483, Die Pilgerfahrt des Bruders…*, 1964, S. 80).

17 Zur Tradition des Badelebens im Christen-tum siehe Zellinger, 1928; auch Berger, 1982, bes. S. 34–85

18 Négrier, 1925, S. 118; s. a. Kap. 4. 2. 1.

19 Zappert, 1851, S. 11; Schleyer, 1909, S. 173

20 Fusch, 1910, S. 65, S. 68f. u. S. 72 Mettler, 1909, S. 153f. Mettler interpretiert die Heiz-kanäle als Abkömmlinge der römischen Tubulatur der Wände und als »obergerma-nisch-rätische« Sonderform. Fusch zeigt dagegen, daß sich diese Form direkter Raumbeheizung ebenso auf römische Tradi-tion zurückführen läßt wie die indirekte Beheizung durch das Hypokaustum.

21 Johann Joachim Winckelmann, *Werke*, II, S. 254, Fusch, 1910, S. 9 u. S. 63ff. »In die-sem Fußboden waren viereckige Röhren eingemauert, deren Mündung in das unterir-dische Kämmerchen ausging. Die Röhren liefen vereinigt innerhalb der Mauern des Zimmers, das unmittelbar über dem Käm-merchen [Heizraum] war, in einem bedeck-ten und mit einem Überzuge von feingesto-ßenem Marmor bekleideten Gang bis zum Zimmer des zweiten Stockwerks…«

22 Im Kaiserhaus von Goslar gab es ein Hypo-kaustum. Der Rathaussaal von Göttingen (1369–71) wurde von einem Hypokaustum beheizt. Ferner nennt Hecht (RDK, 1954, »Calefactorium«) die Klöster Reichenau-Mittelzell (Bernhardinerorden; bereits aus karolingischer Zeit), Ilsenburg (Cluniazen-ser), Arnsberg, Loccum, Maulbronn, Schö-nau, Walkenried und Chorin (alle Zister-zienser); das Schloß Marburg und das Or-densschloß Marienburg, das Rathaus in Lüneburg, das Herrenhaus des Klosters Bebenhausen hatten Hypokaustenheizung.

23 Hunziker, 1900, S. 187ff.

24 Fusch, 1910, S. 93ff. »Neben der Kaminhei-zung tritt im Mittelalter eine Heizungsart auf, die im Prinzip fast vollständig mit der römischen Hypokausten-Luftheizung über-einstimmt, die Steinofen-Luftheizung (S. 94). Fusch nennt folgende Anlagen, in denen die Steinofen-Luftheizung nachweis-bar ist: Ordensschloß Marienburg (nach 1350); Altes Rathaus in Lüneburg (14. Jh.); Schloß Marburg (um 1350).

25 Hunziker, 1900, S. 187

26 Enlart, 1904, II, S. 90 Diese Bäder befanden sich in Taormina, Sizilien, in einem Palast des 14. Jh.s und in Syrakus im Castel Manias (13. Jh.)

27 In Ravello, Amalfiküste, Palast nach orientalischem Vorbild errichtet (Schiavo, 1940, S. 481; Arnoldo Venditti, *Scale e i suoi borghi: II. Un villagio rudere: Pontone d'Amalfi*, in: Napoli Nobilissima, 2, 1962/63, V, S. 167 u. Anm. 32)

28 Venditti, op. cit., S. 167

29 Scaglia, 1986, weist auf ähnliche Zusammenhänge bei Francesco di Giorgios Architekturtraktat hin.

30 Eine silberne Wanne mit Deckel wird in einem Inventar von 1561 im Schloß von Pau aufgeführt. Louis de Male, Herzog von Flandern, wurde bereits als Kind in einer goldenen und silbernen Badewanne verwöhnt. Diese ging 1382 verloren (s. a. Kap. II.). Auch Karl der Kühne badete in einer Wanne aus Silber (Cabanès, 1909, S. 238f.).

31 Cabanès, 1909, S. 236

32 Enlart, 1904, II, S. 90

33 Cabanès, 1909, S. 236

34 Cabanès, 1909, S. 232f. Négrier, 1925, S. 134ff.

35 Der Bauherr von Schloß Nantouillet war Antoine Duprat (1463–1535). Der Aus- und Neubau des Schlosses begann ca. 1520 und war 1527, als Duprat die Kardinalswürde erhielt, aller Wahrscheinlichkeit nach bereits fertiggestellt (Prinz/Kecks, 1985, S. 593ff.).

36 Serlio, VI. Buch, Avery Lib. Pl. 16; München, I, fol. 16v+17r, Nr. XVII Colombier/Espezel, 1934, S. 52ff.

37 Serlio, VI. Buch, Avery Lib. Pl. 11, München, I, fol. 14v+15r, Nr. XV

38 Dan, 1642, S. 188

39 Guilbert, 1731, II, S. 140

40 Laborde, Marquis de, 1877, II, S. 353

41 Du Cerceau, 1575, I, 7v

42 Vgl. zur Frage vom Einfluß der mittelalterlichen Tradition auf die italienische Bädertheorie der Renaissance, insbesondere auf Francesco di Giorgio, den Aufsatz von Scaglia, 1986.

43 Enlart, 1904, II, S. 90

44 Enlart, 1904, II, S. 90; Cabanès, 1909, S. 236; Négrier, 1925, S. 132

45 Macon, 1925, S. 36

46 Gebelin, 1927, S. 44 u. Anm. 53

47 Feillet, 1860, S. 223

48 Roy, 1929. S. 366f. u. S. 379 (Dokument von Delorme)

49 Delorme, *Oeuvre*, repr. nach 1648, S. 304

50 »…la maison du Théatre & baignerie, que i'avois commencè à édifier de neuf,…qui eust esté une ocuvre fort rare & incongneue à peu de personnes. « (»…das Haus des Theaters und des Bades, welches ich begonnen habe, neu zu erbauen,…ist ein sehr seltenes und nur wenigen Personen bekanntes Bauwerk.«)

51 J. A. Du Cerceau, *Les plus excellents bâtimens…*, 1576, I

52 1546, München, I, fol. 16r+17v, Nr. 17

53 Avery Lib. Pl. 32

54 München, fol. 31v, Nr. 29

55 Avery Lib., Pl. 36

56 Avery Lib., Pl. 32, München, fol. 31v, Nr. 29

57 Bereits Du Colombier/d'Espezel, 1934, S. 49, meinten, daß der Pavillon nur für diesen späteren Parterregarten entworfen worden sein kann.

58 Im Stichwerk von Du Cerceau ersichtlich.

59 N. Miller, *French Renaissance Fountains*, New York/London 1977, S. 247 f.; Dorothee Herrig, *Fontainebleau, Geschichte und Ikonologie der Schloßanlage Franz I.*, München, 1992, S. 195 f.

60 Die Dreiportalfront der Grotte vergleicht Blunt, 1980, S. 94/95 mit Giulio Romanos Gestaltung der Sala dei Giganti im Palazzo del Tè, die Primaticcio aus Entwurfszeichnungen bekannt gewesen sein müssen.

61 Dimier, 1900, S. 309f.; Golson, 1971, S. 96

62 Guilbert, II, 1731, S. 95ff. Die Wasserspiele der Becken wurden allerdings erst nach der Regierungszeit Franz I. eingebaut. Herrig, 1992, S. 215 f.

63 1 Fuß entspricht ca. 3,25cm

64 Dimier, 1900 S. 309f. Er interpretiert das zu seiner Zeit schlecht erhaltene Mittelfeld als Banderolen haltende Kinder. Die kürzlich

vorgenommenen Restaurierungsarbeiten brachten jedoch die Putti zum Vorschein. Zur Ausstattung siehe vor allem D. Herrig, S. 212–217

65 Guilbert, II, 1731, S. 97/8. Ob die Grotte tatsächlich auch als Badegrotte diente, ist nicht eindeutig zu klären. Die Berichterstatterin Madame de Villedieu ist in ihren Aussagen nicht unbedingt ganz zuverlässig. Es ging ihr eher um Unterhaltung als um Tatsachenberichte. Dennoch ist die Doppelfunktion der Grotte nicht auszuschließen. Die Verbindung von Bad und Grotte taucht bereits um 1500 in Portugal, Cintra, auf. Bis zum letzten Viertel des 16. Jh.s. läßt sich die Badegrotte mehrfach nachweisen. Dann tauchen Bäder in Verbindung mit Grotten erst wieder in der 2. H. des 17. Jh.s. auf.

66 Castellan, 1860, S. 306

67 Die Grotta del Ammanati des Palazzo Pitti, Florenz, (2. H. 16. Jh.) greift dieses Motiv wieder auf. Das Deckengewölbe ist als sich zum Himmel hin öffnende Pergola bemalt. Der Ovalraum wird von einem großen Bassin beherrscht, so daß nur ein schmaler Umgang bleibt. Die sieben Wandnischen sind mit Grotesken, Tuffstein und Muschelwerk geschmückt. Brunnen und Skulpturen zieren die Nischen. Ähnlich stellt sich die querovale Grotticella der aus drei Räumen bestehenden Grotta Grande der Boboli Gärten in Florenz (E. 16. Jh.) dar. Auch sie ist als Laube gestaltet. In Deutschland sind Spalierzimmer in Badegemächern im 18. Jh. mehrfach belegt. So gab es ein versilbertes Gitterwerk mit Blumenknospen im ca. 1760 eingerichteten Badeappartement des hessisch-darmstädtischen Lustschlosses Braunshardt. Ähnlich war das Bad des Schlosses Montchéri bei Hofgeismar, das Landgraf Wilhelm IX. von Hessen-Kassel einrichten ließ, geschmückt. Im seit 1760 errichteten Badetrakt des Schlosses Bayreuth liegt vor dem ovalen Badezimmer die runde Antichambre, die als Spalierzimmer gestaltet ist.

68 Edwards, 1984, S. 67 u. S. 71ff. Edwards führt eine Liste der ihr bekannt gewordenen Bäder des späten 16. und 17. Jh.s. auf.

69 Hautecoeur, 1943, I, S. 205f.

70 Repr. in einem Bd., 1972

71 *Livre d'Architecture, I*, (repr. 1965). 1559 Nr. XLVII »Le premier estage sur le devant sert à offices, les autres trois sont accomodez de salles, chambres, cabinets, garderobes, estuves & autre membres necessaires….« (Die erste Etage auf der Vorderseite dient Bürozwecken, die anderen drei werden genutzt als Säle, Zimmer, Kabinette, Garderoben, Bäder und für andere notwendige Räumlichkeiten…); Nr. XLVIII »Tous les dicts estages garnis & accommodez de salles, garderobes, chambres, privez, cabinets, estuves & autre membres necessaires…« (Alle genannten Etagen sind ausgestattet und angelegt als Säle, Garderoben, Zimmer, Privaträume, Kabinette, Bäder und für andere notwendige Räumlichkeiten…); Nr. XLIII »Les dicts cinq pavillons élevez chacun de trois estages…dont le premier estage…& aux estages de dessus y a salles, chambres, cabinets, garderobes, estuves & autre membres necessaires…« (Die genannten fünf Pavillons sind jeweils dreigeschossig, wobei es auf der ersten Etage und den darüberliegenden Säle, Zimmer, Kabinette, Garderoben, Bäder und andere notwendigen Räumlichkeiten gibt…)

72 Seine Architekturstudien publizierte er 1549/50 (Triumphbögen/Tempel). Du Cerceau gehörte in Rom wohl zum Gefolge des französischen Botschafters Georges d'Armagnac (Krufft, 1985, S. 133)

73 Ein geplanter zweiter Band sollte die »göttlichen Proportionen« der Architektur vom Alten Testament ableiten. Dieses Werk wurde jedoch nicht mehr in Angriff genommen. Die vierte Auflage der *Oeuvre* von Delorme (*Livre d'Architecture/Nouvelles Inventions*) von 1648 wurde mehrfach – zuletzt 1981 – reproduziert.

74 Einfluß Francesco di Giorgios bei den Fassadenproportionen (Krufft, 1985, S. 136)

75 Jean Bullant, *Reigle généralle d'architecture des cinq manières de colonnes*, Paris, 1564

76 Bernard Palissy, *Architecture et ordonnance de la grotte rustique de Monseigneur le duc de Montmorency*, Paris, 1563 ders., *Récepte véritable, par laquelle tous les hommes de France pourrant apprendre...*, Paris 1564; ders., *Devys d'une grotte pour la Royne, mère du Roy*; wurde erst im 19. Jh. wiederentdeckt und publiziert (Anatole France, *Les oeuvres de Bernard Palissy*, 1880).

Anmerkungen zu Kapitel VII.

1 Mir ist nur eine Handzeichnung eines solchen kleinen Bades – der Thermen von Cimiez/Nizza (antik: Cimella) – bekannt, die Giuliano da Sangallo während seiner Frankreichreise anfertigte (um 1496); Borsi 1985, S. 264f.

2 Zuvor, in den 1470er Jahren, hatte schon Francesco di Giorgio an einer Übersetzung gearbeitet. Diese Übersetzung kam damals nicht zur Publikation. Fabio Calvo arbeitete zusammen mit Raffael um 1514 an einer Übersetzung Vitruvs. Jean Martin, *Architecture ou Art de bien bastir, de Marc Vitruve Pollion Antheur romain*, Paris 1547 (reprint 1964). Zeichnungen von Goujon nach Fra Giocondos und C. Cesarianos Ausgabe.

3 Walther Rivius, *Vitruvius Teutsch*, Nürnberg 1548 (reprint 1973). Zeichnungen meist nach C. Cesarianos Ausgabe.

4 »Caldaria tepidariaque« – les retraictes où l'on sue, & les tiedes où l'on reprend haleine. (die Schwitzbäder, wo man schwitzt, und die Warmbäder, wo man wieder zu Kräften kommt)

5 Schubart, 1980,

6 Reinhardt, 1986

7 *Lexikon der Künste und Wissenschaften*, 1748, Beschreibung der Badstube.

8 Nicolaus Goldmann, *Vollständige Anweisung zur Civilbaukunst*, 1696 (publiziert von dem Mathematiker Leonhard Christoph Sturm), reprint 1962.

9 Goldmann, 1962, S. 27, Nr. 14

10 Fusch, 1910, S. 95f.

11 Ebd., S. 98f.

12 Der Frage nach der Entwicklung dieses »germanischen« Heizsystems und seiner Auswirkungen auf andere Länder will die Autorin in einem eigenen Aufsatz nachspüren.

13 Joseph Furttenbach lebte als Kaufmann und Stadtbaumeister in Ulm (1591–1667). Bereits als Sechzehnjähriger wurde er zur Ausbildung nach Italien geschickt. Sein *Italienisches Raißbuch* vermittelt die lebhaften Eindrücke, die er dort sammelte. So stehen auch seine Architekturentwürfe unter italienischem Einfluß. Es ist Furttenbachs Anliegen, deutsche Sitten und italienische, zu verbinden.

14 Furttenbach, *Architectura universalis*, Ulm 1635 (reprint in Teilauszügen Hildesheim 1975), Kupferstich 22 und 23. Bitz, 1989, S. 98ff, weist darauf hin, daß diese Entwürfe Furttenbachs auf die Anlage der Bäder von Bad Boll (von Schickhardt) zurückgehen, wo sich Furttenbach zwischen 1630 und 1635 zur Kur aufhielt. Er machte vor Ort genaue Bauaufnahmen mitsamt Änderungsvorschlägen (Stuttgart, STAU, 69/K–84,H, Furttenbach 6, fol. 101–109; Bitz, 1989, S. 98/99).

15 Das erste Kapitel handelt von »Bürgerlichen Wohnhäusern«. Alle vier Beispiele sind mit einem Bad ausgestattet (Blatt 1- 5). Furttenbachs *Architectura recreationis* wurde 1640 in Nürnberg erstmals publiziert. Ein fotomechanischer Nachdruck dieser Erstauflage erstellte der Verlag für Bauwesen, Berlin, 1988. Reprint der *Architectura civilis, Architectura recreationis* und der *Architectura privata* in einem Band, (Olms) Hildesheim, 1971.

16 Biehn, 1964, S. 9

17 Furttenbach, *Architectura recreationis*, 1640, Nr. 10 u. 12

18 Ebd., 4. Teil, Von Rathäusern, Nr. 30, S. 89: »In jedem Hof aber befindet sich ein Brunnen/darneben auch ein Waschkuchel/und Bädlin/denen darinn wohnenden Amptsdie-

nern zum besten hiehero verordnet.« No. 34, S. 106: »ein Waschküchen und ein Badtstuben/den Innwohnern zum besten hiehero geordnet.«

19 Furttenbach, *Architectura privata*, 1641, reprint Hildesheim 1971, Blatt Nr. 7, Text S. 10: »(M) Ein Gewölblin, (N) das Bädlin/daran der Waschkessel/sambt einem Dächlin…«

20 Hennebo, 1965, II, S. 27

21 Schulz, 1892, I, S. 58

22 H. Wichner, *Beiträge zu einer Geschichte des Heilwesens, der Volksmedizin, der Bäder etc., Mitteilungen des historischen Vereins Steiermark*, Heft 33, S. 81, Graz 1885; auch A. Martin, 1906, S. 116

23 Lietzmann, 1987, S. 67, Anm. 68

24 Hartig, 1933, S. 152ff.

25 Bei den Gemälden handelt es sich um A. Altdorfers *Alexanderschlacht*, Burgkmairs *Schlacht bei Cannae* und Melchior Feselers *Belagerung Roms*.

26 Brunner/Thoma, 1956, S. 6, S. 22

27 Die Baudenkmäler von Bayern, Niederbayern, XVI, Stadt Landshut, S. 440ff., München 1927

28 Martin, 1906, S. 111

29 Lietzmann, 1987, S. 22. Siehe auch Kiby, 1990, deren Untersuchungen unabhängig und parallel zum selben Ergebnis führten (S. 159f.).

30 Lietzmann, 1987, S. 101

31 Ebd., S. 66

32 Lietzmann, 1987, S. 102

33 Ebd.

34 Bierbauer, 1943, S. 27–37; Gerö, 1980, S. 90–164, 152–155, S. 166–167 u. Abb. 77–85.

35 Siehe Kapitel VI.

36 Lietzmann, 1987, S. 159

37 So bezeichnet der türkische Reisende Evlya Celebi das Neugebäude (Richard F. Kreutel, *Im Reich des Goldenen Apfels*, 1957, S. 52f.).

38 A. Holtmeyer, 1923, S. 320ff. ; Biehn, 1964, S. 9; Weber-Karge, 1989, S. 104f.

39 zitiert nach Holtmeyer

40 Stadler-Freitag, 1972, S. 247f. Urkunde Nr. 10, Schätzung des Herrensitzes von 1594,

Germanisches Nationalmuseum, Kress-Archiv, Fasc. 41, Bl. 25r, 50r, A 193/1–26

41 Ebd., Urkunde Nr. 11, auch 1594 datiert

42 Martin, 1906, S. 115

43 Badeanlagen in Verbindung mit der Waschküche waren dort beliebt, wo sie nur ihren Zweck als Reinigungsbad erfüllen sollten. Solche Bäder gab es z. B. 1693 im Kloster Tänikon im Thurgau, in der Ringmauer der Veste Kyburg, (1583) im Kloster St. Blasien im Schwarzwald, im Frauenmünsterstift und im Waisenhaus in Zürich. Der *Kluge und rechtsverständige Hausvater*, der 1705 in Nürnberg erschien, rät, Bad, Waschküche und Backstube unter einem Dach im Meierhof unterzubringen. (Martin, 1906, S. 115)

44 Siehe hierzu Martin, 1906, S. 102ff., der zahlreiche Werke zitiert.

45 Haupt, 1952, I, S. 186f.

46 Renard, 1934, S. 117

47 Elisabeth Scheicher, *Schloß Ambras*, in: Die Kunstdenkmäler der Stadt Innsbruck. Die Hofbauten, Wien 1986, S. 554ff., Abb. 816-820; Biehn, 1964, S. 10

48 Man denke etwa an Poggio Braccolinis Bericht über Baden im Aargau, Schweiz (siehe Kap. II. 4.) oder an Petrus da Ebulos Handschrift der Bäder von Pozzuoli (siehe Kap. II. 4., Kauffman, 1959).

49 Vgl. hierzu z. B. Michel de Montaignes Reisebericht durch Italien. Er kurte in zahlreichen renommierten italienischen Bädern und klagte oft über die schlechte Unterkunft.

50 Brunner, 1956, S. 18 und 1970, S. 22 u. S. 79; Die Baudenkmäler von Bayern, NB, XVI, Stadt Landshut, 1927, S. 337, erwähnt nur den Baderaum. Das Becken wurde erst 1964 ausgegraben.

51 Brunner, 1970, S. 35

52 Ein weiteres Badeappartement mit Schwimmbecken und umlaufender Sitzstufe rekonstruiert R. Dohme (*Geschichte deutscher Baukunst*, Berlin 1887, Tafel S. 326/7) für das Fuggerpalais (Haus 10 des Hans Fugger) in Augsburg in einer m. E. sehr hypothetischen Zeichnung. 1571/72 wurden

in diesem Palais zwei Badezimmer eingerichtet (Ad. Buff, *Augsburg in der Renais-
sancezeit*, Bamberg 1893, S. 77f.). Noch
Lübke-Haupt (*Geschichte der Renaissance
in Deutschland*, Esslingen 1914, I. Bd,
S. 373f.) spricht von den »sogenannten
Badezimmern« von 7m x 6,75m bzw. 7m x
15m Größe. Die mit reichem Stuck ausgestatteten Räume werden heute als Biblio-
thekszimmer bezeichnet (Hitchcock, *The
German Renaissance*, 1981, Abb. 215 u. 216;
leider im Text nicht weiter ausgeführt.
Bezeichnung wohl von der Bildstelle des
Instituts für Denkmalpflege, Berlin, übernommen).

53 Michael Heberer von Bretten, 1582, *Aegytiaca Servitus*, Heidelberg, 1610, S. 32; (1967
von K. Teply neu bearbeitet, Graz).

54 Lietzmann, 1987, S. 67, Anm. 68

Anmerkungen zu Kapitel VIII.

1 Edwards 1984, S. 174–177, Kat. Nr. 43. Im
Plan von Ch. A. d'Aviler (1691) als Nr. 27
(»Estuves pour les bains«) und Nr. 28
(»Fourneau pour l'Estuve«) eingetragen.

2 Peter Dreyer, *Beiträge zur Planungsge-
schichte des Palazzo Farnese in Piacenza*, in:
Jahrbuch der Berliner Museen, VIII, 1966,
S. 188, Anm. 17, S. 201; Edwards, 1984,
S. 160f., Kat. Nr. 38

3 Im Palast C (Villa Spinola), Palast D (Villa
Grimaldi, »La Fortezza«), Palast E (Villa Pal-
lavicino, »delle Peschiere«), Palast F (Palazzo
Spinola) und Palast I (Palazzo Lomellini-
Patrone).

4 Vasari, Vite…, ed. Gronau, 1927, VII 2, S. 252ff.

5 Ettore Allegri/Alessandro Cecchi, *Palazzo
Vecchio e i Medici*, Florenz, 1980, S. 221/222
Edwards, 1984, S. 161-170, Kat. Nr. 39

6 F. Faccinetti Bottai, *Stanza della Stufa*, in: Le
mille stanze del Re, Firenze, Pal. Pitti, in:
Bolletino d'arte, LXIV, 1979, S. 82ff.;
Edwards, 1984, S. 170/1, Kat. Nr. 40

7 Auf den sog. Baderaum der Villa Artemino
machte mich Matthias Quast, Florenz, auf-

merksam. Man schreibt dem Raum die Funktion eines Bades aufgrund der Darstellungen
seiner Ausmalung zu. S. A. Venturi, *Storia
dell'arte italiane*, 1934, IX, Teil 7,
S. 623–630. XI,2

8 Die Badeanlage wurde von P. Waddy dokumentiert. Publiziert wurden die Unterlagen
von Edwards, 1984, S. 178/9

9 Auch die *Sala della Stufa* des Palazzo Pitti
war vermutlich nur ein geheizter Raum,
nicht aber ein Bad (Edwards, 1984, S. 171)

10 Steffi Röttgen, *Das »Museo« oder »Appartement des Bains«*, in: Forschungen zur Villa
Albani, 1982, S. 102f., Abb. 7, 199–201

11 Vgl. Blunt, 1968, Einführung

12 Friedrich Feldmann, *Maison Lambert, Mai-
son Hessein und andere Bauten von Louis
Le Vau (1612/13–1670) auf der Ile Saint-
Louis in Paris*, Hamburg, 1976, S. 77f.

13 Ebd.; Feldmann sieht die Grotte jedoch in
den großen Nischen, die den Hof zum Garten hin abschließen.

14 Pläne bei Mariette, Pl. 116 und bei Blondel,
III, Kap. 52, S. 149ff.

15 Pläne bei Mariette, Pl. 271 und bei Blondel, I,
Plan 110 (no:25, Pl. 2)

16 *Architecture française*, 1752, I., S. 267

17 Ebd. I., Plan 89, Hôtel de Maison, de Seau-
court Mariette, Pl. 397, Entwurf einer »Maison de Campagne«, Pl. 422, Maison de Campagne, Genf

18 Das Quellenmaterial faßt Christiane Aula-
nier, *Histoire du Palais et du Musée du
Louvre*, Paris 1968, zusammen (Bd. VI,
S. 85–94, zum Bad S. 92–94).

19 Feldmann, op. cit., S. 52f. Jean Babelon,
*Nouveaux documents sur la décoration
intérieure de l'Hôtel Lambert*, in: Bulletin de
la Société de l'histoire de l'art francais, 1972,
S. 135ff. Das Gemälde von Le Sueur ist noch
erhalten. Die Räume sind heute verändert.

20 Jean Cocrey, *Vaux-le-Vicomte*, Paris, 1924, S.
80; Biehr., o. J., S. 12f.; Deessen, 1986, S. 69f.;
Bitz, 1989, S. 190f. Das eigentliche Badezimmer wird bei Führungen nicht gezeigt. Nach
Biehn befindet sich heute nur eine Wanne
darin.

21 Félibien, *Description sommaire du Chasteau de Versailles*, Paris 1789; Alfred Marie, *La Naissance de Versailles*, Paris, 1968, II. Bd., S. 244ff.; Pierre Verlet, *Versailles*, 1961 (1), 1985 (2)

22 Dies wird auf einem Plan der Sammlung Cronstedt, Nr. 397, Stockholm Nationalmuseum gezeigt (Marie, 1968, II., S. 245)

23 Vgl. zum Einfluß des Orients auf den Okzident: Kiby, 1990, S. 104–134, A 9

24 So schreibt Poulet in seinem Reisebericht *Nouvelles Relations du Levant*, S. 130ff.: »…nous aurions paine à les [die Bäder] imiter.«

25 *La Boullaye de la Gouz, Voyages et Observations du Sieur de la Boullaye le Gouz*, Paris, 1653, S. 42

26 Alfred und Jeanne Marie, *Marly*, 1947, S. 12/13

27 Guiffrey, 1881, III, »cuves« 1688 Posten 165ff.: Es werden 5400 polierte Nägel zur Befestigung des »carreau de fayence posez dans la chambre du bains que l'on fait dans un pavillon de Marly« (Fliesenquadrate, die im Baderaum angebracht werden, den man in einem Pavillon von Marly errichtet hat) geliefert. 1690 sind bereits Reparaturarbeiten am Heizkessel nötig.

28 Zur Vermittlerrolle des Orients siehe Glück, 1921/22, S. 321ff.; Kiby, 1990, S. 88ff., S. 104ff.

29 Auch das Bad im Schloß Rosenborg in Kopenhagen erhielt zu Beginn des 18. Jh.s. einen Fliesenbelag. Es entstand bereits um 1616 im damals neu errichteten Turmbau und lag neben dem Schlafzimmer des Königs (Biehn, o. J., S. 11)

30 Verlet, *Versailles*, 1961, S. 541. Auch die Nachfolger des Sonnenkönigs ließen sich Bäder oder Badeappartements einrichten. Sie waren jedoch auf die privaten Wohnräume bezogen. Ihre dauernde Erneuerung und Verlegung vom Parterre bis hoch in das dritte Obergeschoß soll hier nicht weiter verfolgt werden. Dies hat bereits Verlet, 1961, S. 467–473, S. 498f., S. 505f. und S. 541ff. bestens dargelegt.

31 Biehn, o. J. S. 20

32 P. Francastel, *Le Marmorbad à Cassel et les Lazienki de Varsovie*, in: Gazette des Beaux Arts, 1933, Bd. IX, S. 138–156; W. Tartakiewicz, *Lazienki Warszawski*, Warschau 1954; St. Mossakowski, *Tylman van Gameren, Architekt, Poskiego Baroku*, Warschau, 1973

33 Vgl. Hierzu: Kiby, 1990, S. 165ff.

34 Tartakiewicz, op. cit., S. 29, weist darauf hin, daß in Polen das Bad keine Seltenheit in den Residenzen der 2. Hälfte des 17. Jh.s war, nennt jedoch nur ein erhöht auf einer Insel gelegenes Bad der Sommerresidenz Jawarow des polnischen Königs Sobieski III., das von einem französischen Reisenden beschrieben wurde. Im Schloß Wilanów entstand in der 2. Hälfte des 18. Jh.s ein klassizistisch nobles Bad für Izabela Lubomirska. Es wurde an den Südflügel an Izabelas Schlafgemach mit Kabinett von dem königlichen Architekten Simon Gottlieb Zug angebaut und ist noch heute im ursprünglichen Zustand erhalten (Wojciech Fijalkowski, *Wilanów, einst und jetzt*, Warschau, 1985, S. 33)

35 *Die Kunstdenkmäler Badens, Stadt Baden-Baden, Bd,XI,1*, Karlsruhe, 1942, S. 269

36 Heinrich Meyer, *Bamberger Residenzen*, München, 1951, S. 80

37 Deessen, 1986, S. 64f.

38 Leonhardt Christoph Sturm,*…durch einen grossen Theil Teutschland und den Niederlanden bis nach Paris gemachete Architectonische Reise. Anmerkungen zu der vollständigen Goldmannischen Baukunst*, Augsburg, 1719, S. 9

39 Biehn, o. J., S. 17f.

40 Biehn, o. J., S. 15f.; Margarethe Kühn, *Schloß Charlottenburg*, 1955, S. 42, Anm. 90; dies., *Schloß Charlottenburg*, amtl. Führer, 1968, S. 46

41 Wolfgang Einsingbach, *Weilburg, Schloß und Garten*, amtl. Führer, Bad Homburg, 1974

42 Georg Haupt, *Die Bau- und Kunstdenkmäler der Stadt Darmstadt*, 1954, II, S. 212-215, Abb. 374 a/b

43 Michael Petzet, *Entwürfe für Schloß Nym-phenburg*, in: Zeitschrift für bayerische Landeskunde, 35,1, 1972, S. 206f.

44 Deessen, 1986 Kiby, 1990, S. 44–53, S. 110–139

45 Diese Vermutung äußerte zuerst Restle, 1979, S. 48f.; näher analysiert in: Kiby, 1990, S. 111ff.

46 Andor Medriczky, *Ancient Bath in Budapest*, Budapest, 1943

47 Georg Friedrich Seidel, *Die Königliche Residenz zu München*, Leipzig, 1883, S. 108 u. S. 124 Biehn, o. J., S. 18

48 Deessen, 1986, S. 85f.

49 Edmund Renard, *Schloß Augustusburg*, 1934, S. 98/99 Biehn, o. J., S. 20

50 A. Holtmeyer, *Die Bau- und Kunstdenkmäler im Regierungsbezirk Cassel*, Bd. I. 1927; Biehn, 1964, S. 22; Deessen, 1986, S. 86

51 Im Schloß Ludwigsburg lag unter dem Schlafzimmer des Herzogs im westlichen Flügel der neuen *Corps de logis Frisonis* ein großer gewölbter Baderaum, der zwischen 1725–1733 entstand (Klaus Merten, *Schloß Ludwigsburg*, Stuttgart, 1984, S. 27). Bereits Frisonis Vorgänger, Friedrich Nette, plante in seinen ca. 1707 entstandenen und 1709 bei Jeremias Wolff in Augsburg publizierten Plänen für Ludwigsburg ein Bad mit danebenliegender Grotte. Es sollte im Sockelgeschoß des ersten geplanten seitlichen Erweiterungsbaus liegen (Richard Schmidt, *Schloß Ludwigsburg*, München, 1954)

52 Biehn, o. J., S. 18/21

53 Biehn, o. J., S. 18/20f.

54 Erich Bachmann, *Neues Schloß Bayreuth*, amtl. Führer, München, 1957, S. 3, S. 56ff. Eva Börsch-Supan, 1967, S. 300 Bitz, 1989, S. 199f.

55 Biehn, o. J., S. 24; Bitz, 1989, S. 198; Deessen, 1986, S. 86f.; Carl Ludwig Fuchs, *Die Innenraumgestaltung und Möblierung des Schwetzinger Lustschlosses im 18. und 19. Jh.*, Heidelberg, 1975

56 Biehn, o. J., S. 19 Bitz, 1989, S. 187f. *Die Kunstdenkmäler Badens*, Amt Bruchsal, S. 240–245

57 Wilhelm Fritjof Dahl, *Die Tätigkeit des Baumeisters Salins de Montfort zu Frankfurt a. M.*, Frankfurt, 1929 (Schriften des Hist. Museums V), S. 33–42

58 Natürlich stammte auch die Verspiegelung des Badezimmers aus dem höfischen Bereich. Ludwig XVI. besaß in Fontainebleau ein Bad mit bemalten Spiegeln. Besonders berühmt ist das Spiegelbad der Josephine Beauharnais, Paris. Dieselbe Josephine, Gemahlin Napoleon Bonapartes, scheint eine Vorliebe für dieses Material gehabt zu haben. Sie ließ sich auch ihr Schloß Malmaison mit Spiegeln ausstatten.

59 W. F. Dahl, op. cit., S. 80ff.

60 Hier sei auf ein Buch neueren Datums verwiesen, das Bäder des 19. und 20. Jh.s. zum Thema hat: *Das Bad. Eine Geschichte der Badekultur im 19. und 20. Jh.* (Salzburg/Wien, 1991) Wenn wir uns hier vor allem auf die Bäderentwicklung Italiens, Frankreichs und Deutschlands nebst dem islamischen Kulturgebiet beschränkten, so um die wichtigsten Stationen des Bades von der Antike bis ins 18. Jh. aufzuzeigen. Am Rande sollen jedoch noch kurz englische Bäder gestreift werden. Die Badeanlage war auch hier über das ganze Mittelalter hinweg bis in die Neuzeit gebräuchlich. Das Wasser wurde zunächst noch in Gefäßen herbeigeschafft (*Pottes pro Styuez*). Im Baderaum stand eine Wanne. Begrifflich schließt England *stuuy house* oder *stues* eng an die italienische *stuja*, die deutsche *Badstube*, die französischen *estuves* an. Etwa um die Mitte des 17. Jh.s werden Marmorausstattung und direkte Verbindung mit dem Schlafzimmer erwähnt (Whitehall Palace, 1664). Auch die versenkte Badewanne kommt vor (Westminster Palace, 1673). Bereits Königin Elisabeth I. besaß ein Bad mit quadratischem Becken mit umlaufenden Sitzstufen in Charing Cross. Man fühlt sich an das Bad von Fontainebleau erinnert. Insgesamt ist die Bäderentwicklung Englands der des Kontinents, insbesondere Frankreichs, vergleichbar. Orientalismus wird in England jedoch nicht

nur in zaghaften Spuren greifbar, sondern ganz deutlich in dem 1708 in Covent Garden errichteten Hamam, das über 150 Jahre in Betrieb blieb. Waren auf dem Kontinent noch die burlesken Formen des Exotismus modern, so begann in England bereits die Phase der konkreten Nachahmung ferner Kulturerrungenschaften. Zum Bad in England siehe: Lawrence Wright, *Clean and decent*, 1960 (1), 1980(2), des. S. 62ff.; Biehn, o. J., S. 15; L. F. Salzmann, *Building in England down to 1540*, Oxford, 1952, bes. S. 276f.; *The History of the King's Works* (Hg.: H. M. Colvin) Bd. IV,II, 1982, S. 136/310, Bd. V S. 269/275f./412f. *Vitruvius Britanicus*, Bd. I 1715-1725 (keine Bäder aufgeführt), Bd. II (1767-1771) u. Bd. III (1802-1808) repr. in 2 Bde. 1967 und 1970

Literaturverzeichnis

ALBERTI, Leon Battista, *De re aedificatoria*, 1485 (repr. Maltese, Mailand 1966)

ders., *Zehn Bücher über die Baukunst* (dt. Ausgabe, Max Theuer, Wien/Leipzig, 1912, repr. 1975)

ALBRECHT, Uwe, *Von der Burg zum Schloß. Frz. Schloßbaukunst im Spätmittelalter*, Worms, 1986 (Diss. Frankfurt)

ALVAREZ, Frank Joseph, *The Renaissance Nymphaeum: Its Origins and its Developpment in Rome and Vicinity*, Columbia University Microfiche Diss., 1981

ARMENINI, Giovanni Battista, *De' veri Precetti della Pittura*, Ravenna, 1587 (repr. Hildesheim/New York 1971)

ARS HISPANIAE, *Historia del arte hispanieo* (Hg. Manuel Gómez-Moreno), Bd. III, *Arte arabe espagnol hasta los Almohades*, Madrid, 1951

AUBERT, Marcel, *L'Étuve du Palais Jacques-Coeur à Bourges*, in: »Deux Étuves du Moyen-Age«, Bulletin Monumental, 1929, 88, Paris, S. 479–489

AULANIER, Christiane, *Histoire du Palais et du Musée du Louvre*, Paris, 1968, 8 Bde. + Registerband, Bd. VI

BAD, das, Eine Geschichte der Badekultur im 19. und 20. Jh., (Hg.: Herbert Lachmayer/Sylvia Mattl-Wurm/Christian Gargerle), Salzburg/Wien, 1991

BADEWONNEN, gestern, heute, morgen, Hansgrohe (Hg.) mit Beiträgen von U. Kiby, K. Kramer u. a., Köln 1993

BÄUMER, Edward, *Geschichte des Badewesens*, Breslau, 1903

BALNEIS, de, (kompilierte Textsammlung zum Thema »Bad« bis Mitte des 16. Jh.s.), Venedig, 1552

BANDMANN, Günter, *Mittelalterliche Architektur als Bedeutungsträger*, Berlin, 1951

BEHRENS, Margit/SIMON, Petra, *Badekur und Kurbad, Bauten in deutschen Bädern 1780–1920*, München, 1988

BERGER, Albrecht, *Das Bad in byzantinischer Zeit*, in: Miscellanea Byzantina Monacensia, 27, 1982

BERGERON, Xavier, *La Balnéation à travers les âges*, Paris, 1935

BIEHN, Heinz, *Alte Badegemächer*, o. J. (1964), Darmstadt

BIERBAUER, Virgile, *Bains Turcs en Hongrie*, in: Europa I, Budapest, 1943

BITZ, Matthias, *Badewesen in Südwestdeutschland 1550–1840*, Idstein, 1989, (Diss. Mainz 1988/Wiss. Schriften, Reihe 9, Geisteswiss. Beiträge Bd. 108)

BLONDEL, François, *L'Architecture Française*, 1685

BLONDEL, Jacques-François, *De la Distribution des Maisons de Plaisance, et de la Décoration des édifices en général*, 2 Bde., Paris, 1737/38 (repr. 1967)

ders., *Architecture Françoise, ou Recueil des plans...* Paris, 1752-1756, 4 Bde. (repr. 1904)

ders., *Cours d'architecture*, 6 Text-, 3 Tafelbände, Paris, 1771-77

BÖCKLER, Andreas, *Architectura curiosa nova*, Nürnberg 1664 (Repr. Graz, 1968)

BÖRSCH-SUPAN, Eva, *Garten-, Landschafts- und Paradiesmotive im Innenraum*, Köln, 1967 (Diss.)

BOMBE, W., *Nachlaßinventare des Angelo da Uzzano und des Ludovico di Gino Capponi*, Leipzig/Berlin, 1928

BORSI, Stefano, *Giuliano da Sangallo, I disegni di architettura e dell'antico*, Rom, 1985

BRÖDNER, Erika, *Die römischen Thermen und das antike Badewesen*, Darmstadt, 1983

BRUNNER, Herbert/THOMA, Hans, *Landshut, Stadtresidenz*, amtl. Führer, 1956

diess., *Landshut, Burg Trausnitz*, amtl. Führer, München 1956 und 1970

BULST, Wolfger A., *Die ursprüngliche innere Aufteilung des Palazzo Medici in Florenz*, in: Mitteilungen des Kunsthist. Inst. in Florenz, XIV, 1969/70, S. 369–392

BURNS, Howard, *Un disegno architettonico di Alberti e la questione del rapporto fra Brunelleschi ed Alberti*, in: F. Brunelleschi. La sua opera e il suo tempo, 2 Bde., I, S. 105-123, (Convegno intern., Firenze, 1977) Florenz, 1980

BUTLER, Howard Crosby, Syria, *Ancient Architecture in Syria*, Leiden, 1907–1919

CABANÉS, Auguste, *Moeurs intime du passé*, Paris, 1909ff.; Bd. 2: *La vie aux bains*/Bd. 10: *La vie thermale aux temps passé*, Paris 1934

CASTELLAN, E., *Fontainebleau, Études pittoresques et historiques sur le château*, Paris, 1840

CAUS, Salomon de, *Hortus Palatinus, Die Entwürfe zum Heidelberger Schloßgarten*, Worms, 1980, 2 Bde. (repr. n. Ffm., 1620)

CHAMBERS, W., *The Housing Problems of Cardinal Francesco Gonzaga*, in: The Journal of the Warburg and Courtauld Institutes, 39, 1976, S. 21–58

CLOSS, Karl August, *Scriptores Historiae Augustae, Kaisergeschichte*, 1854

COFFIN, David R., *The Villa in the Life of Renaissance Rome*, Princeton, 1979

COLOMBIER, Pierre du/ESPEZEL, Pierre d', *Le sixième livre retrouvé de Serlio*, in: Gazette des Beaux Arts, 12, 1934, S. 42–59

COLOMBO, Antonio, *Il Palazzo e giardino della Duchesa dal 1487 –1760*, in: Archivio storico per le province di Napoli, 9, 1884, S. 563–574

ders., *Il palazzo e il giardino di Poggioreale*, in: Archivio storico per le province di Napoli, 10, 1885

ders., *Il palazzo e il giradino di Poggioreale*, in: Napoli Nobilissima, I, 1892, S. 117–120, S. 136–138, S. 166–168

COLONNA, Francesco da, *Hypnerotomachia*, 1969 (repr. nach London, 1592)

CONTARDI, Bruno, *Il Bagno di Clemente VII. in Castel Sant'Angelo*, in: Quando gli dei si spogliano, 1984, S. 51–73

CRESWELL, K. A. C., *Early Muslim Architecture of Syria*, 2 Bde., Oxford, 1932,

ders., *Early Muslim Architecture of Egypt*, 2 Bde., Oxford, 1932

DACOS, Nicole, *La découverte de la Domus Aurea et la formation des Grottesques à la Renaissance*, Leiden/London, 1969

DAN, Père Pierre, *Le Trésor des Merveilleuse de la Maison Royale de Fontainebleau*, Paris 1642

D'AVILER, Augustin Charles, *Cours d'Architecture*, Paris 1691 (Ausgaben von Mariette 1735, 1738, 1756, 1760)

DECKER, Paul, *Fürstlicher Baumeister oder Architectura civilis*, Augsburg, 1. Bd. 1711/ 1713, 2. Bd. 1716 (repr. in einem Bd. 1978)

DEESSEN, Geesche von, *Die Badenburg im Park von Nymphenburg*, München 1986

DE GRANDMAISON, Micheline, *Étuves publiques et seigneuriales*, in: La Revue française, CXLI, 1962, S. 50–52

dies., *Montreuil-Bellay*, in: Congrès archéologique de France, 122, 1964, S. 413-425)

DELORME, Philibert, *L'Oeuvre*, Brüssel, 1981, nach Gesamtausgabe von 1648

DIMIER, Louis, *Le Primatice, Peintre, Sculpteur et Architecte des Rois de France*, Paris, 1900 (Diss.)

DOREAU, Jean-Louis, *Les Bains dans l'Inde antique*, Paris, 1936

DU CERCEAU, Jacques Androuet, *Les plus excellents Bastiments de France*, 1972 (repr. nach Paris, 1662)

ders., *Les trois Livre d'Architecture*, New Jersey 1965 (I. Teil, 1559; II. Teil, 1561; 3. Teil, 1582)

DUHEM, G., *L'étuve de Guéméné-sur-Scorff*, in: Deux étuves du Moyen Age, Bulletin Monumental, 88, 1929, S. 482–489

DU LOIR, *Les Voyage du sieur du Loir …*, Paris, 1654

ÉCOCHARD, Michel/LE COEUR, Claude, *Les bains de Damas*, Beirut, 1942/43

EDWARDS, Nancy Elizabeth, *The Renaissance »Stufetta« in Rome: the circle of Raphael and the recreation of the Antique*, Univ. of Minnesota (Microfiche Diss. 1983), 1984

ENCYCLOPAEDIA ISLAMICA, *The Encyclopaedia of Islam*, III, Fasciculus 43/44 Hammam, Leiden/London, 1966

ENLART, Camille, *Manuel d'Archéologie Française*, II, Architecture civile et militaire, Paris, 1904

ERDMANN, Kurt, *Die Kunst Irans zur Zeit der Sassaniden*, Berlin, 1943

ESCHENFELDER, Chantal Sibylle, *Die Bäder Franz I. in Fontainebleau*, München 1991

ETTINGHAUSEN, Richard, *From Byzantium to Sasanian Iran and the Islamic World, III. The Throne and Banquet Hall of Khirbat al-Mafjar*, S. 17–66, Leiden, 1972

ders., *Islamic Painting*, New York, 1978

FABER, Frater Felix, *Evagatorium 1483* (Die Pilgerfahrt des Bruders Felix Faber ins Heilige Land anno 1483), nach der ersten deutschen Ausgabe 1556, Berlin 1964

FEILLET, Alphons, *Un artiste inconnu du château d'Anet*, in: Gazette des Beaux Arts, VI, 1860, S. 214ff.

FILARETE, John R. Spencer (Hg.), *Filaretes Treatise on Architecture*, New Haven/London, 1965, I. Bd. Übersetzung, 2. Bd. Faksimile

FORSTER, Kurt, *The Palazzo del Té*, in: The Journal of the Society of Architectural Historians, 30, 1971, S. 288f.

FOSTER, Philip, *Raphael on the Villa Madama: The text of a lost letter*, in: Römisches Jahrbuch für Kunstgeschichte, 11, 1967/68, S. 308–312

FRANCESCO DI GIORGIO MARTINI, *Trattati di architettura ingeneria e arte militare*, ed. Maltese, Mailand, 1967

ders., ed. Luigi Firpo/Pietro Marani, *Il Codice Ashburnham 361*, Florenz, 1979

FROMMEL, Christoph Luitpold, *Die Farnesina und Peruzzis architektonisches Frühwerk*, Berlin, 1961 (Diss.)

ders., *Baldassare Peruzzi als Maler und Zeichner*, in: Beiheft zum Römischen Jahrbuch für Kunstgeschichte, 11, Rom, 1967/68

ders., *Bramantes »Ninfeo« in Genazzano*, in: Römisches Jahrbuch für Kunstgeschichte, 12, 1969, S. 137–160

ders., *Der römische Palastbau der Hochrenaissance*, 3 Bde., Tübingen, 1973

ders., *Die architektonische Planung der Villa Madama*, in: Römisches Jahrbuch für Kunstgeschichte, 15, 1975

ders./RAY, Stefano/TAFURI, Manfredo, *Raffael, Das architektonische Werk*, Stuttgart, 1987

FURTTENBACH, Joseph, *Italienisches Raißbuch*, 1627

ders., *Architectura civilis 1628, Architectura recreationis, 1640, Architectura privata, 1641*, (repr. Hildesheim 1971 in 1 Bd.)

ders., *Architectura universalis*, Ulm 1635 (Ausz. Hildesheim 1975)

FÜRSTENBERG, Diane von, *Das Bad. Oase der Entspannung*, Hildesheim, 1995

FUSCH, Gustav, *Über die Hypokausten-Heizungen und mittelalterliche Heizanlagen*, Hannover, 1910 (Diss.)

GANDILHON, Alfred/GAUCHERY, Robert, *L'Hôtel Jacques-Coeur*, in: Congrès archéologique de France, 94, 1931

GEBELIN, François, *Les châteaux de la Renaissance*, Paris, 1927

ders., *Les châteaux de France*, Paris, 1962

GENZMER, Felix, *Bade- und Schwimmanstalten*, Handb. der Architektur, Teil 4, Bd. 5, Heft 3, Stuttgart 1899 (1), Leipzig, 1921 (2)

GERLACH, Stefan, *Tag-Buch einer in die Türckey 6 jährigen Römisch Keyserlichen Gesandtschaft*, Frankfurt, 1674

GERMANN, Georg, *Einführung in die Geschichte der Architekturtheorie*, Darmstadt, 1930

GERÖ, Gyözö, *Türkische Baudenkmäler in Ungarn*, Budapest, 1976

ders., *Die Denkmäler osmanisch-türkischer Baukunst in Ungarn, Moscheen, Türben, Bäder*, Budapest, 1980 (ungar. mit dt. Zusammenfassung)

GIEDION, Sigfried, *Die Herrschaft der Mechanisierung*, Frankfurt, 1982

GIRAULT DE PRANGEY, *Essai sur l'architecture des arabes et des mores*, Paris, 1841

GLÜCK, Heinrich, *Probleme des Wölbungsbaus*, Bd. I, Die Bäder Konstantinopels, Wien, 1921 ders., *Kunst und Künstler an den Höfen des 16. bis 18. Jh. und die Bedeutung der Osmanen für die europäische Kunst*, in: Historische Blätter, 1, 1921/22, S. 303- 325

ders., *Ursprung und Entwicklung des islamischen Bades*, in: Berichte des Forschungsinstitutes für Osten und Orient, III, S. 93. 101, Wien, 1923

ders., *Der Ursprung des römischen und abendländischen Wölbungsbaues*, Wien, 1933

GOLDMANN, Nicolaus, *Vollständige Anweisung zu der Civilbaukunst*, 1696, Herausgeber: Leonhardt Christoph Sturm, reprint 1962 Straßburg, 2 Bde.

GOLSON, Lucile M., *Serlio, Primaticcio and the Architectural Grotto*, in: Gazette des Beaux Arts, LXXVII, 1971, Seiten: 95-108

GOTHEIN, Marie-Luise, *Geschichte der Gartenkunst*, Jena, 1914, repr. Hildesheim 1986, 2 Bde.

GRABAR, Oleg, *Die Alhambra*, Köln 1981, DuMont Buchverlag

GROTZFELD, Heinz, *Das Bad im arabisch-islamischen Mittelalter*, Wiesbaden, 1970

GUARINONI, Hippolyt, *Die Greuel der Verwüstung menschlichen Geschlechts*, Ingolstadt, 1616

GÜNTHER, Hubertus, *Das Studium der antiken Architektur in den Zeichnungen der Hochrenaissance*, Tübingen, 1988

GUIFFREY, Jules, *Comptes des Bâtiments du Roi sous le règne de Louis XIV*, Paris 1881-1901 (5 Bde.)

GUILBERT, Abbé, *Description historique de Fontainebleau*, 2 Bde., Paris, 1731

HAMILTON, R. W., *Khirbat al-Mafjar*, Oxford, 1959

HARRT, Frederic, *Giulio Romano*, New Haven, 1958, 2 Bde.

HARTIG, Otto, *Die Kunsttätigkeit in München unter Wilhelm IV. und unter Albrecht V., 1520–1579*, in: Münchner Jahrbuch der bildenden Kunst, Bd. X, 1933, Seiten: 143-246

HAUPT, Albrecht, *Die Baukunst der Renaissance in Portugal*, 2 Bde., Frankfurt, 1890/1895

HAUPT, Georg, *Die Bau- und Kunstdenkmäler der Stadt Darmstadt*, Band. I, Textband. 1952, Band. II, Bildband, 1954

HAUTECOEUR, Louis de, *Histoire de l'Architecture classique en France*, Bd. I, 1943, Bd. II 1948

HEBERER von Bretten, Michael, *Aegytiaca servitus*, Graz, 1967 (Hg. Karl Teply)

HEINZ, Werner, *Römische Thermen, Badewesen und Badeluxus im Römischen Reich*, München 1983

HELBLING, Seifried, *Badenfahrt (ca. 1292)*, Hg. J. Seemüller, Halle, 1886

HENNEBO, Dieter/HOFFMANN, Alfred, *Geschichte der dt. Gartenkunst*, Hamburg, 1965, 3 Bde.

HERGET, Elisabeth, *Die Sala Terrena im deutschen Barock*, Frankfurt, 1954 (Diss.)

HERRIG, Dorothee, *Fontainebleau. Geschichte und Ikonologie der Schloßanlage Franz I.*, München, 1992

HERSEY, George, *L. Alfonso II. and the artistic renewal of Naples, 1485–95*, New Haven, 1969

ders., *Poggioreale. Notes on a Reconstruction and an early Replication*, in: Architectura III, 1973, S. 13ff.

HERZFELD, Ernst, *Mitteilungen über die Arbeiten der 2. Kampagne von Samarra*, in: Der Islam, V, 1914, S. 196-204, Straßburg

HEYD, Wilhelm, *Handschriften und Handzeichnungen des herzoglich-württembergischen Baumeisters Heinrich Schickhardt*, Stuttgart, 1902

HOLTMEYER, A., *Die Bau- und Kunstdenkmäler im Regierungsbezirk Cassel*, 1923

HUNZIKER, J., *Zur Geschichte des mittelalterlichen Hypokausts*, in: Anzeiger für Schweizer Altertumskunde, N. F. 2, 1900, S. 182-187

KALLIMACHOS und Chrysorrhoe, *Le roman de Callimaque et de Chrysorrhoe* (frz.: Michel Pichard) Paris, 1956

KAUFFMANN, Claus Michael, *The Bath of Pozzuoli*, Oxford, 1959

KELLER, Fritz-Eugen, *Die Zeichnungen Uff. 363 A von Baldassare Peruzzi und das Bad von Poggioreale*, in: Architectura III, 1973, S. 22–35

KIBY, Ulrika, *Die Exotismen des Kurfürsten Max Emanuel in Nymphenburg, Hildesheim 1990*

KLINGHARDT, Karl, *Türkische Bäder*, Stuttgart, 1927

KRAUTHEIMER, Richard, *Early Christian and Byzantine Architecture*, 1965 (1), 1975 (2), 1979 (3)

KRENCKER/Daniel, KRÜGER, Emil u. a., *Die Trierer Kaiserthermen*, Augsburg, 1929

KRIS, Ernst, *Der Stil »rustique«*, in: Jahrbuch der Kunsthistorischen Sammlungen in Wien, I, 1926, S. 137–208

KRIZEK, Vladimir, *Kulturgeschichte des Heilbades*, Stuttgart/Berlin/Köln, 1990

KROENIG, Wolfgang, *Il Palazzo Reale Normanno della Zisa a Palermo, Nuove Osservatione*, in: Commentari, 26, 1975, S. 229–247

KRUFT, Hanno-Walter, *Geschichte der Architekturtheorie von der Antike bis zur Gegenwart*, München, 1985

KRUMBACHER, Karl, *Geschichte der byzantinischen Literatur*, New York 1958, 2 Bände (München, 1897)

KYESER, Konrad, *Bellifortis*, (Hg. Götz Quarg, Düsseldorf, 1967)

LABANDE, L. H., *Le Palais des Papes et les Monuments d'Avignon au XIVe siècle*, Marseille/Aix-en-Provence, 1925, 2 Bde.

LABO, Mario, *I Palazzi di Genova di P. P. Rubens e altri scritti d'architettura*, Genua, 1970

LABORDE, Marquis Léon de, *Les Comptes des Bâtiments du Roi* (1528 –1571), Paris, 1877

LEFEVRE-PONTALIS, M. E., *Château de Guéméné-sur-Scorff*, in: Congrès archéologique de France, LXXXI, (1914), Paris/Caen, 1919, S. 339–341

LIEBENWEIN, Wolfgang, *Studiolo*, Berlin, 1977

LIETZMANN, Hilda, *Das Neugebäude in Wien: Sultan Süleymans Zelt – Kaiser Maximilians II. Lustschloß*, München, 1987,

LILIUS, Henrik, *Villa Lante sul Gianicolo*, Rom, 1981

LUZ, Wilhelm August, *Das Büchlein vom Bad*, Berlin, 1958

MACON, Gustave, *Les architectes de Chantilly au XVIe siècle*, Paris, 1925

MAIURI, Amadeo, *I Campi Flegrei*, Rom, 1963

MALME, Heikki, *La »Stufetta« del Cardinal Bibbiena e l'iconografia dei suoi affreschi principali*, in: Quando gli dei si spogliano, Rom, 1984, S. 34-51

MARCAIS, Georges, *Manuel d'art musulman*, 2 Bände., Paris, 1926/27

ders., *Architecture musulman d'Occident. Tunisie, Algérie, Maroc, Espagne et Sicilie*, Paris, 1955

MARCUSE, Julian, *Bäder und Badewesen in vergangenen Tagen und Gegenwart*, Stuttgart, 1903

MARGGRAFF, H., *Badewesen und Badetechnik der Vergangenheit*, in: Sammlungen gemeinverständlicher wissenschaftlicher Vorträge XVI., Heft 380, Berlin, 1881

MARIETTE, Jean, *L'architecture française*, Paris 1727–1738 (Hg. Louis de Hautecoeur, I – 1927, II – 1920, III – 1929)

ders., *Cours d'architecture*, Paris, 1760

MARKOWITZ, Irene, *Schloß Benrath*, Berlin/München. 1985

MAROT, Jean, *Architecture françoise* (Herausgeber: Louis de Hautecoeur, Paris, 1944)

MARTIN, Alfred, *Deutsches Badewesen in vergangen Tagen*, Jena, 1906 (repr. Jena, 1989)

MARTIN, Jean/GOUJON, Jean, *Architecture ou Art de bien bastir, de Marc Vitruve Pollion Autheur romain...*, 1547 (repr. Ridgewood, 1964)

METTLER, A., *Zur Klosteranlage der Zisterzienser und zur Baugeschichte Maulbronns*, in: Württembergische Vierteljahreshefte, N. F. 18, 1909,

MILLER, Naomi, *Domain of Illusion, The Grotto in France*, in: Fons Sapientae, S. 177–206, Washington (Dumbarton Oaks), 1978

MONTAGU, Lady Marry Worteley, *Briefe aus dem Orient*, Stuttgart, 1962

MONTAIGNE, Michel E. Seigneur de, *Tagebuch einer Reise durch Italien, die Schweiz* und *Deutschland in den Jahren 1580–1581*, Frankfurt, 1988

MÜLLER-WIENER, Wolfgang, *Abu Mena*, in: Mitteilungen des Deutschen Archäologischen Institut., Abteilung Kairo, Bd. 20, 1965, S. 126-138, Bd. 21, 1966, S. 171-188, Bd. 22, 1967, S. 206-224

ders., *Bildlexikon zur Topographie Istanbuls*, Tübingen, 1977

MÜNTZ, Eugène/MOLINIER. Em., *Le Château de Fontainebleau au XVIIe siècle...en 1625 d'après le Diarium du Commandeur Cassiano del Pozzo*, in: Mémoires de la Société de l'Histoire de Paris et de l'Ile-de France, XII, 1886, Seiten: 255-278

MURNER, Thomas, *Ein andechtig geistliche Badenfart*, Straßburg 1514, in: Beiträge zur Landes- und Volkskunde von Elsaß-Lothringen und den angrenzenden Gebieten, II, 1887; Ernst Martin, *Badenfahrt von Thomas Murner* (repr. d. Ausgabe von 1514)

MUSIL, Alois, *Kuseir Amra*, Wien 1907, 2 Bände.

NEGRIER, Paul, *Les bains à travers les âges*, Paris 1925

NEUERBURG, Norman, *L'architettura delle fontane e dei ninfei nell'Italia antica*, Neapel, 1965

ders., *The Architecture of Fountains and Nymphaea in ancient Italy*, (Phil. Diss. Columbia University, New York, 1960)

OHSSON, Mouradja d', *Ignatius, Tableau Géneral de l'Empire Othman*, 7 Bände, 1788

PALISSY, Bernard, *Architecture et ordonnance de la Grotte rustique de Monseigneur le Duc de Montmorency, Connetable de France*, in: Bulletin de la Société de l'histoire du Protestantisme francais (H. Pauty), Jan. -März, Band. 70, 1921,

ders., *Oeuvre* (*Récepte véritable, Discours admirables, Devis d'une Grotte*, Herausgeber: Anatole France), Paris, 1880

PALLADIO, Andrea, *Die vier Bücher zur Architektur*, Zürich/München, 1983 (nach der Erstausgabe, Venedig, 1570)

PAPINI, Roberto, *Francesco di Giorgio Architetto*, Florenz, 1946

PATZAK, Bernhard, *Die Renaissance- und Barockvilla in Italien*, 3 Bände., III, Die Villa Imperiale in Pesaro, Leipzig, 1908

PAUTY, Edmond, *Les Hammams du Caire (Mémoires publiés par les membres de l'Institut Francais d'Archéologie orientale du Caire, 64)*, Kairo, 1933

PETRUS DA EBULO, *Nomina et virtutes balneorum seu de balneis Puteolorum et Baiarum, Codice Angelico, 1474*, Einführung: Angela Daneu Lattanzi, Rom, o. J.

POGGIO, Bracciolini Gian F., *Die Bäder zur Baden in der Schweiz: Eine Beschreibung derselben aus dem 15. Jh. (Aus einem Brief Poggios vom 28. 3. 1416 an N. Nicoli)*, 1780

PRINZ, Wolfram/KECKS, Ronald G., *Das französische Schloß der Renaissance*, Berlin, 1985

PUIG I CADAFALCH, José, *Les bains de Girone*, Barcelona, 1936

OUADFLIEG, Ralph, *Filaretes Ospedale Maggiore in Mailand. Zur Rezeption islamischen Hospitalwesens in der italienischen Frührenaissance*, Köln, 1981

QUANDO GLI DEI SI SPOGLIANO, Ausstellungskatalog, Engelsburg, Rom, 1984

REDIG DE CAMPOS, D., *I Palazzi vaticani*, Bologna, 1967

RENARD, Edmund, Schloß Brühl (bearbeitet von Franz Graf Wolff Metternich), Berlin, 1934

RESTLE, Marcell, *Türkische Elemente in der bayerischen Architektur des 18. und 19. Jh.*, in: Die Türkei in Europa, Göttingen, 1979

ders., *Bauplanung und Baugesinnung unter Mehmet II., Fátih, Filarete in Konstantinopel*, in: Pantheon, 1981, 39, Seiten: 361–367

REUTHER, Oskar, *Indische Paläste und Wohnhäuser*, Berlin, 1925

TALBOT RICE, David, *The Great Palace of the Byzantine Emperors, I. Bd. Edinburgh*, 1947/II. Bd.,Oxford, 1958

RICHTER, Jean Paul, *Quellenschriften für Kunstgeschichte und Kunsttechnik des Mittelalters und der Neuzeit* (Quellen der byzantinischen Kunstgeschichte, VIII), Wien, 1897

RIETZSCH, Barbara, *Künstliche Grotten des 16. und 17. Jh.*, München, 1987

RINGBOM, Lars-Isvar, *Graltempel und Paradies*, Stockholm, 1951

RIVIUS, Walther, *Der furnembsten, notwendigsten, der gantzen Architektur angehörigen Mathematischen und Mechanischen künst, eygentlicher bericht…*, Nürnberg, 1547 (Repr. Hildesheim, 1981)

ders., *Vitruvius Teutsch*, Nürnberg, 1548, (repr. Hildesheim, 1973)

ders., *Neue heilsame und nutzliche Badenfart*, Würzburg, 1549

ROSENFELD, Hans-Friedrich Hellmut, *Deutsche Kultur im Spätmittelalter (1250–1500)*, Wiesbaden, 1978

ROSENTHAL, Franz, *Das Fortleben der Antike im Islam*, Stuttgart/Zürich, 1965

ROY, Maurice, *Artistes et Monuments de la Renaissance*, 2 Bde., Paris, 1929/34

RUBENS, Peter Paul, *Palazzi di Genova*, Antwerpen, 1622, Faksi. d. Ausg., Unterschneidheim, 1969, H. Schomann, Dortmund, 1982

RUDOFSKY, Bernard, *Now I lay me down to eat. Notes and footnotes on the lost art of living, Garden City*, New York, 1980

SAARI, Lars, *Lettura della decorazione pittorica del bagno di Clemente VII.*, in: Quando gli dei si spogliani, Rom, 1984, Seiten 73–96

SALZMANN, L. F., *Building in England down to 1540*, Oxford, 1952

SAUVAGET, Jean, *Remarque sur les monuments omayads*, in: Journal Asiatique, 231, 1939, S. 15–16/26 u. S. 36–39/52

ders., *Djebel Seis*, in: Syria, XX, 1939

SAVOT, Louis, *L'Architecture Françoise, Des Bâtiments particuliers*, 1624 (Reprint Genf 1973 nach Blondels Ausgabe), Paris, 1685

SCAGLIA, Gustina, *The Opera de Architettura of Francesco di Giorgio Martini for Alfonso, Duke of Calabria*, in: Napoli Nobilissima, XV, 1976, S. 133–161

dies., *Architectural Drawings by Giovanbatista Alberto in the Circle of Francesco di Giorgio*, in: Architectura, 1978, S. 104–124

dies., *»Stanze-Stufe« e »Stanze-Camini« nei »Trattati« di Francesco di Giorgio da Siena*, in: Bolletino d'arte, 71, 1986, Seiten: 162-184

dies., *A Vitruvianist's »Thermae« Plan and the Vitruvianists in Rome and Siena*, in: Arte Lombarda 84/85, 1988 (1–2), Seiten: 85–101

SCAMOZZI, Vincenzo, *L'idea della architettura universale*, Venedig, 1615 (repr. 1964)

SCHÄFER, K. H., *Die Ausgaben der apostolischen Kammer unter Benedikt XII., Klemens VII. und Innozenz VI. (1335- 1362)*, Paderborn, 1914

SCHIAVO, Armando, *Villa Rufolo*, in: Le vie d'Italia, 1940, 1. Sem.,5., S. 480ff.

ders., *Il palazzo della Cancelleria*, Rom, 1963

SCHISSEL, Otmar, *Der byzantinische Garten – seine Darstellung im gleichzeitigen Roman*, in: Sitzungsberichte 221, Bd. 2, Abhandlungen der Akademie der Wissenschaften in Wien, Ph l. -Hist. Klasse, Wien/Leipzig, 1924

SCHLEYER, W., *Bäder und Badeanstalten*, Leipzig, 1909

SCHLUMBERGER, Daniel, *Les fouilles de Qaṣr el-Heir el-Gharbi (1936–1938)*, in: Syria, XX, 1939

SCHULZ, A win, *Deutsches Leben im XIV. und XV. Jh.*, Halbband I, Wien/Prag/Leipzig, 1892

SCHWEINFURT, Philipp, *Die byzantinische Form, ihr Wesen und ihre Wirkung*, Mainz, 1954 (2)

SERLIO, *Tutte l'opere d'architettura, et prospetiva* (repr. 1964 der Ausgabe Venedig, 1619)

ders., *Il Trattato di Architettura di Sebastiano Serlio. Sesto libro delle habitationi di tutti i grade degli homini*, 2 Bände., (1. Faksimile nach dem Original der Staatsbibliothek München /2. Textband.), Herausgeber: Marco Rosci, Mailand 1966,

ders., *Sebastiano Serlio on domestic architecture. The 16th century Manuscript of the Book VI in the Avery Library of Columbia University*, Hg.: James S. Ackerman, Adolf K. Placzek, Myra Nan Rosenfeld, Cambridge, 1978

SINISALO, Jarkko, *Le stufe romane*, in: Quando gli dei ..., Seiten: 11-20, Rom, 1984,

ders., *Le forme architettoniche delle stufe romane*, in: Quando gli dei..., Seiten: 21-34, Rom 1984

STRYGOWSKI, Josef, *Amra als Bauwerk*, in: Zeitschrift für Geschichte der Architektur, I. 3, Heidelberg, 1907

TIGLER, Peter, *Die Architekturtheorie des Filarete*, Berlin, 1963

TREICHLER, Hans Peter, *Wonnige Badenfahrt. Von Jungbrunnen und Mineralbädern der Alten Schweiz*, Zürich, 1980

VERLET, Pierre, *Le château de Versailles*, Paris, 1961, 1985

VIGNOLA, Giacomo Barozzi, gen., *Regola della Prospettiva pratica* (zuerst zwischen 1530 und 1540 publiziert), 1583, 1. Nachdruck repr. der Ausgabe Venedig, 1743

VOGUE, Comte de, *Cyrie centrale,I. Architecture civile et réligieuse*, Paris, 1865-1877

WEBER-KARGE, Ulrike, »...*einem irdischen Paradeiß zu vergleichen...«. Das Neue Lusthaus in Stuttgart*, Sigmaringen, 1989

WEBER, Gerold, *Brunnen- und Wasserkünste in Frankreich im Zeitalter Louis XIV.,* Worms, 1985

WILD, Johann, *Reysbeschreibung eines Gefangenen Christen, anno 1604*, Stuttgart, 1964

WRIGHT, Lawrence, *Clean and decent, The history of the bath and loo*, London 1960, 1980

WURM, Heinrich, *Baldassarre Peruzzi, Architekturzeichnungen*, Tübingen, 1984

ZAPPERT, Georg, *Über das Badewesen mittelalterlicher und späterer Zeit*, in: Archiv f. österr. Geschichte, XXI, Seiten:3-167, 1859

ZELLINGER, Johannes, *Bad und Bäder in der altchristlichen Kirche*, München, 1928

Abbildungsnachweis

Archiv der Autorin   Abbildungen 6, 12, 16, 17, 18, 19, 25, 26, 35, 41, 46, 47, 50, 51, 53, 55, 56, 57, 59, 60, 61, 62, 68, 69, 71, 76, 77, 78, 80, 82, 83, 90, 92, 93, 94, 95, 96, 97, 102, 105, 111

Archiv des Verlages   Abbildungen 20, 21, 22, 27, 33, 36, 44, 45, 49, 79, 81, 98, 101, 103,

Archiv für Kunst und Geschichte, Berlin   Buchrückseite

Archives nationales, Paris   Abb. 67, 100

Bayer. Landesamt für Denkmalpflege, München   Abb. 87, 88

Bayer. Staatsbibliothek, München   Abb. 1, 23, 24, 29, 30, 31, 34, 38, 43, 63, 64a, 73, 74, 84

Bayer. Verwaltung der staatl. Schlösser, Gärten und Seen, München   Farbtafel 10

Biblioteca Angelica, Rom   Farbtafel 2, 3

Biblioteca Nacional, Madrid   Abb. 8

Biblioteca Reale, Turin   Abb. 48

Bibliotheca Hertziana (Max-Planck-Institut), Rom   Abb. 58

Bibliothèque Nationale, Paris   Abb. 40

Bildarchiv der islam. Welt, Bamberg (Foto Gaube)   Abb.13

Bildarchiv Foto Marburg   Abb. 91

Bildarchiv Preußischer Kulturbesitz, Berlin   Umschlaginnenklappe, Umschlagrückseite, Abb. 7

British Library, London   Farbtafel 5

Bundesdenkmalamt, Wien   Abb. 85, 86

Ursula Clemeur   Abb. 9, 11, 14, 15

Columbia University, New York   Abb. 64b

Deutsches Museum, München   Abb. 65

Edition March, March-Neuershausen   Abb. 104

Eva Grundel / Heinz Tomek, Wien   Abb. 39

Hessische Schlösserverwaltung, Kassel   Abb. 107

Walter Klein, Düsseldorf   Abb. 108

Stefan Knost, Bamberg   Abb. 28

Ebba Koch, Wien   Abb. 42

Königliche Bibliothek Stockholm   Abb. 66

Kunsthalle Bremen   Abb. 3

Landesbildstelle Württemberg, Stuttgart   Abb. 72

Landesdenkmalamt Baden-Württemberg, Karlsruhe   Abb. 109, 110

Magistrat der Stadt Offenbach am Main   Abb. 4, 5

Markgräflich Badische Verwaltung, Baden-Baden   Abb. 89, 104

Peter Meleghy, Hamburg   Abb. 10, 37

Monumenti Musei e Galerie Pontificie, Vatikan-Stadt   Abb. 52, 54

Museum für islamische Kunst, Berlin   Abb. 32

Národni Museum, Prag   Abb. 2

Niedersächsische Staats- und Universitätsbibliothek Göttingen   Farbtafel 4

Arved von der Ropp, Köln   Farbtafel 1

Wolfram Prinz, Kunstgeschichtliches Institut der Universität Frankfurt a.M.   Abb. 75

Rheinisches Amt für Denkmalpflege, Köln   Abb. 106

Statens konstmuseer, Stockholm   Abb. 99

Stiftsbibliothek St. Gallen   Abb. 70

Heinz Stock, Dietzenbach   Abb. 112

Universitätsbibliothek Heidelberg   Farbtafel 6

Universitätsbibliothek Leipzig   Farbtafel 7, Umschlagvorderseite

Orts- und Sachregister

Personenregister

Bitte beachten Sie auch folgende Veröffentlichungen aus unserem Verlag:

Badewonnen
Gestern - Heute - Morgen

Herausgegeben von Hansgrohe. Mit Beiträgen von Karl Michael Armer, Ulrika Kiby, Klaus Kramer und Erich Küthe. 184 Seiten mit 156 farbigen und 94 einfarbigen Abbildungen, Leinen mit Schutzumschlag

»Anregendes Bilderbuch und ausführliche Kulturgeschichte für die vielen Anhänger und Freunde des Badevergnügens. Für sie alle hat sich seit der Antike bis heute im Prinzip nichts geändert, es wechselten lediglich Gebräuche und Komfortansprüche. Im vorliegenden Buch, herausgegeben von einem bekannten Sanitärhersteller, entwickelt sich die Geschichte des privaten und öffentlichen Bades aus gescheiten Texten und historischen Bildbeispielen zu verlockender wie nutzbringender Lektüre.«   *Schöner Wohnen*

Von Nixen und Wasserfrauen

Von Gabriele Beßler. 188 Seiten mit 16 farbigen und 58 einfarbigen Abbildungen, 27 Zeichnungen, Literaturverzeichnis, Register, kaschiert

Die Frau mit dem Fischschwanz hat viele Namen und Gesichter. Seit der Antike ist sie Unschuld, Urmutter und lebensspendende Kraft, aber auch Verlockung, Bedrohung und Dämon. Im 19. Jahrhundert wird sie zur Loreley und Femme fatale und findet im 20. Jahrhundert dann als schillerndes, unfaßbares Wesen schließlich auch Eingang in die Bilderflut der Medienwelt. Neue Legenden spinnen sich heute in Filmen, Musicals und Werbebildern um die Wasserfrau. Die Autorin bietet einen illustren Gang durch Kunst und Mythen der Jahrhunderte auf der Suche nach dem »wahren« Wesen der Meerjungfrau, das so widersprüchlich scheint wie ihr zwiegespaltener Körper.

DuMont Dokumente: Gesamtübersicht

DuMont Dokumente: Gesamtübersicht

Reuther, Manfred
Das Frühwerk Emil Noldes
Hrsg. von der Stiftung Seebüll
Ada und Emil Nolde

Rewald, John
Die Geschichte des Impressionismus

Stützer, Herbert Alexander
Die italienische Renaissance

Thomas, Karin
**Bis Heute: Stilgeschichte der bildenden
Kunst im 20. Jahrhundert**

Vogt, Paul
**Geschichte der deutschen Malerei
im 20. Jahrhundert**

Wescher, Herta
Die Geschichte der Collage
Vom Kubismus bis zur Gegenwart

Wick, Rainer
Bauhaus-Pädagogik

DuMont Dokumente – Archäologie

Reden, Sibylle von
Die Megalith-Kulturen
Zeugnisse einer verschollenen Urreligion
Großsteinmale in: England – Frankreich –
Irland – Korsika – Malta – Nordeuropa – Sar-
dinien – Spanien

DuMont Dokumente – Musik

Boehmer, Konrad
Das böse Ohr
Texte zur Musik 1961–1991

Klüppelholz, Werner
Mauricio Kagel 1970–1980

Klüppelholz, Werner
Kagel . . . /1991

Schnebel, Dieter
Mauricio Kagel   Musik   Theater   Film

Schnebel, Dieter (Hrsg.)
Karlheinz Stockhausen
Texte zur elektronischen und instrumentalen
Musik
Band 1: Aufsätze 1952–1962
zur Theorie des Komponierens

Karlheinz Stockhausen
Texte zu eigenen Werken, zur Kunst Anderer,
Aktuelles
Band 2: Aufsätze 1952–1962
zur musikalischen Praxis

Karlheinz Stockhausen
Texte zur Musik 1963–1970
Band 3: Einführung und Projekte,
Kurse, Sendungen, Standpunkte,
Nebennoten

Karlheinz Stockhausen
Texte zur Musik 1970–1977
Band 4: Werk-Einführung. Elektronische Musik,
Weltmusik, Vorschläge und Standpunkte,
zum Werk Anderer

Karlheinz Stockhausen
Texte zur Musik 1977–1984
Band 5: Komposition

Karlheinz Stockhausen
Texte zur Musik 1977–1984
Band 6: Interpretation

Legende zur Zeittafel

(siehe vordere und hintere Umschlaginnenseiten)

1. Antiochia, 4.Jh.:
F = Frigidarium
T = Tepidarium
C = Caldarium
I, II, III: Warmräume m. steigender
Temperatur

2. Serdjilla, 473:
A (K) = Aufenthaltsraum
   (L) = Bühne
F (H)= Frigidarium
T (G)= Tepidarium
C (F) = Caldarium
S (E) = Sudatorium
H (D)= Heizraum
() Bezeichnung im Text

3. Doppelbad von Abu Mena nach Müller-Wiener (Frauen-/Männerabt.):
A = Apodyterium
V = Versammlungsraum
T = Tepidarium
S = Sudatorium
C = Caldarium
H = Heizraum
F = Frigidarium

4. Hammān aṣ-Ṣaraḫ:
V = Versammlungsraum, Audienzhalle
A = Apodyterium
T = Tepidarium
S = Sudatorium
W = Wasseraufbereitung
H = Heizraum

5. „Mausbad"-Typus Hammān al-Fa`r, 1. öffentliches Bad des Islam:
A = Apodyterium
I = Warmraum
II = Heißraum = Sudatorium
H = Heizraum

6. Favara, bei Palermo:
A = Apodyterium
I = Kaltraum
II = Warmraum
S = Sudatorium
H = Heizraum

7. Granada, Bañuelo:
A = Apodyterium
I = Kaltraum
II = Warmraum
S = Sudatorium
H = Heizraum

8. Hammān al-Afandi, Kairo:
A = Apodyterium
I = Warmraum
S = Sudatorium
M = Magtas (Seitenräume mit Warmbadebecken)

9. Hammān al-Buzūrīya, Damaskus:
A = Apodyterium
I = Kalter Durchgangsraum
II = Warmraum
III= Heißraum
S = Sudatorium
H = Heizraum

10. Bursa, Eski Kapliča:
A = Apodyterium
I = Warmraum
S = Sudatorium/Heißbaderaum

11. Hammān as-Saruga, Damaskus 11./12.Jh.:
A = Apodyterium
I = Warmraum
II = Heißraum
S = Sudatorium
H = Heizraum